UTB **2575**

W0356758

UTB

Eine Arbeitsgemeinschaft der Verlage

Böhlau Verlag · Köln · Weimar · Wien
Verlag Barbara Budrich · Opladen · Farmington Hills
facultas.wuv · Wien
Wilhelm Fink · München
A. Francke Verlag · Tübingen und Basel
Haupt Verlag · Bern · Stuttgart · Wien
Julius Klinkhardt Verlagsbuchhandlung · Bad Heilbrunn
Lucius & Lucius Verlagsgesellschaft · Stuttgart
Mohr Siebeck · Tübingen
Nomos Verlagsgesellschaft · Baden-Baden
Orell Füssli Verlag · Zürich
Ernst Reinhardt Verlag · München · Basel
Ferdinand Schöningh · Paderborn · München · Wien · Zürich
Eugen Ulmer Verlag · Stuttgart
UVK Verlagsgesellschaft · Konstanz
Vandenhoeck & Ruprecht · Göttingen · Oakville
vdf Hochschulverlag AG an der ETH · Zürich

MARTINA HARTMANN

Mittelalterliche Geschichte studieren

3., überarbeitete Auflage

UTB basics

UVK Verlagsgesellschaft

Die Autorin

Martina Hartmann, geb. 1960 in Mülheim-Ruhr, 1980 – 1986 Studium der Geschichte und Klassischen Philologie an der Universität Bonn, 1986 Erstes Staatsexamen für das Lehramt an Gymnasien, 1989 Promotion, 1989 – 2000 wissenschaftliche Mitarbeiterin der MGH (München) und Lehrbeauftragte an der Universität München, dann an der Universität Regensburg, 2000 Habilitation in mittelalterlicher Geschichte und Historischen Hilfswissenschaften an der Universität Regensburg, 2001 Umhabilitation an die Universität Heidelberg, seit 2001 Lehrtätigkeit als Privatdozentin an der Universität Heidelberg, 2006 Ernennung zur apl. Professorin, SS 2006 Gastprofessur an der Universität Wien, WS 2006/07 an der Universität Zürich.

Die Abbildung auf der Einbandvorderseite zeigt das Kolleg des Henricus de Allemania, Miniatur von Laurentius de Voltolina, 2. Hälfte des 14. Jhs. © Bildarchiv Preußischer Kulturbesitz, Berlin

Bibliographische Informationen der Deutschen Bibliothek
Die Deutsche Bibliothek verzeichnet diese Publikation
in der Deutschen Nationalbibliographie; detaillierte
bibliographische Daten sind im Internet
über https://portal.d-nb.de abrufbar

ISBN 978-3-8252-2575-9

3., überarbeitete Auflage 2011

Lektorat/Bildredaktion: form & inhalt verlagsservice
Martin H. Bredol, Marburg
Gestaltung: Atelier Reichert, Stuttgart
Prepress: schreiberVIS, Seeheim-Jugenheim
Druck: fgb · freiburger graphische betriebe, Freiburg

UVK Verlagsgesellschaft mbH
Schützenstraße 24 · D-78462 Konstanz
Tel.: 07531-9053-0 · Fax 07531-9053-98
www.uvk.de

Inhalt

Inhalt

Vorwort

„Einladung ins Mittelalter“ und „Überall ist Mittelalter“ lauten die Titel zweier 1987 und 1996 erschienener, erfolgreicher Bücher von Horst Fuhrmann, in denen der Verfasser, lange Jahre Präsident der *Monumenta Germaniae Historica*, des Instituts zur Herausgabe mittelalterlicher Quellen, einem geschichtsinteressierten Publikum die Epoche auf einprägsame und spannende Weise nahe bringen wollte. Eine „Einladung ins Mittelalter“ möchte auch dieses Buch sein, und zwar für Studienanfänger, indem es die schwierige Zeit der ersten Semester mit Tipps zur Praxis des Studiums erleichtern und mit einer kurz gefassten, aber dennoch intensiven und anschaulichen Einführung in das Studienfach begleiten möchte.

Das Buch ist erwachsen aus meinen Erfahrungen an den Universitäten Regensburg, wo ich über einige Jahre Proseminare zur mittelalterlichen Geschichte gehalten und in den gängigen Einführungsbüchern das eine oder andere vermisst habe, und Heidelberg, wo ich jetzt bin; es ist aber auch erwachsen aus meinen eigenen Schwierigkeiten in den ersten Semestern meines Studiums an der Universität Bonn, die ich nicht vergessen habe; sie wurden jedoch bald abgelöst durch die Faszination, welche die Beschäftigung mit der mittelalterlichen Geschichte bis heute auf mich ausübt; diese Begeisterung möchte ich gerne weitervermitteln. Besonders hilfreich bei meinem eigenen Studienbeginn waren für mich die „Einführung in die mittelalterliche Geschichte“ von Hartmut Boockmann und – wegen der praktischen Hinweise zum Studienaufbau und „richtigen“ Studieren – die „Einführung in das Studium der neueren Geschichte“ von Ernst Opgenoorth. Für die beiden ersten Kapitel habe ich mich deshalb an diesen Werken orientiert.

Wichtig war mir außerdem, zu zeigen, dass die Epoche des Mittelalters keine endgültig abgeschlossene und ferne Zeit ist, sondern dass mittelalterliche Entwicklungen und Entscheidungen auch heute noch – häufig ohne dass wir uns dessen bewusst sind – unser Leben beeinflussen, ob dies die Herkunft der Begriffe des Bankwesens und des Studienalltags oder die Grundlagen unserer Zeitrechnung sind. So habe ich die Beispiele, mit denen ich verschiedene Probleme veranschauliche, bewusst aus meiner eigenen Umgebung gewählt: für die Siegelkunde das Stadtsiegel der Stadt Wesel, in der ich aufgewachsen bin; die bei Otto von Freising geschilderte Weihe der Doppelkirche von Schwarzrheindorf unweit meines Studienortes Bonn für die Quellenkunde oder das in der Manessischen Liederhandschrift abgebildete Wappen des Johann von Ringgenberg für die Heraldik, da der Codex in Heidelberg liegt und Ringgenberg in der Schweiz Ziel vieler meiner Ferienreisen war.

Im Zeitalter einer neuen deutschen Rechtschreibung, die die etymologische Herkunft von Wörtern bewusst ignoriert und manche irrationale Entscheidungen getroffen hat, habe ich besonderen Wert gelegt auf die Herleitung und Erklärung der verwendeten Begriffe und Spezialausdrücke, denn ich bin davon überzeugt, dass man sie sich besser einprägt, wenn man diese Zusammenhänge kennt.

Dass die gewählten Beispiele eher aus dem Früh- und Hochmittelalter und weniger aus dem Spätmittelalter stammen, auch wenn das Buch die „ganze" Epoche behandeln soll, liegt an meiner eigenen Schwerpunktbildung, die sich nicht ganz verleugnen lässt.

Vermutlich wird der eine oder andere auch Bücher oder Aufsätze vermissen, die er für wichtig hält. Ich habe die Auswahl der genannten Literatur bewusst knapp gehalten und hauptsächlich auf deutschsprachige, leicht zu verstehende Werke beschränkt, da nach meiner Erfahrung gerade der Anfänger durch zu viel Literaturhinweise verunsichert und durch (noch ungewohnte) fremdsprachige Bücher verschreckt wird.

Sehr zu danken habe ich Herrn Martin Bredol, dem zuständigen Lektor, der das Konzept für dieses neuartige, auf Studienanfänger zugeschnittene Reihe entwickelt, die Entstehung des Manuskripts begleitet hat und immer ein offenes Ohr für Probleme hatte. Ebenso danke ich Frau Marion Mayer, die mit viel Geschick mein Manuskript in ein ansprechendes Layout umgesetzt und die neuen Grafiken erstellt hat.

Großer Dank gebührt auch meinem Mann, Wilfried Hartmann, von dessen langjähriger Erfahrung in der Lehre an der Universität dieses Buch noch mehr als andere profitiert hat.

Ich habe versucht, ein Buch zu schreiben, wie ich es selbst am Beginn meines Studiums hätte gebrauchen können, und hoffe, dass es vielen Studienanfängern von Nutzen ist und Ihnen die Freude am Fach „Mittelalterliche Geschichte" vermittelt!

Tübingen, im Mai 2004 Martina Hartmann

Vorwort zur 3. Auflage

Nicht nur die Veränderungen im Studienangebot, so die neuen Bachelor- und Masterstudiengänge, sondern vor allem die rasante Entwicklung der neuen Medien und insbesondere des Internets machten es erforderlich, dieses Studienbuch in seinen praktischen Hinweisen zum wissenschaftlichen Arbeiten und in seinen Literaturangaben zu überarbeiten. So sind in der neuen Auflage neben den gedruckten Büchern auch Hinweise auf Links zu digitalisierten Büchern, Hilfsmitteln und Datenbanken zu finden, denn diese Werke kann man dann bequem und kostenlos auch von zu Haus benutzen. Bei den Internet-Angeboten wurde fast ausschließlich auf die im open access verfügbaren Seiten hingewiesen.

Für Hinweise gerade auf die einschlägigen Internetseiten danke ich sehr dem Bibliothekar der Monumenta Germaniae Historica, Prof. Dr. Arno Mentzel-Reuters (München/Augsburg), sowie dem Beauftragten für die dMGH, Herrn Clemens Radl, M.A. (München) und Frau Annette Grabowsky (Tübingen). Auch mein Mann hat, wie immer, wertvolle Hinweise gegeben.

Das gut organisierte Historische Seminar meiner Universität Heidelberg sowie die Teilnehmer verschiedener Heidelberger Hauptseminare gaben ebenfalls Anregungen für dieses Buch, das hoffentlich auch weiteren Neuanfängern „das Leben an der Universität“ etwas erleichtert.

Gilching, im März 2010 Martina Hartmann

Die Praxis des Geschichtsstudiums

1

Überblick

„Proseminar, Colloquium, Scheine, Fachschaft, UB ..." – auf jeden Studienanfänger stürzt eine Fülle neuer Begriffe und Anforderungen ein, die zum „Alltag" des Studiums gehören. Dies ist zunächst vielleicht für den einen oder anderen entmutigend, aber so ging und geht es fast jedem Erstsemester (auch der Verfasserin dieses Buches vor etlichen Jahren), und deshalb sollen die Ausführungen in diesem Kapitel zunächst helfen, sich an der Universität zurechtzufinden und das Studium sinnvoll aufzubauen. Sie lassen sich daher auch auf das Studium anderer Teilgebiete der Geschichte übertragen und sind auf das unbedingt Notwendige beschränkt, um dem Anfänger Tipps zu geben und ein „Grundwissen" zu vermitteln, ohne ihn mit Informationen zu überlasten.

1.1 Der Aufbau des Studiums

1.1.1 Studienordnung, Studienvoraussetzungen, Studienangebot

Gerade weil das akademische Studium viele Wahlmöglichkeiten einräumt, ist Beratung zu einem sinnvollen Aufbau des eigenen Studiums vom ersten Semester an wichtig, damit Interessen und Fähigkeiten richtig eingeschätzt werden. Da jede Hochschule eine eigene **Studienordnung** hat und derzeit im Hinblick auf die europäische Einigung vieles im Fluss ist, sollte man sich bereits vor Beginn des ersten Semesters an der Universität seiner Wahl eine Studienordnung besorgen, um sich mit den Voraussetzungen und den Anforderungen des gewählten Studienganges vertraut zu machen.

BOLOGNA-PROZESS
Am 19. Juni 1999 unterzeichneten die Bildungsminister aus 30 europäischen Staaten in Bologna eine gemeinsame Erklärung und bekannten sich darin zu dem Ziel, bis zum Jahr 2010 einen gemeinsamen europäischen Hochschulraum zu schaffen.

Seit 1999 bemüht man sich im Rahmen der EU um ein einheitliches europäisches Hochschulwesen (**BOLOGNA-PROZESS**). Um die Vergleichbarkeit der Leistungen zu gewährleisten und auch einen Wechsel an eine Hochschule in einem anderen europäischen Land bei Anerkennung der bereits erbrachten Studienleistungen zu ermöglichen, wurden die neuen Bachelor- und Master-Studiengänge eingerichtet und das European Credit Transfer and Accumulation System (ECTS) geschaffen. Das Studium ist in sog. Module (Lerneinheiten) aufgeteilt und die Leistungen werden mit dem Erwerb von credit points, sog. ECTS-Punkten (statt Scheinen wie in den herkömmlichen Studiengängen), bewertet.

Daneben sind für ein Studium der mittelalterlichen Geschichte beispielsweise Lateinkenntnisse unerlässlich, da die Sprache der **Quellen** ((→ Kap. 3.1.1)) Latein ist. Außerdem ist es erforderlich, zumindest mit Hilfe eines Wörterbuches englische und französische, eventuell auch italienische Texte verstehen zu können, denn die wichtige Fachliteratur ist nicht nur auf Deutsch geschrieben. Zur Auffrischung oder auch zum Erlernen von Latein oder den modernen Fremdsprachen werden an den Universitäten in der Regel Kurse angeboten. Um zu erfahren, wann und wo solche Kurse stattfinden und was es sonst für einführende Veranstaltungen gibt, sollte man vom Angebot der **Studienberatung** Gebrauch machen: am Schwarzen Brett des Historischen Seminars, bei der **FACHSCHAFT**, also der studentischen Vertretung der Historiker, oder auf der Homepage des Seminars kann man in der Regel erfahren, wann und wo diese Studienberatungen stattfinden, die von Professoren, Assistenten und akademischen Räten angeboten werden. Inzwischen werden oft auch die Studienordnungen für die verschiedenen Studiengänge über die Homepage des Seminars zum Download angeboten.

Die **FACHSCHAFT** ist die von den Studenten selbst gewählte Interessenvertretung, die meist aus mehreren Studenten und Studentinnen fortgeschrittener Semester besteht.

Das akademische Studienjahr ist in Deutschland in zwei Semester, nämlich in Wintersemester (WS) und Sommersemester (SS) eingeteilt, wobei das Wintersemester – je nach Bundesland etwas unterschiedlich – von Oktober bis Februar dauert und das Sommersemester von April bis Juli. Die dazwischen liegende vorlesungsfreie Zeit soll genutzt werden für eigene Lektüre sowie zum Anfertigen von Hausarbeiten, der Auffrischung von Sprachkenntnissen etc.

Für das jeweilige Semester benötigt man ein **Vorlesungsverzeichnis**, also ein Verzeichnis aller in dem Semester angebotenen Lehrveranstaltungen. Am nützlichsten ist das kommentierte Vorlesungsverzeichnis, in dem die einzelnen Dozenten ihre Veranstaltungen näher erläutern und Hinweise auf einführende Literatur geben. Inzwischen kann man dieses Vorlesungsverzeichnis meist über die Homepage des Historischen Seminars der jeweiligen Universität herunterladen oder an der Seminaraufsicht bzw. bei der Fachschaft kaufen, wobei die Internetversion meist den großen Vorteil hat, dass sie ständig aktualisiert wird, d. h., dass Veränderungen wie etwa ausfallende Veranstaltungen gleich mitgeteilt werden können.

Den Stundenplan stellt man sich selbst zusammen. Dazu muss man zunächst wissen, was es an unterschiedlichen Lehrveranstaltungstypen gibt und was sie jeweils vermitteln:

Die **Vorlesung** im Fach mittelalterliche Geschichte ist entweder ein Epochenkolleg, d. h. die einzelnen Epochen wie beispielsweise die Zeit der Karolinger oder die Zeit der Staufer werden umfassend behandelt, oder es ist eine Vorlesung zu einem spezielleren Thema, das z. B. einem Forschungsschwerpunkt des Dozenten entstammt. Da in der Schule in der Regel die mittelalterliche Geschichte nur noch wenig behandelt wird, ist man also gut beraten, mindestens eine Epochenvorlesung und eine andere je Semester zu hören, um so allmählich einen Überblick über die allgemeine Geschichte und einen Einblick in Spezialgebiete und Forschungsprobleme zu bekommen. Das Hören einer Vorlesung ist meistens freiwillig, während bei den Seminaren und Übungen regelmäßige Anwesenheit obligatorisch ist. An vielen Universitäten gibt es auch besondere Einführungsvorlesungen, die Anfänger beispielsweise mit der mittelalterlichen Geschichtsschreibung oder der Kirchengeschichte vertraut machen sollen.

Das **Proseminar** soll dem Studienanfänger das „Handwerkszeug" vermitteln, d. h. es soll ihn vertraut machen mit der Arbeitsweise des Faches und den Techniken des wissenschaftlichen Arbeitens. Meist geschieht dies anhand eines konkreten Themas aus dem Bereich der früh- oder hochmittelalterlichen Geschichte. Zur Vertiefung und Erläuterung des komplexen Stoffes wird zum Proseminar meist ein **TUTORIUM** (ein- bis zweistündig) angeboten, das von einem fortgeschrittenen Studenten geleitet wird. Diese Veranstaltung sollte nach Möglichkeit besucht werden.

Zu den lateinischen Begriffen wie Seminar, Tutorium, Colloquium usw. (→ S. 41 ff.)

TUTORIUM, von latein. *tueri* = schützen, sicherstellen.

Das **Hauptseminar / Oberseminar** baut auf dem Proseminar auf, und hier soll der fortgeschrittene Student, der das Grundstudium absolviert hat, sein Proseminarwissen anwenden und zum Abschluss eine wissenschaftliche Arbeit zu einem überschaubaren Thema im Rahmen des allgemeinen Seminarthemas abfassen. Diese Arbeit ist

Abb. 1 | *Die Ankündigung einer Veranstaltung im Vorlesungsverzeichnis (oben) und im kommentierten Vorlesungsverzeichnis (unten).*

Der Teppich von Bayeux und andere berühmte Sachquellen des Mittelalters
HpS; 2 SWS; Do 16:00 – 18:00, ab 09. 10. 2008; HistSem ÜR II *Hartmann, M.*

HpS	Hauptseminar	SWS	Semester-Wochenstunde

Hauptseminar, Oberseminar — Mittelalterliche Geschichte

Der Teppich von Bayeux und andere berühmte Sachquellen des Mittelalters

Prof. Dr. Martina Hartmann
Historisches Seminar
Sprechstunde:
Donnerstag 13 – 14 Uhr
Anmeldung: per E-Mail an
martina.hartmann@zegk.uni-heidelberg.de

Veranstaltungstermine:
Donnerstag 16 – 18 Uhr
HistSem ÜR II
Beginn: 09. 10. 2008

Zuordnung:
Epochendisziplin: Mittelalterliche Geschichte (MA)
Sach- oder Regionaldisziplin: Historische Grundwissenschaften (HG)
Veranstaltungstyp/Modul (ECTS-Leistungspunkte): Hauptseminar / B. A. Vertiefungsmodul (9; reduziert: 4) und Oberseminar/M. A. Intensivmodul (10), M. A. Erweiterungsmodul (4)

Kommentar:
Im Seminar sollen berühmte Sachquellen wir der merowingerzeitliche Dagobert-Thron, die Reiterstatue Karls des Großen, die Heiratsurkunde der Kaiserin Theophanu, der Bamberger Reiter oder der Teppich von Bayeux, um nur einige Beispiele zu nennen, behandelt werden. Sie sollen zunächst in ihren historischen Kontext eingeordnet werden, aber auch hinsichtlich Darstellung und Darstellungsabsicht, künstlerischer Qualität und verwendeter Materialien analysiert werden. Es wird sich zeigen, wie sehr diese Sachquellen unser Bild vom Mittelalter neben den Schriftquellen ergänzen und bereichern. Außerdem soll geübt werden, wie man diese Quellen im mündlichen Vortrag wie auch in schriftlicher Arbeit einem Publikum präsentiert, da dies für verschiedene historische Berufe wichtig ist.
Die Teilnehmerzahl ist auf 26 begrenzt!

Literatur: Gerhard Jaritz, Einführung in die Realienkunde (1984). Die Erforschung von Alltag und Sachkultur des Mittelalters (Sammelband, 1984). Weitere Spezialliteratur zu den einzelnen Sachquellen wird bei der Anmeldung in einer ausführlichen Literaturliste mitgeteilt.

gewissermaßen die Vorübung für die Bachelor-, Magister- oder Zulassungsarbeit, die einen Teil des Examens bildet.

Die **Übung** bietet die Möglichkeit, sich mit einem Spezialgebiet oder auch mit einer **Hilfswissenschaft** (→ S. 177 ff.) intensiver zu befassen.

Das **Colloquium** kann den Stoff einer Vorlesung vertiefen oder (gegebenenfalls auf Einladung des Dozenten) fortgeschrittenen Studenten wie auch Doktoranden die Möglichkeit geben, ihre eigenen wissenschaftlichen Vorhaben vorzustellen und zu diskutieren oder ein spezielles Thema gemeinsam zu bearbeiten. Die letztgenannte Art wird oft auch mit der Bezeichnung Oberseminar versehen.

Repetitionskurse, die hauptsächlich die Ereignisgeschichte der einzelnen Epochen der mittelalterlichen Geschichte in kompakter Form vermitteln sollen, werden an vielen Universitäten angeboten, um die Studenten mit den für das Studium selbst und für das Examen wichtigen Fakten- und Grundkenntnissen zu versorgen.

In vielen Studienordnungen ist auch die Teilnahme an einer oder an mehreren **Exkursionen** vorgesehen. Meist sind sie verbunden mit einer Lehrveranstaltung wie einem Seminar oder einer Übung, die auf die Exkursion vorbereiten soll. Bei der Exkursion selbst kann es sich um den Besuch einer Mittelalter-Ausstellung oder auch um die Besichtigung historischer Baudenkmäler handeln. Von den Teilnehmern wird meist die Übernahme eines Referates erwartet, das in der Regel „vor Ort" gehalten werden muss. Einen Vortrag zu halten über eine mittelalterliche Pfalz oder Kirche, in der man noch nie zuvor war, ist für den Anfänger vielleicht etwas schwierig, geht aber nach einer kurzen Orientierung am Ort besser als man denkt.

EDV-Kenntnisse dringend erforderlich! 1.1.2

In den letzten Jahren hat sich an den Universitäten viel verändert, was die Organisation der Lehre mithilfe des Internets angeht und was die Anforderungen an die „neuen" Studierenden anbelangt.

Sofern man nicht in der Schule bereits Vorkenntnisse erworben hat und über gute **EDV-Kenntnisse** verfügt, sollte man sich diese gleich zu Beginn seines Studiums aneignen. Inzwischen werden an den Universitäten von den einzelnen Seminaren oft kostenlose Veranstaltungen angeboten, die beispielsweise den Umgang mit gängigen Textverarbeitungsprogrammen wie Word zur Erstellung einer Hausarbeit sowie die Präsentation eines mündlichen Referats unterstützt durch PowerPoint vermitteln.

Außerdem benötigt jeder Studierende eine **E-Mail-Adresse** zur Kommunikation mit Dozenten, Seminarleitung und Kommilitonen. In der Regel kann man als eingeschriebener Student eine solche Adresse über die Universität erhalten – was nicht zuletzt auch den Vorteil hat, dass man gegen Spam besser geschützt ist durch den „Filter" des Rechenzentrums.

Abb. 2 | *Ankündigung eines EDV-Kurses für Historiker.*

EDV-Kurs für Historiker: Microsoft Word / Microsoft PowerPoint / Adobe Photoshop

Die Veranstaltung richtet sich an Studienanfänger im Fach Geschichte mit geringen Computerkenntnissen (rudimentäre Kenntnisse in der Bedienung von Microsoft Windows sollten vorhanden sein) und soll Grundkenntnisse in Textverarbeitung, Bildbearbeitung und Präsentation vermitteln, die für das Erstellen von Hausarbeiten und Referaten notwendig sind. Lernziel ist es,

a) eine Dokumentvorlage mit vorgefertigen Formatierungen, automatischem Inhaltsverzeichnis etc. für eine Hausarbeit zu erstellen (Microsoft Word 2003),
b) Bilder einzuscannen, nachzubearbeiten und in ein Dokument einzufügen (Adobe Photoshop)
c) eine Präsentation für ein Referat zu erstellen (Microsoft PowerPoint 2003)

Der Kurs soll möglichst viel Raum für eigene Übungen der Teilnehmer und ausreichend Zeit für Rückfragen bieten. Daher sind die Zeiten für Pausen und das Ende der Veranstaltung flexibel, bitte planen Sie insgesamt ca. 5–6 Stunden für jeden Tag ein.

Sie benötigen für den Kurs einen URZ-Account, den Sie nach Ihrer Immatrikulation automatisch erhalten haben. Sollten Sie Benutzernamen und Passwort Ihres Accounts nicht kennen, wenden Sie sich bitte an die Zentrale Beratung des URZ: **http://www.urz.uni-heidelberg.de/AllgemeinInfo/Sonstiges/Beratung.shtml**

Termine:	Der Kurs findet in diesem Semester zweimal statt, bitte melden Sie sich nur für einen der beiden Termine an: Termin 1: Fr., 07. 11. (ab 15 Uhr) und Sa., 08. 11. 08 (ab 10 Uhr) Termin 2: Fr., 05. 12. (ab 15 Uhr) und Sa., 06. 12. 08 (ab 10 Uhr)
Ort:	Universitätsrechenzentrum (URZ), INF 293, Raum 118 Anfahrt s. **http://www.urz.uni-heidelberg.de/OrgInfo/anschrift.shtml**
Anmeldung:	per E-Mail bei matthias.kirchner@zegk.uni-heidelberg.de (max. 15 Teilnehmer)

Bitte unbedingt einen eigenen USB-Stick mitbringen!

Inzwischen gibt es auch an vielen Universitäten **E-Learning-Plattformen**, die selbst wieder – je nach Universität – anders heißen: moodle in Heidelberg, Ilias in Tübingen oder digicampus in Augsburg sind nur einige Beispiele dafür. Unter E-Learning versteht man elektronisch unterstütztes Lehren bzw. Lernen, indem für die Präsentation und Distribution von Lernmaterialien das Internet genutzt wird. Die Veranstaltungen des Semesters sind bei den E-Learning-Plattformen für die eingeschriebenen Teilnehmer (geschützt durch ein Passwort) zugänglich, sodass dort Thesenpapiere und Power Point-Präsentationen hochgeladen oder Rundmails der Dozenten verschickt werden können. Teilweise läuft inzwischen auch die Anmeldung zu den Veranstaltungen über die E-Learning-Plattformen.

Vom Umgang mit dem **Internet** soll unten im Kapitel über „Erfolgreich studieren" noch die Rede sein.

Stundenplan, Scheine oder ECTS-Leistungspunkte und (Selbst)studium

1.1.3

Der Begriff **Stundenplan** ist natürlich aus der Schule vertraut. Allerdings bietet sich an der Universität die Möglichkeit, die angebotenen Veranstaltungen nach seinen Interessen und Fähigkeiten selbst zusammenzustellen; dabei muss jedoch beachtet werden, dass jede Studienordnung ein bestimmtes Repertoire an Pflichtveranstaltungen vorsieht, und außerdem benötigt man Zeit für Sprach- oder EDV-Kurse. Daher sollte man bei der Semesterplanung besser nicht zu viele Lehrveranstaltungen in den Stundenplan aufnehmen, denn Studium bedeutet auch Selbststudium, d.h. dass die eigene Vor- und Nachbereitung von Vorlesungen, Übungen und Seminaren sehr wichtig ist und Zeit in Anspruch nimmt. Müssen noch Sprachkenntnisse, etwa in Latein, erworben oder aufgefrischt werden, erfordert dies ebenfalls Zeit zum Lernen.

Die Prüfungsordnungen der einzelnen Universitäten sehen vor, dass man bis zur Anmeldung zum Magister- oder Staatsexamen eine bestimmte Anzahl von Nachweisen über den erfolgreichen Besuch einer Lehrveranstaltung erwirbt; an einigen Universitäten muss man diese Nachweise auch schon bei der Zwischenprüfung, d.h. dem Abschluss des Grundstudiums, vorlegen; diese Leistungsnachweise nennt man **Scheine**. In den Master- und Bachelor-Studiengängen sammelt man **ECTS**-Leistungspunkte beim erfolgreichen Abschluss der verschiedenen Veranstaltungen.

ECTS
Abkürzung von *European Credit Transfer and Accumulation System*. Dies soll sicherstellen, dass Leistungen von Studierenden im Europäischen Hochschulraum vergleichbar sind. Die erworbenen Leistungspunkte (engl. credit points) sind beim Wechsel von einer Hochschule zur anderen – auch grenzüberschreitend – anrechenbar.

Um einen solchen Schein zu bekommen, müssen unterschiedliche Anforderungen erfüllt werden: für einen Proseminarschein muss man meist eine Abschlussklausur bestehen und/oder eine kleinere **Hausarbeit** (→ S. 31 ff.) abfassen, an manchen Universitäten benötigt man auch Vorlesungsscheine, für die man eine mündliche oder schriftliche Prüfung über den Stoff der Vorlesung bestehen muss. Im Proseminar, in der Übung und dann im Hauptseminar wird neben mündlicher Beteiligung meist auch die Übernahme eines kurzen Referats verlangt.

Während die Hausarbeiten in Proseminar, Hauptseminar oder Übung häufig auch erst in den Semesterferien geschrieben und abgegeben werden können, ist die Vor- und Nachbereitung von Vorlesungen sowie die Arbeit für ein kurzes Referat im Semester zu leisten. Dies muss man bei der Stundenplanung ebenfalls berücksichtigen. Es ist natürlich individuell verschieden, wie viele Vorkenntnisse und Voraussetzungen der einzelne Studienanfänger mitbringt und wie „schnell" er lernen und lesen kann. Daher kann man keine Faustregel für die Semesterwochenstunden nennen, d.h. die Anzahl an Stunden, die man in jeder Woche eines Semesters besucht, aber ca. 20 Stunden ist sicher eine realistische Zahl, wobei die Stunde hier 45 Minuten umfasst.

Latein. *sine tempore* = ohne Zeit.
Latein. *cum tempore* = mit Zeit.

Der Beginn einer Vorlesung oder eines Seminars beginnt meist unter Einhaltung des „akademischen Viertels", das bedeutet, wenn im Vorlesungsverzeichnis die Uhrzeit der Veranstaltung mit „10 – 12 Uhr" angegeben ist, beginnt sie um 10:15 Uhr. Wenn bei der Ankündigung einer Veranstaltung als Beginn „10 Uhr s. t." = *sine tempore* steht, bedeutet dies, dass sie um Punkt 10 Uhr beginnt, wenn „10 Uhr c. t." = *cum tempore* steht, wird das akademische Viertel eingehalten.

Nicht nur das große Angebot an Veranstaltungen zu unterschiedlichen Themen, sondern auch die Fülle an Lektüreempfehlungen in den einzelnen Veranstaltungen ist am Anfang oft frustrierend, weil man meint, man müsse jedes Buch oder jeden wissenschaftlichen Aufsatz lesen, der vom Dozenten empfohlen wird. Dies ist natürlich gar nicht möglich und man sollte nicht versuchen, zuviel lesen und verarbeiten zu wollen. Aber die als einführende Lektüre oder Standardlektüre genannten Titel sollte man sich genauer anschauen, möglichst vor Beginn der Veranstaltung, d. h. vor dem Semester, denn selbst geringe Vorkenntnisse erleichtern das Verständnis, das Mitschreiben in der Vorlesung oder im Seminar sowie die eigene Mitarbeit in der Übung oder im Seminar.

Tipp

Im Internet sind derzeit zwei gute Einführungen in das Studium der mittelalterlichen Geschichte zu finden: zum einen eine digitale Einführung, die unter Leitung von Mathias Kluge an der Universität Augsburg entstanden ist und noch immer erweitert wird; sie bietet mithilfe von kurzen Filmen Einblicke in die Arbeitsweise des Faches, stellt Bibliotheken, Archive und Forschungsinstitutionen vor sowie einzelne Forschungsrichtungen
http://mittelalterliche-geschichte.de
Die andere Einführung ist ein online-Tutorium, das von Tübinger Mediävisten gemacht wurde und beispielsweise auch Selbstlernübungen in Paläographie bietet unter:
www.mittelalter.uni-tuebingen.de/?q=tutorium/index.htm

„Erfolgreich studieren“ 1.2

Um sein Studium möglichst effektiv zu gestalten, muss man sich zunächst mit den verschiedenen wissenschaftlichen Bibliotheken und den Arten wissenschaftlicher Literatur vertraut machen. Zunehmend erlangen auch die neuen Medien wie Internetseiten oder CD-ROMs Bedeutung für ein effizientes Studium. Die Technik des wissenschaftlichen Arbeitens will gelernt sein und deshalb wird sie in diesem Kapitel schrittweise erklärt. Außerdem werden Tipps für eine gute Arbeitsorganisation gegeben, denn Sorgfalt und geschickte Arbeitsorganisation bei der Vorbereitung von Referat, Klausur oder Hausarbeit erleichtern das Studieren.

Die Bibliotheken und ihre Benutzung 1.2.1

Das Historische Seminar einer Universität, meist in die einzelnen Abteilungen Alte Geschichte, Mittelalterliche Geschichte, Neuere und Neueste Geschichte untergliedert, beherbergt neben den Dozentenzimmern und Übungsräumen vor allem die **Seminarbibliothek**, die eine Präsenzbibliothek ist, d.h. dass man die Bücher an Ort und Stelle benutzen muss und höchstens über das Wochenende einmal Bücher ausleihen kann. Erschlossen wird diese Bibliothek über einen elektronischen Katalog, der die Signaturen der Bücher angibt, die man für die Ermittlung ihres Standortes innerhalb der Bibliothek braucht. In der Regel hängt ein Plan der Räume oder Flure, wo sich die einzelnen Signaturen, d.h. die entsprechenden Bücher befinden, über dem Katalog. Die Aufstellung der Bücher folgt in der Regel einer systematischen Ordnung, so dass beispielsweise Bücher zur Karolingerzeit beieinander stehen genau wie Bücher zur Frauen- oder zur Alltagsgeschichte. **Der alphabetische Katalog**, d.h. der nach Verfassernachnamen geordnete Katalog zur Erschließung der Bibliothek wird meist dadurch ergänzt, dass auch ein **systematischer Katalog** vorhanden ist, in dem die Bücher nach Sachgebieten mit Hilfe von Schlagworten verzeichnet sind. Dieser Katalog ist nützlich zum **BIBLIOGRAPHIEREN** (→ S. 23 f.). Die Kataloge sind heute elektronisch verfügbar (**OPAC**). Die Fachschaften an den einzelnen Universitäten und meist auch die Dozenten des Proseminars bieten im Rahmen ihrer (Erstsemester)Veranstaltung eine Führung durch die Seminarbibliothek an, der man sich anschließen sollte, denn eine gute Orientierung hilft, die benötigten Bücher schnell zu finden.

Der Ausdruck „**BIBLIOGRAPHIEREN**“ kommt aus dem Griechischen (*biblos* = Buch und *graphein* = schreiben) und bedeutet, den Titel eines Buches genau zu notieren und Literatur zu einem Thema zusammenzutragen.

OPAC
bedeutet *Online Public Access Catalogue* und ist das elektronische „Nachfolgemodell“ der früheren Kartenkataloge, die sowohl alphabetisch sortiert als auch als Schlagwortkataloge vorhanden waren und die Bibliotheksbestände erschlossen haben.

In der **Universitätsbibliothek** (UB) kann man die Bücher in der Regel auch ausleihen, nachdem man sich einen Benutzerausweis zugelegt hat; von der Ausleihe ausgenommen sind meist alte Drucke, die vor dem 19. Jahrhundert erschienen sind, wertvolle (Bild)bände oder Lexika. Im Unterschied zur Seminarbibliothek sind die Bücher hier in fast allen Bibliotheken nicht für den Benutzer zugänglich aufgestellt, sondern müssen über einen elektronischen Katalog bestellt werden. Lediglich die Lesesäle bieten einen **Freihandbestand** von Lexika und anderen Nachschlagewerken. Auch die meisten Universitätsbibliotheken bieten kurz vor oder zu Semesterbeginn Führungen an, die über den Bestand und etwaige Sondersammelgebiete sowie über die einzelnen Räumlichkeiten wie allgemeine Lesesäle oder Zeitschriftenlesesäle und die Ausleihmodalitäten informieren. Der Bestand der UB ist inzwischen in der Regel komplett über einen elektronischen Katalog (OPAC) erfasst und es besteht die Möglichkeit, vom „heimischen Computer" per Internet zu recherchieren und seine Bücher zu bestellen.

Tipp

Inzwischen sind zahlreiche Bücher durch Google digitalisiert; das betrifft vor allem ältere Werke, die komplett im Internet verfügbar sind, aber auch neuere Werke, die zumindest eine teilweise Vorschau im Buch ermöglichen:
http://books.google.de/

Nicht vergessen sollte man die **Seminare verwandter Fächer**, wenn man spezielle Literatur, beispielsweise aus dem Gebiet der Kirchengeschichte benötigt, die vielleicht am Studienort nur in einem der beiden theologischen Seminare greifbar ist.

Ist ein Buch, das man für eine Arbeit braucht, in keiner Bibliothek am Studienort vorhanden, besteht die Möglichkeit, in der UB eine **Fernleihe** aufzugeben. Bei diesem Verfahren gelten besondere Regeln und es dauert länger; das Buch wird dabei von einer anderen Universität beschafft und für eine gewisse Zeit ausgeliehen.

1.2.2 Das wissenschaftliche Schrifttum

Am Beginn des Studiums muss man sich zunächst mit den einzelnen Arten wissenschaftlichen Schrifttums vertraut machen. Auch hier sind eine Reihe neuer Begriffe zu lernen, mit denen die einzelnen Arten der wissenschaftlichen Literatur charakterisiert und voneinander unterschieden werden, denn um die Forschungsliteratur zu einem bestimmten Thema zu erfassen, benötigt man verschiedene Bücher und Hilfsmittel.

Die gesamte wissenschaftliche Literatur wird zunächst erschlossen durch verschiedene **Bibliographien**. Dem Studienanfänger bekannt ist vielleicht das Verzeichnis lieferbarer Bücher (VLB), das die Buchhandlungen für ihre Arbeit brauchen, denn es verzeichnet alle derzeit von deutschen Verlagen gedruckten und lieferbaren Bücher und ist somit eine allgemeine Bibliographie, weil es alle Fachgebiete erfasst. Für den Mediävisten interessant sind **Spezialbibliographien**, von denen es national und international verschiedene gibt, wobei man wiederum zwischen einer **abgeschlossenen** und einer **laufenden Bibliographie** unterscheidet: Ein Beispiel für eine abgeschlossene Bibliographie ist etwa die Bibliographie zur Geschichte der Kreuzzüge, hg. von Hans Eberhard Mayer, erschienen 1965, während das jährlich in Italien erscheinende Medioevo Latino eine laufende, d.h. immer wieder mit neuen aktuellen Lieferungen erscheinende Bibliographie ist.

Auch der elektronische Katalog der UB oder der Schlagwortkatalog eines historischen Seminars hat die Funktion eines bibliographischen Hilfsmittels, da man mit Hilfe von Stichworten aus dem Titel recherchieren kann. Man findet dort unter dem Schlagwort „Kreuzzug" alle Bücher zu dem Thema, die in der Bibliothek vorhanden sind.

Für eine erste Information über eine Person oder eine Sache gibt es verschiedene Arten von **Lexika**. Aus der Schule bekannt sind sicher die **ENZYKLOPÄDIEN** oder Konversationslexika. Sie haben das Ziel, den Gesamtbestand des Wissens der Zeit in alphabetisch geordneten Stichworten kurz und allgemeinverständlich darzustellen. Das Wissen ist natürlich Veränderungen unterworfen, und so kann man beispielsweise feststellen, dass in älteren Ausgaben einer Enzyklopädie weniger Stichworte zu den Naturwissenschaften enthalten sind als in neuen Auflagen. Ebenfalls aus der Schule bekannt sind die Sprachlexika zu den modernen und den alten Fremdsprachen. Für den Mediävisten gibt es außerdem verschiedene Sprachlexika, die das **MITTELLATEIN** (→ S. 255 f.) des Mittelalters, das sich teilweise erheblich vom klassischen Latein unterscheidet, zum Inhalt haben. Außerdem verhelfen dem Mediävisten weitere Sachlexika etwa zur Kirchen- und zur Rechtsgeschichte sowie biographische Lexika zu ersten Informationen. Das Lexikon des Mittelalters z.B. in 10 Bänden (1980–1998 erschienen und inzwischen auch elektro-

ENZYKLOPÄDIE, von griech. *en kyklo paideia* = im Kreis der Bildung.

nisch verfügbar) enthält eine Fülle von Stichworten zu Personen und Begriffen.

EDITION, von latein. *edere* = herausgeben.

Eine weitere Kategorie des wissenschaftlichen Schrifttums ist die **kritische Edition**; sie macht uns eine aus dem Mittelalter überlieferte, in der Regel lateinische Quelle wissenschaftlich zugänglich, indem der Herausgeber dieses Textes, auch Editor genannt, die Quelle nicht nur im Wortlaut druckt, sondern zusätzlich durch eine größere wissenschaftliche Einleitung sowie einen Kommentar zum Text erläutert und durch Register erschließt (→ S. 162 ff.).

Bei den **wissenschaftlichen Darstellungen** gibt es verschiedene Präsentationsformen. Der Anspruch an eine solche Darstellung ist, dass sie Quellen und Literatur zu einem Thema erschöpfend rezipiert, d.h. sich mit ihnen auseinander gesetzt hat, und die eigenen Ergebnisse und neuen Erkenntnisse durch Anmerkungen im Text und durch ein Verzeichnis der benutzten Quellen und der Literatur für jeden Leser nachprüfbar macht. Man unterscheidet zunächst zwischen einer **MONOGRAPHIE**, wobei der Name nichts anderes aussagt, als dass es das Werk eines einzelnen Autors ist, und einem **Sammelband**, der die Aufsätze mehrerer Gelehrter enthält.

MONOGRAPHIE, von griech. *monos* = allein, *graphein* = schreiben.

AUTOBIOGRAPHIE, von griech. *autos* = selbst, *bios* = Leben, *graphein* = schreiben.

Das Buch eines Gelehrten über das Leben Karls des Großen ist eine Monographie und gleichzeitig eine **Biographie**. Die **AUTOBIOGRAPHIE** Kaiser Karls IV. (1347–1378) ist die von ihm selbst verfasste Beschreibung seines Lebens.

Verdiente Gelehrte werden nicht selten durch eine **Festschrift** zu ihrem 65. oder 70. Geburtstag geehrt, die entweder Aufsätze von Kollegen und Freunden zu verschiedenen Themen beinhaltet oder als **Aufsatzsammlung** die wichtigsten wissenschaftlichen über Jahre erschienenen Aufsätze des Geehrten in einem Band vereinigt.

Auch **Tagungsbände** gehören zur Kategorie der Sammelbände, in denen die wissenschaftlichen Vorträge, die auf einer Tagung zu einem bestimmten Thema gehalten wurden, präsentiert werden.

Für eine Überblicksinformation wichtig sind die **Handbücher**; es gibt beispielsweise Handbücher zur politischen Geschichte, zur Wirtschafts- und zur Kirchengeschichte. Sie sind meist von mehreren Fachleuten verfasst, sollen knapp über die wichtigen Fakten informieren und weitere Literaturhinweise zur Vertiefung des Problems geben.

In den **wissenschaftlichen Zeitschriften**, die in der Regel jährlich oder halbjährlich erscheinen, können Forscher ihre neuen Ergebnisse zu einem bestimmten Thema oder Problem publizieren in Form eines mit Fußnoten versehenen **Aufsatzes** oder auch einer **Miszelle** (= *kleiner Aufsatz*). In diesen Zeitschriften wird die Diskussion innerhalb der Forschung weitergeführt und der Forschungsfortschritt sichtbar. In einem zweiten Teil enthalten viele Zeitschriften den **Besprechungs- oder Rezensionsteil**, in dem neu erschienene Literatur angezeigt und besprochen wird, in der Regel von Experten für das jeweilige Thema. Hier wird sich sicher in den nächsten Jahren manches ändern, denn es gibt bereits reine Rezensionszeitschriften, die keine Aufsätze enthalten und nur im Internet Besprechungen neuer Literatur „publizieren", und möglicherweise werden manche „alten" Zeitschriften künftig nur noch die Aufsätze in ihrem Heft drucken und ihren Besprechungsteil im Internet publizieren, um damit möglichst schnell neue Literatur anzeigen zu können. Zeitschriften können außerdem Nachrufe auf Fachgelehrte enthalten (Nekrologien) sowie Tätigkeitsberichte wissenschaftlicher Einrichtungen.

Karten und **Atlanten** bilden eine weitere Kategorie des wissenschaftlichen Schrifttums. Man unterscheidet hier zwischen physikalischen, d.h. topographischen Karten und thematischen Karten. Eine thematische Karte ist z.B. eine geographische Karte, in der die im Reich Karls des Großen bestehenden Klöster verzeichnet sind.

Hiermit haben wir die wesentlichen Arten des wissenschaftlichen Schrifttums kennen gelernt, die in zunehmendem Maße durch die neuen Medien ergänzt werden.

Die Bücher selbst unterscheidet man auch nach ihrer Größe, und diese Größenangaben findet man häufig im Karten- oder im Online-Katalog als zusätzliche Angabe bei der Titelaufnahme: das normale (Taschen)Buchformat heißt **Oktav** und wird abgekürzt mit „8^0" angegeben, die doppelte Größe, die man beispielsweise von Bildbänden kennt, heißt **Quart** (= 4^0) und die doppelte Größe des Quartformates heißt **Folio** (= 2^0).

Wissenschaftliche Literatur finden und verstehen 1.2.3

Im Rahmen eines wissenschaftlichen Studiums soll man lernen, sich ein wissenschaftliches Thema selbst zu erarbeiten. Um selbstständig zu einem bestimmten Thema wissenschaftliche Literatur zu finden, muss man die **Technik des Bibliographierens** beherrschen. Ziel des Bibliographierens ist es, die Literatur zum gestellten Thema vollständig und auf dem aktuellen Stand der Forschung zu ermitteln. Eine grundsätzliche, wenn auch oberflächliche Kenntnis vom

Thema, zu dem bibliographiert werden soll, ist dazu zunächst die Voraussetzung. Diese Kenntnis kann man sich leicht anhand von Lexika oder Handbüchern verschaffen. Dann gilt es, verschiedene bibliographische Hilfsmittel zu nutzen und zu kombinieren, um zum Ziel zu gelangen.

Tipp

Bibliographieren

Ausdrücklich sei davor gewarnt, sich beim Bibliographieren darauf zu beschränken, nur über den elektronischen Katalog des Seminars oder der UB sowie über Suchmaschinen im Internet zu recherchieren! Lücken im Bücherbestand der UB oder der Seminarbibliothek sowie ältere Standardwerke, die von den Suchmaschinen nicht erfasst werden, können zu gravierenden Mängeln in der Bibliographie führen, was mit Sicherheit Auswirkungen auf die Qualität der eigenen Hausarbeit oder des Referats haben wird, weil wichtige Aspekte des Themas nicht oder zu wenig berücksichtigt werden.

Beim *Nachdruck* eines Buches wird ohne inhaltliche Veränderungen „nachgedruckt". Eine neue *Auflage* eines Buches unterscheidet sich inhaltlich von der vorhergehenden.

Das Quellen- und Literaturverzeichnis eines Handbuches, das sich mit dem gestellten Thema beschäftigt, oder die Literaturangaben eines Stichwortes im Sachlexikon können als Einstieg zum umfassenden Bibliographieren genutzt werden, ebenso das Literaturverzeichnis einer neueren Darstellung, die man auf diesem Weg, d.h. über Handbuch oder Lexikon ermittelt hat. Dabei ist das Erscheinungsjahr des Handbuches wie der mit dessen Hilfe ermittelten Darstellung von grundlegender Bedeutung, denn das Erscheinungsjahr gibt uns bei vergleichender Betrachtung der Bücher zum Thema Aufschluss über den Forschungsstand. Deshalb ist es wichtig, unbedingt darauf zu achten, dass man nicht nur das Erscheinungsjahr eines möglichen Nachdruckes eines (Standard)werkes notiert, sondern tatsächlich das Jahr seiner Erstveröffentlichung, bzw. das Erscheinungsjahr der benutzten Auflage.

Hat man nun mit Hilfe eines Handbuches ein oder zwei neuere Werke zum Thema ermittelt, so kann man bei einer systematisch aufgestellten Seminarbibliothek schauen, ob im Umkreis dieser Bücher weitere zum Thema stehen oder man kann mit Hilfe des OPAC (etwa der MGH) eine Bibliographie vervollständigen.

Dann sollte man im Rezensionsteil ausgewählter mediävistischer Zeitschriften nach Besprechungen der ermittelten Bücher schauen, denn diese können Aufschluss darüber geben, wie die Ergebnisse von der Forschung bewertet werden oder ob der Autor selbst vielleicht grundlegende Literatur nicht berücksichtigt hat, die man sich dann für seine eigene Bibliographie notieren muss. Außerdem muss der Besprechungsteil der letzten Jahrgänge der

Zeitschriften auf Neuerscheinungen zum Thema durchgesehen werden: hat eine Zeitschrift ein Register (wie z. B. das Deutsche Archiv für Erforschung des Mittelalters) oder ist sie im Internet publiziert mit Suchfunktion, beschleunigt dies die Recherche.

Weiterhin sollten in- und ausländische laufende Bibliographien wie das schon erwähnte Medioevo Latino, die französischsprachige Revue d'histoire ecclésiastique und die englische International Medieval Bibliography durchgesehen werden, um festzustellen, was im Ausland zum gestellten Thema publiziert wurde.

So wird man nach Durchsicht mehrerer Bücher, Zeitschriften und Bibliographien immer wieder auf dieselben (Standard)werke stoßen, daneben weitere ergänzen („Schneeballsystem") und gelangt allmählich zu einer immer vollständigeren Bibliographie.

Die einzelnen ermittelten Titel sollte man sich sorgfältig notieren mit Verfasservor- und -nachname, komplettem Titel und gegebenenfalls Untertitel oder Reihe, in der er erschienen ist, dem Erscheinungsjahr und -ort sowie der Angabe der Auflage. Man kann die Literatur auch auf dem PC mit einem Programm verwalten. Literaturverwaltungsprogramme sind zwar meist nicht zu **OPEN-ACCESS**-Bedingungen zugänglich, aber oft haben die Universitäten Campus-Lizenzen erworben, d. h. dass alle Studierenden nach Anmeldung diese Programme kostenlos nutzen können. Gängige Literaturverwaltungsprogramme sind: www.citavi.com (Deutsch), www.endnote.com (Englisch) und www.zotero.org (Firefox Extension; Englisch).

OPEN ACCESS bedeutet freier und unentgeltlicher Zugang zu wissenschaftlicher Literatur und Materialien im Internet. Ein wissenschaftliches Dokument kann unter Open-Access-Bedingungen von jedermann kostenfrei gelesen, geladen, gespeichert und ausgedruckt werden.

Der zweite Schritt ist nun, die gesammelte **wissenschaftliche Literatur** zu **lesen** und zu **verstehen**. Dies ist anfangs, nicht nur wegen der Fußnoten mit den Nachweisen, ungewohnt und benötigt am Beginn des Studiums Zeit, aber auch das geht nach einiger Zeit erfahrungsgemäß besser und schneller; deshalb sollte man sich auch hier nicht entmutigen lassen, denn selbst an die kursorische Lektüre eines fremdsprachigen Aufsatzes mit Hilfe eines zweisprachigen Wörterbuches wird man sich gewöhnen und je weiter man in ein Thema eindringt, desto öfter wird man auf schon bekannte Tatsachen und Zusammenhänge stoßen, die einem die Lektüre erleichtern und auch den fremdsprachigen Aufsatz verständlicher machen.

Um den Inhalt einer umfangreicheren Monographie „in den Griff" zu bekommen, sollte man sich das Inhaltsverzeichnis näher anschauen sowie Einleitung und Schluss lesen, denn so kann man sich ein ungefähres Bild vom Inhalt machen, ohne das ganze Buch von vorne bis hinten lesen zu müssen, denn oft sind es ja nur einige Kapitel oder gar Seiten, die für die eigene Arbeit von Interesse sind. Auch das **Register** eines Buches in Gestalt von Personen-, Ortsnamen- oder Sachregister kann, soweit vorhanden, einen schnellen Zugriff auf die interessierenden Passagen ermöglichen.

Am besten eignet man sich den Inhalt eines Aufsatzes oder Buches dadurch an, dass man die Fragestellung des Autors sowie den Gang seiner Argumentation stichpunktartig exzerpiert und auch die Ergebnisse mit wenigen Sätzen zusammenzufassen versucht, denn diese Notizen helfen, bei der Abfassung der Hausarbeit oder der Ausarbeitung des mündlichen Referats die einzelnen Forschungsergebnisse und Forschermeinungen zu rekapitulieren. Bei der Lektüre muss man sich auch immer wieder der eigenen Fragestellung für Referat oder Hausarbeit bewusst bleiben, damit man nicht, ohne es richtig zu bemerken, Zeit mit Lektüre über Dinge vertut, die nicht zum Thema gehören.

1.2.4 Das Internet und die neuen Medien

In den letzten Jahren hat sich das wissenschaftliche Arbeiten durch das Internet und elektronische Hilfsmittel sehr verändert und wird sich vermutlich in den kommenden Jahren auch noch weiter entwickeln. Mithilfe des World Wide Web, einschlägiger Suchmaschinen und den OPACs verschiedener Bibliotheken lassen sich innerhalb kurzer Zeit eine Fülle von Informationen zusammentragen, die allerdings für den Anfänger die Gefahr bergen, dass er diese nicht vernünftig einordnen oder auf ihren Wahrheitsgehalt prüfen kann, denn längst nicht alles, was im Online-Lexikon Wikipedia steht, ist zutreffend. So lässt sich beispielsweise aus einem über den OPAC ermittelten Titel nicht unbedingt erkennen, ob ein Werk über die „Reformen Nikolaus II." sich mit dem Papst des 11. Jahrhunderts beschäftigt (1058–1061) oder mit dem letzten russischen Zaren (1894–1917). Die Verlässlichkeit und Überprüfbarkeit der bibliographischen und inhaltlichen Angaben der gefundenen Informationen sind aber das A und O jeder wissenschaftlichen Arbeit.

Daher kommt es darauf an, die neuen Möglichkeiten klug zu nutzen und verstärkt einzusetzen, aber andererseits nicht jeder Information blind zu vertrauen, die man auf irgendeiner Internet-Seite findet.

Unbedingt sollte man sich informieren, welche elektronischen Hilfsmittel über die Universitätsbibliothek kostenlos zur Verfügung stehen (so beispielsweise meist der Migne → S. 168, die Acta sanctorum → S. 167 f. oder das Lexikon des Mittelalters → S. 170 f.) oder welche Lexika oder Bücher digitalisiert und damit über das Internet auch bequem von zu Hause nutzbar sind; in diesem Buch werden dazu immer wieder auch Hinweise gegeben.

Tipp

Hilfreich für den richtigen Umgang mit dem Internet bei der wissenschaftlichen Arbeit sowie für die Anfertigung von Hausarbeiten oder Referaten ist das an der Universität Tübingen erarbeitete Geschichtstutorium:
www.geschichtstutorium.uni-tuebingen.de

Die Vorlesungsmitschrift

1.2.5

Auch für die Mitschrift einer Vorlesung gilt zunächst die Ermutigung, dass man wie vieles andere im Studium mit der Zeit auch ein effizientes Mitschreiben lernt. Eine Faustregel dafür gibt es nicht, aber vielleicht einige kleine Tipps.

Gewisse **Vorkenntnisse**, die man sich mit Hilfe der meist von den Dozenten im kommentierten Vorlesungsverzeichnis gegebenen Literaturhinweise oder anhand von Handbüchern verschaffen kann, erleichtern das Verstehen und auch das Mitschreiben. Man sollte versuchen, in Stichworten oder Halbsätzen den Inhalt und den Gang der Argumentation einer Vorlesungsstunde festzuhalten; allerdings sollte man dabei darauf verzichten, Daten und Fakten der Ereignisgeschichte genau mitzuschreiben, denn diese können aus den einschlägigen Handbüchern leicht bei der Nachbereitung entnommen werden. Bei der Mitschrift sollte man einen breiten Rand und Zwischenraum lassen, um später Korrekturen z. B. von falsch verstandenen Begriffen oder auch Ergänzungen anbringen zu können. Da nur vom Hören allein zumindest beim Anfänger wenig von einer Vorlesung „hängen bleibt", ist eine **Nachbereitung** wichtig, die das Gehörte durch eigene Lektüre absichert und einprägt. Sie sollte bald nach der Vorlesungsstunde und nicht erst gegen Ende des Semesters unmittelbar vor einer Prüfung erfolgen, damit man den Vortrag besser in den Zusammenhang einordnen kann und auch eigene Fehler oder Lücken in der Mitschrift berichtigen und ergänzen kann. Auch aus diesem Grund ist es sinnvoll, seinen Stundenplan nicht zu überfrachten, denn Vor- und Nachbereitung braucht Zeit; gerade für den Anfänger ist es besser, im Zweifel eine Vorlesung im Semester weniger zu hören, aber dafür die anderen durch eigenes Studium intensiver verarbeiten zu können. Außerdem verliert man schnell den Zusammenhang, wenn man eine Vorlesung nicht regelmäßig besucht.

1.2.6 Die mündliche Prüfung

Die in fast jeder Studienordnung vorgesehenen mündlichen Prüfungen dienen der Selbstkontrolle und sollen dem Studenten zeigen, inwieweit er den Anforderungen seines Studienfaches gewachsen ist; außerdem wird man so auf die Prüfungssituation im Examen vorbereitet. Vor Beginn der **Prüfungsvorbereitung** sollte man sich genau nach den „Spielregeln" erkundigen, also der Dauer der Prüfung und vor allem den Anforderungen; diese können beispielsweise bei einer Vorlesungsprüfung darin bestehen, dass ein Überblickswissen über die Epoche erwartet wird, aus der das Prüfungsthema stammt oder aber vertiefte Kenntnisse über einen bestimmten Teil des Stoffes der Vorlesung. Man sollte mit dem Prüfer eine genaue Absprache über das Prüfungsthema treffen und wenn die Abgabe einer Literaturliste vor der Prüfung erwünscht oder verlangt ist, sollte diese nur die Titel enthalten, die man tatsächlich gelesen hat, denn nicht eine lange Literaturliste beeindruckt den Prüfer, sondern das Wissen des Kandidaten, und umgekehrt kann es zu bösen Überraschungen führen, wenn nach Dingen gefragt wird, die in den angegebenen, aber nicht gelesenen Bücher oder Aufsätzen behandelt werden.

Wie man für eine Prüfung oder für eine Klausur am besten lernt, ist individuell verschieden, und es ist auch unterschiedlich, ob man sich besser ganz allein vorbereitet oder gelegentlich mit anderen Studenten, die für dieselbe Prüfung lernen, trifft, um den Stoff durchzusprechen und damit auch den eigenen Lernfortschritt zu kontrollieren.

Die Bekämpfung der **Prüfungsangst** und Nervosität vor und in einer mündlichen Prüfung ist wichtig, gelingt aber dem Einzelnen natürlich unterschiedlich gut. Wenn es auch leichter gesagt als getan ist, so wird eine **Prüfung** doch meist um so besser, je ruhiger man ist und je souveräner man wirkt. Eine gute Vorbereitung zahlt sich immer aus! Man sollte positiv denken, d.h. versuchen, nicht darüber nachzudenken, was man alles nicht gelesen hat oder wie lange die Prüfungszeit ist, sondern sich gedanklich auf sein Thema konzentrieren. Die meisten Prüfer stellen keine unrealistischen Anforderungen an Studienanfänger, zumal eine solche Prüfung im Grundstudium ja noch nicht das Magister- oder Staatsexamen ist!

Viele Studenten machen am Anfang auch oft den Fehler, die gestellten Fragen nur mit wenigen Stichworten zu beantworten: man sollte aber immer versuchen, die Frage umfassend zu beantworten und die Dinge in einen Zusammenhang einzuordnen, nicht nur weil der Prüfer in dieser Zeit keine neue Frage „abschießen“ kann, die man vielleicht nicht beantworten kann, sondern auch um zu zeigen, dass man die Zusammenhänge verstanden hat und in der Lage ist, einen Sachverhalt darzustellen. Als Lehrer in der Schule ist es schließlich auch wichtig, den Schülern Zusammenhänge erklären zu können. Wenn man eine Frage gar nicht beantworten kann, sollte man dies auch ehrlich zugeben und nicht raten und „herumreden“, denn dadurch kann Zeit vergehen, in der man sein Wissen bei anderen Fragen hätte zeigen können.

Letztlich dient die mündliche Prüfung dazu, sich und dem Prüfer zu zeigen, dass man in der Lage ist, sich ein Thema zu erarbeiten und darüber kompetent Auskunft geben zu können.

Das Referat | 1.2.7

Im Proseminar oder der Übung, sicher aber im Hauptseminar ist es üblich oder mindestens erwünscht, dass die einzelnen Teilnehmer sich nicht nur an der Diskussion beteiligen, sondern auch ein Referat aus dem Stoff des Seminars übernehmen. Die zeitliche Dauer eines Referats wird vom Dozenten vorgegeben und bedingt damit auch den Umfang des Themas. Zur Vorbereitung muss man sich, wie bereits dargelegt, einen **Überblick** über sein Thema verschaffen, soweit sich dieser nicht aus der Veranstaltung ergibt; wichtig ist es auch, unbekannte Begriffe und ähnliches zu klären, denn ein Referat soll Information und Diskussionsgrundlage für die Veranstaltung sein. – „Man sollte wissen, über was man redet“, ist zwar eine Binsenweisheit, aber ernst zu nehmen, d. h. man sollte nicht Begriffe gebrauchen oder von Personen reden, über die man sich nicht selbst informiert hat, denn was man selbst nicht weiß, wissen die anderen Studenten vielleicht auch nicht. Wichtig ist eine klare **Gliederung des Referats**, die man zunächst schriftlich fixieren sollte. Zu den einzelnen Punkten der Gliederung muss man dann seine Stichworte notieren, mit deren Hilfe man in möglichst kurzen und verständlichen Sätzen seinen Vortrag hält. Dies gelingt sicher nicht jedem auf Anhieb; deshalb sollte man zur Vorbereitung z. B. „im stillen Kämmerlein“ oder vor Freunden eine „Generalprobe“ abhalten, nicht zuletzt auch, um die Zeit zu kalkulieren. Für den Anfänger ist es nämlich nicht einfach, abzuschätzen, ob die Gliederung und Stichpunkte, die man sich aufgeschrieben hat, einen viertel- oder halbstündigen Vortrag ergeben. Auch dies will gelernt sein. Hilfreich für beide Seiten, Referierenden und Zuhörer, ist es auch, ein **Thesenpapier** zu seinem Referat zu entwerfen, das beispielsweise die Gliederung des Vortrags oder einzelne Thesen oder auch wichtige Begriffe und Namen sowie benutzte Literatur enthalten kann. Das didaktische Geschick des einzelnen Studenten (wie auch der Dozenten) erweist sich gerade bei der mündlichen Vermittlung und ist nicht unwichtig für den Berufsweg, denn nicht nur der Lehrer muss seiner Klasse den Unterrichtsstoff „verkaufen“, auch in vielen anderen Berufen kommt es auf gute Präsentation an!

1.2.8 Die Klausur

Da fast jedes Examen auch eine schriftliche Klausur verlangt, ist es gut, schon während des Studiums die Möglichkeit zu nutzen, eine Klausur zu schreiben, da an deutschen Universitäten weniger geübt wird, einen „Essay“ zu verfassen als das etwa in den angelsächsischen Ländern der Fall ist. Man hat während des Studiums viel öfter die Gelegenheit, mit Hilfe von Fachliteratur eine Hausarbeit mit Fußnoten zu schreiben als eine Klausur. Je nach Studienordnung kann sogar die Examensklausur die erste Klausur nach dem Abitur sein, was dann natürlich besonders ungewohnt ist. Wenn also wenigstens auf freiwilliger Basis während des Studiums die Möglichkeit geboten wird, eine Klausur etwa zu einer Vorlesung oder einem Hauptseminar zu schreiben, sollte man das Angebot nutzen, denn es ist eine sinnvolle zusätzliche Vorbereitung auf das Examen.

Für die **Klausurvorbereitung** gilt das Gleiche wie für die mündliche Prüfung: man muss sich nach den „Spielregeln“ erkundigen, also der Dauer der Klausur und der Themenstellung (z. B. ein umfangreicheres Thema oder mehrere einfachere Fragen zum Stoff), und mit dem Dozenten die Anforderungen besprechen bzw. die Fachliteratur verabreden, die Grundlage für die Klausur ist. Auch die Frage, ob man sich ganz allein vorbereitet oder mit anderen Studenten, die für die gleiche Klausur lernen, Kontakt aufnimmt, muss hier wieder jeder für sich entscheiden.

Besteht **in der Klausur** die Wahlmöglichkeit zwischen zwei oder drei Themen, so ist in der Regel jedem schnell klar, welches Thema ihm mehr „liegt", d.h. wo er seine Kenntnisse besser anwenden kann. Hat man sich dann für ein Thema entschieden, so sollte man einige Zeit aufwenden für die Überlegung, wonach gefragt ist und was in den Essay hineingehört. Man sollte sich zunächst eine detaillierte Gliederung erarbeiten und auch überlegen, wie viel Zeit man für die Bearbeitung der einzelnen Punkte verwenden will. Auf keinen Fall sollte man einfach „drauflosschreiben", denn dann kann es leicht passieren, dass man sich bei einem Aspekt des Themas verzettelt, so dass man am Ende nicht mehr dazu kommt, die weiteren zu behandeln, oder dass man im Eifer des Gefechts wieder vergisst, was man noch behandeln wollte und sollte. Eine zu Beginn der Klausur schriftlich fixierte, klare Gliederung des Themas, (die man immer zusammen mit der Klausur abgeben sollte, auch wenn es nicht verlangt ist), bewahrt davor, Dinge zu vergessen und erlaubt eine bessere Kontrolle der Zeit, die man zur Verfügung hat, denn man sollte von dieser Gliederung ausgehend die einzelnen Kapitel mit Blick auf die Uhr schreiben. Es sollte auch nicht vergessen werden, dass genau wie bei der schriftlichen Hausarbeit der Stil sowie Rechtschreibung und Zeichensetzung und hier auch noch die Handschrift, sprich Lesbarkeit für den Prüfer, von Einfluss auf die Beurteilung der Klausur sind. Ein schlechter oder unverständlicher Stil sowie mangelhafte Rechtschreibung und Zeichensetzung können die Note herabsetzen! So ist es nicht nur für ein Studium der mittelalterlichen Geschichte, sondern überhaupt für ein geisteswissenschaftliches Studium unerlässlich, sich einen lesbaren Stil anzugewöhnen und eventuelle Mängel in Rechtschreibung und Zeichensetzung zu beseitigen.

Aus diesem Grund ist es auch wichtig, sich nach der Klausur oder Hausarbeit nicht nur seinen Schein abzuholen, sondern von der Möglichkeit Gebrauch zu machen, mit dem Prüfer über die eigene Leistung zu reden, denn so erfährt man von Schwächen oder Verständnisproblemen in der Arbeit; an diesen Schwächen kann man dann in den kommenden Semestern bis zum Examen arbeiten und sie beheben.

Die Hausarbeit 1.2.9

Bevor man mit der Arbeit an einer schriftlichen Hausarbeit beginnt, muss man sich beim Dozenten der Veranstaltung erkundigen, welchen Umfang sie haben soll und was zu beachten ist.

Tipp

10-Finger-System

Für ein geisteswissenschaftliches Studium und den späteren Beruf ist es von Wichtigkeit, schnell auf dem Computer schreiben zu können, also blind im 10-Finger-System. Im Internet gibt es kostenlose Selbstlernkurse, z. B. hier:
www.tipp10.de
www.freeware.de/download/tipp-kurs_10693.html

Die Arbeit selbst erfordert zunächst genau wie das Referat ein umfassendes **Bibliographieren**, das oben ja bereits erläutert wurde (→ S. 23 f.). Auch hier ist wiederum Sorgfalt und gute Arbeitsorganisation zeitsparend, d. h. man sollte sich die exakten Angaben zu jedem Titel vollständig und sorgfältig notieren, da man sie später im Literaturverzeichnis auch korrekt und vollständig zitieren muss und ein unvollständig notierter Titel eine erneute Bestellung des Buches erfordert. Wenn man sich Aufsätze für Hausarbeiten oder Referate aus Büchern kopiert, erspart man sich nachträgliche Arbeit, wenn man sich auf der Kopie die komplette bibliographische Angabe des Bandes, aus dem man kopiert, notiert. Dann entfällt späteres Rätselraten und Recherchieren, aus welchem Buch die jeweiligen Kopien stammen, da man bei verschiedenen Kopien mehrerer Aufsätze für verschiedene Veranstaltungen leicht den Überblick verliert.

Eine Hausarbeit oder Examensarbeit erfordert die Beachtung bestimmter **formaler Regeln**: Das **Titelblatt** enthält das Thema der Arbeit und den Namen des Verfassers (am besten mit Adresse, E-Mail-Adresse und Angabe des Studiensemesters), außerdem den Titel der Lehrveranstaltung, aus der die Arbeit hervorgegangen ist, und den Namen des Dozenten. Dann folgt das **Inhaltsverzeichnis** mit der genauen Gliederung und den Überschriften der einzelnen Kapitel der Arbeit. Es bleibt, wie auch in wissenschaftlichen Darstellungen, dem Verfasser überlassen, ob er nach dem Inhaltsverzeichnis das Abkürzungs- sowie Quellen- und Literaturverzeichnis folgen lässt oder ob er dies an den Schluss der Arbeit stellt.

Im alphabetisch geordneten **Abkürzungsverzeichnis** werden nur Abkürzungen aufgenommen, die man tatsächlich benutzt hat. Dies können Abkürzungen von wissenschaftlichen Reihen oder Zeitschriften sein wie „HZ" für die Historische Zeitschrift oder auch „Hg." für den Herausgeber einer Quelle oder eines Sammelbandes. Sinn und Zweck von Abkürzungen häufig verwendeter Begriffe oder Publikationen ist es, die Anmerkungen möglichst platzsparend zu gestalten. Wichtig ist es, die aufgeführten Abkürzungen dann in der Arbeit auch konsequent zu verwenden und nicht einmal „Hg.", dann wieder „Hrsg." zu schreiben. Fast jede wissenschaftliche Monographie enthält ein Abkürzungsverzeichnis, das man sich ansehen sollte, um sich die „Machart" einzuprägen, denn auch für die Hausarbeit gilt, dass häufige Lektüre wissenschaftlicher Literatur die Fähigkeit erhöht, selbst eine kleinere wissenschaftliche Arbeit zu schreiben und nach den formalen Regeln zu gestalten.

Sinn und Zweck des **Quellen- und Literaturverzeichnisses** sowie der Anmerkungen ist es, zu zeigen, auf welchen Grundlagen und Vorarbeiten die eigene Arbeit beruht und gleichzeitig für den Leser die Angaben, Ergebnisse und eigenen Urteile nachprüfbar zu machen. Um das Quellen- und Literaturverzeichnis sowie die Anmerkungen innerhalb der Arbeit korrekt zu gestalten, muss man die **Technik des Zitierens** lernen. Oberster Grundsatz ist hier die **Korrektheit** und **Vollständigkeit der Angaben** sowie **Einheitlichkeit in der Zitierweise**, während es in der Art und Weise, wie zitiert wird, eine gewisse Variationsmöglichkeit gibt. Aus diesem Grund sollte man sich schon bei der ersten Hausarbeit eine Zitierweise angewöhnen, die man auch bei weiteren Arbeiten einhält. Um dies an einem Beispiel zu illustrieren: ob man zu Beginn der bibliographischen Angabe im Literaturverzeichnis schreibt „Monika Mustermann," oder „Mustermann, Monika:" ist gleichgültig, es muss nur die eine oder die andere Variante eingehalten werden; den Erscheinungsort sollte man mit angeben, auch wenn dies in der Literatur unterschiedlich gehandhabt wird. Das Erscheinungsjahr muss immer mit angegeben werden.

Zur korrekten **bibliographischen Angabe** gehören der Vor- und Nachname des Verfassers des Buches oder des Aufsatzes in einem Sammelband bzw. einer Zeitschrift, nicht jedoch Titel wie Prof. oder Dr.; dann folgt der genaue Titel des Buches oder des Aufsatzes, gegebenenfalls mit einem Untertitel; dann muss das Erscheinungsjahr des Buches genannt werden, und bei einem Aufsatz aus einem Sammelband auch der/die Herausgeber des Sammelbandes und der genaue Titel dieses Bandes sowie die Seiten, auf denen der Aufsatz steht; bei einem Aufsatz in einer wissenschaftlichen Zeitschrift muss deren Name, Bandzahl und Jahrgang sowie die Seitenangabe genannt werden, in diesem Fall werden aber der oder die Herausgeber der Zeitschrift nicht genannt; bei Monographien und Sammelbänden kann die Angabe des Erscheinungsortes hinzutreten,

Abb. 3

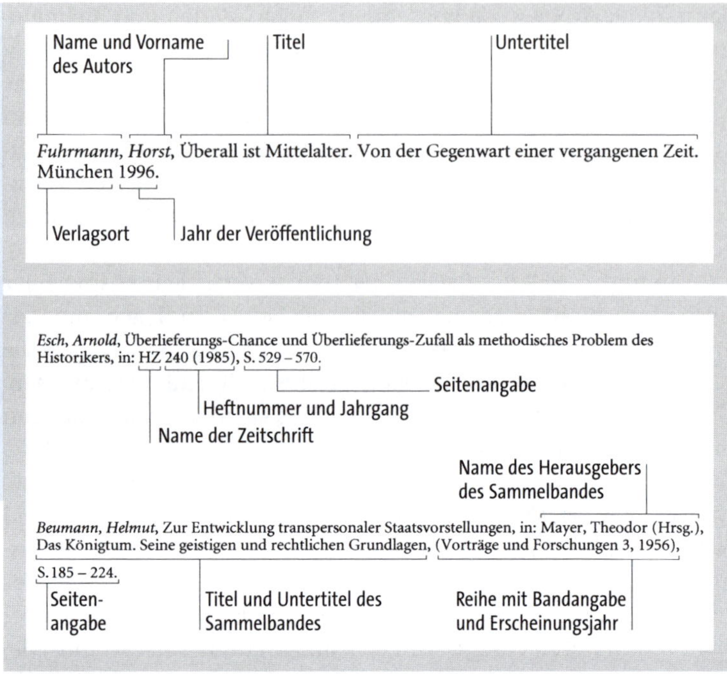

Die einzelnen Bestandteile einer korrekten bibliographischen Angabe.

Ein korrekt zitierter Zeitschriftenaufsatz und ein Beitrag in einem Sammelband.

allerdings nicht bei Zeitschriften; der Verlag, in dem ein Werk erschienen ist, wird in der Regel nicht genannt. Auf die Tatsache, dass unbedingt das exakte Erscheinungsjahr eines Buches genannt werden muss, und nicht nur das Jahr eines Nachdrucks, wurde bereits hingewiesen. (Das Erscheinungsjahr ist für den jeweiligen Forschungsstand bezeichnend.) Geordnet wird die Literatur nach der alphabetischen Reihenfolge der Verfasser der Monographien und Aufsätze.

Am Beginn des Literaturverzeichnisses steht zunächst das **Verzeichnis der Quellen** (zu Quellen → Kapitel 3.1. und 3.2., S. 123 ff.). Darin führt man in alphabetischer Reihenfolge die lateinischen Autoren und die Titel der Quellen auf; erst danach nennt man den Herausgeber, sprich Editor, sowie die Reihe (gegebenenfalls mit Bandzahl), in der die Quelle erschienen ist, dann folgen Erscheinungsort und Erscheinungsjahr.

Auch für das Quellen- und Literaturverzeichnis gilt, dass dort nur aufgenommen wird, was beim Abfassen der Arbeit tatsächlich benutzt und auch im Text und in den Anmerkungen verarbeitet wurde.

Für den Anfänger noch ungewohnt ist der **Anmerkungsapparat**, der charakteristisch für eine wissenschaftliche Arbeit ist. Anmerkungen stehen entweder unten „am Fuß“ einer Seite der Arbeit als **Fußnoten** oder am Ende der Arbeit als **Endnoten** und werden entweder seiten- oder kapitelweise durchgezählt. Die Anwendung von Fußnoten statt Endnoten ist lesefreundlicher, da man Text und Nachweise auf einem Blatt vor sich hat. Die Fußnotenverwaltung in den gängigen Textverarbeitungssystemen wie Word erleichtert heutzutage das Abfassen einer Hausarbeit mit Anmerkungsapparat, weil sie beispielsweise auch das Einschieben neuer Anmerkungen in den bereits geschriebenen und schon mit Fußnoten versehenen Text erlaubt. In den Anmerkungen werden die wörtlichen Zitate und sinngemäßen Übernahmen aus Quellen und Literatur nachgewiesen, auch Quellenstellen lateinisch zitiert oder die übereinstimmende oder kontroverse Meinung einschlägiger Autoren genannt. Zitate aus Quellen oder Literatur müssen immer als solche durch Anführungszeichen kenntlich gemacht und nachgewiesen werden, dies erfordert die wissenschaftliche Redlichkeit.

Um die Anmerkungen so ausführlich wie nötig, aber so knapp wie möglich zu halten, benutzt man **Kurztitel**, also für „Hartmut Boockmann, Einführung in die Geschichte des Mittelalters, München 1978“ z.B. „Boockmann, Einführung S. 1“, und gibt nicht in jeder Anmerkungen wieder die gesamte bibliographische Angabe, denn die steht ja im Literaturverzeichnis. Ein solcher Kurztitel kann entweder aus dem oder den ersten beiden Worten des Titels bestehen (wie im gerade genannten Beispiel) oder ein bis zwei sinntragende Wörter des Titels enthalten, also stattdessen „Boockmann, Mittelalter S. 1“, da sich hieraus klarer ergibt, dass es ein Titel zum Mittelalter ist, denn das Wort „Einführung“ ist weniger aussagekräftig. Stattdessen kann ein Kurztitel auch aus der Angabe „Boockmann, (wie Anm. 1) S. 1“ oder aus „Boockmann, Einführung (wie Anm. 1) S. 1“ bestehen. Genau wie die Form der bibliographischen Angabe bleibt dies dem Verfasser der Hausarbeit überlassen, es muss nur ein System konsequent angewendet werden.

Inhalt und Aufbau einer Hausarbeit sind je nach Thema verschieden; in jedem Fall muss in einer Einleitung die Fragestellung genannt und erläutert werden sowie gegebenenfalls die These, mit der man sich auseinander setzt. Die weitere Gliederung ergibt sich dann aus dem gestellten Thema unter Einbeziehung der maßgeblichen Quellen dazu; man sollte aber nicht versäumen, in einer

Schlusszusammenfassung noch einmal die Ergebnisse der Arbeit zusammenzufassen. Ein klarer Aufbau und eine gute Gedankenführung sind wichtig und sorgen dafür, dass man die gewünschte Länge der Hausarbeit nicht um viele Seiten überschreitet, was in der Regel einen Prüfer nicht begeistern wird, denn es kommt nicht auf die Länge der Arbeit, sondern auf die intelligente Bewältigung des gestellten Themas an!

1.3 | Vom Ziel und Zweck des Geschichtsstudiums

Im ersten und zweiten Teil dieses Kapitels war ausschließlich vom äußeren Ablauf des Studiums sowie von Fragen der Arbeitsorganisation und der Prüfungssituation die Rede. Wir müssen uns aber nun der Frage nach Sinn und Zweck eines Geschichtsstudiums zuwenden sowie dem Ziel des Studiums, wenngleich hier aus Platzgründen nur kurzgefasste theoretische Überlegungen angestellt werden können. Einige praktische Hinweise zu einem zielorientierten Studium, das schon früh im Hinblick auf einen späteren Berufswunsch aufgebaut werden sollte, schließen sich an.

1.3.1 | Sinn und Zweck des Geschichtsstudiums

Relativ gut beantworten lässt sich die Frage, was denn **der praktische Nutzen** eines Studiums der Geschichte, zumal der mittelalterlichen Geschichte ist. Die Methode der Geschichtswissenschaft erlernt zu haben und die Fähigkeit, mit wissenschaftlicher Literatur und den Quellen umgehen zu können, d. h. zu einem Thema zu bibliographieren, die Literatur kritisch zu lesen und in schriftlicher oder mündlicher Form die Ergebnisse der eigenen Recherchen präsentieren zu können, lässt sich in verschiedenen Berufen einsetzen, ob als Lehrer in der Schule oder als Wissenschaftlerin in Archiv und Museum, ob als Mitarbeiter im Kulturteil einer Zeitung oder als Lektorin in einem Verlag. Gute Examensnoten und zusätzliche Qualifikationen wie Fremdsprachen- und Computerkenntnisse erhöhen den „Marktwert" des Kandidaten und verweisen darauf, dass ein wissenschaftliches Studium über das enge Fachwissen hinaus für die Ausübung verschiedener Berufe befähigt. Die Beschäftigung mit einer Epoche, die in vieler Hinsicht „anders" war als unsere Zeit, erweitert den Horizont und schärft das Bewusstsein, beispielsweise für die mittelalterlichen Überreste in einer Stadt oder die aus dem Mittelalter stammenden Strukturen der Universität.

Nicht mit wenigen Sätzen zu beantworten ist dagegen die Frage nach dem ideellen Nutzen sowie dem **Sinn und Zweck eines Geschichtsstudiums**.

Die Gründe, die einen Abiturienten und eine Abiturientin bewogen haben, sich für ein Studium der Geschichte zu entscheiden, sind sicher individuell verschieden, genau wie das Interesse an den einzelnen Teilgebieten Alte Geschichte, Mittelalter oder Neuere und Neueste Geschichte; ein grundsätzliches Interesse an der Vergangenheit ist aber bei jedem vorauszusetzen.

Innerhalb der Geschichtswissenschaft beschäftigt sich eine eigene Forschungsrichtung mit den theoretischen und methodischen Eigenarten des Faches, mit der Relevanz für die Gesellschaft und den Charakteristika, die das Fach zur Wissenschaft machen und von anderen Nachbardisziplinen abgrenzen. Diese **„Selbstreflexion der Geschichtswissenschaft“** (Jörn Rüsen) ist sowohl für die historische Forschung zur Standortbestimmung und für ihr Selbstverständnis wichtig, aber auch für den einzelnen Geschichtsstudenten. Die Auseinandersetzung mit der Fülle geschichtstheoretischer Literatur fällt dem einen leichter als dem anderen und stößt auch auf unterschiedlich großes Interesse, dennoch ist es nötig, sich während seines Studiums damit auseinander zu setzen. An dieser Stelle können und sollen allerdings nur einige Erläuterungen gegeben werden.

Das deutsche Wort „**GESCHICHTE**“ leitet sich vom althochdeutschen *giskehan* ab, während in den meisten anderen europäischen Sprachen der aus dem Griechischen ins Lateinische übernommene Begriff **HISTORIA** vorkommt. Schon der griechische Philosoph Aristoteles (384–322 v. Chr.) bezeichnete damit die Erforschung der Vergangenheit und ihre Darstellung. Der heutige Geschichtsbegriff meint zum einen das Geschehen selbst, und zum anderen die wissenschaftliche Erforschung und Darstellung unserer Geschichte, d. h. unserer Vergangenheit.

GESCHICHTE
von althochdt. *giskehan* = eilen, geschehen.

HISTORIA
von griech. *historia* = das Erforschen, die Erkundigung, durch Nachfragen erfahrenes Wissen.

Wir müssen uns bewusst machen, dass jeder Einzelne eingebunden ist in verschiedene „Geschichten“, in seine eigene Lebens„geschichte“, die seiner Familie, seines Wohnortes etc. Dieses Umfeld prägt das eigene Geschichtsbewusstsein und hat Auswirkungen auf das Geschichtsverständnis, wie die Geschichtswissenschaft des 20. Jahrhunderts herausgearbeitet hat. Im Mittelalter und noch im 19. Jahrhun-

Abb. 4

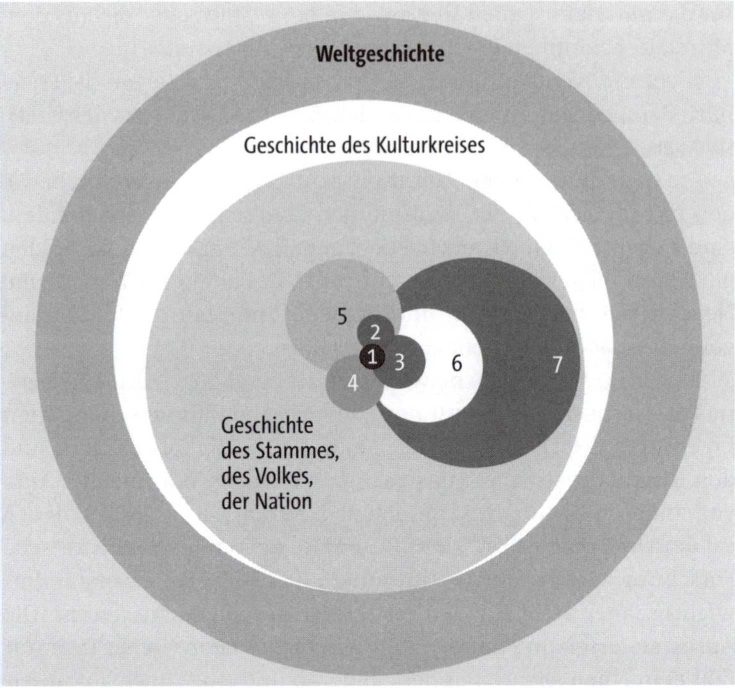

Jeder Mensch ist in verschiedene „Geschichten" eingebunden.

1 Persönliche Lebensgeschichte
2 Geschichte der Familie
3 Geschichte der Nachbarschaft
4 Geschichte der Arbeitsstätte
5 Geschichte des Wohnortes
6 Geschichte der Klasse, des Standes, des Geschlechts
7 Geschichte der Region

dert hatte man die Vorstellung von einer feststehenden Geschichte, deren Erforschung zu einem endgültigen Ergebnis führe. Dass die Geschichtsbilder, die eine Gesellschaft hat oder vielmehr sich schafft, einem dauernden Wandel unterliegen, wurde dabei ignoriert. Demgegenüber formulierte der Mediävist Johann Huizinga bereits 1930: „Geschichte ist die geistige Form, in der sich eine Kultur über ihre Vergangenheit Rechenschaft gibt", und Edward Carr bezeichnete 1961 Geschichte als „einen unendlichen Dialog zwischen der Gesellschaft der Gegenwart und der Gesellschaft der Vergangenheit".

Aus diesen in grober Vereinfachung und Verkürzung gebotenen theoretischen Überlegungen zum Fach Geschichtswissenschaft ergibt sich, dass ein Geschichtsstudium die „Einführung in die wissenschaftliche Aufarbeitung der Vergangenheit, aber auch eine Reflexion des eigenen Vorgehens" zum Ziel hat (Hans-Werner Goetz). Die Erarbeitung von Hintergrundwissen, Fragen und Problemen sowie Aussagemöglichkeiten und -grenzen an exemplarischen Themen sollen im Endeffekt dazu führen, dass der Student nicht nur ein historisch-kritisches Bewusstsein entwickelt, sondern auch die so erworbenen Fähigkeiten selbstständig auf andere Themen anwenden kann. Auch wenn nach diesen Definitionen kein fester Kanon historischer Daten und Fakten im Vordergrund des Studiums steht wie im Geschichtsunterricht und im Geschichtsstudium früherer Zeiten, bleibt festzuhalten, dass ein gutes historisches Allgemeinwissen und ein Überblick über die einzelnen Epochen dabei hilft, sich Themen gezielter zu erarbeiten und die Vergangenheit besser zu verstehen.

Was nun konkret den **Nutzen eines Studiums der mittelalterlichen Geschichte** anbelangt, so ist zunächst darauf hinzuweisen, dass die Geschichte des Mittelalters zu unserer **Vorgeschichte** gehört, d. h. dass wir die Entwicklung der kirchlichen Strukturen oder manche der baulichen und rechtlichen Strukturen einer Stadt nur aufgrund unserer Kenntnisse über die Entwicklung im und seit dem Mittelalter verstehen können. Zum Verständnis des Mittelalters gehört aber umgekehrt auch seine **Andersartigkeit** im Vergleich zur heutigen Zeit, und es bedarf einer sorgfältigen wissenschaftlichen Aufarbeitung, um ein Bild vom Mittelalter zu entwickeln, das den damaligen Bedingungen und Vorstellungen gerecht wird und nicht Klischees bedient oder fehlerhafte Rückprojektion darstellt. So hat die Erforschung des Mittelalters auch eine **kritische Funktion**, denn die romantische Verklärung des Mittelalters im 19. Jahrhundert beispielsweise beruhte nicht auf wissenschaftlichen Erkenntnissen, sondern auf Mythen- und Legendenbildung. Historische Fehlurteile sind aber nicht nur in der Neuzeit gefällt worden, schon im Mittelalter selbst und dann in der frühen Neuzeit während der Reformation sind solche Legendenbildungen festzustellen; deshalb muss man sich immer der Zeitgebundenheit des eigenen Bildes und der eigenen Vorstellungen vom Mittelalter bewusst bleiben.

Gerade angesichts des großen öffentlichen Interesses an Ausstellungen, Büchern oder Fernsehsendungen zu Themen der mittelalterlichen Geschichte ist der Mediävist und die Mediävistin gefragt, damit ein Mittelalterbild vermittelt wird, das dem fachwissenschaftlichen Kenntnisstand entspricht und das Verständnis für diese andersartige Zeit und Gesellschaft fördert. – Wenn der oft strapazierte Ausspruch von den „mittelalterlichen Zuständen" oder „mittelalterlichen Verhältnissen" aus unserem Sprachgebrauch verschwinden würde, wäre dies ein Indiz für gelungene Vermittlung der mittelalterlichen Geschichte in weiteren Kreisen; einem fortgeschrittenen Studenten der Mediävistik wird dieser Satz jedenfalls nicht mehr über die Lippen kommen!

1.3.2 Praktika zur Berufsfindung und Berufsperspektiven

Man möchte annehmen, dass eine Abiturientin oder ein Abiturient, die sich an einer Universität für ein Studienfach wie Geschichte einschreiben, eine relativ klare Vorstellung von dem Beruf haben, den er oder sie nach Abschluss seines Studiums ausüben möchte; dies ist allerdings nicht immer der Fall, und häufig herrschen während einer längeren Studienzeit relativ unklare Vorstellungen darüber, was man nach dem Examen eigentlich machen möchte oder könnte. Außerdem wird in diesen Zeiten, in denen es für Geisteswissenschaftler immer schwieriger wird, eine Stelle zu finden, vom Einzelnen eine größere Flexibilität verlangt, notfalls auch einen Beruf zu ergreifen, den er sich am Beginn seines Studiums nicht vorgestellt hatte, denn allein die Prognosen der vergangenen beiden Jahrzehnte in den einzelnen Bundesländern über den zukünftigen Lehrerbedarf zeigen, dass am Ende eines fünf- bis sechsjährigen Studiums die Situation auf dem Arbeitsmarkt ganz anders sein kann als zu Beginn prognostiziert.

Man sollte versuchen, in den Semesterferien Praktika in verschiedenen Berufen zu machen, um zu sehen, ob die Vorstellungen, die man von einem bestimmten Beruf hat, auch der Realität entsprechen und ob man sich dafür eignet. Bei den Lehramtsstudiengängen werden in den einzelnen Bundesländern inzwischen häufig Schulpraktika in der Studienordnung sogar vorgeschrieben. Da neben der Schule vor allem Archive und Museen wichtige Arbeitsfelder für den Historiker sind, empfiehlt es sich bei Interesse, auch dort ein Praktikum zu machen. Sollte einem das Archiv oder Museum als zukünftiger Arbeitsplatz nach dem ersten Praktikum besonders zusagen, sollte man es nicht nur bei einem Praktikum belassen, denn für spätere Bewerbungen nach dem Examen könnte sich dies günstig auswirken, da der Bewerber damit sein besonderes Interesse an diesem Beruf signalisiert und auch bereits einen gewissen Einblick in die Arbeit vorweisen kann. Dies gilt natürlich auch für andere Berufe wie das Verlagswesen oder die Zeitung. Teilweise bieten die Fachschaften der einzelnen Universitäten Informationen zu möglichen Praktikumsplätzen an; sonst muss man sich über das Internet die einschlägigen Adressen von Archiven, Museen oder Firmen „besorgen".

Bislang noch nicht erwähnt bei den Berufsperspektiven des Historikers wurde die Weiterqualifikation und Arbeit an der Universität selbst. Die Promotion ist etwa für die gehobene Laufbahn im Archivdienst Voraussetzung. Ob eine herausragende Befähigung zum wissenschaftlichen Arbeiten vorhanden ist und wie aussichtsreich eine entsprechende Qualifikation ist, wird der fortgeschrittene Student selbst und unter Anleitung eines akademischen Lehrers erkennen; dies soll deshalb hier nicht Gegenstand eines „Leitfadens" für Studienanfänger sein, aber doch der Vollständigkeit halber erwähnt werden.

Das „Mittelalterliche" im Studienalltag | 1.4

Kaum eine Institution in unserer heutigen Gesellschaft hat in ihrer Struktur soviel „Mittelalterliches" bewahrt wie die Universität. Sie formierte sich seit dem 12. Jahrhundert, wobei Lehrende und Lernende sich zunächst auf den Straßen, in Professorenwohnungen oder Kirchen trafen, um zu **DOZIEREN** und zu **DISPUTIEREN**, bis man sich schließlich zusammenschloss und Räume anmietete, womit sich die *universitas magistrorum et scholarum* zu institutionalisieren begann. Dies geschah zunächst in großen Städten wie Bologna (1088), Paris (um 1150) oder – als erster deutscher **UNIVERSITÄT** – in Prag (1348). Dass daher die meisten Begriffe, mit denen wir zu Studienbeginn konfrontiert werden, aus dem 12./13. Jahrhundert stammen und folglich aus dem Lateinischen als der damaligen internationalen Wissenschaftssprache kommen, ist sicher nicht jedem bewusst.

DOZIEREN von latein. *docere* = lehren.
DISPUTIEREN von latein. *disputare* = genau erwägen, erörtern.
UNIVERSITÄT von latein. *universitas magistrorum et scholarum* = die Gemeinschaft der Lehrer und Schüler.

Die *universitas* wurde anfangs auch als **STUDIUM GENERALE** bezeichnet, während wir heute Veranstaltungen für Hörer aller Fakultäten oder interessierte Laien als **Studium generale** bezeichnen. Schon im Mittelalter war die Universität nach **FAKULTÄTEN**, d.h. Fächern untergliedert und die Lehrenden waren *magistri*, *doctores* oder *professores*. Noch heute bezeichnen die Titel **MAGISTER** und **DOKTOR** die Absolventen der beiden Stufen der akademischen Prüfungen (mit M.A. für Magister Artium bzw. Dr. abgekürzt), während der Titel **PROFESSOR** den Inhaber eines Lehrstuhls meint, für den auch die Bezeichnung **ORDINARIUS** verwendet wird, um auszudrücken, dass er im Unterschied etwa zu anderen, denen man den Professorentitel ehrenhalber verliehen hat, ordnungsgemäß von der Universität auf einen Lehrstuhl berufen wurde. Wer im Mittelalter an einer Universität ein **EXAMEN** abgelegt hatte, durfte sich *magister*

STUDIUM GENERALE von latein. *studium generale* = allgemeines Streben.
FAKULTÄT von latein. *facultas* = Befähigung, Talent.
MAGISTER von latein. *magister* = Meister, Vorsteher.
DOKTOR von latein. *doctor* = Lehrer.
PROFESSOR von latein. *profiteri* = bekennen, d.h. für eine bestimmte Lehre, ein bestimmtes Fach eintreten.
ORDINARIUS von latein. *ordinarius* = der Ordnung, Reihenfolge gemäß.
EXAMEN von latein. *examen* = Prüfung.

STUDENT von latein. *studere* = eifrig sich bemühen, lernen.

MATRIKEL von latein. *matricula* = Liste, Verzeichnis.
STIPENDIUM von latein. *stipendium* = Unterstützung, Beistand.
SEMESTER von latein. *semestre tempus* = halbjährliche Zeit.
REKTOR von latein. *rector* = Lenker, Leiter.
KANZLER von latein. *cancellarius* = Leiter der Kanzlei.
DEKAN von latein. *decanus* = Vorgesetzter von 10 Mann.
latein. *licentia ubique docendi* = Recht überall und damit auch an einer anderen Universität zu lehren.
PROMOTION von latein. *promovere* = fortbewegen.
ASSISTENT von latein. *assistere* = helfen.
HABILITATION von latein. *habilis* = fähig.
SEMINAR von latein. *seminarium* = Pflanzschule.
TUTORIUM von latein. *tueri* = für etwas sorgen, sich einer Sache annehmen.
COLLOQUIUM von latein. *colloquium* = Unterredung.
REPETITIONSKURS von latein. *repetere* = wieder in Angriff nehmen.
KOMMILITONE von latein. *cum* = mit, *miles* = Soldat.

nennen und seinerseits examinieren. Die mittelalterliche Bezeichnung *scholares* für Lernende findet sich heute im Wort „Schüler" wieder, während die Lernenden an der Universität heute als **STUDENTEN** bezeichnet werden.

Schon im Mittelalter bestand die Verpflichtung, sich in das Verzeichnis der Universitätsangehörigen einzuschreiben; bei der großen Anzahl an Studenten, die heute jede Universität verzeichnet, erhält jeder neue Student eine eigene **Matrikelnummer** und eine **Immatrikulationsbescheinigung** und ist sich dabei sicher selten der Tatsache bewusst, dass die Aufnahme an einer Universität schon im Mittelalter ähnlich war. Die erhalten gebliebenen mittelalterlichen **MATRIKEL** einzelner Universitäten sind wertvolle Quellen zur Erforschung beispielsweise der regionalen Herkunft der Studenten im Mittelalter. Ein armer Student konnte auch damals auf ein **STIPENDIUM** hoffen, das ihm das Studieren ermöglichte. Der Begriff **SEMESTER** für das akademische Studienhalbjahr begegnet uns erst in der Neuzeit, genauer gesagt seit 1514.

An der Spitze der Lehrenden und aus ihrem Kreise gewählt wurde bereits im Mittelalter der **REKTOR**; ihm zur Seite stand der **KANZLER**, der im Mittelalter immer eine kirchliche Amtsperson war und Garant der rechten Lehre, d.h. die Kontrollinstanz der Kirche über Lehrinhalte und Lehrbücher. Heute ist der Kanzler der „Chef" der Verwaltung einer Universität und sehr oft ein Jurist. Der **DEKAN** steht heute an der Spitze einer jeden Fakultät.

Die Verleihung des Doktorgrades war im Mittelalter die *licentia ubique docendi*. Das Verfahren selbst bezeichnet man als **PROMOTION**. Dem Professor zur Seite steht heute der **ASSISTENT**, in der Regel ein Doktor, der sich auf die dritte akademische Prüfung, die **HABILITATION** vorbereitet, die ihn befähigen soll, an einer anderen Universität Professor zu werden.

Auch die letzten Begriffe, die hier genannt werden sollen, kommen aus dem Lateinischen: **SEMINAR** bezeichnet sowohl das Institut der Universität, an der Geschichte (oder Germanistik o.ä.) gelehrt wird, als auch Lehrveranstaltungen, und **TUTORIUM**, **COLLOQUIUM** sowie **REPETITIONSKURS** charakterisieren weitere Veranstaltungstypen, die oben bereits behandelt wurden (→ S. 13). Die Mitstudenten werden als **KOMMILITONEN** bezeichnet.

Wem nach so viel Latein der Kopf schwirrt, sollte sich damit trösten, dass er diese Begriffe im Laufe seines Studiums so oft hören

Abb. 5

Mittelalterliche Studenten, Miniatur aus der 2. Hälfte des 14. Jhs.

wird, dass er ihre Bedeutung bald kennt. Dieses kleine Kapitel sollte jedenfalls zeigen, wie viel „Mittelalterliches" in unserem (Studien-) Alltag noch steckt – und wie nützlich, um nicht zu sagen unerlässlich Lateinkenntnisse für ein Studium der mittelalterlichen Geschichte sind!

Aufgaben zum Selbsttest

- Skizzieren Sie die verschiedenen Lehrveranstaltungen, unter denen Sie im Rahmen Ihres Geschichtsstudiums auswählen können.
- Worauf sollte man bei der Erstellung eines Semesterstundenplans achten?
- Was ist ein wissenschaftlicher Katalog und welche Arten gibt es?
- Wie bibliographiert man umfassend zum Thema einer Hausarbeit oder eines Referats?
- Benennen Sie die wichtigsten Kategorien wissenschaftlichen Schrifttums.
- Referat, Klausur, Hausarbeit: Was ist jeweils besonders zu beachten?

Literatur

Niels Freytag/Wolfgang Piereth, **Kursbuch Geschichte**. Tipps und Regeln für wissenschaftliches Arbeiten, 4. Aufl., Paderborn 2009.

Stuart Jenks / Stephanie Mara, **Internet-Handbuch Geschichte**, Köln 2001.

Rainer A. Müller, **Geschichte der Universität**. Von der mittelalterlichen Universitas zur deutschen Hochschule, München 1990.

Wolfgang Schmale, **Schreib-Guide Geschichte**. Schritt für Schritt wissenschaftliches Schreiben lernen, Neuauflage, Wien u. a., 2006.

Volker Sellin, **Einführung in die Geschichtswissenschaft**, 2. Aufl., Göttingen 2008.

Mittelalterliche Geschichte: Grundzüge der Epoche

2

Überblick

Wir haben bereits im ersten Kapitel gesehen, dass Lebensordnungen des Mittelalters noch Teil unserer heutigen Existenz sein können, so wie sich oft auch ein heutiges Stadtbild aus der städtebaulichen Entwicklung im und seit dem Mittelalter erklärt. Während dies einerseits ein Anreiz für das Studienfach Mittelalterliche Geschichte sein müsste, stellt sich für den Studienanfänger aber andererseits häufig das Problem, dass er über diese Epoche aus dem Geschichtsunterricht wenig oder gar nichts mehr erinnert. Auch das Latein, in dem die meisten Quellen geschrieben sind, wirkt abschreckend, und man meint, dass das Denken und Handeln von Personen der neueren oder neuesten Geschichte einfacher zu verstehen ist, zumal wenn in diesem Bereich die Vorkenntnisse größer sind. Der „Mittelalter-Boom" der letzten Jahrzehnte – u. a. ausgelöst durch Umberto Ecos 1980 erschienenen mittelalterlichen „Klosterkrimi" *Der Name der Rose* mit Millionenauflage und zahlreiche erfolgreiche Mittelalter-Ausstellungen – hat aber gezeigt, dass es ein großes allgemeines Interesse an dieser längst vergangenen Zeit und fremden Welt gibt. Für deren Erforschung und Vermittlung haben der Mediävist und die Mediävistin eine wichtige Funktion, denn die Historiker sollen den Menschen der Vergangenheit gerecht werden, indem sie ihre Lebensbedingungen und ihr Weltbild in Erfahrung bringen und ihren Horizont zu rekonstruieren versuchen, um es der interessierten Öffentlichkeit im Rahmen verschiedener Berufe zu vermitteln. Dass dies nur gelingen kann mit elementaren Kenntnissen z. B. über die wirtschaftlichen und gesellschaftlichen Verhältnisse der Zeit, versteht sich von selbst, und deshalb soll in diesem Kapitel für die einzelnen Bereiche knapp dargestellt werden, mit welchen Sachverhalten und mit welchen Problemen es der Mittelalterhistoriker zu tun hat.

2.1 Die Periodisierung des Mittelalters und das Zeit- und Weltverständnis im Mittelalter

2.1.1 Die Periodisierung des Mittelalters

Der Begriff **MITTELALTER** ist die deutsche Übersetzung der lat. Bezeichnungen *medium aevum* oder *media aetas*.

Die **HUMANISTEN** des 14.–16. Jahrhunderts waren Gelehrte, die eine von der heidnischen Antike beeinflusste Lebensanschauung vertraten, die den Menschen in den Mittelpunkt stellte.

Wenn wir vom Mittelalter sprechen, meinen wir grob die Zeit zwischen 500 und 1500, die Epoche zwischen der Antike und der Neuzeit. Dabei ist beides, der Begriff wie die Zeitangabe, eine Verlegenheitslösung: Der Begriff **MITTELALTER** begegnet uns zuerst bei den **HUMANISTEN** gegen Ende des 15. Jahrhunderts, die das Gefühl hatten, in einer neuen, besseren Zeit zu leben, und die andererseits in den geistigen Errungenschaften der Antike ihr Ideal gefunden hatten – dazwischen lag für sie das Mittelalter. Im 17. Jahrhundert wurde diese **Periodisierung** dann in einem weit verbreiteten Schulbuch der damaligen Zeit für die Geschichte wiederaufgenommen: Christoph Cellarius (1638–1707), ein Schulmeister aus Zeitz, der eigentlich Keller hieß, seinen Namen aber nach Gelehrtenart latinisiert hatte, verfasste eine *Historia medii aevi a tempore Constantini Magni ad Constantinopolim a Turcis captam*, ein Geschichtsbuch, das die Zeit von ca. 312–1453 behandelte, also vom Sieg Konstantins des Großen an der Milvischen Brücke bis zum Fall Konstantinopels an die Türken.

Der Begriff „Mittelalter“ ist demnach entstanden aus einer Mischung von Verlegenheit und Geringschätzung (bei den Humanisten), er wird aber heute bewusst angewendet und befürwortet, weil er inhaltlich offen ist und diese Epoche nicht auf eine bestimmte Sichtweise festlegt, so wie dies die von marxistischen Historikern statt „Mittelalter“ verwendete Bezeichnung „Zeitalter des Feudalismus“ tut. Dieses von *feudum* (=*Lehen*) abgeleitete Wort bedeutet eigentlich nichts anderes als Lehnswesen und reduziert damit die gesamte Epoche auf einen einzigen Aspekt, nämlich auf den Bereich rechtlicher Beziehungen zwischen Königtum und Adel (→ dazu Kapitel 2.6, S. 104 ff.). Gerade nach den letzten Jahrzehnten, in der die Mittelalterforschung sich neue Themen wie z. B. die Alltagsgeschichte, die Frauengeschichte oder auch die Mentalitätsgeschichte erschlossen hat (→ Kapitel 5.5, S. 251 ff.), erscheint aber eine auf einen Aspekt reduzierte Epochenbezeichnung nicht mehr als angemessen. Das Wort „Mittelalter“ erfüllt somit eine Hilfsfunktion für Bibliotheken, die akademische Lehre und die wissenschaftliche Literatur, um eine Epoche zu bezeichnen und abzugrenzen, die sich in verschiedener

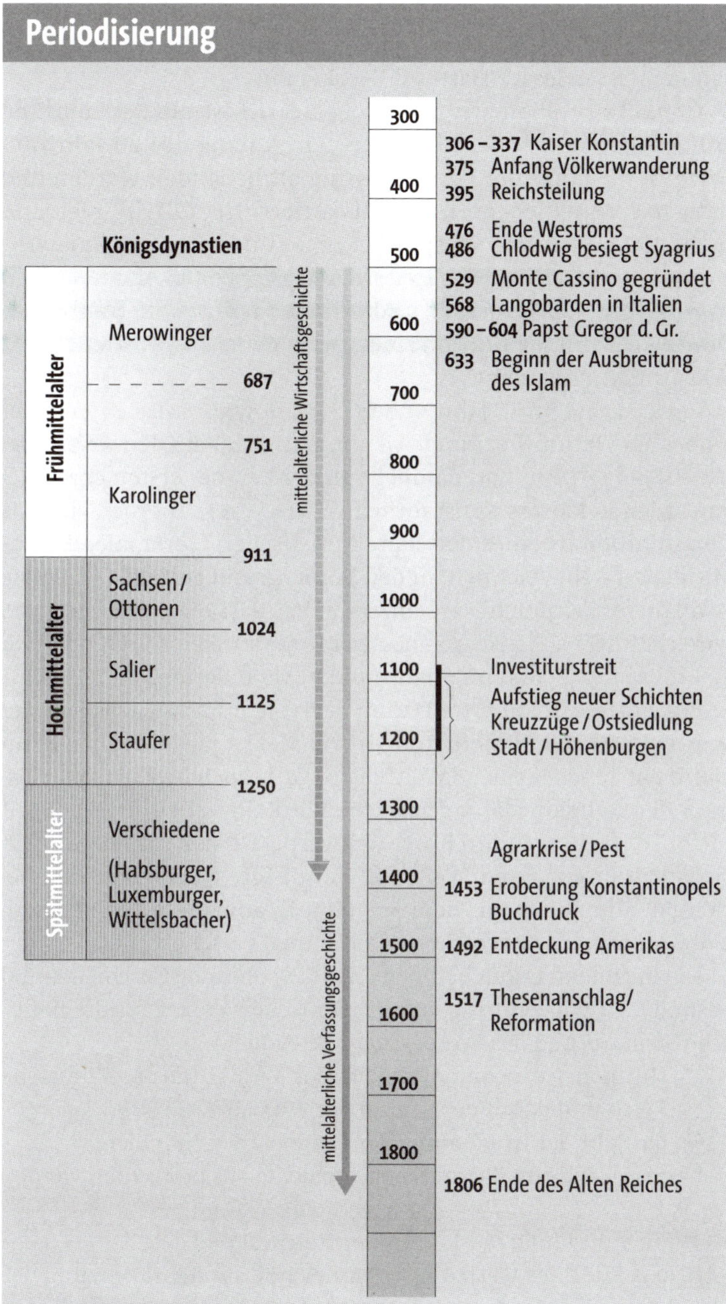

Abb. 6

Das Mittelalter zwischen Antike und Neuzeit.

Diskussion um Anfang und Ende des MA

Hinsicht von der vorhergehenden und der nachfolgenden unterscheidet – es ist „ein Wort, mit dem sich Ähnliches locker zusammenfassen lässt“ (Hartmut Boockmann).

Genauso problematisch wie der Begriff ist die Bestimmung von **Anfang und Ende des Mittelalters**. Am Anfang des 20. Jahrhunderts ist die Frage der Periodisierung oft behandelt worden und man hat verschiedene Daten diskutiert. Heute tritt niemand mehr für bestimmte Zeitpunkte ein, zum einen weil man erkannt hat, dass die Charakteristika der Epoche in einem langen Prozess entstanden sind, und zum anderen weil bestimmte Daten sich immer nur an einem einzigen Aspekt orientieren. Was ist damit gemeint?

Anfang

Cellarius hat im 17. Jahrhundert seine *Historia medii aevi* mit dem frühesten Datum beginnen lassen, das man für den **Anfang des Mittelalters** genannt hat, nämlich mit der Zeit des ersten christlich gewordenen Kaisers Konstantin d. Gr. (**312 – 337**). Hierbei wird das Christentum als eines der charakteristischen Merkmale, die das Mittelalter kennzeichnen, in den Vordergrund gestellt. Gegen die Wahl dieses Zeitpunktes ist einzuwenden, dass die politischen und wirtschaftlichen Strukturen noch ganz die antiken waren und sich erst im späten 5. und im 6. Jahrhundert veränderten.

Ein anderes diskutiertes Datum ist das Jahr **622/623**, das Jahr der **Hedschra**, der Flucht Mohammeds von Mekka nach Medina, denn damit entstand eine neue Weltreligion, d. h. auch hier spielt der Aspekt der Religion die vorherrschende Rolle; allerdings kommt hinzu, dass sich dadurch der Schwerpunkt der mittelalterlich-christlich orientierten Welt, von der unsere Quellenautoren berichten, allmählich aus dem Mittelmeerraum, dem Hauptschauplatz der antiken Geschichte, nach Norden verschob.

Die folgenden Daten betonen eher die politische Geschichte und besonders die Bedeutung der germanischen Völker für die politische Struktur und das Werden des Mittelalters:

- **375**, Hunnensturm und Übertritt der Westgoten ins Römische Reich und damit der Beginn der **VÖLKERWANDERUNG**, oder
- **568**, das Jahr der Landnahme der Langobarden in Italien.

Als **VÖLKERWANDERUNG** bezeichnet man die Vorstöße der Kelten, Germanen und Slawen nach Westen und Süden, d. h. ins Römische Reich, das sie dadurch zerstörten.

Überwiegend von der antiken Geschichte aus betrachtet, werden die Daten

- **395** (die Aufteilung des Römischen Reiches) und
- **476** (das Ende des weströmischen Reiches mit der Absetzung des letzten Kaisers Romulus Augustulus) genannt.

Es ließen sich hier noch weitere Daten anführen, die aber alle nur einen einzigen Aspekt betonen; lediglich der Zeitpunkt für den spätesten Beginn, den man diskutiert hat, sei hier noch erwähnt, nämlich das Jahr **800**, als Karl der Große zum Kaiser gekrönt wurde und damit das **ABENDLAND** einen eigenen Kaiser bekam.

Als **ABENDLAND** bezeichnet man seit dem 16. Jahrhundert die im Mittelalter entstandene Kulturgemeinschaft der westeuropäischen Länder.

Auch für das **Ende des Mittelalters** sind verschiedene Daten und Ereignisse diskutiert worden: Cellarius hat auch hier wieder das früheste Datum gewählt, nämlich die Eroberung der christlichen Stadt Konstantinopel (Byzanz), Sitz des oströmischen Kaisers seit 395 (s. o.), durch die muslimischen Türken im Jahre **1453**. Dieses politisch-militärische Ereignis hat schon bei den Zeitgenossen ein gewaltiges Echo ausgelöst.

Ende

Eine bedeutende Veränderung des Weltbildes gegenüber den Jahrhunderten zuvor war die Entdeckung Amerikas durch Christoph Columbus im Jahre **1492**.

Der Thesenanschlag Martin Luthers im Jahre **1517** wird als der Beginn der Reformation angesehen, so dass bei diesem Enddatum wieder einmal der religiöse Aspekt im Vordergrund steht.

Gesellschaftliche Veränderungen wurden durch den Bauernkrieg von **1525** ausgelöst, und so wurde er als spätester Endpunkt des Mittelalters genannt.

Tipp

Überblickswissen

Diese Daten und Ereignisse zeigen, wie wichtig es ist, einen groben Überblick über die Geschichte zu haben, denn nur dann können wir Dinge richtig einordnen und gewichten. Um sich solch ein Überblickswissen zu erarbeiten, sollte man die Möglichkeit von Repetitionskursen und Epochenvorlesungen nutzen!

Weniger umstritten als Anfang und Ende des Mittelalters ist die „Binnengliederung“ in **Frühmittelalter**, **Hochmittelalter** und **Spätmittelalter**: Der Beginn des Hochmittelalters wird gewöhnlich um 900 angesetzt mit der Metamorphose des Karolingerreiches in die einzelnen europäischen Staaten, und der Beginn des Spätmittelalters mit dem Tod Friedrichs II. von Hohenstaufen im Jahre 1250.

Gliederung / Binnengliederung

Die mittelalterliche deutsche Geschichte des Früh- und Hochmittelalters wird außerdem in Epochen eingeteilt, die sich an den einzelnen regierenden Dynastien orientieren: auf die Zeit der Könige aus dem Geschlecht der Merowinger (481/82 – 751) folgt die Zeit der Karolinger (751 – 911), der Ottonen (919 – 1024), Salier (1024 – 1125) und schließlich die der Staufer (1125 – 1250). Diese Gliederung orientiert sich an der politischen Geschichte.

2.1.2 Das Zeit- und Weltverständnis im Mittelalter

Während die eben dargestellte Periodisierung gewissermaßen „unsere" Zeitvorstellung vom Mittelalter ist, hatten die mittelalterlichen Menschen selbst ein ganz anderes Zeitverständnis.

Die Zeit- und Zukunftsvorstellungen der Menschen im Mittelalter waren geprägt von der christlichen Religion: Geschichte war für sie Heilsgeschichte, denn alles Geschehen würde sein Ende am Tag des Jüngsten Gerichts finden. Dazu hatten die Kirchenväter (→ S. 127) Augustinus (354 – 430) und Hieronymus (340 – 420) zwei unterschiedliche Deutungen der Weltgeschichte entwickelt: **Augustinus** lehrte, dass Gott mit der Erschaffung der Welt an sechs Schöpfungstagen damit auch den Ablauf der Geschichte vorgezeichnet habe, denn jeder Schöpfungstag entspräche einem Zeitalter und mit der Geburt Christi habe das letzte Zeitalter begonnen, das mit der Wiederkehr Christi enden werde. Diese Lehre bezeichnet man als **die Lehre von den sechs Weltaltern**.

Hieronymus dagegen entnahm seine Lehre der Bibel, genauer gesagt dem Buch Daniel im Alten Testament, das berichtet, wie der Prophet dem babylonischen König Nebukadnezar seinen Traum erklärt, in dem er ein Standbild aus Gold, Silber, Eisen und Bronze gesehen hatte, das die vier Weltreiche verkörperte. Als die vier Weltreiche sah man das babylonische, das persische, das griechische und schließlich das römische Reich an. Auch nach der Lehre des Hieronymus, die im Mittelalter wesentlich weniger verbreitet war als die des Kirchenvaters Augustinus, befand man sich im letzten Weltalter, d. h. dass das Ende der Welt bevorstand. Diese Deutung wird als die **Vier-Reiche-Lehre** bezeichnet. Sie warf natürlich für die mittelalterlichen Gelehrten das Problem auf, dass man erklären musste, warum nach dem Untergang des Römischen Reiches, den man ja mit verschiedenen Daten, spätestens aber mit der Kaiserkrönung Karls des Großen im Jahre 800 ansetzen musste, der Tag des Jüngsten Gerichtes immer noch nicht angebrochen war, wenn man die Lehre des Hieronymus nicht verwerfen wollte; die Gelehrten des frühen Mittelalters entwickelten daher die Vorstellung von der **TRANSLATIO IMPERII**, die besagte, dass das Kaisertum mit der Kaiserkrönung Karls von den Römern auf die Deutschen übertragen worden sei. Dabei trat für die Gelehrten des mittelalterlichen Europa in den Hintergrund, dass es ja in Byzanz noch einen Kaiser gab, der sich als Nachfolger des *Imperator Romanorum* verstand.

Translationslehre, da kein Jüngstes

TRANSLATIO IMPERII, latein. = Übertragung des Kaisertums.

Gericht eintrat

Noch Martin Luther (1483–1546) glaubte an die Vier-Reiche-Lehre und sah deshalb in der Regierungszeit Karls V. (1519–1556) keine Wende zum Besseren, sondern das letzte Aufflackern vor dem Weltenende. Dieses Beispiel verdeutlicht zugleich die Problematik der oben angesprochenen Periodisierung des Mittelalters, denn Luther wie viele Menschen in der ersten Hälfte des 16. Jahrhunderts lassen sich mit ihren Vorstellungen und Weltanschauungen weder eindeutig dem Mittelalter noch klar der Neuzeit zurechnen.

Da man in dem Bewusstsein lebte, auf das Ende der Welt zuzugehen, ist es menschlich verständlich, dass mittelalterliche Gelehrte immer wieder versucht haben, Berechnungen anzustellen, wann genau der Tag des Jüngsten Gerichtes sein werde. Allerdings hatte bereits der Kirchenvater Augustinus gegen solche Versuche das biblische Wort aufgeboten: *„Es gebührt euch nicht zu wissen Zeit oder Stunde, welche der Vater seiner Macht vorbehalten hat“* (Apostelgeschichte 1,7). Noch gegen Ende des Mittelalters errechnete der französische Theologe Pierre d'Ailly († 1420) für das Weltende das Jahr 1789, also das Jahr des Beginns der Französischen Revolution.

Aber nicht nur die Zukunftsvorstellungen waren von der Bibel und ihrer Auslegung geprägt, auch der Ablauf des Jahres: Das neue Jahr begann im Mittelalter nicht wie bei uns mit dem 1. Januar, sondern fast überall im damaligen Europa mit dem Tag der Geburt des Herrn, also dem 25. Dezember. Unser „Heiligabend“ verweist dabei noch auf den Brauch, die Feier der Geburt Christi bereits am Vorabend kirchlich beginnen zu lassen. Auch die Gedenktage bedeutender Heiliger spielten für die Festlegung von Terminen eine große Rolle: ein beliebter Termin für Zinszahlung oder Abschluss eines Wirtschaftsjahres im Mittelalter war der 11. November, der Tag des heiligen Martin von Tours, den wir heute mit den Sankt-Martins-Umzügen verbinden. Bedeutende Akte wie die Krönung eines Königs, Friedensschlüsse oder Gerichtsverhandlungen legte man ebenfalls mit Vorbedacht auf bestimmte Heiligentage. Der zufällige und nicht biblisch bestimmte Geburtstag eines Menschen spielte dagegen keine Rolle, so dass wir zwar von vielen bekannteren Personen des Mittelalters wegen des Totengedenkens den Todestag kennen, nicht aber das Geburtsdatum.

Aber nicht nur die Zeitvorstellungen der mittelalterlichen Menschen waren von der Bibel und ihrer Auslegung geprägt, sondern erstaunlicherweise auch das Weltverständnis, d. h. die geographischen Vorstellungen: bis ins 13. Jahrhundert hatten Weltkarten kei-

Abb. 7 | *Die Ebstorfer Weltkarte war die größte (Ø ca. 3,50 m) erhaltene mittelalterliche Weltkarte. Sie ist in der 1. Hälfte des 13. Jhs. angefertigt worden und wurde bei einem Luftangriff während des 2. Weltkrieges zerstört. Am oberen Rand ist Gott abgebildet, Jerusalem findet sich in der Mitte.*

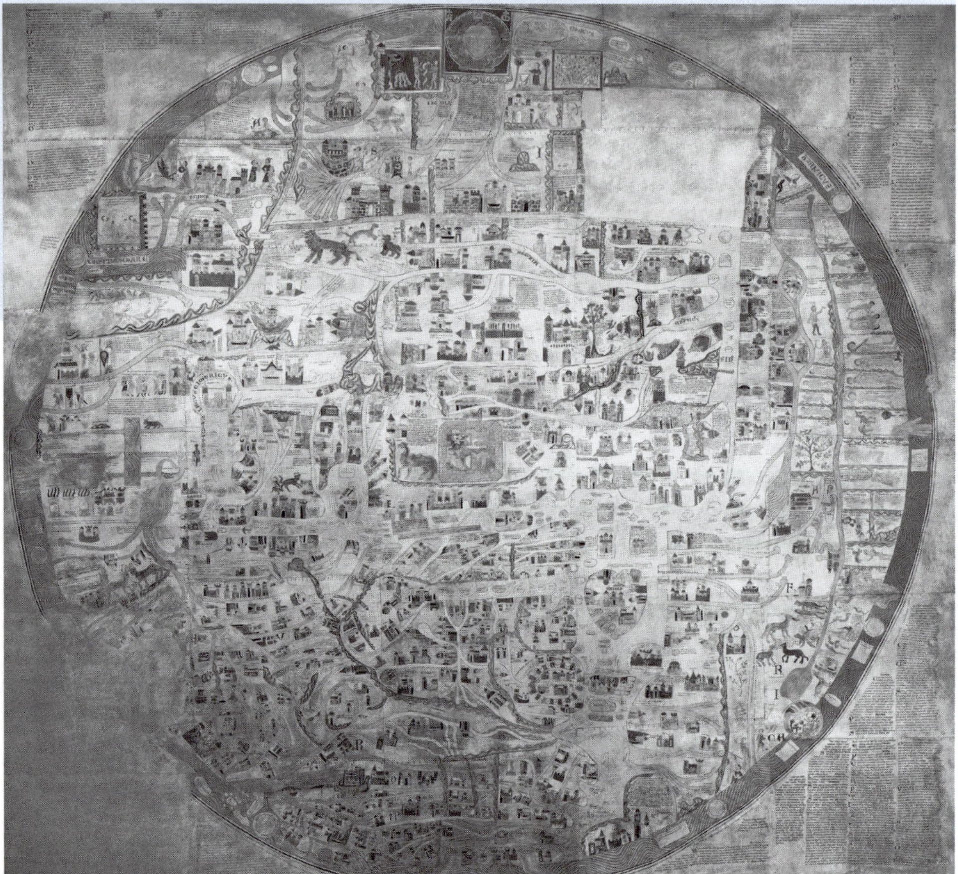

nen praktischen Nutzen, sondern dienten ebenfalls zur Aufzeichnung des Heilsgeschehens. So wird die Erde als runde Scheibe dargestellt, die vom Weltmeer umgeben ist und in deren Mitte Jerusalem als Ort der Passion Christi liegt, wo auch die drei Erdteile Asien, Europa und Afrika zusammentreffen. Sie werden meist in Form eines „T" auf dieser Scheibe angeordnet, wobei das „T" dem Mittelmeer entspricht und oberhalb des Querbalkens Asien liegt, links vom Schaft Europa und rechts davon Afrika, da der schon erwähnte Kirchenvater Augustinus gelehrt hatte, dass Europa und Afrika zusammen so groß seien wie Asien. Man stellte auf den Weltkarten die vier Paradiesflüsse dar und den Ort, wo Adam und Eva aus dem Paradies vertrieben wurden, sowie, wie bereits erwähnt, Jerusalem als Ort der Kreuzigung Christi.

Trotzdem waren bereits im Frühmittelalter manche Menschen, Kaufleute etwa oder Missionare wie die Iren über große Entfernungen unterwegs, etwa von den Britischen Inseln bis nach Rom, um Waren zu verkaufen oder Gottes Wort zu verbreiten. Die erfahrenen Seeleute haben sich offensichtlich ohne Karten gut zurechtgefunden.

Schon an diesen knappen Ausführungen über das mittelalterliche Zeit- und Weltverständnis kann man sehen, wie der klassische Satz: **das Mittelalter ist die Synthese aus Antike, Christentum und Germanentum** zustandegekommen ist: Augustinus und Hieronymus sind bedeutende Kirchenväter der Spätantike, die ihre christlichen Lehren an das Mittelalter weitergaben; mit der Krönung des germanischen Frankenkönigs Karl zum Kaiser über das Abendland hatte Europa zu einer neuen Einheit gefunden; und die Kirche hatten einen neuen Schutzherren erhalten, denn die christliche Religion bestimmte das Denken und Handeln der Menschen im Mittelalter auf eine sehr elementare Weise (→ auch Kapitel 2.4.1, S. 81 ff.).

Zur Definition des Begriffs *Kirchenväter* → Kapitel 3.2.1, S. 127.

Aufgaben zum Selbsttest

- Welche Daten und Ereignisse werden von der Forschung für Beginn und Ende des Mittelalters genannt?
- Welche Zeitvorstellungen hatten die Menschen im Mittelalter selbst und wodurch waren diese geprägt?

Literatur

Hartmut Boockmann, **Einführung in die Geschichte des Mittelalters**, 8. Aufl., München 2007, S. 7–23.
Ingrid Heidrich, **Einführung in die Geschichte des europäischen Mittelalters**, Bad Münstereifel 2003.
Heinz-Dieter Heimann, **Einführung in die Geschichte des Mittelalters**, (UTB 1957), 2.Aufl., Stuttgart 2006.
Peter Hilsch, **Das Mittelalter – die Epoche**, 2. Aufl., Konstanz 2008, S. 11–17.
Harald Müller, **Mittelalter**, Berlin 2008, S. 11–34.
Ernst Schubert, **Einführung in die Grundprobleme der deutschen Geschichte im Spätmittelalter**, 2. Aufl., Darmstadt 1998.
Jörg Schwarz, **Das europäische Mittelalter I und II**, Stuttgart 2006.

2.2 | Die Lebensbedingungen im Mittelalter

Allgemeinere Aussagen über die Lebensbedingungen im Mittelalter stoßen auf die Schwierigkeit, dass in einem Zeitraum von ca. 1000 Jahren, den das Mittelalter umfasst, sich vieles im Laufe der Zeit geändert hat und manche Feststellungen über das frühe Mittelalter nicht in gleichem Maße für das Spätmittelalter gelten. So stehen die folgenden Ausführungen unter diesem Vorbehalt. Außerdem sah das Leben eines mittelalterlichen Menschen sehr unterschiedlich aus, je nachdem in welche soziale Schicht er hineingeboren worden war, denn das Mittelalter kennt **große soziale Unterschiede**: Der Unfreie oder arme Freie des Frühmittelalters führte ein ganz anderes Leben als der Mönch, der Adelige oder der König.

Aufgrund naturwissenschaftlicher Erkenntnisse kann man davon ausgehen, dass zwischen 300 und 700 n. Chr. in Mitteleuropa ein feuchtes und kühles **Klima** herrschte, vom 8. bis zum 13. Jahrhundert dann ein warmes und trockenes, wohingegen sich ab dem 13. Jahrhundert die Nachrichten über zufrierende Flüsse und Vordringen der Gletscher häufen, so dass von einer erneuten Wetterverschlechterung auszugehen ist. Der Mensch war der Natur völlig ausgeliefert. Er musste an Nord- und Ostsee die Sturmfluten, die Abtrennung von Land vom Festland – so entstand etwa um 1200 die Insel Texel – genauso hinnehmen wie den Wald, der gerodete Flächen wieder überwucherte, wenn diese nicht bestellt wurden. Im Mittelalter gab es anfangs noch ausgedehnte Waldgebiete, die überwiegend aus Laubbäumen bestanden. Nach und nach machten die Menschen dann große Flächen urbar. Die Wälder hatten aber nicht nur ihre Bedeutung als Holzlieferant für Häuser und Feuerstellen, sondern vor allem als Viehweide, denn Schweine, Rinder, aber auch Ziegen und Pferde fanden dort Nahrung, wie z. B. Eicheln, Bucheckern usw. Das Klima der Umgebung, in der man lebte, hatte auch größten Einfluss auf die Ernährung, denn die Menschen, die beispielsweise in der Gegend des heutigen Südfrankreich lebten, hatten aufgrund des mediterranen Klimas mehr Obst- und Gemüsesorten zur Verfügung als die Menschen in Norddeutschland. Da die damaligen Konservierungsmöglichkeiten wie auch Verkehrsverhältnisse längere Transporte von verderblichen Waren nicht zuließen, war man auf heimische Erzeugnisse angewiesen.

Im Frühmittelalter und noch im Hochmittelalter lebten die meisten Menschen auf dem Land und arbeiteten in der Landwirtschaft, selbst am Ende des Mittelalters um 1500 waren es immer noch 80 % der Bevölkerung. Der Grund dafür war, dass die Erträge weit unter den heutigen lagen und auch die Arbeitsgeräte und Anbaumethoden noch nicht sehr effizient waren (→ auch Kapitel 2.3.1, S. 63 f.). Der Horizont des einfachen mittelalterlichen Menschen war meist sehr beschränkt, da er in seinem Leben in der Regel nicht weit über den eigenen Lebensbereich hinauskam, selbst wenn er ein Freier war, denn Reisen war mühsam. Nur die reicheren Leute besaßen Pferde oder Ochsengespanne, alle anderen mussten zu Fuß gehen. Außerdem war der Alltag im Sommer mit der Arbeit in der Landwirtschaft ausgefüllt, und der Winter lud nicht zum Reisen ein. Es gab auch keine Anlässe zu reisen, außer man verließ sein Dorf, um eine Wallfahrt zum Grab eines Heiligen zu unternehmen oder einen Markt im Nachbardorf zu besuchen. Außerdem waren im Frühmittelalter die **Straßenverhältnisse** schlecht: In den Gebieten des ehemaligen Römischen Reiches waren die Straßen und Wege verfallen, da es keinen Staat mehr gab, der für die Instandhaltung sorgte. In den anderen Gebieten war der Straßenbau dem jeweiligen Stadt- oder Landesherrn überlassen, daher waren die Straßen von sehr unterschiedlicher Güte. Und schließlich konnte man unterwegs von Räubern überfallen werden.

Auch die **Übermittlung von Nachrichten** war langwierig, denn selbst reitende Boten konnten nicht mehr als maximal 30 – 40 km am Tag zurücklegen, weshalb die Menschen von vielen Ereignissen, die sich in entfernteren Gebieten, etwa am Königshof abspielten, erst mit großer Zeitverzögerung Kenntnis erhielten.

Während in der Spätantike noch größere Teile der Bevölkerung des damaligen Römischen Reiches lesen und schreiben lernen konnten, weil es öffentliche Schulen gab, verfielen diese mit dem Untergang des Römischen Reiches und vom 5. Jahrhundert an nahm das **Analphabetentum** immer weiter zu, so dass in der Karolingerzeit (751 – 911) in Mitteleuropa fast nur noch Mönche in den Klöstern und Priester lesen und schreiben konnten, die einfachen Leute aber und selbst der Adel überwiegend nicht mehr. Seit dem 12. Jahrhundert nahm das Analphabetentum wieder ab und die Bildung zu. Im 14. und 15. Jahrhundert konnte man in vielen deutschen Städten wieder lesen, schreiben und rechnen lernen. Obwohl in der Zeit Karls des Großen gewaltige Bildungsanstrengungen unternommen wurden, konnte selbst der um die Bildung bemühte Kaiser Karl († 814) nicht schreiben.

Analphabetentum

Quelle

Vita Karoli Magni

Sein Freund Einhard sagt von Karl in seiner berühmten Lebensbeschreibung, der *Vita Karoli Magni*: „Er lernte Rechnen und verfolgte mit großem Wissensdurst und aufmerksamem Interesse die Bewegungen der Himmelskörper. Auch versuchte er sich im Schreiben und hatte unter seinem Kopfkissen im Bett immer Tafeln und Blätter bereit, um in schlaflosen Stunden seine Hand im Schreiben zu üben. Da er aber erst verhältnismäßig spät damit begonnen hatte, brachte er es auf diesem Gebiet nicht sehr weit." (Einhard, Vita Karoli Magni c. 25, S. 49)

Daher sind die Menschen, von denen schriftliche Zeugnisse überliefert sind, vor allem im Früh- und Hochmittelalter in der Regel Geistliche, was ihren Berichtshorizont wesentlich bestimmt. So erfahren wir selten etwas über Angelegenheiten des täglichen Lebens, denn unsere Autoren sind entweder Gelehrte, die beispielsweise über wissenschaftliche Probleme wie den Tag der Geburt Christi oder des Jüngsten Gerichtes schreiben, oder sie wollen von den Königen ihrer Zeit und der Geschichte des Reiches berichten. Wie man sprach und sich kleidete oder was man aß und wie man wohnte, war für sie selbstverständlich und musste nicht schriftlich festgehalten werden. Archäologische Funde sind hier eine hilfreiche Ergänzung für unser Wissen über die Lebensbedingungen der Menschen des Mittelalters.

Lesen und Schreiben bedeutete im Mittelalter lateinisch lesen und schreiben lernen; es gibt nur sehr wenige Texte, die in der Volkssprache wie altfranzösisch oder althochdeutsch überliefert sind. Es entzieht sich auch weitgehend unserer Kenntnis, wie man sich verständigte, wenn etwa ein Franke im 6. Jahrhundert in Südfrankreich auf einen Romanen traf oder wenn irische und angelsächsische Missionare die heidnischen Germanen zum Christentum zu bekehren versuchten, denn die Quellen berichten leider über solche „alltäglichen" Dinge nicht.

Für den Alltag des einfachen Menschen war es wichtig, ein guter Bauer zu sein, um zu überleben, aber nicht nötig, lesen und schreiben zu können. So spielte die **mündliche Überlieferung**, d. h. die Tradierung von Erlebtem und Erfahrenem an die nächste Generation durch Erzählen eine große Rolle. Da die meisten Menschen nicht einmal wussten, in welchem Jahr sie geboren waren, kann man sich leicht vorstellen, dass zeitliche Festlegungen in solchen Erzählungen nur ungefähr und ungenau waren.

Die mittelalterlichen Menschen erlebten die **Jahreszeiten** und die Naturgewalten sehr viel bewusster als wir heute: Vom Wetter hing der Ernteertrag ab und Unwetter, die Teile der Ernte vernichteten, waren Katastrophen, da man wegen der geringeren Erträge und der sehr eingeschränkten Transportmöglichkeiten solche Ausfälle kaum kompensieren konnte, so dass der einfache Mensch des Mittelalters schnell und im Laufe seines Lebens sogar öfter Hunger litt oder gar vom Hungertod bedroht sein konnte. Und selbst bei guter Ernte war der Speisezettel im Sommer und Herbst reichhaltiger als im Winter, denn viele Lebensmittel konnten nicht konserviert werden.

So war der Arbeits- und Lebensrhythmus von den Jahreszeiten bestimmt wie auch ganz elementar der **Tagesablauf**: Da es zur Beleuchtung nur Talglichter gab, in reicheren Häusern auch kostbare Wachskerzen, war die Nacht sehr dunkel – es gab, was für uns selbstverständlich ist, keine Beleuchtung des Dorfes oder der Straßen; der Tag begann bei Sonnenaufgang und endete bei Sonnenuntergang, so waren in den einzelnen Jahreszeiten die Tage von sehr unterschiedlicher Länge. Während wir gewohnt sind, mit Hilfe zahlreicher Uhren immer zu wissen, wie spät es ist, bestimmte man im Mittelalter die Tageszeit nach dem Sonnenstand und dem Glockengeläut der nächsten Kirche. Im Frühmittelalter gab es Wasser- oder Sanduhren, ab dem 12. Jahrhundert kamen Räderuhren auf, aber der einfache Mensch des Mittelalters benötigte keine Uhr. Im kirchlichen und klösterlichen Bereich dagegen brauchte man genauere Zeitbestimmungen, um die im Drei-Stunden-Rhythmus geforderten Stundengebete verrichten zu können; hier war ein Mönch dafür abgestellt, nach dem Lauf von Sonne, Mond und Sternen die Zeit zu bestimmen. So unterschied man vom Aufgang bis zum Untergang der Sonne sieben Zeiteinheiten, die nach den Gottesdiensten benannt waren – woran die große Bedeutung von Kirche und Religion für das Leben des mittelalterlichen Menschen wieder einmal sichtbar wird. Diese sieben Zeiteinheiten hießen **MATUTIN**, **PRIM**, **TERZ**, **SEXTA**, **NONA**, **VESPERA** und **COMPLET** und waren je nach Jahreszeit zwischen einer halben und eineinhalb Stunden lang, d. h. sie betrugen nur bei Tag- und Nachtgleiche eine Zeitstunde. Das Ende der 6. Stunde fiel aber immer auf die Mittagszeit (12 Uhr unserer Zeitrechnung).

Die „ganze Uhr“, d. h. der Tag mit 24 gleich langen Stunden, wurde erst in den zwanziger Jahren des 20. Jahrhunderts eingeführt!

Abb. 8

Skizze einer Kerze mit einer Stunde Brenndauer. Zeichnung in einer Handschrift aus dem 16. Jh.

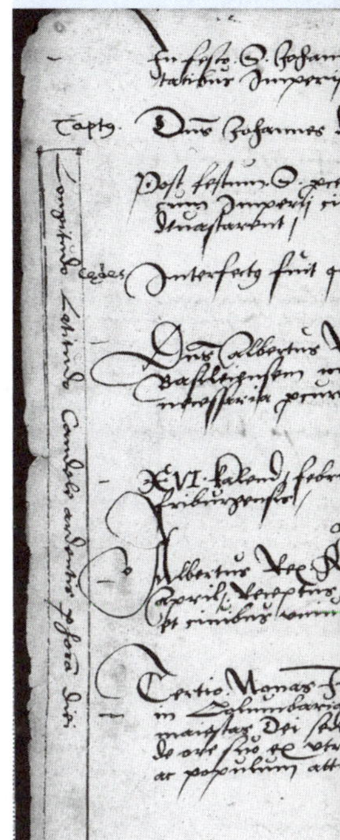

Die aus dem Lateinischen stammenden Begriffe bedeuten übersetzt: **MATUTINUS** = morgendlich, **PRIMA** [hora] = erste [Stunde] sowie **TERTIA**, **SEXTA** = dritte, sechste und **NONA** = neunte [Stunde], **VESPER** = Abend und **COMPLETUS** = vollständig [d. h. Ende des Tages].

Seit der zweiten Hälfte des 14. Jahrhunderts hatten sich zwar die gleich langen Stunden durchgesetzt, aber entweder gezählt mit der „kleinen (halben) Uhr", d. h. 2 x 12 Stunden beginnend um Mitternacht, oder gezählt mit der „großen Uhr", d. h. im Sommer 16 Stunden Tag und 8 Stunden Nacht und im Winter umgekehrt. So war das Verhältnis zur Zeit wie auch zu den Jahreszeiten ein völlig anderes.

Die durchschnittliche **Lebenserwartung** lag im Mittelalter bei ca. 30 Jahren, wie die anthropologischen Untersuchungen von Skeletten aus ergrabenen Friedhöfe ergeben haben. Dieses Ergebnis muss differenziert werden: besonders hoch war die Kindersterblichkeit; außerdem starben die Angehörigen der Unterschicht früher als die der höheren Schichten, weil sie harte körperliche Arbeit zu verrichten hatten und außerdem Hungersnöte sehr viel schlechter überstehen konnten, da sie immer am Rande des Existenzminimums lebten; die Angehörigen der höheren Schichten konnten sich besser ernähren und mussten keine schwere körperliche Arbeit verrichten. So kommt man etwa für die deutschen Könige des Hochmittelalters auf ein Durchschnittsalter von 50 Jahren. Wer Kindheit und Jugend lebend überstand, konnte mit einer Lebenserwartung von 47 Jahren bei Männern und 44 Jahren bei Frauen rechnen; bei Frauen war die Sterblichkeit höher wegen der Komplikationen bei Geburten; Skelettuntersuchungen haben ergeben, dass Osteoporose bei Frauen in den Wechseljahren bereits in der Merowingerzeit vorkam, wobei aufgrund der früheren Geburten und kürzeren Lebenserwartung diese früher einsetzten als heute.

Auch die **Körpergröße** war schichtabhängig: Könige und Adelige brachten es auf 1,75 – 1,80 m Körpergröße, Angehörige der Unterschicht waren kleiner, und zum Ende des Mittelalters ging die allgemeine Körpergröße zurück, was man auf die Pestwellen und andere epidemische Krankheiten zurückgeführt hat, sowie auf die unhygienischen Bedingungen und Behausungen in den Städten, in denen im Spätmittelalter wesentlich mehr Menschen lebten als im Frühmittelalter.

Die **Krankheiten**, an denen die Menschen des Mittelalters litten, lassen sich sowohl aus den erzählenden Quellen als auch aus Skelettuntersuchungen bestimmen: Die ansteckenden Krankheiten wie Pest, Cholera, Typhus und Lepra waren gefürchtet, und besonders die Pest, die in Städten „ideale" Brut- und Übertragungszentren fand, forderte viele Opfer.

Info

Die Pest

▶ Bischof Gregor von Tours (573–594) schildert in seinen *Decem libri Historiarum*, wie im Jahre 588 in der Hafenstadt Marseille die Pest ausbricht: „Inzwischen war ein Schiff aus Spanien mit den üblichen Handelswaren im Hafen von Marseille eingelaufen und hatte unglücklicherweise den ansteckenden Keim dieser Krankheit mit sich gebracht. Als nun viele Bürger Verschiedenes von den Schiffen kauften, brach sofort in einem Hause, das von acht Seelen bewohnt war, die Krankheit aus, die Bewohner wurden vor ihr dahingerafft." (Historien IX, 22. Bd. 2, S. 273). Im 14. Jahrhundert war man noch genauso machtlos gegen diese hoch ansteckende und meist tödlich verlaufende Krankheit wie im 6. Jahrhundert: Der Ausbruch der Pest in Florenz im Jahre 1348 ist nämlich die Rahmenhandlung des weltberühmten *Decamerone* Giovanni Boccaccios, der sieben Frauen und drei Männer aufs Land fliehen lässt, wo sie sich durch Erzählen von 100 erotischen Novellen 10 Tage lang die Zeit vertreiben.

Lungentuberkulose und andere Mangelkrankheiten wie Rachitis kamen nicht selten vor, ebenso rheumatische und epileptische Erkrankungen. Gegen Sehschwäche oder Blindheit war man im Früh- und Hochmittelalter machtlos, denn die ersten Brillen entwickelte man im 14. Jahrhundert.

Info

Die Erfindung der Brille

▶ Dass die Brille eine Erfindung des Mittelalters ist, ist vielen nicht bewusst. Der Name kommt von dem glasklaren Halbedelstein Beryll, dessen optische Wirkung man durch Schleifen erreichte. Beim Einsetzen in **RELIQUIARE** und **MONSTRANZEN** machte man sie sich zunächst zunutze. Als man später gelernt hatte, Glas ohne Lufteinschlüsse herzustellen und zu schleifen, fertigte man die Brillen nicht mehr aus dem teuren Halbedelstein, aber der Name blieb. Die frühesten Darstellungen von Brillen finden wir auf **FRESKEN** des Klosters San Nicolo in Treviso von 1352, wo Tomaso da Modena zwei Kardinäle mit Nietbrille darstellte. 1953 wurden unter dem Chorgestühl des ehemaligen Zisterzienserinnenklosters Wienhausen bei Celle zwei Nietbrillen für Weitsichtige aus der Mitte des 14. Jahrhunderts gefunden, die ältesten Exemplare, die das Mittelalter überdauert haben.

Ein **RELIQUIAR** ist ein künstlerisch gestaltetes Behältnis für eine Reliquie, den körperlichen Überrest eines Heiligen, der verehrt wurde; von latein. *reliquus* = übrig.

Eine **MONSTRANZ** ist ein künstlerisch gestaltetes Behältnis zum Tragen und Zeigen der geweihten Hostie; von latein. *monstrare* = zeigen; zu Hostie → S. 81.

Ein **FRESKO** ist eine Malerei auf den noch feuchten Putz; von ital. *fresco* = frisch.

Abb. 9

Ein Kardinal mit einer Brille an einem Schreibpult. Fresko von Tomaso di Modena von 1352 in Treviso.

Nicht sehr gut stand es auch um die Zahnpflege; die ausgegrabenen Schädel sprechen hier eine deutliche Sprache. Bis zum Vordringen der hochstehenden arabischen Medizin seit dem Hochmittelalter war die ärztliche Kunst in Europa nicht sehr weit entwickelt: Als Medizin nutzte man vor allem verschiedene Kräuter, deren Wirkung und Heilkräfte man gut kannte, aber auch das Öl aus der

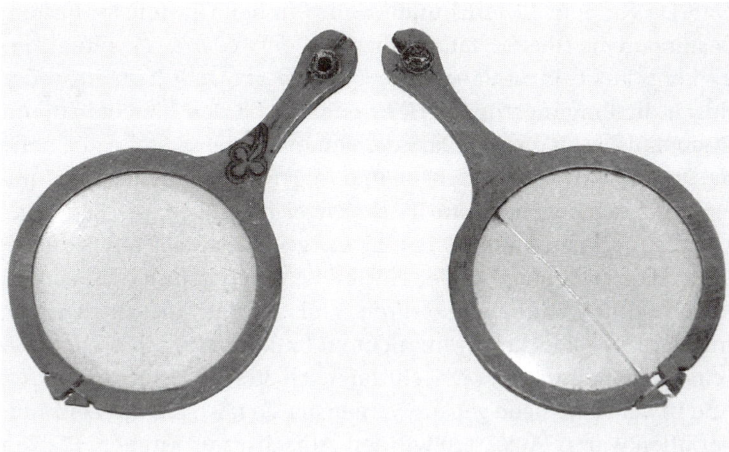

Abb. 10

Eine der im Kloster Wienhausen gefundenen Brillen aus dem 14. Jh. Es handelt sich um eine so genannte Nietbrille aus Buchsbaumholz.

Lampe an einem Heiligengrab oder man legte dem Kranken Reliquien auf; mit Erschrecken wird einem deutlich, welche Schmerzen die Menschen bei Krankheit oder Verletzung, etwa im Krieg, aushalten mussten. Untersuchungen haben aber ergeben, dass Ärzte schon im Frühmittelalter in der Lage waren, eine Beinamputation so durchzuführen, dass der Patient überlebte und der Stumpf belastbar war. Man hat Schröpfköpfe für den im ganzen Mittelalter beliebten Aderlass ausgegraben, auch ein eisernes Bruchband oder eine Beinprothese fand man.

Nun zur **Bevölkerungsentwicklung**: Man hat geschätzt, dass zu Beginn des 6. Jahrhunderts ungefähr 650 000 Menschen auf dem Boden des späteren deutschen Reiches lebten, das sind statistisch gesehen 2,4 Menschen pro km^2. Dabei lagen die Dörfer oder auch Städte aber wie Inseln in großen Wald- und Heidegebieten. Nach dem Jahr 1000 setzte ein rasches Bevölkerungswachstum ein, das mit den Hungersnöten und Pestwellen in der Mitte des 14. Jahrhunderts ein Ende fand. Vor diesem Wendepunkt lebten in Deutschland und Skandinavien ca. 11,5 Millionen Menschen, in der Mitte des 15. Jahrhunderts waren es wohl nur noch 7,5 Millionen: ein Viertel bis ein Drittel der Bevölkerung des deutschen Reiches war der Pest oder dem Hunger zum Opfer gefallen, etwa 23 % der Siedlungen waren aufgegeben worden.

Die **Siedlungen** bestanden aus unterschiedlich großen **Holzhütten** oder -häusern. Meist bestanden sie nur aus einem Raum, dessen Mittelpunkt die Feuerstelle als Wärmequelle und Kochgelegenheit war. Da vor dem 12. Jahrhundert nur Kirchen Glasfenster hatten, bestanden die Fenster, falls vorhanden, entweder aus geöltem Pergament, aus Leinwand oder aus Flechtwerk. Licht kam entweder durch die Eingangstür ins Haus oder durch den Rauchabzug im Dach, falls es einen gab. Dass der Qualm der Feuerstelle, die nahe bei der Haustür lag, die Lungen und Augen der Menschen nicht unerheblich schädigen konnte, lässt sich leicht denken. Der Boden bestand aus gestampftem Lehm und war gegebenenfalls mit Stroh bedeckt. Die Dachneigung der Hütten war steil, damit Schnee und Regen schnell abfließen konnten, und das Holz oder auch Stroh, mit dem sie gedeckt waren, nicht zu faulen anfing. Trotzdem, so schätzt man, mussten diese Hütten nach 30 – 50 Jahren abgerissen und in der Nähe neue gebaut werden, da sie nach diesem Zeitraum verfallen waren. Aus Stein wurden zunächst nur Kirchen, Pfalzen oder Klöster gebaut.

FIBEL, von latein. *fibula* = Verschluss, Spange.

Die **Kleidung** war bis zum 12. Jahrhundert fast immer selbstgefertigt und praktisch: von den Römern hatten die Franken im 6. Jahrhundert die Tunika übernommen, wobei die Männer Hosen und mit Bändern gewickelte Beinstrümpfe trugen, die Frauen aber ein Obergewand über einem langen Unterkleid. Schmuck wie kostbare Gewandnadeln, **FIBELN** oder Gold-, Silber- und Glasperlenschmuck besaßen nur die Adeligen. Die Stoffe waren meist aus Leinen oder Baumwolle, seidene Gewänder waren selten und nur beim Adel anzutreffen. Ein pelzgefütterter Mantel war ein wertvoller Besitz, den man über viele Jahre trug und hütete. Vom 12. Jahrhundert gewinnt die Kleidung unter byzantinischem Einfluss an Eleganz und es entstehen beispielsweise im nordfranzösisch-niederrheinischen Raum Schneiderwerkstätten. Im Spätmittelalter gab es dann in den Städten Erlasse gegen den Kleiderluxus und die Geistlichkeit wetterte gegen „schamlose“ und prunksüchtige Kleidung.

Aufgaben zum Selbsttest

- Wie waren die allgemeinen Lebensbedingungen im Mittelalter? Skizzieren Sie wichtige Faktoren, die den Alltag der Menschen prägten.
- Benennen Sie wichtige Veränderungen des Alltagslebens im Zeitraum zwischen 500 und 1500.

Literatur

Horst Fuhrmann, **Deutsche Geschichte im hohen Mittelalter**, 4. erg. Aufl., Göttingen 2003, S. 12–28.
Hans-Werner Goetz, **Leben im Mittelalter**, 7. Aufl., München 2002.
Martina Hartmann, **Aufbruch ins Mittelalter. Die Zeit der Merowinger**, Darmstadt 2003, S. 169–199.
Bernd Herrmann (Hg.), **Mensch und Umwelt im Mittelalter**, Wiesbaden 1986.
Mechthild Müller, **Die Kleidung nach Quellen des frühen Mittelalters. Textilien und Mode von Karl dem Großen bis Heinrich III.**, Berlin u. a. 2003.
Zu den Info-Kästen:
Horst Appuhn, **Kloster Wienhausen IV: Der Fund vom Nonnenchor**, Wienhausen 1973.
Einhard, **Vita Karoli Magni. Das Leben Karls des Großen**, lateinisch/deutsch hg. von Evelyn Scherabon Firchow , Stuttgart 1968.
Chiara Frugoni, **Das Mittelalter auf der Nase. Brillen, Bücher, Bankgeschäfte und andere Erfindungen des Mittelalters**, 3. Aufl., München 2005.
Gregor von Tours, **Zehn Bücher Geschichten**, hg. von Rudolf Buchner, (Freiherr vom Stein-Gedächtnisausgabe 2–3), Darmstadt 1956.

2.3 Die mittelalterliche Wirtschaft

2.3.1 Landwirtschaft und Ernährung

Die **Fortschritte in der Landwirtschaft**, die im Laufe des Mittelalters sowohl in Bezug auf die Anbaumethoden als auch im Hinblick auf die Arbeitsgeräte gemacht wurden, waren von elementarer Bedeutung für den Anstieg der Bevölkerungszahl, für die Lebensqualität und die Entwicklung des Städtewesens, denn wie erwähnt, arbeiteten am Anfang des Mittelalters fast alle Menschen in der Landwirtschaft, gegen 1500 waren es immer noch 80 % der Bevölkerung.

Von grundlegender Bedeutung war die gegen Ende des 8. Jahrhunderts eingeführte **Drei-Felder-Wirtschaft**, bei der man im rotierenden System auf dem ersten Acker Wintergetreide anbaute, auf dem zweiten Sommergetreide und den dritten brach liegen ließ, damit der Boden sich erholen konnte. In der Zeit davor hatte man allenfalls zwischen Anbau und Brache abgewechselt. Bei einem dadurch ausgelaugten Boden gingen die Erträge zurück und die Ackerunkräuter nahmen zu, während der Bauer mithilfe der Drei-Felder-Wirtschaft seinen Ertrag um 30–50 % steigern konnte, wenn die Ernte gut ausfiel.

Drei-Felder-Wirtschaft

Wie schnell aber eine Hungersnot ausbrechen konnte, lässt sich an folgender Rechnung ersehen: aus einem Korn Getreide ließen sich nicht mehr als drei Körner ernten, was bedeutete, dass man wiederum ein Korn für die nächste Aussaat verwenden musste und zwei geerntet hatte. Verringerte sich die Ernte aber um ein Drittel, so musste eigentlich schon die Hälfte für die neue Saat genommen werden, bei einer Verringerung um zwei Drittel hätte man eigentlich alles für die neue Aussaat verwenden müssen, da es praktisch unmöglich war, Getreide zuzukaufen, denn ein Getreideimport kam aufgrund der unzureichenden Transportmöglichkeiten nicht in Frage. Eine „staatliche Unterstützung" gab es nicht, allenfalls die Kirche versuchte, Armen und Bedürftigen zu helfen, aber trotzdem war der Hungertod im Mittelalter eine reale Bedrohung, weshalb die Quellen Missernten und ihre schlimmen Folgen immer wieder erwähnen.

Quelle

Annales Xantenses ▶ Die von einem unbekannten Autor verfassten *Annales Xantenses* (→ zu den Annalen Kapitel 3.2.1, S. 129 ff.) berichten zum Jahr 869 von einer schlimmen Hungersnot: „ ... am 15. Februar ... erschien ein Komet im Nordwesten, dem sogleich ein ungeheurer Sturm und unermessliche Überschwemmung folgte, bei der viele unversehens umkamen. Und hernach zur Sommerszeit folgte in vielen Provinzen eine heftige Hungersnot, vornehmlich in Burgund und Gallien, wo eine große Menge Menschen eines bitteren Todes starb, so dass Menschen Menschenleiber gegessen haben sollen. Aber auch von Hundefleisch sollen sich einige ernährt haben."
(Annales Xantenses ad a. 869, S. 363).

Man hat errechnet, dass selbst ein Hof, der in Drei-Felder-Wirtschaft anbaute, bei guter Getreideernte nicht mehr als einen Ertrag von 1600 Kalorien pro Tag und Mensch erwirtschaften konnte – für einen heutigen Erwachsenen, der in der Regel ja keine schwere körperliche Arbeit mehr verrichtet, veranschlagt man eine höhere Kalorienmenge. Bei dieser Rechnung fehlen allerdings die anderen Nahrungsmittel, die aus Obst- und Gartenbau sowie Viehhaltung dazukamen.

Für die **Ernährung** der Menschen im Mittelalter müssen wir uns nicht nur klarmachen, dass auch sie schichtabhängig war, sondern dass es Kartoffeln, Mais und die wichtigsten Bohnensorten sowie Kaffee, Tee und Kakao nicht gab, weil diese für uns so wichtigen und selbstverständlichen Grundnahrungsmittel erst nach Entdeckung Amerikas durch Christoph Columbus von dort eingeführt wurden. Auch die Gewinnung von Zucker aus Rüben und Rohr ist eine Erfindung der Neuzeit, so dass im Mittelalter allein Bienenhonig zum Süßen vorhanden war, der allerdings nur für die höheren Schichten der Gesellschaft erschwinglich war. Hinzu kommt, dass unsere Artenvielfalt an Obst und Gemüse am Anfang des Mittelalters noch nicht zur Verfügung stand, weil die Veredelung der Bäume (Pfropfen) und die Züchtung neuer Sorten sich erst nach dem Jahr 1000 verbreitete. Grundsätzlich aber haben die chemischen Bodenanalysen ergrabener Siedlungen gezeigt, dass die von den Römern entwickelte Gartenkultur mit Obst, Gemüse und Gewürzen auch nach dem Ende des Römischen Reiches weiter gepflegt wurde, und nicht erst in den Klostergärten der Karolingerzeit „wiederbelebt" wurde, wie man früher oft gemeint hat. So waren schon im frühen Mittelalter Kohl, Mangold und verschiedene Hülsenfrüchte wie Erbsen, Linsen und Bohnen als Gemüse gebräuchlich; an Obst gab es Äpfel, Kirschen und (im Süden) auch Feigen, daneben Petersilie, Koriander, Dill und Bohnenkraut als Gewürze. Weitere Nahrungsmittel wie Reis, Pfeffer, Lavendel oder Nelke wurden aus dem Mittelmeerraum von Händlern eingeführt und waren damit natürlich nur für Reiche bezahlbar. Grundnahrungsmittel war das Getreide, und zwar nicht nur als Brot, sondern auch als verkochter Getreidebrei. Bei Brot war Gersten- und Roggenbrot gebräuchlicher als „weißes" Brot aus Weizenmehl, weil diese widerstandsfähigeren Getreidesorten häufiger angebaut wurden. Getrunken wurde neben Wasser auch Milch, Bier, sowie Säfte aus gepresstem Obst, außerdem Wein. Als Haustiere hatte man Schweine und Rinder, aber auch Schafe und Ziegen, deren Milch man trinken, aber auch zur Käseherstellung nutzen konnte. Hühner, Enten und Gänse waren wegen ihrer Eier und ihres Fleisches geschätzt, das man allerdings eher kochte als briet.

Für die bessere Ernährung der mittelalterlichen Bevölkerung war neben der „Erfindung" der Drei-Felder-Wirtschaft aber vor allem entscheidend, dass man im Laufe des 8. Jahrhunderts immer mehr **Hülsenfrüchte** anbaute, die nicht nur die vom Getreideanbau ausgelaugten Böden wieder anreicherten, weil sie Stickstoff binden, und damit für bessere Ernten sorgten, sondern auch die Menschen besser ernährten, weil sie Kohlehydrate liefern. Obwohl man natürlich damals von diesen Zusammenhängen sowie der Bedeutung von vitaminreicher Ernährung noch keine Ahnung hatte, führte diese Ernährung, bei der man in ausgewogenerem Maß die in den Hülsenfrüchten enthaltenen Kohlehydrate und die im Getreide enthalte-

Abb. 11

Ein Hakenpflug (links an der Wand) und ein Streichbrettpflug (vorne).

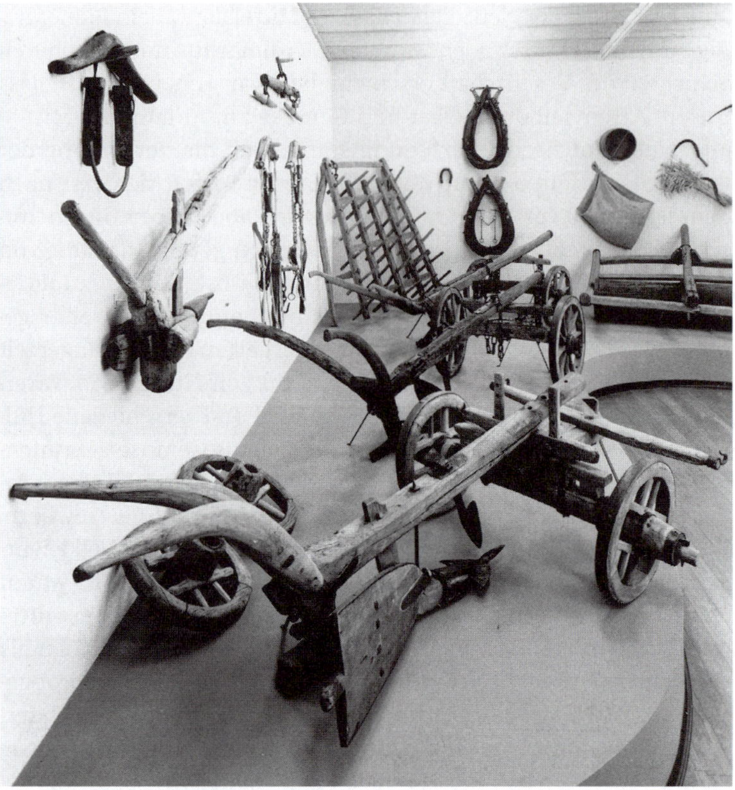

nen Proteine konsumierte, zu einer Zunahme der Bevölkerung und zu mehr Wirtschaftswachstum. Dank der Drei-Felder-Wirtschaft konnte mehr Hafer geerntet werden. Dies führte außerdem zu einer Vergrößerung des Bestandes an Pferden, die als Zugtiere leistungsfähiger waren.

Außerdem wurden die **Ackergeräte** verbessert: Während zunächst der einfache Hakenpflug gebräuchlich war, der den Boden nur ritzte, setzte sich im Laufe des Frühmittelalters der schollenbrechende Streichbrettpflug mit Rädern durch, der von Rindern oder Pferden gezogen wurde und die vor allem in Norddeutschland schweren Böden besser umpflügte. Pferde konnten erst für die Feldbestellung eingesetzt werden, nachdem das Kummet erfunden worden war, das man dem Pferd zum Ziehen des Pfluges um den Hals legt. Genauso wichtig war die Erfindung des Hufeisens, damit die Tiere auch auf steinigen Böden gehen konnten.

Die Voraussetzung für die Entwicklung der Städte war, dass diese weitgehend von der bäuerlichen Landwirtschaft der Umgebung versorgt wurden. Das heißt, die Bauern mussten mehr produzieren können als sie selbst zum Verzehr benötigten. Doch wurde die städtische Bevölkerung nicht allein von den Bauern des Umlandes versorgt, sondern die Stadt produzierte auch selbst auf den Feldern rund um die Stadtmauer für den eigenen Bedarf. So endete die Stadt nicht an der Mauer, sondern an der zugehörigen Feldflur und der **Ackerbürger** war eine Realität noch im späten Mittelalter.

Der Preis des Hauptnahrungsmittels im Mittelalter, des Getreides, war vom Ertrag abhängig; dies wissen wir, denn die Getreidepreise gehören zu den wenigen Daten, die wir aus dem Mittelalter zur Verfügung haben, und zwar etwa ab Anfang des 14. Jahrhunderts. Im Falle einer Missernte und einer damit zusammenhängenden hohen Teuerung waren die Stadtbürger auf öffentliche Hilfe angewiesen; deshalb legten die Städte große Getreidelager an und vor allem die Kirche leistete Armenfürsorge in großem Stil. Seit der Mitte des 14. Jahrhunderts gingen die Getreidepreise für ungefähr 150 Jahre erheblich zurück; damit verschob sich das Preisgefüge, denn nun stiegen die Preise für handwerkliche Erzeugnisse und die Arbeitslöhne. Dies bedeutete, dass der Landadel, der sein Einkommen hauptsächlich aus dem Verkauf von Getreide bezog, im späten Mittelalter wirtschaftlich schlecht dastand im Vergleich zu den städtischen Oberschichten. Hinzu kamen auch die Pestwellen dieser Zeit, die einen großen demographischen Einschnitt bewirkten. Der starke Rückgang der Bevölkerung führte dazu, dass manche Dörfer, ja sogar kleinere Städte von den wenigen Überlebenden der Pestwellen aufgegeben wurden, die sich woanders ansiedelten. Solche aufgegebenen Ortschaften nennt man **Wüstungen**. Die Bauern, die in dieser Zeit ihren Hof vergrößern wollten, konnten dies aufgrund des freigewordenen, unbebauten Landes zwar tun, jedoch nur bis zu einem gewissen Grad, denn die Arbeitskräfte, die sie dafür benötigten, waren teuer geworden.

Handel und Gewerbe

2.3.2

Der Handel des Frühmittelalters war überwiegend Fernhandel, der den Handel der Antike fortsetzte. Die Kaufleute waren meist Juden oder Orientalen, die sprachbegabt und weltgewandt sein mussten

Unser Wort **SKLAVE** leitet sich vom Wort Slawe her.

auf ihren langen Reisen von Nord nach Süd oder von West nach Ost und zurück. Eine wichtige **Handelsware** im Altertum und noch im frühen Mittelalter waren **SKLAVEN**, die von den Britischen Inseln und dann im Frühmittelalter aus den slawischen Ländern kamen, da die Kirche nach und nach das Verbot des Handels mit christlichen Sklaven durchsetzte. Der Handel war in dieser Zeit auch Gelegenheitshandel, denn die Sklavenhändler mussten beispielsweise sehen, dass sie nach dem Verkauf ihrer menschlichen Ware andere Güter kauften, mit denen sie auf dem Rückweg handelten. Aus dem Norden kamen neben Sklaven vor allem **Bernstein** von der Ostsee sowie **Wachs**, **Honig** und **Pelze**, aus dem Südosten dafür im Frühmittelalter **Baumwolle**, **Olivenöl** und **Papyrus** aus Ägypten, später dann Waffen, Seide und Brokat sowie Waren für den Gottesdienst, allen voran Weihrauch aus dem Orient, sowie **Gewürze**. Die Gewürze wie Salz und Pfeffer waren das klassische Handelsgut des gesamten Mittelalters, was man auch an dem Ausdruck „Pfeffersack" für einen Kaufmann ablesen kann.

Im Hochmittelalter kamen dann vor allem **Textilien** wie Wolle, Leinen und Barchent (ein Mischgewebe aus Baumwolle und Leinen) dazu. Schon im Frühmittelalter nutzte man gern die **Flüsse als Transportwege**, weil viele Straßen nach dem Ende des Römerreiches nicht mehr in gutem Zustand waren und außerdem Gefahr durch Räuber drohte. Zudem konnten Schiffe in der Regel zu günstigeren Preisen mehr Waren befördern als Lasttiere, die man zum Transport auf dem Landweg brauchte. Erst recht die **Koggen**, die Schiffe der norddeutschen Städte, die sich 1358 zur deutschen **HANSE** zusammenschlossen, waren zum Transport von Massengütern fähig. So kamen die Städte, die an Flüssen, am Mittelmeer oder der Nord- und Ostsee lagen, im gesamten Mittelalter leichter an Waren aus anderen Ländern.

HANSE, mittelhochdt. = Gefolge, Schar.

Der Handel war aber auch immer eine gute Einnahmequelle für die jeweiligen Machthaber, denn immer wieder gab es **ZOLL**stellen, an denen die Kaufleute für die mitgeführten Waren Abgaben zahlen mussten; im Frühmittelalter taten sie dies meist, indem sie dem Zolleintreiber einen Teil der Waren überließen.

ZOLL, von latein. *teloneum* = Abgabe.

Besondere Bedeutung für den Handel im Mittelalter hatten aber auch die **MESSEN**, deren Name noch an ihren Ursprung erinnert, denn aus Anlass eines Heiligenfestes oder einer Kirchweihe kamen Händler und boten ihre Waren feil. Saint-Denis bei Paris war bereits in der Merowingerzeit ein vielbesuchter Messeort sowie im 13. Jahrhundert die Champagne-Messen. Im Spätmittelalter waren es dann

MESSE, von mittellatein. *missa* = Gottesdienst (zur Herkunft des Wortes → S. 81).

Leipzig und Frankfurt, die bald nach Erfindung des Buchdrucks am Ende des Mittelalters mit ihren Frühjahrs- und Herbstmessen zu einer Drehscheibe der neuen Buchproduktion wurden.

Der **Freihandel** wie auch die Gewerbefreiheit (→ S. 71) waren **dem Mittelalter fremd**, und so kamen die deutschen Kaufleute in Italien nur bis Venedig und im Nordosten nur bis Nowgorod, denn dort wurden jeweils große **STAPELHÖFE** errichtet, in denen die fremden Händler übernachteten und ihre Waren lagerten, so dass sie hier einerseits eine sichere Unterkunft hatten; andererseits wurden dadurch aber auch die einheimischen Händler vor Konkurrenz geschützt, denn nur dort durften die ausländischen Kaufleute ihre Waren an die einheimischen verkaufen und ihrerseits einkaufen. Der mittelalterliche **Stapelhof** in Venedig (Fondaco dei Tedeschi) existiert noch heute und beherbergt inzwischen die venezianische Post. Der Peterhof in Novgorod hatte seinen Namen nach der Peterskirche im Mittelpunkt, die als einziger Steinbau sicherer Lagerraum und – wenn nötig – Zuflucht war, denn die anderen Gebäude waren aus Holz.

STAPEL, mittelhochdt. = Haupthandelsprodukt.

Info

Francesco Datini – ein erfolgreicher Geschäftsmann des 14. Jahrhunderts

▶ Berühmtheit erlangte der toskanische Kaufmann Francesco di Marco Datini (1335–1410), der 1350 als Waisenjunge von Prato nach Avignon aufbrach, um Kaufmann zu werden und bei seinem Tod einer der erfolgreichsten Kaufleute Italiens war. Datini hatte zu Lebzeiten alle Briefe und Geschäftspapiere aufbewahrt und verfügt, dass sie in seinem Haus in Prato verbleiben sollten. 1870 fand man in einem Winkel des Hauses mehr als 500 Haupt- und Geschäftsbücher sowie 300 Verträge, Wechsel und Frachtbriefe, außerdem ca. 100 000 Briefe, darunter auch private. Alles zusammen ist eine unschätzbar wertvolle Quelle für verschiedenste Fragestellungen. Auf die ersten Seiten seiner Geschäftsbücher hatte Datini das Motto „Im Namen Gottes und des Geschäfts" geschrieben – das dann auch den Titel für die 1957 erschienene, spannende Biographie Datinis aus der Feder von Iris Origo lieferte.

Neben den Zollabgaben und der Verpflichtung, im Ausland nur an bestimmten Orten seine Geschäfte abzuwickeln hatte der Kaufmann auch die Verpflichtung, in den Städten, durch die er kam, seine Waren eine bestimmte Zeit zum Verkauf anzubieten. Dies bezeichnet man als **Stapelrecht**. Meist durfte der Kaufmann in diesen Städten seine Waren nur an einen Kaufmann aus der Stadt verkaufen, so dass damit der einheimische Handel der Stadt geschützt wurde. Die Stadt Köln am Rhein etwa verdankt ihren Aufstieg nicht zuletzt seinem „Stapel".

Abb. 12

Die Casa Datini in Prato ist außen mit üppigen Wandmalereien verziert; sie gilt als schönster Palast der Stadt.

Obwohl die meisten Menschen bis zum Hochmittelalter in der Landwirtschaft tätig waren, hat es natürlich auch immer **Handwerker** gegeben, im Frühmittelalter waren dies sehr oft Unfreie. So gab es sogar unfreie Ärzte, denn der Beruf des Arztes wurde damals zu den Handwerksberufen gezählt. Was die handwerklichen Kenntnisse und Fähigkeiten anbelangt, so sind wir hauptsächlich auf die archäologischen Funde angewiesen, und sie zeigen uns, dass es zwischen Spätantike und Frühmittelalter zwar keinen totalen Kontinuitätsbruch gegeben hat – wir haben beispielsweise aus dem merowingerzeitlichen Köln hochwertige Glaserzeugnisse –, aber insgesamt gingen die Fähigkeiten zurück: In Gallien herrschte im 6. und 7. Jahrhundert Mangel an Eisen, und auch Glas wurde mehrfach wieder eingeschmolzen, weil man die Glasherstellung nicht mehr überall beherrschte. In dieser Zeit nutzte man auch die antiken und „heidnischen" Bauwerke als „Steinbruch" für neu zu errichtende Kirchen und andere Gebäude. Das Bauwesen erreichte nicht mehr das Niveau der Römerzeit, was man nicht zuletzt daran ablesen kann, dass um 500 die meisten **AQUAEDUKTE** in Gallien nicht mehr funktionierten und man teilweise versuchte, Wasser mithilfe unterirdischer Holzleitungen in die Städte zu holen. Die erhaltenen Schmuckstücke und kirchlichen Geräte des 6. und 7. Jahrhunderts weisen dagegen auf ein hohes Niveau in der Goldschmiedekunst hin: Kostbare Gewandfibeln in Einlegetechnik aus Gold mit roten

AQUAEDUKT, über Brücken geführte Wasserleitung, von latein. *aqua* = Wasser, *ducere* = führen.

Halbedelsteinen, den Almandinen, oder Goldblattkreuze stellen Neuentwicklungen gegenüber der Spätantike dar.

Über die Vielfalt der karolingerzeitlichen Handwerksberufe sind wir am besten durch das berühmte Capitulare de villis Karls des Großen unterrichtet (→ zu den Kapitularien Kapitel 3.2.3, S. 144 f.), eine Anordnung des fränkischen Königs zur effektiveren Bewirtschaftung und Verwaltung des Reichsgutes. Darin wird auch verfügt, dass die Handwerker in abgetrennten und vor Störung sicheren Werkstätten arbeiten sollten. Ein Handwerksberuf, der von Frauen ausgeübt wurde, war bereits in der Merowingerzeit der einer Textilweberin, während das Kochen als Beruf eine „Männerdomäne" war.

In der nachkarolingischen Zeit trugen vor allem die großen geistlichen Grundherrschaften (→ dazu Kapitel 2.5.1, S. 98 f.), also Bischofssitze und Klöster, die gewerbliche Produktion. In den Klöstern war schon früh „Arbeitsteilung" praktiziert worden, da jedem Mönch eine bestimmte Tätigkeit für die Gemeinschaft zugewiesen wurde, bei der wohl oft den besonderen Fähigkeiten des Einzelnen Rechnung getragen wurde.

Mit dem Aufstieg der Städte entwickelte sich ein neuer „Typ" von Handwerker, nämlich der Stadtbürger, der einem Handwerksberuf nachging. Er war zwar vom Rechtsstatus kein Unfreier mehr wie viele Handwerker des Frühmittelalters, dafür war er aber in der Regel in **ZÜNFTEN** organisiert, denn eine Gewerbefreiheit gab es im Mittelalter nicht. Eine andere Bezeichnung für solche Zusammenschlüsse der einzelnen Berufe war **Gilde** oder **Innung**. Diese Zünfte, Gilden oder Innungen waren von der Obrigkeit, also dem Stadtherrn kontrollierte Zusammenschlüsse der einzelnen Handwerksberufe, wobei der Rat der Stadt die Arbeitsbedingungen, die Preise der produzierten Waren, ihre Menge und die Höhe der Löhne vorschrieb. Unser Sprichwort „jemandem ins Handwerk pfuschen" bezeichnete ursprünglich die Ausübung eines Handwerks von jemandem, der nicht der entsprechenden Zunft angehörte. Mit der Kontrolle der Erzeugnisse durch die Zunft ließ sich eine relativ einheitliche Qualität der Produkte erreichen. Jeder Handwerker stellte nur eine kleine Zahl von Produkten her, da es eine Vielzahl an Berufen gab, deren Tätigkeiten genau bestimmt und abgegrenzt waren – ein Sattler durfte nur Sättel, aber keine Riemen anfertigen, denn diese stellte der Riemenschneider her. Diese Reglementierung bedeutete mitunter auch Behinderung eines technischen Fortschritts. Die technischen Erfindungen des späten Mittelalters wie die Handbüchsen oder das Schießpulver

ZUNFT, mittelhochdt. = sich ziemen.
Im Unterschied zum Mittelalter sind die heutigen *Handwerkerinnungen* oder Berufsverbände freiwillige Zusammenschlüsse und Interessenvertretungen.

wurden meist außerhalb der Zünfte gemacht. Neben den Städten mit ihrem aufblühenden Gewerbe blieben aber die Klöster auch noch im späteren Mittelalter weiterhin wichtige Produzenten.

Im hohen Mittelalter hatte sich die Auffassung durchgesetzt, dass die Bodenschätze dem Landesherren gehörten. Seit dem 13. Jahrhundert taucht in den Quellen der *gewerke* auf, ein Handwerks- oder Zunftgenosse, der in einem Bergwerk arbeitete und genossenschaftlich in **Gewerkschaften** organisiert war. Gegen Ende des Mittelalters kam es allerdings hier zu Veränderungen: der *gewerke* wurde Unternehmer, für den Lohnarbeiter nun die Arbeit unter Tage erledigten. Der Gewerke brachte das Kapital mit, das erforderlich war, weil bei der damals erreichten Tiefe in den meisten Bergwerken das Wasser zum Problem wurde, was große Investitionen erforderte.

Auch in anderen Berufen, die Kapital erforderten, änderten sich die Produktionsbedingungen: Männer mit Vermögen, die man in der Neuzeit als Unternehmer bezeichnen würde, stellten den Handwerkern das Arbeitsmaterial, beispielsweise für die Textilherstellung, zur Verfügung und nahmen die fertigen Produkte dann gegen Lohn ab, um sie selbst weiterzuverkaufen. Der Handwerker wurde zum Lohnarbeiter und der Kapitalgeber zum **VERLEGER**. Es ist kein Zufall, dass die Bezeichnung Verleger schließlich „hängen blieb“ an dem Geldgeber im Druckgewerbe, denn der Buchdruck war bis ins 20. Jahrhundert Bleisatz und verursachte hohe Investitionen wegen des dafür benötigten, in kostenintensiven Verfahren geförderten und bearbeiteten Schwermetalls Blei.

VERLEGEN, spätmittelhochdt. = Geld auslegen, etwas auf seine Rechnung nehmen.

Im Spätmittelalter begegnen wir in den Städten oft Handwerkern, die gleichzeitig auch Kaufleute waren, denn ein Bäcker durfte nur ein Geschäft von bestimmter Größe haben, aber er konnte daneben eine Gastwirtschaft aufmachen oder mit Getreide handeln. So kommt es, dass sich im Spätmittelalter große Vermögensunterschiede zwischen den Handwerkern ergeben, denn ein Verleger oder ein Handwerker mit lukrativem kaufmännischen „Nebenberuf“ konnte es zu einem großen Vermögen bringen.

2.3.3 | Geld- und Kreditwirtschaft

Grundsätzlich unterscheidet man zwischen **Natural- oder Tauschwirtschaft** und **Geldwirtschaft**, die als ein Merkmal für eine höher entwickelte Gesellschaft gilt. Es hat jedoch vom frühen bis zum späten Mittelalter immer beides nebeneinander gegeben: bereits in der Merowingerzeit benutzten auch einfachere Leute Münzen als Zahlungsmittel und noch am Ende des 15. Jahrhunderts wurden in Städten Rechnungen durch Naturallieferungen beglichen.

Manche Begriffe aus dem Bereich der Geldwirtschaft verraten noch ihren Ursprung aus der Tauschwirtschaft: so kommt das lateinische Wort *pecunia* (= Geld) von *pecus* (= Vieh) und das italienische *salario*, französisch *salaire* (= Bezahlung) von lateinisch *sal* (= Salz), dem für die menschliche Ernährung lebenswichtigen Gewürz, das genau wie Pfeffer als Ersatzwährung dienen konnte. Unser Wort Geld kommt ursprünglich von *gelten* und bedeutet eigentlich Opfer, Leistung, Steuer, bevor es zur Bezeichnung für das Zahlungsmittel wurde.

Das Recht, Münzen zu prägen, gehörte zu den Königsrechten, den **REGALIEN**, aber schon seit der Karolingerzeit wurde dieses Privileg an Bischöfe und auch an weltliche Große übertragen (→ auch Kapitel 4.9, S. 233 ff.), im Spätmittelalter spielte der deutsche König im Münzwesen keine Rolle mehr.

REGALIEN von latein. *regalis* = königlich.

Geld in größerem Umfang, also das, was wir heute als **KAPITAL** bezeichnen würden, benötigten vor allem die (Fern-)Händler und Kaufleute, die zunächst Waren einkaufen mussten, bevor sie diese (mit Gewinn) wieder an andere verkauften, um dann neue Waren zu finanzieren.

KAPITAL, von latein. *caput* = Haupt, ist das auf Zinsen angelegte Geld; der ursprünglich lateinische Begriff wurde ins Italienische übernommen, denn die Römer addierten von unten nach oben, woraus sich die Begriffe *Kapital* und *Summe* (latein. *summa* = die Höchste) entwickelten.

Weil die **Kirche** das Zinsnehmen verboten hatte – sie sah darin Wucher – war Geldverleih für einen Christen kein Geschäft, weil er daran nicht verdienen durfte. Infolgedessen musste man im Mittelalter, wenn man Geld brauchte, zu jemandem gehen, der an diese christliche Vorschrift nicht gebunden war, und das waren die **Juden**, die aus diesem Grund nicht selten dem Beruf des Geldverleihers nachgingen. Dies wurde ihnen sehr oft zum Verhängnis, da diejenigen, die bei ihnen Schulden hatten, die sie nicht zurückzahlen konnten, oft die Vertreibung der Juden aus der Stadt befürworteten, da sie so ihre Schulden los wurden. Nur in Italien war dies anders, da die Kirche dort das **Zinsverbot** nicht hatte durchsetzen können; so finden wir dort auch christliche Geldwechsler und Geldverleiher.

Mit der Bevölkerungszunahme seit Beginn des 13. Jahrhunderts, der Ausweitung der Handelsbeziehungen und dem Aufschwung der Schifffahrt kam vor allem durch die italienischen Kaufleute (→ Kapitel 2.3.2, S. 67 ff.) Bewegung in die Geldwirtschaft, denn in den oberitalienischen Städten wie Genua, Pisa und Venedig, die wegen ihrer Lage am Mittelmeer durch den Handel aufblühten, wurden „alter-

Der Begriff *Kontor*, leitet sich von latein. *computare* = zählen (französisch *compter*) ab. Er bezeichnet die Schreibstube des Kaufmanns oder der Handelsgesellschaft, in der die Buchhaltung gemacht wurde.

native“ Modelle des Zahlungsverkehrs erfunden, die bis heute unser **Bankwesen** prägen. Die *banchieri*, ursprünglich die Geldwechsler, die ihre Geschäfte hinter einem Tisch oder auf einer **Bank** abwickelten, verzichteten auf das umständliche Zahlungsmittel der Münze, indem sie für ansässige Händler Konten einrichteten und Bezahlungen vom **Konto** des einen auf das eines anderen vornahmen. In Münzen bezahlt werden musste dann nur noch der **Saldo**, der sich ergebende Restbetrag dieser Transaktion. Dies war **die Geburtsstunde des bargeldlosen Zahlungsverkehrs**. Die *banchieri* gaben auch **Kredit** und wirkten damit geldschöpfend, ohne dass Münzen geprägt werden mussten. Dies kam der expandierenden Wirtschaft zugute und diese Art der Bezahlung von Handelsgeschäften verbreitete sich nach Spanien, Flandern bis in die Handelsstädte des Nordens. Sie erforderte eine gute Buchführung und eine größere Schriftlichkeit im Handel, denn nun mussten Kreditgeschäfte, Wechselpapiere, der **Zinssatz** und Ähnliches vertraglich festgehalten werden. Begriffe wie **brutto**, **netto** oder **agio** sind Kunstwörter der italienischen Buchführung, die seit dem Mittelalter international üblich wurden. Die Italiener „erfanden“ auch die **doppelte Buchführung**, d.h. die Verzeichnung von Waren nicht nur als Geldausgabe, sondern auch als Vermehrung des Warenbestandes; dies erlaubte, die eigene **Liquidität**, d.h. die Fähigkeit, seine Waren kurzfristig zu Geld machen zu können, abzuschätzen und eine **Bilanz** zu ziehen. Auch die heute gebräuchliche Bezeichnung „Lombardsatz“ für den Zinssatz bei der Beleihung von Wertpapieren kommt daher, dass diese Transaktionen im Mittelalter als erstes von Bankiers aus der Lombardei praktiziert wurden, und den Begriff „**Bankrott**“ für die Zahlungsunfähigkeit hat man damit erklärt, dass dem zahlungsunfähigen Wechsler auf öffentlichem Platz die Bank zerschlagen wurde, auf der er seine Geschäfte getätigt hatte. Die Familie der Medici in Florenz und der Datini (→ S. 69 f.) entwickelten daher eine neue Bankenstruktur, indem sie ein System von selbstständigen, nur durch Personalunion miteinander verbundenen Geschäftshäusern gründeten, die sich nicht gegenseitig in den Bankrott ziehen konnten.

In Deutschland entwickelte sich das Bankgeschäft aber nur langsam; dafür gab es in den spätmittelalterlichen deutschen Städten noch eine andere Form des Kredits, mit dem das Zinsverbot umgangen wurde und die sehr populär wurde, nämlich die **Leibrente**: Man lieh einer Stadt oder einer kirchlichen Einrichtung, z.B. einem Hospital, Geld und erhielt dafür bis ans Lebensende eine Rente. Dies galt

Info

Die Sprache der Banker

▶ Wenn wir heute unsere Bankgeschäfte tätigen, sind wir uns in der Regel nicht der Tatsache bewusst, dass diese Begriffe aus dem Mittelalter stammen:
Bank von ital. *banca* = Sitzbank, Verkaufsstand
Konto von ital. *conto* = Guthaben
Saldo von ital. *saldo* = Restbetrag
Giroverkehr von ital. *girare* = kreisen
Kredit von ital. *credito* = Leihwürdigkeit
Zinssatz von latein. *censere* = schätzen
Brutto von ital. *brutto* = ohne Abzug vom Rohgewicht
Netto von ital. *netto* = rein, ohne Verpackung
Agio von ital. *agio* = Aufgeld beim Wechseln
Liquidität von latein. *liquidus* = flüssig
Bilanz von ital. *bilancio* = Waage, Gleichgewicht, d. h. Rechnungsabschluss zwischen Einnahmen und Ausgaben
Bankrott von ital. *banca rotta* = zerbrochene Bank.

nicht als Wucher, weil hier für jede Seite ein Risiko bestand: Starb man spät, hatte man einen höheren Betrag erzielt als man gezahlt hatte, und der Kreditnehmer hatte das Nachsehen, im Fall eines frühen Todes war es umgekehrt. Da diese Rentenverträge auch verkauft werden konnten, entwickelte sich in den Städten ein lebhafter Kreditmarkt, der zeigt, dass der Bedarf an Krediten groß war. Bargeldlosen Handelsverkehr konnten im Wesentlichen aber nur die Oberschichten der Städte betreiben, denn die Kreditwürdigkeit wurde von Stand und Ansehen bestimmt; somit fehlten den einfacheren Leuten vielfach die Möglichkeiten, in Notzeiten Überbrückungskredite zu erhalten. In Italien fand man einen Ausweg in den **MONTES PIETATIS**, **Leihhäuser**, oft von der Kirche initiiert, die einfacheren Leuten Geld liehen, damit diese nicht zu Juden oder Wucherern gingen.

MONTES PIETATIS, latein. = Berge der Barmherzigkeit.

Das Spätmittelalter ist aber auch die Zeit, in der die großen Vermögen der Fugger und Welser sowie anderer Bürgerfamilien gemacht wurden. Hans **Fugger**, der sich 1367 in Augsburg niederließ, war Weber, Textilhändler und Verleger von anderen Webern, so dass aus dem Handwerker ein Kaufmann wurde. Sein Sohn Jakob vergrößerte dann das Vermögen durch Geld- und Bergbaugeschäfte und wurde Kreditgeber für Fürsten, schließlich sogar für Kaiser Maximilian I. Jakob Fugger hatte sich durch seine Investition in den Bergbau eine monopolistische Stellung als Metalllieferant geschaffen, da dieses

Metall nicht nur für Münzen, sondern auch für die Waffenproduktion gebraucht wurde. Er finanzierte schließlich die Wahl Karls V. zum römisch-deutschen Kaiser im Jahre 1519. Die deutschen Kaufleute hatten inzwischen von den Italienern gelernt, das Geld für sich arbeiten zu lassen und mithilfe eines Netzes von internationalen Niederlassungen finanzielle Transaktionen in großem Stil durchzuführen. Doch die großen Vermögen gingen später vielfach wieder verloren. Wenn sie – wie bei den Fuggern – erhalten blieben, lag dies daran, dass sie in adeligen und fürstlichen Grundbesitz angelegt wurden.

Aufgaben zum Selbsttest

- Benennen Sie die wichtigsten Veränderungen in der Landwirtschaft im Laufe des Mittelalters und deren Auswirkungen auf das Leben der Menschen.
- Skizzieren Sie die Entwicklung von Handwerksberufen im Mittelalter.
- Handel und Geldwirtschaft – welche Veränderungen kennzeichnen diese Bereiche im Mittelalter?

Literatur

Boockmann, **Einführung** (wie S. 53) S. 53–74.
Bernd Herrmann (Hg.), **Mensch und Umwelt** (wie S. 63).
Schubert, **Einführung** (wie S. 53) S. 154–195.
Lynn White jun., **Die mittelalterliche Technik und der Wandel der Gesellschaft**, München 1968.
Harald Müller, **Mittelalter**, Berlin 2008, S. 51–66.
Michael North, **Das Geld und seine Geschichte**. Vom Mittelalter bis zur Gegenwart, München 1994.
Zu den Info-Kästen:
Annales Xantenses, in: **Quellen zur karolingischen Reichsgeschichte**, hg. von Reinhold Rau, (Freiherr vom Stein-Gedächtnisausgabe 6), Darmstadt 1958 S. 339–372.
Frugoni, **Mittelalter auf der Nase** (wie S. 63) S. 61 ff.
Friedrich Kluge, **Etymologisches Wörterbuch der deutschen Sprache**, 24. Aufl., Berlin 2002; auch als CD-ROM erhältlich.
Iris Origo, **„Im Namen Gottes und des Geschäfts“.** Lebensbild eines toskanischen Kaufmanns der Frührenaissance. Francesco di Marco Datini 1335–1410 (2. verb. Aufl.), München 1986.

2.4 | Die Kirche im Mittelalter

Das Christentum und die Kirche haben die mittelalterliche Welt maßgeblich geprägt und vieles ist gar nicht zur verstehen, ohne die Bedeutung der Kirche für das Leben im Mittelalter und ihre „Funktionsweise" zu kennen, denn eine Trennung von Staat und Kirche existierte damals noch nicht. Da andererseits die Kirche in der heutigen Gesellschaft oft nicht mehr den Stellenwert hat wie in früheren Zeiten und viele Begriffe nicht mehr geläufig sind, sollen in diesem Kapitel die wichtigsten Gegebenheiten der mittelalterlichen Kirche dargestellt und Grundbegriffe erklärt werden.

Mission, Kirchenorganisation und Frömmigkeit

2.4.1

Das **Christentum** hatte sich **in den Städten des römischen Reiches** entwickelt und verbreitete sich mit dessen Expansion weiter. So bildete lange Zeit der Rhein die östliche Grenze des Römerreiches und des Gebietes, in dem sich das Christentum seit dem 2. Jahrhundert nach Christus durch Handwerker, Kaufleute und römische Beamte verbreitete. So erklärt sich auch, dass der lateinische Ausdruck für „Heide", also Nicht-Christ, *paganus* ist, was eigentlich „Dörfler, Bauer" bedeutet. Der erste christliche römische Kaiser war **Konstantin der Große** (306–337), der im Jahre 312 nach seinem Sieg über seinen Gegner Maxentius das Christentum förderte und so dessen Entwicklung zur **Staatsreligion** beschleunigte, die nach und nach die heidnischen Kulte der Antike ablöste. Im Jahre 325 berief Konstantin eine Synode nach Nicäa in Kleinasien, die neben anderen wegweisenden Bestimmungen den **Arianismus** verurteilte: Dies war die Lehre des Priesters Arius († 336), der die Wesensgleichheit des Sohnes, also von Christus, mit Gottvater geleugnet hatte. Nach Konstantins Tod setzte sich auf Druck des Kaisers Constantius der Arianismus wieder stärker durch und breitete sich besonders bei den Goten aus. Das Bedürfnis, sich von den unterworfenen **KATHOLISCHEN** Römern zu unterscheiden, führte dazu, dass das arianische Christentum sich im West- und Ostgotenreich lange hielt.

Zu Konstantins Lebzeiten hatte es ungefähr 25–28 katholische Bischofssitze in Gallien gegeben, um 400 hatte dann jede Stadt einen **BISCHOF**. Die Bischöfe galten als **Nachfolger der APOSTEL**. Da sich die Kirchenorganisation an der städtischen Struktur und der Provinzeinteilung des Reiches orientierte, gab es in Gallien 115 Bischofssitze in 15 (Kirchen-)Provinzen. Der Bischof, der an der Spitze einer Kirchenprovinz stand, hieß **METROPOLIT**.

Wegweisend für die Entwicklung der Kirche in Europa war um 500 die Taufe des merowingischen König Chlodwigs I., der das **katholische Christentum** annahm; bis zum Ende des 6. Jahrhundert ging

KATHOLISCH, von griech. *katholikos* = allgemein; war seit dem 2. Jahrhundert zur Bezeichnung für die christliche Kirche geworden, zunächst im Gegensatz zur einzelnen Gemeinde, aber im Laufe der Zeit nahm es den Sinn von „rechtgläubig" an und bedeutete schließlich die Bezeichnung für die Christen, die den Papst in Rom als Oberhaupt der Kirche anerkannten.

BISCHOF, von griech. *episkopos*, latein. *episcopus* = Aufseher.

APOSTEL, von griech. *apostolos* = Abgesandter, Bote; ursprünglich die Bezeichnung für die Jünger Jesu, welche die christliche Lehre in die Welt tragen sollten.

METROPOLIT, von griech. *metropolis* = Mutterstadt.

daraufhin das arianische Christentum unter. Chlodwigs Entscheidung war – wie auch bei manchen anderen Herrschern – die Entscheidung für den „stärkeren Gott", der ihm den Sieg über die Alamannen geschenkt hatte, nachdem die heidnischen Götter „versagt" hatten. Die Christianisierung in dieser frühen Zeit war meist eine Christianisierung „von oben", denn der Entscheidung des Königs folgte die gesamte Elite, d. h. die Anführer seines Reiches, indem sie sich ebenfalls taufen ließ, denn die **TAUFE** war der konstitutive Akt, der den Übertritt zum neuen Glauben vollzog. Dies bedeutete aber auch, dass die „innere Christianisierung" des Landes, d. h. die Bereitschaft der heidnischen Untertanen, Christen zu werden, und ihre Kenntnisse der christlichen Glaubenslehre unterschiedlich groß waren und oft noch nicht zu einer Verwurzelung des Christentums führte. Heidnische Bräuche wurden, oft neben christlichen Riten, gepflegt, und die christlichen **MISSIONARE** hatten große Überzeugungsarbeit zu leisten. Im Laufe des 6. Jahrhunderts kam es dann aufgrund der politischen Wirren im Merowingerreich und dem Einfall heidnischer Germanenstämme zu einer **REPAGANISIERUNG**, in deren Verlauf das kirchliche Leben in manchen Gegenden, so etwa zwischen der Donau und den Alpen, wieder zusammenbrach.

Das mittelhochdt. Wort **TAUFE** kommt vom gotischen Wort für „eintauchen" und verweist darauf, dass der Täufling bei der Taufe ins Wasser getaucht wurde als Sinnbild von Reinigung und neuem Leben [als Christ].

MISSION, von latein. *missio* = Sendung, Auftrag (in diesem Fall der Glaubensverkündigung.

REPAGANISIERUNG, von latein. *re* = zurück, wieder; *paganus* = Heide.

Im 7. und 8. Jahrhundert kam es zur zweiten Missionierungswelle in Mitteleuropa durch angelsächsische Missionare, deren bedeutendster der Mönch Winfrid aus Wessex war, der vom **PAPST** den Namen **Bonifatius** erhielt und den die ältere Forschung als „Apostel der Deutschen" bezeichnet hat. Da die englische Kirche seit ihren Anfängen zur Zeit Papst Gregors I. (590–604) ein enges Verhältnis zum Papst in Rom hatte, hatten dies auch die angelsächsischen Missionare und sie sorgten auch für eine **Bindung der fränkischen Kirche an Rom** (→ Kapitel 2.4.2, S. 85).

Zum Begriff **PAPST** und zur Entwicklung des Papsttums → Kapitel 2.4.2, S. 84 f.

Während Bonifatius als Missionsbischof vom Papst schließlich persönlich zum **ERZBISCHOF** erhoben wurde wie auch noch andere Bischöfe, gab es zur Zeit Karls des Großen dann – ähnlich wie bereits Ende des 4. Jahrhunderts für Gallien – eine **Bistumsorganisation** im gesamten Frankenreich, bei der nun der Erzbischof als Bischof an der Spitze einer Kirchenprovinz stand, die sich aus mehreren Bistümern, auch **DIÖZESEN** genannt, zusammensetzte.

ERZBISCHOF, von griech. *archi* = der oberste, erste; *episkopos* = Aufseher.

DIÖZESE, von griech. *diocesis* = Distrikt, Kirchensprengel.

Der **Bischof** war verantwortlich für die kirchliche **Lehre und LITURGIE** in seinem Bistum, er verwaltete den Besitz der Kirche und ihm unterstanden die **Armenfürsorge** und die **kirchliche Gerichtsbarkeit**. Der

LITURGIE = regelmäßige Form des Gottesdienstes, → S. 81.

Erzbischof hatte neben der Sorge für sein Bistum z.B. die Aufgabe, einen neu gewählten Bischof eines Bistums seiner Kirchenprovinz zu weihen oder im Falle des Todes eines Mitbischofs für die Wahl eines Nachfolgers zu sorgen.

Mit dem Begriff **KLERUS** für die Geweihten werden alle Stufen der kirchlichen Hierarchie zusammengefasst, gegenüber den Nichtgeweihten, den **LAIEN**. Ein neuer Bischof sollte von Klerus und Volk, also von Geweihten und Nichtgeweihten, gewählt werden; im frühen Mittelalter war es aber sehr oft der König, der hier Einfluss auf die Wahl des Kandidaten nahm.

KLERUS, von griech. *kleros* = Los, latein. *clericus* = Geistlicher.

LAIE, von griech. *laos* = Volk.

Den höchsten Rang unter den Klerikern nahmen der Erzbischof und der Bischof ein. Dann kamen die **Priester**, die den Bischof vor Ort vertraten, und zeitlich und regional unterschiedlich an der Spitze einen **ARCHIPRESBYTER** oder einen **Archidiakon** hatten; darunter folgten die niedrigen Weihegrade, nämlich der des **DIAKONS** und **Subdiakons**, die ursprünglich Verwalter des kirchlichen Vermögens gewesen waren, aber auch beim Gottesdienst assistierten, und der Weihegrad des **LEKTORS**, der in der Messe aus der Bibel und aus anderen Texten las. Die niedrigsten Weihegrade waren die des **OSTIARIUS** und des **EXORCISTA**. Der Klerus war im Mittelalter ein eigener Stand, der **Steuerfreiheit** und rechtliche Vorzüge genoss wie z.B. das **Ausgenommensein vom weltlichen Gericht** (= *privilegium fori*). Andererseits stellte man an ihn die Forderung nach **Ehelosigkeit** und **Keuschheit** (**ZÖLIBAT**) sowie **Armut**.

PRESBYTER, von griech. *presbyteros* = der Älteste.
DIAKON, von griech./latein. *diaconos* = Kirchendiener.
LEKTOR, von latein. *legere* = lesen.
Latein. **OSTIARIUS** = Türsteher.
Latein. **EXORCISTA** = Geisterbeschwörer.

Der Begriff **ZÖLIBAT** kommt von latein. *caelebs* = unvermählt, ehelos.

Die **Seelsorge** bei den Gläubigen war die Hauptaufgabe der Priester, die ursprünglich alle in einem Haus am Sitz des Bischofs wohnen sollten, nämlich in der **DOMUS ECCLESIAE**. Diese Vorstellung stammte aber aus der Anfangszeit des Christentums, das sich in den Städten des römischen Reiches entwickelt hatte. Für die Seelsorge im ländlich geprägten Frankenreich war dies nicht praktikabel, denn für viele war der Weg bis zur Bischofsstadt zu weit. Aus dieser Notwendigkeit entwickelte sich die **Eigenkirche**: Ein begüterter Laie oder auch ein Bischof bzw. ein Kloster ließ aus eigenem Vermögen auf dem Land eine kleine Kirche errichten und setzte dort einen Priester ein, der für die Gläubigen der Umgebung die Seelsorge übernahm, d. h. die Messe las, die Beichte abnahm und die **Sakramente** spendete von der Taufe bis hin zu den Sterbesakramenten (→ S. 81).

Latein. **DOMUS ECCLESIAE** = Haus der Kirche; unser deutsches Wort „Dom" leitet sich davon ab.

Der Gründer einer Eigenkirche durfte selbst den Priester einsetzen und die Gläubigen der Umgebung waren verpflichtet, zu dieser

Latein. **TERMINATIO** = Begrenzung.

Kirche zu gehen und die Dienste dieses Priesters in Anspruch zu nehmen. Man bezeichnet dies als **PFARRTERMINATION** oder Pfarrzwang. Ein wichtiger Hintergrund dieser Pfarrtermination war, dass der Priester für seine seelsorgerlichen Handlungen wie Taufe oder Beerdigung Abgaben von den Gläubigen fordern durfte, oft in Form von Naturalien. Geben sollten sie den **Zehnt**, d. h. den zehnten Teil ihrer Einkünfte bzw. Erträge. Der Priester sollte diese Abgaben in vier Teile teilen; ein Teil war für seinen Unterhalt, ein Teil für den Unterhalt des Kirchengebäudes, ein Teil für die Armen und ein Teil für den Bischof oder den Kirchherrn, so dass der Eigenkirchenherr auch an den Abgaben der Gläubigen beteiligt wurde. Den geographischen Amtsbereich eines Priesters bezeichnet man als **PFARREI**, den eines Bischofs als **Diözese**.

PFARREI, von griech./latein. *parrochia*.

CHOR, von griech. *chora* = Land.

Zur besseren kirchlichen Versorgung auf dem Lande wurde in der späten Merowingerzeit auch das Amt des **CHORBISCHOFS** geschaffen, der eine Art Hilfsbischof war, aber ohne die volle Amtsgewalt des Bischofs. So sind Eigenkirche wie Chorbischof das Ergebnis der Anstrengung, das Christentum auch im ländlichen Gebiet des Frankenreiches durchzusetzen. Im Laufe der Karolingerzeit geriet aber beides in die Kritik – die Eigenkirche, weil gelegentlich persönlich ungeeignete Priester eingesetzt wurden und weil viele Bischöfe nicht mehr auf die Abgaben verzichten wollten, die an die Eigenkirchenherren gingen, und der Chorbischof, weil die regulären Bischöfe in ihnen eine Konkurrenz sahen.

BIBEL von griech. Wort *biblos* = Buch; abgeleitet ist der Begriff vom Namen der ägyptischen Stadt Byblos, von wo die Griechen ihren Papyrus bezogen.

EVANGELIUM, von griech. *eu* = gut; *angelia* = Botschaft.

Grundlage der christlichen Lehre war und ist die **BIBEL**; sie enthält die heilige Schrift der Juden, die man als **Altes Testament** bezeichnete, und das **Neue Testament**, welches vor allem die **EVANGELIEN** mit der Lebens- und Leidengeschichte Christi enthält. Die Bibel war vom Kirchenvater Hieronymus aus dem Griechischen ins Lateinische übersetzt worden; diese Übersetzung bezeichnet man als **Vulgata**, um sie von früheren zu unterscheiden. Im spätantiken Rom erfolgte auch die Festlegung auf **Latein als allein heilige Sprache**. Vorher und dann wieder seit dem Humanismus des 15. Jahrhunderts wurden auch Hebräisch und Griechisch als heilige Sprachen angesehen. Bereits im Frühmittelalter bemühte man sich um volkssprachige Übersetzungen von Teilen der Bibel und vor der Übersetzung der Bibel durch Martin Luther gab es im Spätmittelalter insgesamt 18 deutschsprachige Ausgaben des gesamten Bibeltextes.

LEKTIONAR, von latein. *lectio* = Lesung.

Neben der Bibel sollte der Priester auch mehrere **liturgische Bücher** besitzen, und zwar ein **LEKTIONAR** für die Bibellesung, ein **Sakramen-**

tar für Mess- und Tauffeier sowie ein **BENEDIKTIONALE** für Segnungen und ein **POENITENTIALE** für Bußen. Die römische **LITURGIE**, also die Form, in der die Messe in der römischen Kirche gefeiert wurde, war bei der Reform der fränkischen Kirche in der Karolingerzeit Vorbild: Man reformierte die liturgischen Bücher nach römischen Mustern und feierte die Messe nach römischem Vorbild; Karl der Große selbst ließ sich ein Sakramentar aus Rom schicken.

BENEDIKTIONALE, von latein. *benedicere* = segnen.

POENITENTIALE, von latein. *poenitentia* = Buße.

LITURGIE, von griech. *leiturgia* = öffentlicher Dienst.

Der Begriff **SAKRAMENT** bezeichnet eine heilige Handlung, die als von Gott her wirksames Zeichen verstanden wird; seit dem 12. Jahrhundert gelten nur noch sieben heilige Handlungen als Sakramente, nämlich Taufe, Firmung, Buße, Eucharistie, Priesterweihe, Ehe und Letzte Ölung; zuvor waren es über 30 gewesen, darunter auch das Gottesurteil.

SAKRAMENT, von latein. *sacer* = heilig.

Die **EUCHARISTIE** ist Teil der Messe, also des Gottesdienstes. Das aus dem griechischen stammende Wort bedeutet „Danksagung" an Christus, der für die Rettung der Menschen den Tod auf sich nahm. Die Wandlung von Brot und Wein zu Leib und Blut Christi durch den Priester ist Teil der Eucharistie; die Gläubigen erhielten im Laufe der Zeit nur noch die geweihte **HOSTIE**, nicht mehr den Kelch (→ S. 92 f.). Der Begriff der **MESSE** ist abgeleitet aus dem Entlassungsruf des Priesters am Ende des Gottesdienstes: **„ite, missa est"** – **„geht, jetzt ist Entlassung"** und bedeutet einen Segenswunsch.

EUCHARISTIE, von griech. *eucharistia* = Danksagung.

HOSTIE, von latein. *hostia* = Opfer.

MESSE, von latein. *mittere* = schicken.

Im kirchlichen Leben des Mittelalters spielte die **Heiligenverehrung** eine große Rolle. Die Heiligen hatten in ihrem (vorbildlichen) Leben die Nachfolge Christi verwirklicht und wurden daher als Vermittler zwischen den Gläubigen und Gott angesehen, die den Menschen in ihrer Bedrängnis auch durch **Wunder** halfen. In der Spätantike waren es zunächst die **MÄRTYRER** und die **ASKETEN**, die nach ihrem Tod als Heilige verehrt wurden. Jede Kirche war einem bestimmten Heiligen geweiht, man bezeichnet dies als **PATROZINIUM** der Kirche. Jeder Heilige hatte und hat einen bestimmten Tag, der ihm geweiht ist und der festlich begangen wurde, meist war es sein Todestag (= Geburtstag zum ewigen Leben), an dem er, so glaubte man, besonders Hilfe gewährte. Da nicht alle Kirchen den Leichnam eines Heiligen besaßen oder erwerben konnten, begann man, Teile des Körpers eines Heiligen abzutrennen, diese in oft besonders kostbare Gefäße zu legen und an andere Kirchen oder auch Personen weiterzugeben (oder sogar zu verkaufen). Diese Teile bezeichnet man als **RELIQUIEN**. Bald kam es dahin, dass in jedem Altar eine Reliquie eingeschlossen sein musste.

MÄRTYRER, von griech./latein. *martyr* = Blutzeuge der Wahrheit der christlichen Religion.

ASKESE, aus dem griech./mittellat. = *Übung*, d. h. strenge, entsagende Lebensführung.

PATROZINIUM, von latein. *patronus* = Schutzherr.

RELIQUIE, von latein. *reliquus* = übrig.

Natürlich gab es auch hier Abstufungen zwischen den Heiligen, denn Sankt Peter in Rom, wo sich das Grab des Apostels Petrus befand, oder Köln mit den Reliquien der heiligen drei Könige (seit dem Hochmittelalter) wurden von den Gläubigen besonders gern besucht. So entwickelte sich im Mittelalter ein **PILGERWESEN** sowohl im näheren Bereich als auch zu berühmten **WALLFAHRTSORTEN** wie Rom, Jerusalem oder Santiago de Compostela in Spanien, das der Begräbnisort des Apostels Jacobus des Älteren sein soll. Dafür gab es im Mittelalter **Pilgerführer**, die den Gläubigen den Weg erklärten, und die teilweise auch Ähnlichkeit mit Reiseberichten haben. In den letzten Jahren sind (Pilger-)Reisen auf dem **Jakobsweg** nach Santiago zunehmend wieder populär geworden.

Unser Wort **PILGER** stammt vom latein. *peregrinus* = fremd, d. h. ursprünglich von außerhalb des ager Romanus kommend.

WALLFAHRT, von mittelhochdt. *wallen* = wandern, reisen, pilgern.

Seit dem 12. Jahrhundert wurde es üblich, dass nach vorheriger Untersuchung seines Lebens erst eine offizielle Erklärung des Status der Heiligkeit (die **Kanonisation**) durch den Papst die Aufnahme einer Person unter die Heiligen der Kirche begründete. Auskunft über das Leben der Heiligen gaben die **Viten**, eine wichtige Quellengattung des Mittelalters (→ Kapitel 3.2.1, S. 132 f.).

Als Kirchenbann oder Exkommunikation bezeichnet man den Ausschluss von den Sakramenten und der kirchlichen Gemeinschaft.

Als der Karolinger Pippin der Jüngere 751 die merowingische Königsdynastie absetzte und sich selbst zum König machte, brauchte er eine Legitimierung seines „neuen" Königtums. Diese holte er sich beim Papst in Rom, der 754 zu Pippin ins Frankenreich reiste und damit die enge Bindung zwischen Rom und dem fränkischen König betonte. Im Jahre 800 wurde sie durch die **Kaiserkrönung** von Pippins Sohn Karl dem Großen endgültig besiegelt. So wie Karl die Missionierung der heidnischen Sachsen betrieb, wurde auch unter den ottonischen Herrschern die Missionierung im Osten des Reiches vorangetrieben. Der König erhielt bei seiner Krönung in Anlehnung an die alttestamentlichen Königssalbungen eine **kirchliche Salbung**, die seine enge Verbindung zur Kirche symbolisierte. Die Bischöfe des Reiches waren seine wichtigsten Ratgeber. Sie kamen meist aus der Hofkapelle (→ Kapitel 4.2.3, S. 193 f.) und kannten daher den König vor ihrer Erhebung zum Bischof gut. Diese Einheit zwischen Kirche und Königtum zerbrach im Zeitalter des **INVESTITURSTREITS**, als König Heinrich IV. 1076 von Papst Gregor VII. gebannt wurde, der damit den König nicht mehr als Gesalbten des Herrn verstand, sondern als Laien. Nach jahrzehntelangem Ringen zwischen Kirche und Königtum kam es im **Wormser Konkordat** (1122) zu einer Regelung, mit der die enge Verflechtung von „Staat und Kirche" gelöst wurde: Von nun an investierte der König einen neuen Bischof durch das Sym-

INVESTITUR, von latein. *investiri* = bekleiden.

bol des Szepters mit den weltlichen Besitz- und Herrschaftsrechten, den **TEMPORALIEN**, während die Kirche ihn durch Verleihung von (Bischofs-)Ring und (Bischofs-)Stab in die geistlich-kirchliche Würde, die **SPIRITUALIEN**, einsetzte.

TEMPORALIEN, von latein. *temporalis* = zeitlich, hier: weltlich.

SPIRITUALIEN von latein. *spiritualis* = geistig.

Im Zeitalter des Investiturstreits formierte sich auch die **Kreuzzugsbewegung**, die im engeren Sinn Kriegszüge der abendländischen Christenheit zur Befreiung der Stätten im heiligen Land von den Ungläubigen meint, denn im 11. Jahrhundert war Jerusalem von

Abb. 13

Papst Urban II. ruft in Clermont in der Auvergne im Jahr 1095 zum Ersten Kreuzzug auf. Holzschnitt aus der „Historie wie die Türken die christliche Kirche anfochten“ des Robertus de S. Remigius, gedruckt 1482.

den Muslimen erobert worden, was nicht zuletzt Pilgerfahrten dorthin erschwerte, so dass der Papst 1095 zum Ersten Kreuzzug aufrief. Im weiteren Verlauf des Mittelalters wurde auch die Bekämpfung von Ketzern (→ Kapitel 2.4.4, S. 91 f.) von der Amtskirche als Kreuzzug verstanden, genau wie der Kampf gegen die spätstaufischen Herrscher, d.h. der Kreuzzug diente auch zur Durchsetzung politischer Ziele und nicht nur zur Wiederherstellung des Glaubens.

Zu den Bettelorden → S. 90 f.

Im Spätmittelalter nimmt der Unterschied zwischen reichen und armen Bistümern, reichen und armen Klöstern zu. Gleichzeitig fällt der Kirche, bevorzugt den Bettelorden in den Städten, großer Grundbesitz zu, das **VERMÖGEN DER TOTEN HAND**. Das späte Mittelalter war eine Zeit großer **(Volks)Frömmigkeit**, die der Kirche und den Kirchen der Stadt große Schenkungen zuteil werden ließ. Gleichzeitig wuchs aber auch mit dem Wunsch nach mehr religiöser Unterweisung die **Kritik an ungebildeten Pfarrern und an der Papstkirche in Rom**. Es verkehrte sich auch das Verhältnis von Stadt und Land, denn die Pfarrrechte einer Dorfkirche wurden oft an eine Stadtkirche übertragen, die Seelsorge versah ein (schlecht bezahlter) **VIKAR**. Daher stammt unsere Redewendung „die Kirche im Dorf lassen".

Da das Vermögen von Geistlichen wegen des Zölibats nach ihrem Tod an die Kirche fiel, sprach man vom **VERMÖGEN DER TOTEN HAND**.

VIKAR, von latein. *vicarius* = Stellvertreter.

Im Rahmen dieses knappen Überblicks können gar nicht alle Details der Entwicklung der Kirche im Spätmittelalter dargestellt werden, denn sie ist in den letzten Jahrzehnten intensiv erforscht worden, insbesondere die Beziehungen zwischen dem deutschen Reich und dem Papsttum, nicht zuletzt weil man nach Erklärungen für den „Erfolg" der Reformation gesucht hat.

2.4.2 Das Papsttum und die Christenheit

Der Bischof von Rom war ursprünglich ein Bischof des römischen Reiches wie andere auch. Aber aus der Tatsache, dass die Apostel Petrus und Paulus ihr Martyrium in der Stadt Rom erlitten hatten (zwischen 64 und 67 n. Chr.), und Christus im Evangelium zu Petrus gesagt hatte: „Du bist Petrus und über diesem Fels werde ich meine Kirche errichten" (Matthäus 16, 18), entwickelte sich die Sonderstellung des Bischofs von Rom. Er erhielt seit dem 5. Jahrhundert den Titel **PAPST**, was ursprünglich eine ehrende Anrede für Bischöfe gewesen war, und erlangte eine Sonderstellung, die seit dem 4./5. Jahrhundert sein Amtsverständnis prägte. Schon vor der Zeit Papst Gregors I. (590 – 604), aber besonders während seines Pontifikats wandten sich die Bischöfe der christlichen westlichen Welt an ihn

PAPST, von latein. *papa* = Vater.

in kirchenrechtlichen Fragen und erhielten briefliche Antworten (die Dekretalen, → Kapitel 3.2.3, S. 145). Aus dem Anspruch des Vorrangs des päpstlichen Gerichts entwickelte sich der **JURISDIKTIONSPRIMAT** des Papstes. Papst Nikolaus I. (858–867) versuchte ganz dezidiert, diesen Jurisdiktionsprimat über die Bischöfe des fränkischen Reiches durchzusetzen, wogegen sich einige wehrten.

JURISDIKTIONSPRIMAT, von latein. *ius* = Recht, *dicere* = sagen, *primas* = erster.

Schon in der Karolingerzeit übernahm man, wie bereits erwähnt, die **römische Liturgie** im Frankenreich und erbat aus Rom immer wieder liturgische Bücher und Reliquien, so dass sich die römische Form der Liturgie bald in ganz Europa durchsetzte und die in Rom verehrten Heiligen die lokalen Heiligen oft an Verehrung übertrafen.

Der Kirchenstaat wird auch latein. *patrimonium Petri* = Vermögen des heiligen Petrus genannt.

Die materielle Lebensgrundlage des Bischofs von Rom war der Grundbesitz der römischen Kirche in Mittel- und Süditalien, der zwar bis zum 8. Jahrhundert immer mehr zusammenschmolz, dann aber wieder wuchs, denn die fränkischen Herrscher Pippin I. und Karl der Große übernahmen die Funktion als Schutzherren des Papstes und des **Kirchenstaates**, wie man Landschenkungen Pippins und Karls an ihn zusammenfassend nannte (→ S. 82).

Mit der **Kaiserkrönung Karls des Großen** am Weihnachtstag 800 durch Papst Leo III. hatte sich die westliche Christenheit von Byzanz, d. h. vom oströmischen Kaiser in Konstantinopel, der den Papst und Rom gegen Bedrohungen von außen nicht mehr zu schützen vermochte, getrennt. Es war ein Bündnis auf Gegenseitigkeit: die fränkischen und später die deutschen Könige, nach den Karolingern dann die Ottonen, versprachen Rom und dem Papst Schutz und erhielten dafür den kaiserlichen Ehrenvorrang unter den Herrschern des damaligen Europa. Unter den späten salischen Herrschern und den späten Staufern sowie dann im Spätmittelalter zerbrach allerdings dieses Bündnis wiederholt, so dass es sogar zu Exkommunikationen der Könige oder Kaiser durch den Papst kam. Der letzte Kaiser, der in Rom durch den Papst gekrönt wurde, war im Jahr 1452 der Habsburger Friedrich III. (1440–1493).

In der Zeit der ottonischen Herrscher und der frühen Salier wurde das Bischofsamt des Petrusnachfolgers wiederholt von den Familien des stadtrömischen Adels „erkauft", so dass es mehrfach zwei Päpste gleichzeitig gab: Diesen Zustand in der Kirche bezeichnet man als **SCHISMA**. Vor der Mitte des 11. Jahrhunderts wurden auch einzelne Päpste durch den deutschen König bzw. Kaiser abgesetzt, wenn sie beispielsweise das Amt erkauft hatten. Mit der Kir-

SCHISMA = Kirchenspaltung; von griech. *schisma* = Spaltung.

chenreform des 11. Jahrhunderts löste das Papsttum sich aus dieser Umklammerung, indem nur noch Männer, die dieser Reformbewegung nahe standen, zu Päpsten gewählt wurden. Die Kirchenreform kämpfte für die Durchsetzung des **Zölibats**, also der Ehelosigkeit der Priester, und gegen die **SIMONIE**, d.h. den Ämterkauf.

SIMONIE, von latein. *simonia*; abgeleitet von Simon Magus, der in der biblischen Apostelgeschichte 8, 18–25 vom Apostel Petrus die Fähigkeit Wunder zu tun, kaufen will.

1054 kam es außerdem zum **Schisma zwischen Rom und Byzanz**, als sowohl der Papst in Rom als auch der Patriarch von Konstantinopel den Rang als höchster Kirchenfürst innerhalb der Christenheit beanspruchten: Nach gegenseitiger Exkommunikation entwickelten sich in Ost und West zwei verschiedene Kirchen: die lateinisch sprechende katholische Westkirche mit dem Papst als Oberhaupt und die griechisch sprechende orthodoxe Ostkirche mit dem Patriarchen von Konstantinopel an der Spitze. Dass beide Adjektive, katholisch wie orthodox, die gleiche Bedeutung haben, zeigt den Anspruch beider Kirchen in der Glaubenslehre.

Definition *katholisch* → S. 77.

ORTHODOX, griech./latein. *orthodoxus* = rechtgläubig.

Einen Höhepunkt der Macht erreichte das Papsttum mit Gregor VII. (1073–1085), der **1075** im **Dictatus papae** die universalen Ansprüche des Papsttums formulierte und **1076** den deutschen Herrscher Heinrich IV. bannte und zum **Gang nach Canossa** zwang (→ S. 122 f. und 124 f.).

Im 11. Jahrhundert entwickelten sich auch die grundlegenden **Reformen in der Verwaltung** des römischen Bistums: der Aufbau der Kurie, des Kardinalskollegs und des Legatenwesens.

Als **Kurie** bezeichnet man (nach dem Verwaltungssitz in der römischen Republik) die Gesamtheit der römischen Zentralbehörden und kirchlichen obersten Gerichte, deren sich der Papst zur Regierung der Kirche bedient. Die römische Kurie war „eine der bestgeführten und eindrucksvollsten Verwaltungszentren des mittelalterlichen Europa" (Walter Ullmann).

Das **Kardinalskolleg**, das im 11. Jahrhundert vor allem zur Wahl des neuen Papstes konstituiert wurde, damit dieser nicht durch den römischen Adel oder andere Machthaber, also von Laien, in sein Amt gehoben würde, setzte sich zusammen aus den Vorstehern der Haupt- oder Titelkirchen in der Stadt Rom, den *presbyteri cardinales* – noch heute erhält jeder neue gewählte **KARDINAL** eine Titelkirche in der Stadt zugewiesen –, den Kardinaldiakonen (*diaconi cardinales*), die für die Armen- und Krankenpflege in der Stadt zuständig waren, und den Bischöfen der sieben **SUBURBIKARISCHEN** Bistümer, also der um Rom herum gelegenen Bistümer, den Kardinalbischöfen (*episcopi cardinales*). Die Unterteilung in diese drei Klassen verschwand allmählich. Die **Papstwahlordnung** erfuhr im Laufe der Zeit

KARDINAL, von latein. *cardo* = Türangel.

SUBURBIKARISCH, von latein. *sub* = außerhalb, *urbs* = Stadt = Rom.

manche Verfeinerung und Veränderung; seit 1274 werden die Kardinäle im **KONKLAVE** eingeschlossen, bis sie sich auf einen neuen Papst geeinigt haben.

KONKLAVE, latein. = verschließbarer Raum.

Die religiösen Orden

2.4.3

Neben der kirchlichen Hierarchie der Bischöfe, Priester und niederen Weihegrade (→ Kapitel 2.4.1, S. 79), die für die Seelsorge der Gläubigen zuständig waren, gab es schon im frühen Christentum Menschen, die sich in die Einsamkeit zurückzogen und dort in Gebet und Bußübungen für die Vervollkommnung des eigenen Lebens und der Christenheit lebten und beteten. Im Laufe der Zeit entstanden Gemeinschaften solcher **MÖNCHE**, die nach einer Regel lebten, die vom Gründer des Klosters oder einem Geistlichen aufgestellt worden waren. Den Männerklöstern folgten bald auch Frauenklöster. Hauptmerkmal des Lebens im **KLOSTER** war das Leben in **KLAUSUR**, d.h. in einem für Laien abgesperrten, unzugänglichen Bereich; die ersten **Regeln** für Frauenklöster sahen sogar vor, dass diese das Kloster niemals mehr verlassen, und nicht einmal die dem Kloster angeschlossene Kirche betreten sollten, sondern dem Gottesdienst aus einem abgetrennten Bereich mit Blick in die Kirche beiwohnen sollten. Während es im Lateinischen, von *monachus* abgeleitet, auch das Wort *monacha* gab, hat sich im Deutschen das Wort **Nonne** durchgesetzt, das aus dem lateinischen *nonna* = ehrwürdige Mutter kommt und heute im Italienischen die Großmutter bezeichnet.

MÖNCH, von griech. *monos* = allein.

KLAUSUR, von latein. *claudere* = abschließen.

Wesentliche Forderungen an die Mönche und Nonnen waren Gehorsam gegenüber dem **ABT** oder der **ÄBTISSIN**, die dem Kloster vorstanden, Aufgabe des weltlichen Besitzes sowie ein keusches und gottgefälliges Leben. Es gab Klöster, deren Mönche und Nonnen neben dem Gebet auch selbst für den Lebensunterhalt sorgten, und andere, die von der Gesellschaft „ernährt“ werden mussten, weil sie sich ausschließlich einer **KONTEMPLATIVEN** Lebensweise widmeten, da Arbeit sie vom Gebet abgelenkt hätte.

ABT, von griech. *abbas* = Vater; weibl. Form (latein.) = *abbatissa*.

KONTEMPLATIV, von latein. *contemplatio* = geistige Betrachtung.

Bis zum Jahr **816** gab es im Frankenreich eine Reihe von Ordensregeln, aber in diesem Jahr setzte Kaiser Ludwig der Fromme auf einer **Aachener Reformsynode** die Einführung der **Benediktsregel** durch, die bereits von den angelsächsischen Missionaren um Bonifatius (→ S. 78) bevorzugt worden war.

Über **Benedikt von Nursia** (* um 480), den Verfasser der Benediktsregel, wissen wir nicht sehr viel. Nach dem Zeugnis Papst Gregors I.

(590–604) studierte er in Rom, schloss sich dann einer Mönchsgemeinschaft an und gründete schließlich in Monte Cassino eine Gemeinschaft, für die er um 540 die Regel schrieb, die sich aus Bestimmungen anderer Regeln und seinen eigenen Erfahrungen speiste. Um 560 soll Benedikt gestorben und in Monte Cassino begraben worden sein.

Die Aachener Reformsynode, deren Motor der „zweite Benedikt" war, nämlich Ludwigs geistlicher Ratgeber **Benedikt von Aniane** (um 750–821), legte nicht nur für die Mönchs- und die Nonnenklöster des Frankenreiches die Benediktsregel fest, sie normierte auch die Lebensweise der **KANONIKER** und **KANONISSEN**, die in Stiften lebten. Als *canonicus* bezeichnete man im 6. Jahrhundert diejenigen Kleriker, die mit dem Bischof, also am Bischofssitz die Liturgie feierten, im Unterschied zu den Priestern auf dem Land. Sie lebten vom Vermögen der Bischofskirche. Seit der Aachener Reformsynode von 816 unterschied man zwischen dem *ordo monasticus* der Mönche und dem *ordo canonicus*. Die Kanonissen genossen gegenüber den Mönchen und Nonnen einige Vergünstigungen wie die Verfügungsmöglichkeit über ihr Erbe und die Tatsache, dass sie in einer eigenen Wohnung und mit einer Dienerin leben konnten, während die Nonnen dies alles nicht durften.

KANONIKER, von latein. *canon* = Liste; bezeichnete ursprünglich die Kleriker, die auf der Liste als zum Bischof gehörig eingetragen waren.

Im Laufe der Zeit wurde der Eintritt in ein **DAMENSTIFT** nur noch Frauen adeliger Abkunft möglich, die dort auch Privatbesitz haben konnten und über eine Anzahl von **Präbenden** oder zu deutsch **PFRÜNDEN** verfügten. Bei den Kanonikern verlief die Entwicklung ähnlich: aus dem Kanonikerstift wurde das **Domkapitel**, d. h. der Kreis von Kanonikern, der an der Bischofskirche, dem Dom lebte, dessen Stiftungsvermögen in einzelne **Pfründen** aufgeteilt wurde. Diese Pfründen dienten ebenfalls zur Versorgung und Lebensgrundlage von Hofkapellänen (→ Kapitel 4.2.3, S. 193 f.) oder im Spätmittelalter dann auch von Universitätslehrern. Die Klöster und Stifte waren also primär dem Adel vorbehalten, was sich erst mit den Bettelordensklöstern änderte, die für jedermann offen waren (→ S. 90).

Frühmittelhochdt. **STIFT** = (geistliche) Stiftung.

PFRÜNDE, von latein. *praebenda* = Darzureichendes, daraus mittelhochdt. Pfründe.

Im Laufe des Hochmittelalters kam es immer wieder zu Reformbewegungen in den Klöstern: nach 910 ging vom französischen Kloster **Cluny** der Versuch der Fortführung der Reform Benedikts von Aniane im 9. Jahrhundert aus, der dazu führte, dass sich ein über ganz Europa verbreiteter Verband reformierter Klöster bildete, die in Abhängigkeit zu Cluny standen und ihrerseits wiederum weitere Klöster reformierten.

Abb. 14

Das Benediktinerkloster Hirsau im Schwarzwald bestand von 1049 bis 1534 und war eines der Zentren der Reformbewegung von Cluny in Deutschland. Seit 1692 ist die Anlage eine Ruine.

Als neue Orden konstituierten sich dann im Hochmittelalter die **Zisterzienser** (benannt nach dem Gründungsort Cîteaux in Burgund), die vor allem in der Ostkolonisation eine große Rolle spielten, und die **Prämonstratenser**, die von Norbert von Xanten gegründet wurden und nach dem Gründungskloster Prémontré bei Laon benannt sind.

Im Hoch- und Spätmittelalter erlangten dann noch die Ritter- und Hospitalorden sowie die Bettelorden wachsende Bedeutung.

Die **Ritterorden** entstanden zur Zeit der Kreuzzüge. Ihr Ziel war der Schutz der Jerusalempilger und des Heiligen Landes, außerdem pflegten sie Kranke und Verwundete. Die Ritterorden forderten von ihren Mitgliedern neben den üblichen Mönchsgelübden auch den Kampf gegen die „Ungläubigen“, d.h. gegen Nichtchristen. An der

ANTONITER: der Name leitet sich ab von der Hauptaufgabe, der Pflege der an Antoniusfeuer Erkrankten. Diese Krankheit wurde durch Verbacken von Getreide, das von Mutterkorn befallen war, ausgelöst (→ S. 258, Abb. 48).

Ordines mendicantium, von latein. *mendicare* = betteln.

KARMELITER: der Name kommt vom Berg Karmel im heiligen Land, wo der Orden von Kreuzfahrern gegründet wurde.

EREMITEN-ORDEN: unter der Bezeichnung wurden mehrere Eremiten-, d. h. Einsiedlerorden (von griech. *eremos* = Wüste) zusammengefasst, die nach der Augustinusregel lebten; das waren drei Texte des Kirchenvaters Augustinus, die ab dem 11. Jahrhundert als Regel galten.

Spitze stand ein **Großmeister**. Die **ANTONITER** sowie die **Johanniter**, später auch nach ihrem Aufenthaltsort Malta **Malteser** genannt, widmeten sich primär der Krankenpflege und werden daher auch als **Hospitalorden** bezeichnet. Die Namen unserer heutigen Krankenpflegedienste der Johanniter und Malteser erinnern noch an diese mittelalterliche Einrichtung. Beim **Templerorden**, der seinen Namen vom Sitz des Großmeister im Tempelbezirk in Jerusalem beim Tempel des biblischen König Salomon ableitete, und beim **Deutschen Orden** hatte der Kampf gegen die Ungläubigen Vorrang.

Während der Templerorden Anfang des 14. Jahrhunderts verboten und viele Templer der Häresie angeklagt und verbrannt wurden (→ S. 91 f.), erhielt der Deutsche Orden seit ca. 1225 eine neue Aufgabe: die Christianisierung des Preußenlandes und Litauens bis weit nach Osten.

Die **Bettelorden** (*ordines mendicantium*) entstanden Anfang des 13. Jahrhunderts in Gestalt der **Franziskaner** und der **Dominikaner**, bezeichnet nach ihren Gründern Franz von Assisi und Dominikus von Caleruega. Erwachsen sind sie aus den zunehmenden Spannungen, die sich in Kritik der Laien am weltlichen Lebenswandel des Klerus äußerten sowie in häretischen Bewegungen (→ S. 91 f.). Papst Innozenz III. erkannte die Franziskaner und die Dominikaner auf dem 3. Laterankonzil von 1215 als neue Orden an. Der Name „Bettelorden" kommt daher, dass sie nicht nur den persönlichen Besitz aufgaben, sondern auch den gemeinschaftlichen, so dass sie sich ihren Lebensunterhalt erbetteln mussten. Die Orden waren für jedermann offen, nicht nur für den Adel, was eine Erklärung für ihren großen Erfolg ist (→ S. 88). Im Unterschied zu den älteren Mönchsorden siedelten sich die Bettelorden in den Städten an. 1245 wurden noch die **KARMELITER** gegründet und 1256 die **AUGUSTINER-EREMITEN**, der Orden, dem Martin Luther angehörte; beide wurden als weitere Bettelorden anerkannt.

Franz von Assisi (1181/82 – 1226), der aus einer begüterten Kaufmannsfamilie aus Assisi stammte, erhob die Forderungen nach völliger Besitzlosigkeit, nach dem Verbot der Geldannahme und nach Arbeit für das Seelenheil der Mitmenschen. Die Ordenstracht der Franziskaner oder Minderbrüder (*ordo fratrum minorum*) bestand aus einem groben Gewand mit Kapuze und Stock; dabei waren die Brüder immer ohne Schuhe unterwegs.

Dominikus von Caleruega (1170 – 1221) gründete um 1215 sein erstes (Ordens-)Haus in Toulouse zur Bekämpfung der Häretiker mithilfe der Predigt. Der neue Orden fand vor allem in den Städten großen Zuspruch, da die Bürger eine intensivere Seelsorge wünschten. Theologische Studien und Predigt stehen bei den Dominikanern im Mittelpunkt, während das Armutsgelübde nicht den Vorrang genoss wie bei den Franziskanern, was im Spätmittelalter mitunter zu Spannungen zwischen den beiden Orden führte.

Die Anerkennung einer religiösen Bewegung wie etwa der Franziskaner oder Karmeliter durch den Papst unterschied, so könnte man zugespitzt sagen, im hohen Mittelalter einen Orden von einer häretischen oder ketzerischen Bewegung.

Ketzer und Häresien

2.4.4

Der Begriff **Häresie**, der eigentlich nur „Wahl" bedeutet, kommt in den Paulusbriefen des biblischen Neuen Testamentes vor und bezeichnet dort den Abfall vom rechten christlichen Glauben. Begriff und Inhalt wurden dann von den Kirchenvätern definiert, die darunter primär eine eigenwillige Auslegung der Heiligen Schrift und Verstöße gegen die christliche Lehre verstanden, wie sie es bei einigen **SEKTEN** der Spätantike erlebt hatten. Bei allen häretischen Bewegungen des Mittelalters ist ein großes Potential an Frömmigkeit, Kirchenkritik und Wille zur Reform der Kirche zu konstatieren. Diese anderen Auslegungen der Bibel stießen auf Ablehnung durch die Amtskirche, wobei seit dem Hochmittelalter die Bekämpfung der Häresien vom Papsttum ausging. Die Entscheidung, ob eine religiöse Bewegung als Sekte eingestuft und bekämpft wurde oder nicht, hing immer von der unterschiedlich großen Tolerierungsbereitschaft der Kirche ab, bei der Glaube oft gleichgesetzt wurde mit Gehorsam. Je intensiver die theologische Diskussion und die Suche nach neuen Formen der Frömmigkeit bei den Mitgliedern dieser Bewegungen waren, desto härter verliefen die Auseinandersetzungen, d.h. die Bekämpfung der Sekten durch die Amtskirche und die Versuche der Sekten, heimlich zu überleben.

SEKTE, von latein. *sequi* = folgen.

Info

Ketzerverbrennung

▶ Die Verbrennung der Ketzers auf dem Scheiterhaufen sollte zum einen wohl einen Vorgriff auf die Hölle darstellen und zum anderen sicherstellen, dass er und seine Irrlehre spurlos von der Erde verschwänden; außerdem war dies im römischen Recht die Strafe für Majestätsbeleidigung.

KATHARER, von griech. *katharos* = rein.

Der Begriff des **Ketzers** stammt wohl von der Sekte der **KATHARER** ab, die neben den **Waldensern** die größte häretische Sekte im 12./13. Jahrhundert bildeten. Die Waldenser sind eine Laienbewegung, die durch den Lyoner Kaufmann Valdes um 1173 begründet wurde. Sie erhoben die Forderung nach apostolischer Armut des Klerus und Evangelisierung der Bevölkerung durch die Predigt; sie kannten auch ein Predigtamt der Frauen. Als einzige mittelalterliche Sekte haben sie die Zeit überdauert und gehören seit 1532/33 zur protestantischen Kirche.

Zur **Ketzerbekämpfung** entwickelte die Amtskirche in Rom charakteristische Instrumente, die im gesamten späten Mittelalter und in der frühen Neuzeit angewendet wurden, nämlich den **Ketzerkreuzzug** und die **INQUISITION**, die seit 1232 als Glaubensgericht die Rechtgläubigkeit untersuchte und im Falle einer Verurteilung den Ketzer der weltlichen Gewalt übergab, die das Verdammungsurteil der Inquisition in ein Todesurteil umwandelte, das durch **Verbrennung** vollstreckt wurde. Daneben setzte die Kirche vor allem auf die **Franziskaner** und die **Dominikaner** zur Ketzerbekämpfung, da diese neben Predigt und Seelsorge vor allem durch ihr Armutsgelübde der Kirchenkritik der Sektierer ‚den Wind aus den Segeln nehmen sollten'.

INQUISITION, von latein. *inquirere* = erforschen, untersuchen.

Aus der Zeit der Ketzerbekämpfung stammt auch das Wortspiel *domini canes* = Hunde des Herrn für den Orden, der seinen Namen vom Gründerheiligen Dominkus ableitete.

Im 15. Jahrhundert war es dann der böhmische Theologe und Reformator **Johannes Hus** (um 1371 – 6. 7. 1415), der beeinflusst von den Schriften des englischen Theologen **John Wyclif** (um 1320 – 1384) wiederum die Forderung nach einem apostolischen Leben erhob, die kirchliche Hierarchie ablehnte und das Gesetz Gottes über das der weltlichen Obrigkeit stellte. Hus prangerte den päpstlichen **ABLASSHANDEL** an und befürwortete den **Laienkelch**. Nachdem er vom Papst gebannt worden war, wurde er mit einem Geleitbrief des Kaisers ausgestattet, vor das Konstanzer Konzil (1414 – 1418) geladen, dort in Haft genommen und schließlich, nachdem er einen Widerruf seiner Lehren ablehnte, trotz seines Schutzbriefes verurteilt und als Ketzer verbrannt. In Böhmen kam es nach seinem Tod zu einer Volksbewegung (**Hussiten**), die schließlich von Papst und Kaiser in einem neuen Kreuzzug bekämpft wurde, dies aber lange Zeit ohne Erfolg; im Gegenteil: Die Heere der Hussiten unternahmen Feldzüge nach Baiern, Österreich, Sachsen und Brandenburg. **Martin Luther** und die Protestanten sahen in Johannes Hus einen Vorläufer ihrer Lehre, denn aus der Sicht der Amtskirche war natürlich auch die von Luther ausgelöste Bewegung eine Häresie, nur dass sie sich

ABLASS, von althochdt. *ablaz* = Nachlass, Vergebung, latein. *indulgentia*; Nachlass einer zeitlichen Strafe für Sünden, die von der Kirche bei Zahlung einer Geldsumme gewährt wurde; im Spätmittelalter setzte wegen des erhöhten Finanzbedarfs der Kurie ein reger Ablasshandel ein, den die Reformatoren verurteilten.

Seit dem 12./13. Jh. erhielten die Laien die Kommunion nur noch in schließlich erfolgreich durchsetzte. Der Begriff „**Reformation**“ bedeutet ja eigentlich nur „Erneuerung“, und eine Erneuerung der Kirche strebten im Mittelalter manche religiösen Bewegungen an, ohne eine Spaltung der Kirche zu wollen oder herbeizuführen, wie dies auch Luther nicht beabsichtigt hatte.

Form des Brotes (der Hostie), Symbol des Leibes Christi; der Kelch mit Wein, Symbol des Blutes Christi, blieb dem Priester vorbehalten.

Andere Religionen

2.4.5

Von den fünf großen Weltreligionen kam die mittelalterliche Welt fast ausschließlich mit dem **Judentum** und dem **Islam** in Berührung, kaum aber mit dem Buddhismus oder dem Hinduismus, denen höchstens der Fernreisende und der Fernhändler begegnete. Wir müssen uns klarmachen, dass Judentum, Christentum und Islam über gemeinsame Wurzeln verfügen, da alle drei Religionen im gleichen geographischen Raum entstanden sind: Oben (→ S. 80) wurde bereits darauf hingewiesen, dass das Alte Testament der christlichen Bibel die Haupttexte des Judentums enthält; die jüdische **THORA** enthält die fünf Bücher Mose, während der **Talmud** die Thora erläutert. Mohammed ist der Prophet der jüngsten der Weltreligionen, eben des Islam, als seine Vorgänger betrachtet die islamische Lehre Abraham, Moses und Jesus.

THORA, von hebr. = Lehre.

TALMUD, von hebr. = Belehrung; Sammlung von Gesetzen und religiösen Überlieferungen des Judentums.

Seit der spätkarolingischen Zeit siedelten sich **Juden** auf dem Boden des späteren deutschen Reiches an, die wohl hauptsächlich aus Frankreich und Italien gekommen waren. Es hatte zwar in Städten wie Köln schon in der Spätantike jüdische Gemeinden gegeben, die aber keinen dauerhaften Bestand gehabt hatten. Juden siedelten nur in den Städten, was mit ihren Berufen zusammenhängt, denn sie waren so gut wie ausschließlich als Händler und Kaufleute sowie als Geldverleiher tätig (→ Kapitel 2.3.3, S. 73). Sie lebten zunächst freiwillig, seit 1179 zwangsweise in eigenen Judenvierteln, für die sich in der frühen Neuzeit dann der Begriff **GHETTO** einbürgerte. So gab es jüdische Gemeinden in den Handelszentren entlang der Verkehrsachsen, d. h. hauptsächlich entlang der Flüsse Mosel, Rhein, Main, Donau und Elbe in Metz, Trier, Speyer, Worms, Mainz, Bonn, Köln, Bamberg, Regensburg und Prag. Mit der Expansion der Städte in der Stauferzeit vergrößerten sich auch die jüdischen Gemeinden, allerdings war es im Jahre 1012 in Mainz zu einem ersten **POGROM** gekommen, nachdem zuvor das Verhältnis zwischen Juden und Christen seit der Karolingerzeit gut bis indifferent gewesen war.

GHETTO: in Venedig wurden die Juden seit 1516 zwangsweise im Stadtteil Ghetto Nuovo = Neue Gießerei angesiedelt.

POGROM, von russ. = Verwüstung.

Info

Verdächtigungen und Vorurteile gegenüber Juden im Mittelalter

▶ Der in Ausübung eines religiösen Ritus vollzogene Mord, ein Vorwurf, den schon die Römer gegenüber den frühen Christen erhoben hatten, wurde seit dem 12. Jahrhundert immer wieder gegenüber Juden erhoben.
Als Hostie (von latein. *hostia* = Opfer) bezeichnet man die zum Leib Christi geweihte Oblate, das Abendmahlsbrot; man warf den Juden vor, solche Hostien entwendet, verbrannt, zertreten oder durchstochen zu haben.
Mit dem Vorwurf der Brunnenvergiftung durch die Juden versuchte man das Aufkommen und Ausbreiten der Pest zu erklären.

Im Zusammenhang mit den Kreuzzügen änderte sich das Verhalten der Christen gegenüber den Juden: Man bezeichnete sie als Mörder Jesu, beschuldigte sie des **Ritualmords**, der **Hostienschändung** und der **Brunnenvergiftung**. Diese Vorwürfe wurden nicht nur in Deutschland, sondern auch in Frankreich und England gegen die Juden erhoben und lieferten immer wieder den Vorwand für Pogrome.

Schutzprivilegien

Schon seit der Karolingerzeit hatten die Herrscher Schutzprivilegien für die Juden ausgestellt, etwa zum Schutz der Kaufleute. Mit der zunehmenden Judenfeindlichkeit bekamen diese Schutzprivilegien allerdings einen anderen Charakter, denn anfangs waren sie so etwas wie eine Honorierung und königliche Gnade gewesen, dann wurden sie zu einem ausgeübten Herrschaftsrecht, das die Juden in ein Zwangsverhältnis zum König brachte („Kammerknechtschaft"). So verbot es Rudolf von Habsburg 1286, dass Juden ohne königliche Erlaubnis das Land verließen. Trotzdem setzte seit dem Ende des 13. Jahrhunderts eine Abwanderung nach Palästina sowie nach Polen und Osteuropa ein, um den Pogromen mit teilweise vielen hundert Opfern zu entgehen. Seit dem späten Mittelalter kam es auch immer wieder zur völligen Vertreibung und Auslöschung ganzer Judengemeinden. An der Stelle der zerstörten Synagoge errichtete man dann Marienkirchen, so in Regensburg.

ISLAM: Die Bedeutung des Wortes ist umstritten. Man übersetzt es mit *Heil* oder *gänzliche Hingabe*.

MONOTHEISTISCH, von griech. *monos* = allein, *theos* = Gott.

KORAN, arab. = das (als von Gott offenbartes Wort) zu Rezitierende.

Es wurde bereits darauf hingewiesen (→ S. 48), dass ein Datum, das man als Beginn des Mittelalters diskutiert hat, die **Hedschra** ist, die Flucht **Mohammeds** (571 – 632) von Mekka nach Medina 622/23, mit der die jüngste der Weltreligionen, nämlich der Islam, seinen Aufstieg begann. Der **ISLAM** ist eine streng **MONOTHEISTISCHE** Religion und Mohammed ist der Prophet, während Jesus Christus nur einer seiner Vorgänger ist. Das heilige Buch des Islam ist der **KORAN**, der die von Mohammed verkündeten Offenbarungen enthält, die

Info

Ein Elefant am Hofe Karls des Großen

▶ Ein Beleg für die Beziehungen zwischen der islamischen Welt und dem Karolingerreich ist der Gesandtenaustausch, den Karl der Große 797 mit dem Kalifen Harun-al-Raschid in Bagdad anknüpfte. Er erhielt einen Elefanten namens Abulabbas zum Geschenk, der im Jahre 801 im Frankenreich eintraf und in Aachen am Hof Karls lebte. Zum Jahr 810 verzeichneten die fränkischen Reichsannalen (→ S. 129) nicht nur den Tod der ältesten Tochter Karls des Großen, sondern auch den Tod des Elefanten – ein Beweis dafür, welches Aufsehen das fremdartige Tier im Frankenreich erregt hatte.

endgültig im Jahre 653, also schon nach dem Tod des Propheten, zusammengestellt wurden. Bei Mohammeds Tod bestand bereits ein ganz Arabien umfassender **Gottesstaat**, der sich dann weiter im Westen über Nordafrika und Spanien bis nach Frankreich und im Osten über Persien hinaus ausdehnte. An der Spitze des Staates standen die **KALIFEN**, die sich als Nachfolger Mohammeds verstanden.

KALIF, von arab. *kalif* = Stellvertreter, Nachfolger.

Im Jahr 732 schlug ein fränkisches Heer unter dem Hausmeier Karl Martell (717–741) bei Tours und Poitiers das vordringende arabische Heer und beendete damit den weiteren Vormarsch des Islam nach Europa. Trotz kriegerischer Verwicklungen im 8. und 9. Jahrhundert kam es aber immer wieder zu kommerziellen und diplomatischen Beziehungen mit den islamischen Staaten. Seit dem Vordringen der Araber in den Mittelmeerraum bezeichnete man alle Araber und **Muslime**, d.h. die Anhänger des Islam und der Religion Mohammeds, als **Sarazenen**, ein Begriff, der später auch auf die Türken angewendet wurde, die 1453 das christliche Konstantinopel eroberten. Auch die Bezeichnung „Ungläubige" für die Anhänger des Islam war üblich; sie ist natürlich vom christlichen Standpunkt aus geprägt.

Welche Bereicherung Europa seit dem 12. Jahrhundert durch die Vermittlung der arabischen und die jüdischen Wissenschaft erfuhr, wird in Kapitel 2.7. (S. 118 ff.) dargestellt werden.

Aufgaben zum Selbsttest

- Skizzieren Sie den Aufbau der kirchlichen Hierarchie und der Kirchenorganisation im Abendland.
- Nennen und definieren Sie wichtige Begriffe des kirchlichen Lebens (z.B. Messe, Reliquien, Sakrament usw.).

Aufgaben zum Selbsttest

- Welche wichtigen religiösen Orden wurden im Laufe des Mittelalters gegründet? Wer waren die Gründer und was waren Ziele und Aufgaben der Orden?
- Wer galt im Mittelalter für die Amtskirche als Ketzer und was verstand man unter einer Häresie?
- Mit welchen anderen Religionen kamen die Menschen im christlichen Abendland während des Mittelalters in Berührung?

Literatur

Arnold Angenendt, **Grundformen der Frömmigkeit im Mittelalter** (Enzyklopädie deutscher Geschichte 68), 2. Aufl., München 2004.
Boockmann, **Einführung** (wie S. 53) S. 113–128.
Michael Borgolte, **Die mittelalterliche Kirche** (Enzyklopädie deutscher Geschichte 17), 2. Aufl., München 2004.
Karl Suso Frank, **Geschichte des christlichen Mönchtums**, 6. erg. Aufl., Darmstadt 2010.
Müller, **Mittelalter** (wie S. 53) S. 115–130.
Schubert, **Einführung** (wie S. 53) S. 247–288.
Michael Toch, **Die Juden im mittelalterlichen Reich** (Enzyklopädie deutscher Geschichte 44), 2. Aufl., München 2002.
Walter Ullmann, **Kurze Geschichte des Papsttums im Mittelalter**, Berlin, New York 1978.
Zu den Info-Kästen:
Die fränkischen Reichsannalen, in: Quellen zur karolingischen Reichsgeschichte 1, hg. von Reinhold Rau, (Freiherr vom Stein-Gedächtnisausgabe 5), Darmstadt 1955, S. 1–155.

2.5 | Die Gesellschaft im Mittelalter

Die Entwicklung der gesellschaftlichen Verhältnisse vor allem im Hoch- und Spätmittelalter ist ziemlich komplex und vom Beginn des Frühmittelalters bis zum Ende des Spätmittelalters großen Veränderungen unterworfen, so dass auch in diesem Kapitel wieder nur die wichtigsten Begriffe, Strukturen und Umwälzungen aufgezeigt werden können.

2.5.1 | Das frühe Mittelalter

In Kapitel 2.3.1. (→ S. 63 f.) haben wir gesehen, dass bis zum hohen Mittelalter die meisten Menschen in der Landwirtschaft arbeiten mussten, um die Ernährung sicherzustellen. Andererseits gab es die Schicht der **Krieger**, die mit ihrem Anführer z. B. das Reich der Me-

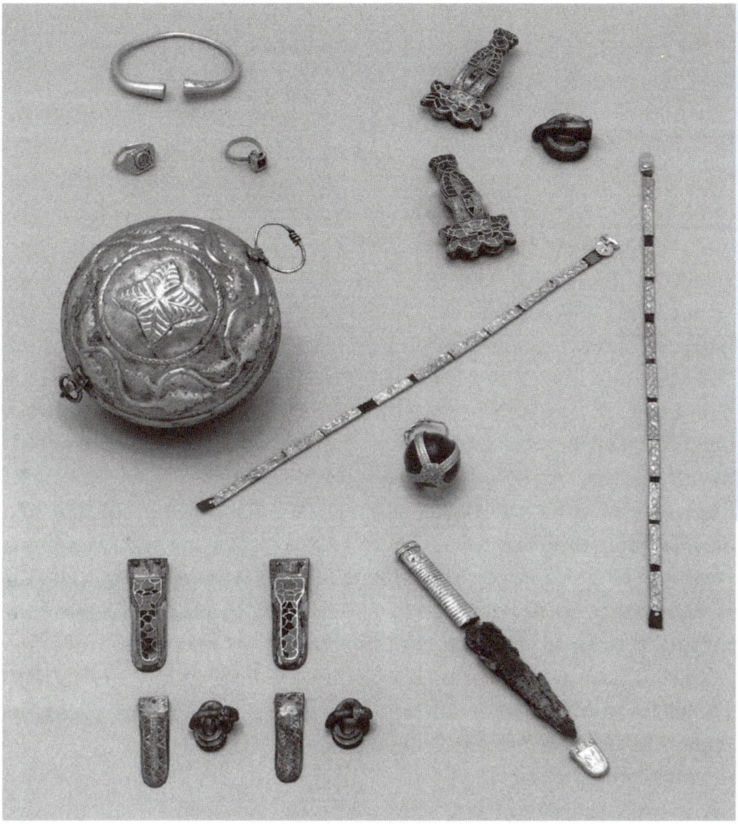

Abb. 15

Bei Ausgrabungen im Kölner Dom stieß man auf ein (vermutlich königliches) Frauengrab aus fränkischer Zeit, das mit reichen Beigaben ausgestattet war: Auf dem Foto erkennt man ein Messer mit einer goldenen Griffhülse, eine Kristallkugel, Gewandfibeln und weiteren Schmuck.

rowinger, der Ostgoten oder der Langobarden errichteten, also nicht als Bauern tätig waren. Sie setzten ihr Leben für den König bzw. die Eroberung oder Errichtung eines Reiches ein und wurden dafür an der Kriegsbeute beteiligt. Sie mussten nicht nur für ihren eigenen Lebensunterhalt sorgen, sondern sich auch Pferd und Waffen beschaffen. Man bezeichnet diese Schicht in der Frühzeit noch nicht als Adel, sondern als **„Führungsschicht oder Amtsträger"**, obwohl sie der Vorläufer des späteren Adels ist und teilweise über große Reichtümer verfügte, wie an den kostbaren Grabbeigaben abzulesen ist, die man in den Gräbern solcher Anführer gefunden hat.

Der König war auf diese Krieger und ihren Erfolg angewiesen, musste sich andererseits selbst Respekt verschaffen, um Anführer zu bleiben. Der merowingische Frankenkönig Chlodwig I. (481/82–511), der genau wie sein Vater noch in den Diensten Roms gestanden hatte, schaltete die anderen fränkischen Teil- und Kleinkönige nicht zuletzt durch Mord aus und machte sich zum Herrscher über das Frankenreich.

Unter den Karolingern, die aus dem wichtigsten Hofamt, nämlich dem des **Hausmeiers** (*maior domus*), selbst zum Königtum aufgestiegen waren, begann eine erneute Expansionsphase. Die Kriege, die Karl der Große führte, dauerten länger und erstreckten sich über viel größere geographische Räume als die seiner Vorgänger. Dies machte den Kriegsdienst, der das Recht und die Pflicht eines Freien war, wirtschaftlich schwierig, denn in der Zeit, in der ein Freier in den Krieg zog, konnte er seine Felder nicht bewirtschaften, obwohl diese nun in der Phase intensiver Bodennutzung durch die Drei-Felder-Wirtschaft (→ S. 63) mehr Zeit beanspruchten. So kam es dazu, dass sich ein Teil der freien Franken den Anforderungen entzog, indem er sich einem Herrn unterstellte, also entweder einem Bischof, einem Kloster oder einer Kirche oder aber einem Mitglied der Führungsschicht und seinen Rechtsstatus aufgab. Dieser ursprünglich Freie erhielt von seinem neuen Herrn sein Land zur Bewirtschaftung zurück und musste dafür Abgaben und Dienste leisten, aber nicht mehr in den Krieg ziehen. Man bezeichnet diese gesellschaftliche Schicht mit dem spätmittelalterlichen Wort als **Hörige**, um sie von den Unfreien, den Sklaven der Antike, die es auch im frühen Mittelalter noch gab, zu unterscheiden.

Auch im Falle der **Unfreien** spricht man für das frühe Mittelalter nicht mehr gern von *servi* oder Sklaven, sondern lieber von Unfreien, um damit deutlich zu machen, dass sie nicht völlig rechtlos waren und jeder lebensbedrohenden Willkür ausgesetzt wie in der Antike. Im Frühmittelalter besaß sogar die Kirche Sklaven, doch gerade unter dem Einfluss von Christentum und Kirche wurde die Sklaverei bis zum Hochmittelalter abgeschafft.

Grundherrschaft

Die Freien, die ihren Rechtsstatus aufgegeben hatten, lebten auf einer **Grundherrschaft**: Mittelpunkt war der **Fronhof** mit dem **Salland** (*terra salica*) darum herum und der **Eigenkirche** (→ S. 79 f.); die *familia* der abhängigen Bauern erhielt Land in Form eines *mansus* und schuldete dem Grundherrn dafür Dienste und Abgaben (*servitia*); sie durften die Grundherrschaft nicht ohne seine Erlaubnis verlassen, weder für eine Reise noch dauerhaft. Die Hörigen waren „an die Scholle gebunden“. Andererseits hatte der Grundherr für Frieden in der Grundherrschaft zu sorgen und seine Hörigen vor feindlichen Angriffen zu schützen: Grundherrschaft ist also Herrschaft über

Land ***und*** **Leute**. Neben dem Kriegsdienst, den die Freien nicht mehr zu leisten vermochten, konnte auch eine Hungersnot dazu führen, dass sie sich in die Abhängigkeit von einem Herrn oder einer Kirche begaben. Spätestens seit dem 11. Jahrhundert lebte die Masse der Bauern im Rahmen einer Grundherrschaft. Die Grundherrschaft stellt im Mittelalter das ökonomische Fundament für König, Adel und Kirche dar.

Erst durch den Aufschwung der Städte seit dem 12./13. Jahrhundert, dem Landesausbau und der Ostsiedlung sowie dem Bevölkerungsrückgang im Spätmittelalter gewann der Bauer eine größere Mobilität, weil er sich nun beispielsweise in die Stadt „absetzen" konnte, wenn sein Herr ihn zu arg belastete.

Neben den Freien, den Hörigen und den Unfreien wurden die **Kleriker** (→ S. 79) im Laufe des Frühmittelalters zu einer eigenen gesellschaftlichen Schicht, denn die Kirche setzte die Forderung durch, dass ein Unfreier, der Kleriker werden wollte, zuerst von seinem Herrn freigelassen werden musste, und dass die Kleriker vom weltlichen Gericht ausgenommen waren und einer eigenen, kirchlichen Gerichtsbarkeit unterstanden (= *privilegium fori*). Von Steuern waren sie ebenfalls befreit (= *privilegium immunitatis*).

Info

Wergeldzahlungen

▶ Die gesellschaftlichen Schichten im Frühmittelalter lassen sich besonders gut an den abgestuften Wergeldzahlungen (d. h.: Manngeldzahlungen) ablesen, die in den einzelnen Volksrechten (→ Kapitel 3.2.3, S. 142 ff.) für die Tötung eines Menschen festgesetzt waren, denn der Totschläger oder Mörder zahlte an die Verwandten und an den König als Friedensgeld unterschiedlich hohe Summen, je nachdem, ob er einen Freien im Königsdienst, einen einfachen Freien, einen Hörigen oder einen Unfreien getötet hatte. Bei der Tötung von Frauen wurde die Höhe des Wergeldes danach bemessen, ob es sich um ein noch nicht geschlechtsreifes Mädchen, eine nicht mehr gebärfähige ältere Frau oder um eine Frau im gebärfähigen Alter gehandelt hatte. Der Wert des Einzelnen für die Sippe wie für die Gesellschaft wird hier sichtbar.

Karl der Große forderte von den Freien des Frankenreiches einen Treueid, um sein Königtum zu stabilisieren und die Getreuen an sich zu binden. Zu den königlichen Ämtern wie einer Graf- oder Markgrafschaft hatte bereits in merowingischer Zeit immer auch Amtsgut gehört, das in den Quellen als *feudum*, *beneficium* oder *praedium* bezeichnet wird, im Althoch- und Mittelhochdeutschen dann als *lehan* oder *lehen*. Für die Übertragung dieses Amtsgutes an einen

VASALL, abgeleitet vom keltischen *gwas* = Knecht.

Getreuen durch den König entwickelte sich im Laufe des 6. und 7. Jahrhunderts eine bestimmte Form der Übergabe, die **Kommendation**: dabei legte der Lehensmann des Königs, der als **VASALL** (*vassus* oder *vasallus*) bezeichnet wird, seine gefalteten Hände in die geöffneten Hände des Lehensherrn, des Königs. Dies bezeichnet man als **Handgang** oder *homagium*, wobei es sich hierbei ursprünglich um einen Verknechtungsritus handelt. So entwickelte sich die für das mittelalterliche Lehenswesen charakteristische Form und Verbindung von **Kommendation**, **Treueid und Investitur** mit dem Lehen, d. h. die Einsetzung in dieses (→ auch S. 82 f. zum Investiturstreit).

Das karolingische Frankenreich wurde so zu einem System von Herrschaftsbereichen, die alle lehnsrechtlich mit dem König verbunden waren, und auch in der Reichskirche wurde bis in die Zeit des Investiturstreits die Einsetzung der Reichsbischöfe und -äbte in dieser lehnsrechtlichen Form vollzogen, weil diese Geistlichen fast die gleichen Verpflichtungen hatten wie die weltlichen **Kronvasallen**, vor allem auch die Verpflichtung zum Heereszug. Der Lehnsherr hatte umgekehrt die Verpflichtung zu „Schutz und Schirm", der Vasall musste „Rat und Hilfe" gewähren, tat er dies nicht und kam seinen Verpflichtungen nicht nach, so bezeichnete man dies als **Felonie**, als Lehnsuntreue, die den Entzug des Lehens zur Folge haben konnte.

2.5.2 | Das hohe und späte Mittelalter

Aus dieser lehnsrechtlichen Bindung an den König und dem häufigen Umgang mit ihm, der **Königsnähe**, erwuchs der **Adel**, der sich seit der Karolingerzeit formierte. Unter dem König an der Spitze des jeweiligen Stammes stand der **Herzog** (*dux*), und nach Auflösung des Karolingerreiches wählten die Großen des ostfränkisch-deutschen Teilreiches aus ihrer Mitte einen eigenen König: Der erste war der fränkische Herzog Konrad (911), der dann vor seinem Tod den sächsischen Herzog Heinrich zum Nachfolger designierte (918; → auch S. 223). Unterhalb der Herzöge gab es die **Grafen** (*comes/comites*) und die **Markgrafen** (*marchio/marchiones*).

Sie alle waren eigentlich Vertreter des Königs für bestimmte Bereiche: Der Herzog für das ganze Gebiet seines Stammes, also beispielsweise des mittelalterlichen Baiern, Schwaben oder Sachsen; der Graf in seinem Amtsbezirk, einer Grafschaft, und der Markgraf für ein bestimmtes Grenzgebiet, z. B. im Südosten von Baiern oder an der Grenze zu den Sachsen.

Die einzelnen Stammesherzöge und adeligen Familien verstärkten ihre Königsnähe mitunter auch durch **Einheirat in die Königsdynastie**. Am berühmtesten ist die Heirat zwischen Agnes, der Tochter Kaiser Heinrichs IV., und Friedrich von Büren, dem Herzog von Schwaben und Stammvater der späteren Staufer (→ auch Kapitel 4.4.4, S. 208 f.). Seit dem 11. Jahrhundert hatte sich die Struktur soweit verfestigt, dass die adeligen Familien ihren festen Sitz, ihre **Stammburg**, hatten, meist auch ein **Hauskloster**, das als Grablege für die Familie diente; und über die **Erbfolge der Söhne** vererbten sie ihren Besitz und ihre Stellung weiter. Jetzt kamen auch die „Familiennamen" nach dem Stammsitz wie dem Hohenstaufen, dem Hohenzollern usw. auf.

In den Quellen werden diese adeligen Familien, die ihr Lehen direkt aus der Hand des Königs erhalten, als *principes*, als **Reichsfürsten** bezeichnet. Im 13. Jahrhundert kristallisiert sich aus diesen Reichsfürsten nochmals eine besondere Gruppe heraus, nämlich das **Kolleg der sieben Kurfürsten** (→ S. 110), die im Spätmittelalter den König wählen dürfen. Hierin sind geistliche und weltliche Fürsten vertreten.

Man hat für den Aufbau der mittelalterlichen Gesellschaft das Bild von der **Lehnspyramide** benutzt, deren Spitze der König bildet, dann folgen die Reichsfürsten, die Grafen, die Ritter und an der Basis die Bauern.

Unterhalb der Reichsfürsten stand **der territoriale Adel**, also die Grafen, Markgrafen und andere Familien, die lokal die Macht ausübten.

Schon in der Merowingerzeit hatte es Gefolgsleute des Königs gegeben, die abhängige Knechte waren und bestimmte militärische Aufgaben erfüllten oder am Hof dienten. Diese Abhängigen, die als *pueri regis* oder *ministeriales* bezeichnet werden, erhielten bereits im 8. Jahrhundert ein Lehen. Im 10./11. Jahrhundert versuchte dann die Kirche, die Entfremdung ihres Besitzes und ihrer Rechte dadurch zu verhindern, dass sie diese nicht mehr Adeligen zu Lehen gab, sondern an von ihr abhängige, unfreie Bedienstete, die **MINISTERIALEN**. Sie befehligten die Kontingente zum Reichsheer, die ein Bischof beizutragen hatte, übernahmen Aufgaben in der Stadt für den Bischof als Stadtherrn oder befehligten die Besatzung einer bischöflichen Burg. Vor allem wegen des Bevölkerungs- und Wirtschaftswachstums im 11. und 12. Jahrhundert wurde eine große Zahl solcher Bediensteten gebraucht, die administrative Aufgaben erfüllten. Auch sie erhielten ein Lehen und damit bestand der Unterschied zum Adel zunächst noch darin, dass die Ministerialen zwar vielfach das gleiche taten, aber unfrei waren. Im Laufe der Zeit verlor sich

MINISTERIALE, von latein. *ministerium* = Dienstleistung.

dieser Unterschied aber, weil Ministeriale freie Frauen heirateten, weil Adelige freiwillig und aus Karrieregründen in die Ministerialität übertraten und weil Ministeriale mehrere Lehen verschiedener Herren annahmen und annehmen durften (Mehrfachvasallität), was ihnen größere Unabhängigkeit verschaffte. Ungefähr seit der Mitte des 13. Jahrhunderts war die Mehrheit der ehemaligen Ministerialen nicht nur frei, sondern adelig, teilweise waren sie auch städtische Bürger, die nun zur Führungsschicht der Stadt gehörten (→ Kapitel 2.6, S. 110 f.).

Im späten Mittelalter geschah die Aufnahme neuer Familien in den Adelsstand durch einen Rechtsakt, nämlich die Verleihung eines **Familienwappens** (→ Kapitel 4.7, S. 230 ff.) und eine königliche Urkunde, die im spätmittelalterlichen Deutsch oft „Brief" genannt wird. Deshalb bezeichnet man die im späten Mittelalter geadelten Familien auch als „**Briefadel**" im Unterschied zum Uradel.

Eine weitere gesellschaftliche Veränderung, die im 12. Jahrhundert deutlich hervortritt, ist die der **ritterlichen Kultur**: *miles* oder zu deutsch Ritter ist zunächst die Bezeichnung für den berittenen Kämpfer. Im Kampf gegen die heidnischen Normannen und Ungarn, die seit dem 9. Jahrhundert in verheerenden Raubzügen über das Reich herfielen, wurde das Töten des heidnischen Feindes in der Schlacht nicht nur zu einer Überlebensnotwendigkeit, sondern die Kirche entwickelte nun mehr und mehr die Lehre vom gerechten Krieg. Zuvor hatte sie die Tötung des Feindes als Sünde gebrandmarkt; jetzt wurde der Heidenkrieg, also auch der Kreuzzug und die Ketzerbekämpfung (→ auch S. 91 f.) zu einem Verdienst: Aus der Segnung des Schwertes entwickelte sich die Ritterweihe und diese bedeutete die Aufnahme in eine Gruppe, deren Mitglieder durch einen besonderen Ehrenkodex verbunden waren. Der **Ritterstand** umfasste nicht nur Ministerialen und Adelige, sondern er bezog auch den Hochadel und das Königtum mit ein. Die ritterliche Kultur hat ihren eigenen Ausdruck gefunden im Minnesang und den ritterlichen Turnieren, wie sie uns die Manessische Liederhandschrift bildlich vorführt (→ Kapitel 4.7, S. 232).

Seit dem 12. Jahrhundert nahm der Anteil der Bevölkerung, die in **Städten** lebte, immer weiter zu, aber nicht alle Stadtbewohner im Mittelalter waren **Bürger**, denn dies ist ein Rechtsbegriff und keine Bezeichnung für denjenigen, der in der Stadt lebt. Im Frühmittelalter gab es größere Ansiedlungen oder Städte dort, wo sie bereits in der Römerzeit existiert hatten. Andere Städte entwickelten sich außerhalb des ehemaligen römischen Reiches, so beispielsweise bei der Residenz eines Bischofs, der dann der Stadtherr war. Die Einwohner unterschieden sich aber zunächst nicht weiter von den Bauern auf dem Land, da sie dem Stadtherrn genauso unterstellt und abgabepflichtig waren wie die Bauern außerhalb der Stadt.

Im 11. und 12. Jahrhundert setzten dann die teilweise blutigen **Emanzipationskämpfe der Stadtbewohner gegen den Stadtherrn** ein, so etwa in Köln gegen den Kölner Erzbischof. Anführer waren meist reiche Kaufleute und Ministerialen. Bei den im 13. Jahrhundert im Zuge des Landesausbaus gegründeten Städten konstituierten die Einwohner sich gleich als politisch handelnde Stadtgemeinde.

Die Stadt wurde nun vom **Stadtrat** regiert, der sich aus Mitgliedern der ratsfähigen Familien zusammensetzte. Dabei handelte es sich um die vermögenden Familien der Stadt, die sich selbst als Adel verstanden und teilweise der Ministerialität entstammten. Gegen Ende des Mittelalters kam es dann sogar zu einer **Abschließung der Ratsfamilien** von der Bürgerschaft, d.h. die allein ratsfähigen Familien wurden festgelegt, weitere nicht mehr zugelassen; dann spricht man vom **Patriziat** einer Stadt, das teilweise bis weit in die Neuzeit die Stadtherrschaft innehatte, wie etwa in Nürnberg.

Das **Bürgerrecht** war meist an Grundbesitz in der Stadt gebunden oder seine Erwerbung mit einer Aufnahmegebühr an die Stadt verknüpft. Wer zu arm war, um Grundbesitz zu erwerben oder die Gebühr zu zahlen, wurde als **Einwohner** der Stadt, aber nicht als Bürger bezeichnet. Bürger zahlten Grundstücksgebühren und Zölle, also nach unserem Verständnis und Begriffen: eine **Grundsteuer und Umsatzsteuer**. Davon wurden die Stadtmauern und -türme in Stand gehalten und die öffentlichen Einrichtungen finanziert.

Da die **Sterblichkeit in den Städten** aufgrund der ungesunden, engen Wohnverhältnisse **größer** war als auf dem Land, waren die Städte immer auf Zuzug von außen angewiesen: Wer vor seinem Herrn vom Land geflüchtet war und sich ein Jahr unangefochten in der Stadt aufgehalten hatte, der war frei und auf ihn hatte der Herr keinen Anspruch mehr („Stadtluft macht frei“).

In den Städten gab es zwei Gruppen, die nicht voll mit Rechten und Pflichten integriert waren, nämlich die Kleriker und die Juden.

Die **Kleriker** waren ein eigener Stand der mittelalterlichen Gesellschaft, weil sie nicht nur von der weltlichen Gerichtsbarkeit befreit waren, sondern auch von der Steuerpflicht, obwohl sie natürlich auch von den städtischen Einrichtungen profitierten. Da sie im

Spätmittelalter durch Schenkung von Gläubigen oft großen Grundbesitz angesammelt hatten („Vermögen der toten Hand", → S. 84), führte dies zu innerstädtischen Konflikten, die teilweise erst nach der Reformation gelöst wurden, als der Klerus kein eigener Stand mehr war.

Die **Juden** standen unter königlichem oder landesherrlichem Schutz, wofür sie eine besondere Steuer zu zahlen hatten. Die Städte kauften nun teilweise dem König oder Landesherrn das Recht der **Judenbesteuerung** ab oder rissen es an sich. Im 14./15. Jahrhundert wurden dann die Juden aus den meisten Städten vertrieben (→ S. 94).

Aufgaben zum Selbsttest

- Definieren und erläutern Sie die Begriffe „Grundherrschaft", „Lehenswesen" und" Lehnspyramide".
- Welche gesellschaftlichen Schichten gab es im Mittelalter und wie veränderte sich die Gesellschaft bis zum Ende des Mittelalters?

Literatur

Boockmann, **Einführung** (wie S. 53) S. 24–52.
Hans-Werner Goetz, **Europa im frühen Mittelalter 500–1050,** (Handbuch der Geschichte Europas 2), Stuttgart 2003, S. 160–207.
Müller, **Mittelalter** (wie S. 53) S. 67–98.
Schubert, **Einführung** (wie S. 53) S. 65–153.

2.6 | Herrschaft und Recht im mittelalterlichen deutschen Reich

Vom König war im letzten Kapitel immer wieder die Rede, ohne dass die Art und Weise, „wie" er im Mittelalter das Reich regierte, genauer dargestellt wurde. Dies muss nun eingehender erörtert werden.

Für das ostfränkisch-deutsche Reich des frühen Mittelalters hat man eine Bevölkerungsdichte von ca. 2,5 Personen pro km^2 errechnet und für den königlichen Hof eine Reisegeschwindigkeit von ca. 30 km pro Tag. Wenn man sich diese beiden Zahlen vor Augen führt und die Ausdehnung des Frankenreiches oder des deutschen Reiches bedenkt, liegt es auf der Hand, dass die „Regierung" des Reiches durch den mittelalterlichen König nicht zu vergleichen ist mit den Regierungsstrukturen der Neuzeit: Der König benötigte eine große persönliche Autorität und er war angewiesen auf ein Beziehungsgeflecht von Personen, die seine Autorität in allen Gebieten und Teilen des Reiches zur Geltung brachten, wo er nur gelegentlich persönlich anwesend sein konnte. Wenn man bedenkt, dass die staufischen Herrscher ihren Einflussbereich bis nach Sizilien ausdehnten, so ist das „Funktionieren" mittelalterlicher Königsherrschaft unbedingt erklärungsbedürftig.

Man hat den Erfolg der Franken, die von den germanischen Reichen der Völkerwanderungszeit das dauerhafteste gründeten, nicht zuletzt damit erklärt, dass sie nicht in ein fremdes Gebiet einwanderten und es eroberten, sondern von einem angestammten Gebiet aus expandierten und ihren Herrschaftsbereich vergrößerten. Dies taten auch noch die Karolinger im 8. und 9. Jahrhundert. Nach Schätzungen lebten im 5. und 6. Jahrhundert in Gallien nicht mehr als 150 000 – 200 000 Franken, die sich im Laufe der Zeit mit der einheimischen Bevölkerung vermischten. Die Krieger und Ratgeber des Königs stellten zusammen mit Angehörigen des gallorömischen Adels die Oberschicht. Die Tatsache, dass die herrschenden Franken in Gallien eigentlich in der Minderheit waren, bedeutete, dass die Könige darauf angewiesen waren, auch von der einheimischen Bevölkerung in ihrer Regierung anerkannt zu werden; außerdem mussten die Amtsträger ihren Amtsbereich im Sinne des Königs verwalten und nicht zuletzt die Bischöfe, die oft genug die Rolle des Stadtherrn in ihrer Bischofsstadt innehatten, mussten loyale Verwalter sein. Im Früh- und Hochmittelalter war also Königsherrschaft aufgebaut auf einem Gefüge von Beziehungen des Königs zu

Quelle

Gesta Chuonradi

▶ Die Auffassung vom Königtum im Hochmittelalter beleuchtet eine berühmte Episode, die der Hofkaplan Wipo in seinen Gesta Chuonradi (→ Kapitel 3.2.1, S. 134) schildert: nach dem Tod Kaiser Heinrichs II. 1024 hatten die Einwohner von Pavia die Pfalz zerstört und sich im folgenden Jahr vor König Konrad II. damit gerechtfertigt, sie könnten nicht angeklagt werden, das Haus des Königs zerstört zu haben, da sie zu dem Zeitpunkt gar keinen König gehabt hätten. Konrad habe sie daraufhin zurecht gewiesen mit dem Hinweis: „Wenn der König gestorben ist, bleibt das Reich bestehen, so wie das Schiff bleibt, dessen Steuermann fällt" (Wipo, Gesta Chuonradi c. 7, S. 29 f.). Für die Entwicklung transpersonaler Staatsvorstellungen im Hochmittelalter ist diese Quellenstelle ein wichtiger Beleg.

einflussreichen Personen in wichtigen Stellungen, und die Königsmacht war abhängig von persönlicher Autorität, die der einzelne Herrscher immer wieder zur Geltung bringen musste, indem er durch sein Reich reiste, „Hof" hielt und nicht zuletzt als Gesetzgeber und Gerichtsherr seine Autorität unter Beweis stellte. Man spricht daher für das frühe und hohe Mittelalter vom **Personenverbandsstaat**.

FISKUS, von latein. *fiscus* = Geldtopf.

Seinen Unterhalt und den des Hofes sowie seine Kriegszüge und die Bezahlung seiner „Beamten" nahm der König aus dem **FISKUS** vor, also den Einnahmen, die ihm zustanden: Steuern, Zölle und Einkünfte aus Land, das ihm gehörte, und nicht zuletzt Kriegsbeute.

Im 6. und 7. Jahrhundert konnte die Unzufriedenheit einer adeligen Opposition im Merowingerreich gegen den König dazu führen, dass man den König ermordete, um sich seiner als Herrscher zu entledigen; seit dem 8. Jahrhundert „verließ" man ihn oder die gesamte Dynastie, wenn er sich als erfolglos erwies; man glaubte dann, dass ihm das **Königsheil** fehle. So ging 918 die Herrschaft auf den erfolgreichen sächsischen Stamm über, nachdem der 911 gewählte König Konrad I. am Ende seines Lebens einsehen musste, dass seine Herrschaft nicht im Einklang mit den Wünschen der anderen Stämme gestanden hatte (→ S. 223). Das ostfränkisch-deutsche Reich war aber **keine reine Wahlmonarchie**, denn man hat festgestellt, dass immer verwandtschaftliche Verbindungen der neuen Dynastie mit der vorhergehenden bestanden, das Verhältnis von **Geblütsrecht und Wahlrecht** ist allerdings umstritten (→ S. 212).

War das Frankenreich unter den Merowingern und den Karolingern bis zur Auflösung ihrer Herrschaft um 900 immer unter alle vom Vater anerkannten Königssöhne aufgeteilt worden, so setzte sich danach im ostfränkisch-deutschen wie im westfränkischen Reich die Nachfolge eines einzigen Königs durch, in der Regel die des ältesten Sohnes. Die **Reichseinheit** setzte sich also gegen die **Reichsteilung** durch, die in der Merowinger- und Karolingerzeit zu blutigen Bürgerkriegen geführt hatte. Während die Merowingerkönige noch feste Residenzen in ihren jeweiligen Teilreichen hatten wie Paris, Reims, Soissons, Laon oder Orléans, und Karl der Große in seinen späteren Jahren Aachen zur ständigen Residenz machte, gab es seit dem Ende der Karolingerzeit im ostfränkisch-deutschen Reich keine Hauptstadt mehr. Bis zum Spätmittelalter gab es zwar bevorzugte Residenzen der Herrscher wie Nürnberg, Wien, Innsbruck oder Prag, aber noch **keine Hauptstadt**. In Frankreich verlief die

Entwicklung ganz anders, denn hier wurde Paris bereits am Beginn des Hochmittelalters zum Regierungssitz des Königs und zur Hauptstadt des Reiches, das sich viel zentralistischer entwickelte.

Der deutsche König war eigentlich ständig unterwegs und seine Reiseroute wurde weniger durch die Auswahl von ihm bevorzugter Orte bestimmt als durch die Machtverhältnisse und politischen Umstände: er reiste dorthin, wo es kriselte und er seine Autorität zur Geltung bringen musste. Man bezeichnet dies auch als **Reisekönigtum**. Der genaue Weg, den die Könige Monat für Monat und Jahr für Jahr durch ihr Reich zurücklegten, lässt sich erkennen an der Datierung und der Ortsangabe der von ihnen ausgestellten Urkunden (→ S. 195). Die Zusammenstellung aller Urkunden, die von einem bestimmten Herrscher in einem bestimmten Zeitraum ausgestellt wurden, ergibt sein **ITINERAR**, also die Reiseroute durch sein Reich, aus der wir in Kombination mit anderen Quellen beispielsweise ablesen können, in welchen Gebieten wann die Zentralgewalt zur Geltung gebracht werden musste oder welche Pfalzen zu den Lieblingsaufenthaltsorten des Herrschers zählten.

ITINERAR, von latein. *iter* = Weg.

Mit dem König reiste sein Hof, und dies bedeutete, dass man pro Tag nicht mehr als 30 km Weg zurücklegen konnte bis zum nächsten „Quartier". Die Reiseroute musste aber nicht nur in politischer Hinsicht sorgfältig geplant werden; es mussten Wege gewählt werden, die auch für einen größeren Tross wie den Hofstaat passierbar waren, außerdem Städte oder Pfalzen, die dem Hof auch für mehrere Tage ausreichend Ernährung boten, also nicht in zu dünn besiedelten Gebieten lagen, und in denen verlässliche Gefolgsleute des Königs saßen, die auch bereit waren, ihn aufzunehmen. Das Gefolge des Königs umfasste mehrere hundert Personen und eine noch größere Anzahl an Pferden, die ja ebenfalls verköstigt werden mussten.

Seit der Eigeninitiative der ostfränkisch-deutschen Stämme im Jahr 911, nun einen eigenen (nichtkarolingischen) König zu wählen, was man als Beginn der deutschen Geschichte betrachtet hat, folgte auf die **Wahl** und **Königserhebung** des neuen Herrschers der **Königsumritt**, d. h. seine Reise durch das Reich, bei der er die einzelnen Stämme für seine Herrschaft gewinnen musste.

So war sein Erscheinen in einem Kloster, einer Pfalz oder einer Bischofsstadt ein großer „Auftritt", denn er wurde mit Glockengeläut, liturgischen Gesängen und einem feierlichen Empfang durch die Großen aufgenommen. Auf diesen Auftritten beruhte nicht zuletzt die Autorität des Königs, sie wurden von ihm erwartet. Betont wurde seine Autorität durch die entsprechenden Symbole, die Reichsinsignien (→ S. 221 ff.), die er bei feierlichen Gelegenheiten trug. Sie wiesen den König als von Gott auserwählt aus.

Diese Sichtweise des Königs als einer sakralen, d. h. halb geistlichen Gestalt geriet im 11. Jahrhundert ins Wanken, als man begann, ihn als weltlichen Herrscher und Laien wie andere Menschen auch zu sehen und ihm als Konsequenz daraus das Recht abzusprechen, geistliche Ämter gegen materielle Vorteile zu vergeben – die tiefere Ursache des Investiturstreits (→ S. 82).

Der König regierte, indem er an dem Ort, an dem er sich gerade aufhielt, Gericht hielt, sowie Rechte und Privilegien vergab.

MISSI DOMINICI, latein. = Gesandte des Herrn.

Rechtsgrundlage für die Gerichtsentscheidungen war in der Merowinger- und Karolingerzeit die schon erwähnte **Lex salica** (→ S. 99 und Kapitel 3.2.3, S. 143 f.) und die Anordnungen und Gesetze der Herrscher, bei den Karolingern als **Kapitularien** bezeichnet (→ Kapitel 3.2.3, S. 144 f.). In der Karolingerzeit wurden solche Anordnungen des Königs und Gerichtsfälle auch durch die **Königsboten**, die **MISSI DOMINICI**, durchgesetzt; dies waren in der Regel ein Bischof und ein Graf für einen bestimmten Amtsbereich. Im ostfränkisch-deutschen Reich hat es dann solche Herrschergesetze nicht mehr gegeben, erst im 12. Jahrhundert kommt es mit dem Aufschwung der Rechtswissenschaft (→ Kapitel 2.6, S. 112 f.) wieder zu einer Reichsgesetzgebung.

IMMUNITÄT, von latein. *immunis* = frei (von Abgaben).

In den **Königsurkunden** wurden Rechte und Privilegien an die Empfänger des Diploms verliehen, beispielsweise die Befreiung von bestimmten Abgaben an den König, was man als **IMMUNITÄTSVERLEIHUNG** bezeichnet, oder die Übertragung von Ländereien an ein Kloster, eine Bischofskirche oder einen Adeligen. Nicht selten war auch die Bestätigung älterer, d. h. von früheren Herrschern verliehener Rechte oder Besitzungen durch eine Königsurkunde. Der König kam natürlich nicht von selbst auf die Idee, diesem oder jenem in seinem Reich etwas zu schenken oder zu verleihen, sondern es musste ein Vermittler (Intervenient) an den König herantreten und sich dafür verwenden. Hatte der König zugestimmt, wurde in der **Königskanzlei**, die aus den **Hofkapellänen** bestand (→ Kapitel 4.2.3, S. 193 f.), eine Urkunde verfasst und geschrieben, die der König durch seine Unterschrift in Kraft setzte.

Ein Problem dabei war, dass es am früh- und hochmittelalterlichen Königshof kein Archiv, also keine „doppelte Buchführung" gab, d. h. keine Kopie älterer Verfügungen, die über die Besitz- und Rechtsverhältnisse im Reich Auskunft gegeben hätten. So wurde nicht selten eine Urkunde gefälscht, um damit ältere Rechte zu belegen und sie sich vom aktuellen König bestätigen zu lassen, der keine Möglichkeit hatte, festzustellen, ob seine Vorgänger ganz andere Verfügungen getroffen hatten (→ auch Kapitel 4.2.2, S. 190 ff.).

Während am merowingischen Hof das „Kanzleipersonal" noch aus gebildeten Laien bestanden hatte, waren es seit dem allgemeinen Rückgang der Laienbildung am Hof des karolingischen und dann des ostfränkisch-deutschen Königs Geistliche, die neben der gottesdienstlichen Tätigkeit auch für die Regierungsgeschäfte in Gestalt der Urkundenausfertigung zuständig waren. So lag es nahe, dass die Geistlichen, die sich ständig in der Umgebung des Königs aufhielten und ihn daher kannten, die besten Chancen hatten, nach einigen Jahren „Dienst" in der Hofkapelle ein Bistum zu erhalten und so ihre loyale Tätigkeit für den Herrscher an anderem Ort fortzusetzen. Wie wir gesehen haben, war der König ja schon beim Umherziehen durch sein Reich elementar darauf angewiesen, dass er Quartier bei loyalen Untertanen fand, die für seine materielle Versorgung und für seine Sicherheit sorgten. Man hat dies für die Zeit der ottonischen Herrscher, in der die „Karriere" vom Hofkapellan zum Bischof die Regel war, als „**ottonisches Reichskirchensystem**" bezeichnet; allerdings ist dieser Begriff nicht ohne Widerspruch geblieben, da er ein zu schematisches Vorgehen suggeriert. Die Bischöfe waren aber auch deshalb zu einer besonderen Stütze des Königtums geworden, weil sie im Gegensatz zum Adel keine Erben hatten, denen sie ihr Bistum hinterlassen konnten, während die Herzöge oder Grafen eher an die Sicherung und Ausdehnung ihrer Machtposition für die Nachkommen dachten, was den Interessen des Königs zuwiderlaufen konnte.

Dass man den Beginn des Spätmittelalters mit dem Tod Friedrichs II. von Hohenstaufen 1250 angesetzt hat, hängt vor allem damit zusammen, dass nun die „Kaiserzeit", die das 19. Jahrhundert als glanzvolle Epoche mittelalterlicher deutscher Geschichte ansah, zu Ende war. Nach dem Ende der Staufer wurde die deutsche Königskrone, an der ja salopp gesagt auch die Kaiserkrone „hing", von vielen – auch ausländischen – Herrschern begehrt. Diese Zeit von 1250 bis 1273 wird als **INTERREGNUM** bezeichnet, das erst mit der Wahl Rudolfs von Habsburg zum deutschen König, der mit den Staufern verwandt war, beendet wurde. Das deutsche Reich war im Spätmittelalter aber eher ein Wahlreich als eine Erbmonarchie, denn nur zweimal folgte der Sohn auf den Vater. Seit dem Ende des

INTERREGNUM, von latein. *inter* = zwischen, *regnum* = Regierung.

12. Jahrhunderts konstituierte sich eine feste Gruppe von Königswählern, die im Sachsenspiegel (→ S. 113 f. und S. 144) erwähnt wird und bei der Doppelwahl von 1255/56 hervortrat, nämlich das **Kurfürstenkolleg**, das drei geistliche und vier weltliche Fürsten umfasste: die Erzbischöfe von Mainz, Köln und Trier, den König von Böhmen, den Pfalzgrafen bei Rhein und die Herzöge von Sachsen und von Brandenburg (→ S. 227).

Im 19. Jahrhundert galt das Spätmittelalter als Zeit des Verfalls, da die Macht des deutschen Königs und Kaisers nicht mehr mit der Karls des Großen oder Ottos des Großen zu vergleichen war, denn parallel oder vielmehr gegenläufig zum Königtum entwickelte sich vom 13. Jahrhundert an die Macht der Fürsten und der Ausbau der Territorien, die das Bild Deutschlands bis in die Neuzeit prägten. Als man im 19. Jahrhundert um die Einheit Deutschlands kämpfte, sah man im deutschen Reich der hochmittelalterlichen Kaiserzeit das Vorbild und bewertete die spätmittelalterlichen Herrscher als schwach und die Fürsten als egoistisch. Dass aber Karl oder Otto über lockere Personenverbände geherrscht und kaum das gesamte Reich durchdrungen hatten, machte man sich nicht bewusst. Der moderne Staat aber erwuchs aus den Territorien, deren Herrscher, die Fürsten, ihren Machtbereich in viel intensiverer Weise durchdrangen als die Könige das Reich. Ihm gilt daher das Interesse der jüngeren Forschung, denn man versucht, diesen Prozess der „**Territorialisierung**“ genauer zu analysieren.

Wichtige „Bausteine“ für die Territorien des Spätmittelalters waren die **Städte**, die eine wirtschaftliche Funktion hatten und gleichzeitig als sichernde Bastionen in dem Gebiet des jeweiligen Territorialherrn dienten. Der Ausbau eines Territoriums bedeutete nicht nur die Zurückdrängung der Königsmacht und die politische Durchsetzung der Rechtsansprüche, etwa auf Abgaben und Zölle für die Instandhaltung der Wege und Brücken, denn diese hatten im Frühmittelalter ja mal dem König zugestanden, sondern auch die Integration des weltlichen und geistlichen Adels des Fürstentums. Hieraus entwickelten sich in grober Vereinfachung die **Landstände**, denn diese Herrschaftsträger in den Territorien schlossen sich zusammen – meist traten auch die Städte hinzu – und bildeten diese Landstände, eine Art Landtag, auf den der Landesfürst angewiesen war, wollte er etwa zusätzliche Steuern erheben oder ähnliche Entscheidungen treffen. Für diese Stände bildeten sich feste Zugehörigkeiten, d. h. der Kreis der einmal zugelassenen Mitglieder, also bestimmter Adeliger, geistlicher Grundherren oder Städte, wurde später in der Regel nicht mehr erweitert, und die Rechte dieser Stände wurden schriftlich fixiert. Auch die Stände trugen zur Festigung der Territorialstaaten bei, selbst wenn sie nicht selten gegen den Landesfürsten kämpften. Auf Reichsebene gab es ebenfalls eine Ständebildung. Auf Reichstagen versammelten sich die **Reichsstände**: geistliche und weltliche Reichsfürsten sowie die reichsunmittelbaren Städte und die Vertreter der reichsunmittelbaren Grafen und Ritter. Um 1500 war der **Reichstag** etabliert, und in der Zeit der Reformation hatte er großen Anteil an der Gestaltung der Reichs- und Religionspolitik.

Bei unserer bisherigen Betrachtung der Herrschaftsstrukturen im Mittelalter haben wir schon kurz das Recht berührt, z.B. bei den Königsurkunden (→ S. 108). Damals gab es allerdings ganz andere Rechtsauffassungen als heute und das Recht wurde anders gehandhabt als im modernen Staat.

Eine Verfassung des Staates hat es im Mittelalter nicht gegeben, d.h. die Modalitäten, nach denen beispielsweise der neue König erhoben wurde, waren nicht schriftlich niedergelegt. Wir haben auch bereits gesehen, dass die merowingischen und die karolingischen Herrscher einzelne Gesetze, bei den Letztgenannten als Kapitularien bezeichnet, erlassen haben und dass das Gewohnheitsrecht der einzelnen Stämme aufgezeichnet wurde; im 10. und 11. Jahrhundert gab es dann aber keine Königsgesetze mehr.

In den letzten Jahrzehnten hat die Forschung ihre Aufmerksamkeit zunehmend auf die „ungeschriebenen Gesetze“ des Umgangs zwischen dem König und seinen Untertanen konzentriert und bestimmte „Spielregeln“ oder „Rituale“ (Gerd Althoff) herausgearbeitet, mit deren Hilfe etwa ein Konflikt beendet wurde. Tränen, die der König vor einer Versammlung einflussreicher Fürsten vergoss, und sein Fußfall signalisierten den Anwesenden die besondere Dringlichkeit seiner Bitte und waren inszenierte Gefühle, deren Symbolsprache von den Zeitgenossen verstanden wurde. So erklärt man sich unter anderem, dass das Zusammenspiel von König und Großen funktionierte, auch ohne eine geschriebene Reichsverfassung.

Da in der Zeit des Frühmittelalters der Klerus „das Monopol ... auf die fortgeschritteneren Kulturtechniken, auf Lesen, Schreiben und den Umgang mit ausformuliertem Recht“ hatte (Hartmut Boockmann), ist es nicht verwunderlich, dass der Anstoß zur Aufzeichnung und Weiterentwicklung des Rechts aus dem kirchlichen

Bereich kam: Im Zuge des Reformpapsttums im 11. Jahrhundert (→ S. 85 f.) wurde das vorhandene Recht in Sammlungen schriftlich niedergelegt und vereinheitlicht. Einen Höhepunkt stellte die Sammlung Gratians († um 1140) dar, der neben Konzilsbeschlüssen und päpstlichen Entscheidungen auch rechtsrelevante Texte der Kirchenväter und von mittelalterlichen Theologen sammelte. Er gab seinem Werk den bezeichnenden Titel „Concordia discordantium canonum", also Übereinstimmung bzw. Vereinheitlichung der widersprüchlichen Rechtssätze, denn Gratian sammelte nicht nur, er kommentierte auch und versuchte dabei, den Widerspruch zwischen einzelnen Rechtssätzen auszugleichen. Andere Rechtsgelehrte folgten Gratians Beispiel und die kommentierende Auslegung von Rechtssätzen, auch Glossen genannt, wurde zu einer Wissenschaft und führte zur Weiterentwicklung des Rechts. Gratians Dekret wurde schließlich Bestandteil des als Kirchenrecht bis 1917 gültigen Corpus Iuris Canonici (CIC).

Es war aber nicht nur die kirchliche Seite, die den Anstoß gab zum Aufschwung der Rechtskultur seit dem 11. Jahrhundert. In Oberitalien wurde das hochentwickelte römische Recht wiederentdeckt.

Info

Corpus Iuris Civilis

Die seither wirksamste Gestalt des römischen Rechts ist das **Corpus Iuris civilis**, das Kaiser Justinian I. (527–565) als Sammlung mit Gesetzeskraft zusammenstellen ließ. Es besteht aus:

(1) den **Institutionen**, einem amtlichen Lehrbuch,

(2) dem **Codex Iustinianus**, einer Sammlung der Kaisergesetze von Hadrian bis Justinian,

(3) den **Novellen**, einer Sammlung von Gesetze Justinians,

(4) den **Digesten**, Kommentare römischer Juristen zu einzelnen Problemen.

Das Corpus galt in Deutschland teilweise bis zum Inkrafttreten des Bürgerlichen Gesetzbuches (BGB) im Jahr 1900 als „Gemeines Recht".

Die Wiederentdeckung des römischen Rechts führte zur Bildung von Rechtsschulen, den späteren Universitäten, an denen die Juristen eine der vier Fakultäten stellten (→ Kapitel 2.7, S. 118 ff.). In der Rechtswissenschaft wurde die scholastische Methode angewendet, denn die seit dem 9. Jahrhundert ausgebildete Theologie und Philosophie der **Scholastik** war die im weiteren Mittelalter maßgebliche wissenschaftliche Methode. Sie versuchte die christliche Lehre und philosophisches Denken miteinander zu verbinden, indem zunächst die Fragestellung klar herausgearbeitet werden musste (**QUAESTIO**), dann die Begriffe und Unterscheidungen getroffen werden mussten (**DISTINCTIO**) und schließlich logische Beweise und Erörterungen von Gründen und Gegengründen folgten (**DISPUTATIO**). Da man im Mittelalter meinte, im letzten der vier Weltreiche, dem römischen zu leben, war das römische Recht auch kein fremdes, sondern wurde als geltendes Recht aufgefasst, das nur an die geänderten Verhältnisse der Zeit angepasst werden musste.

QUAESTIO, latein. = Frage.

DISTINCTIO, latein. = Unterscheidung.

DISPUTATIO, latein. = Erörterung.

Die „Entdeckung des römischen Rechts“ führte dazu, dass man es seit dem 12. Jahrhundert im Privat- und im Prozessrecht anwendete und dass nun auch die Herrscher wieder Reichsgesetze erließen.

Hier sind vor allem die **Landfriedensgesetze** des späteren Mittelalters zu nennen, die insbesondere das **Fehderecht** regelten: seit dem frühen Mittelalter galt es als „gutes Recht“, ein erlittenes Unrecht oder eine Ehrverletzung durch Selbsthilfe zu sühnen, ja im Falle von Tötungsdelikten sah man es als eine Frage der Ehre an, dass die Sippe **Blutrache** für den ermordeten Verwandten nahm, wobei die vollzogene Blutrache an der gegnerischen Sippe diese wiederum zur Vergeltung nötigte. Diese Form der Selbsthilfe oder Selbstjustiz, die natürlich nur in den waffenfähigen, also adeligen Kreisen praktiziert wurde, hatte immer wieder viele Opfer gekostet, weswegen man seit dem hohen Mittelalter versuchte, sie ganz zu verbieten, und zwar mithilfe der Landfriedensgesetze.

Daneben gab es auch Bemühungen, das **Gewohnheitsrecht**, das im Mittelalter eine große Rolle spielte, aufzuzeichnen: zwischen 1220 und 1230 legte der sächsische Ministeriale **Eike von Repgow** eine Sammlung des Gewohnheitsrechts seiner Heimat an: Der **Sachsenspiegel** wurde Vorbild für ähnliche Sammlungen in anderen Gebieten, wie etwa dem Augsburger Schwabenspiegel von ca. 1275. Der Sachsenspiegel ist in Deutschland teilweise bis zur Einführung des Bürgerlichen Gesetzbuches von 1900 gültig gewesen.

Sachsenspiegel

Auch das **Stadtrecht**, das im Spätmittelalter von den einzelnen Städten aufgestellt wurde, ist in der Regel schriftlich fixiertes Recht. So enthalten die Rechtssatzungen der Städte Elemente, die im modernen Staat der Neuzeit aufgenommen wurden, so auch, dass das Gewaltmonopol bei der städtischen Führung liegt, d. h. dass ein Bürger nicht Selbstjustiz üben durfte, sondern bei der Stadt eine Klage einreichen musste; die Stadtführung bemühte sich dann um seine Ansprüche.

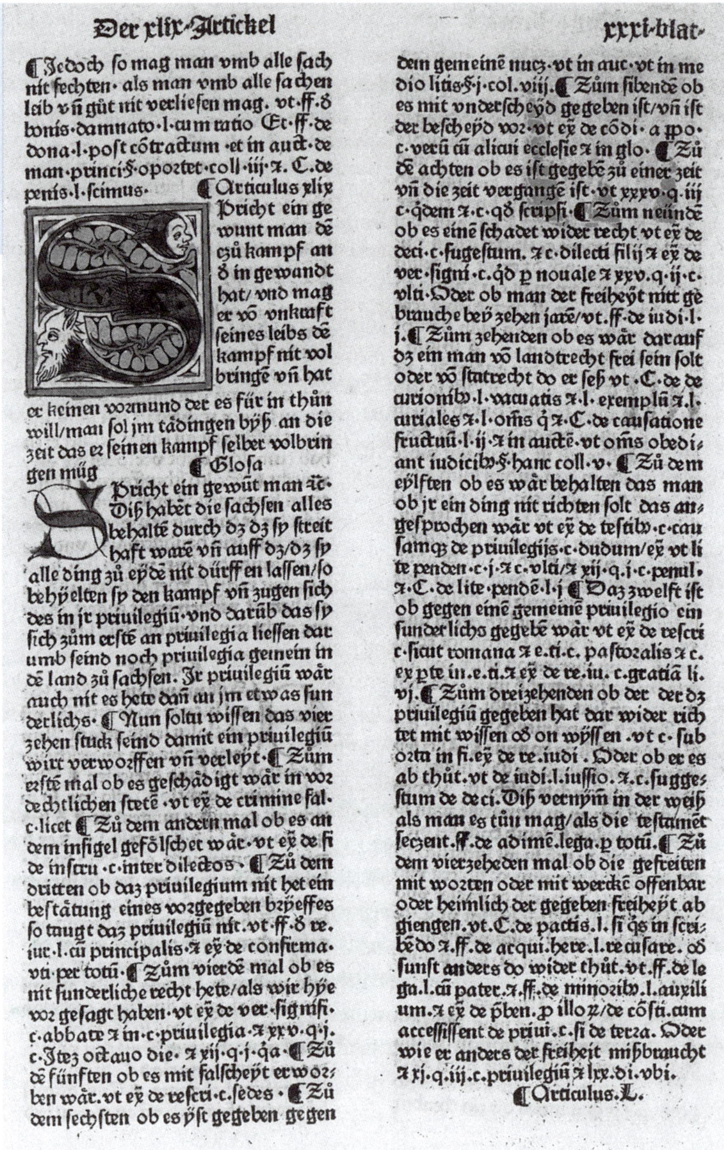

Der xlix· Artickel

xxxi·blat·

¶ Jedoch so mag man vmb alle sach nit fechten· als man vmb alle sachen leib vñ gůt nit verliesen mag. vt·ff·ď bonis·damnato·l·cum ratio Et·ff·de dona·l·post cōtractum ·et in auct·de man·princi·§·oportet·coll·iij·⁊. C.de penis·l·scimus· ¶ Articulus xlix

S Pricht ein gewunt man dē czů kampf an ď in gewandt hat/ vnd mag er vō vnkraft seines leibs dē kampf nit volbringē vñ hat er keinen vormund der es für in thůn will/ man sol jm tädingen byß an die zeit das er seinen kampf selber volbringen műg

¶ Glosa

S Pricht ein gewűt man ⁊c· Diß habēt die sachsen alles behaltē durch dz dz sy streithaft wārē vñ auff dz/dz sy alle ding zů ey̋dē nit dűrffen lassen/so behy̋elten sy den kampf vñ zugen sich des in jr priuilegiũ·vnd darũb das sy sich zům erstē an priuilegia liessen darumb seind noch priuilegia gemein in dē land zů sachsen. Jr priuilegiũ wår auch nit es hete dañ an jm etwas sunderlichs· ¶ Nun soltu wissen das vierzehen stuck seind damit ein priuilegiũ wirt verworffen vñ verlept· ¶ Zům erstē mal ob es geschådigt wår in vordechtlichen stetē ·vt ex̄ de crimine fal· c·licet ¶ Zů dem andern mal ob es an dem insigel gefölschet wår·vt ex̄ de fide instru ·c·inter dilectos· ¶ Zů dem dritten ob daz priuilegium nit het ein beståtung eines vorgegeben bry̋effes so taugt daz priuilegiũ nit.vt·ff·ď re. iur·l·cũ principalis·⁊ ex̄ de confirma· vti·per totũ· ¶ Zům vierdē mal ob es nit sunderliche recht hete/als wir hy̋e vor gesagt haben·vt ex̄ de ver·signifi· c·abbate ⁊ in·c·priuilegia·⁊ xxv·q·j· c·Jtez octauo die· ⁊ xij·q·j·q̇a· ¶ Zů dē fünften ob es mit falschey̋t erworben wår.vt ex̄ de rescri·c.sedes · ¶ Zů dem sechsten ob es y̋st gegeben gegen dem gemeinē nucz·vt in auc·vt in medio litis·§·j·col.viij. ¶ Zům sibendē ob es mit vnderschey̋d gegeben ist/vñ ist der beschey̋d vor·vt ex̄ de cōdi· a ꝓpo· c·verũ cũ aliaui ecclesie ⁊ in glo· ¶ Zů dē achten ob es ist gegebē zů einer zeit vñ die zeit vergangē ist·vt xxxv·q·iij c·q̇dem ⁊·c·qď scripsi· ¶ Zům neűndē ob es einē schadet wider recht vt ex̄ de deci·c·sugestum. ⁊ c·dilecti filij ⁊ ex̄ de ver·signi·c.q̇d ꝑ nouale ⁊ xxv.q·ij·c· vlti·Oder ob man der freihey̋t nitt gebrauche bey̋ zehen jarē/vt.ff·de iudi·l· j· ¶ Zům zehenden ob es wår darauf dz ein man vō landtrecht frei sein solt oder vō statrecht do er seß vt ·C·de decurionib·l·vacuatis ⁊·l· exemplũ ⁊.l. curiales ⁊·l·oms q̇ ⁊·C·de causatione fructuũ·l·ij·⁊ in auctē·vt oms obediant iudicib·§·hanc coll·v· ¶ Zů dem ey̋lften ob es wår behalten das man ob jr ein ding nit richten solt das angesprochen wår vt ex̄ de testib·c·causamq; de priuilegijs·c·dudum/ex̄ vt lite penden·c·j·⁊ c·vlti/⁊ xij·q.i·c·penul· ⁊·C·de lite·pendē·l·j ¶ Daz zwelft ist ob gegen einē gemeinē priuilegio ein sunderlichs gegebē wår vt ex̄ de rescri c·sicut romana ⁊ e.ti.c. pastoralis ⁊ c. ex ꝑte in.e.ti.⁊ ex̄ de re.iu. c.gratiā li. vj. ¶ Zům dreizehenden ob der der dz priuilegiũ gegeben hat dar wider richtet mit wissen ođ on wy̋ssen ·vt c· sub orta in fi.ex̄ de re.iudi . Oder ob er es ab thůt.vt de iudi.l.iussio.⁊.c.suggestum de deci.Diß vernym̄ in der weiß als man es tůn mag/als die testamēt seczent.ff.de adimē.lega.ꝑ totũ. ¶ Zů dem vierzeheden mal ob die gefreiten mit worten oder mit werckē offenbar oder heimlich der gegeben freihey̋t ab giengen.vt.C.de pactis.l. si q̇s in scribēdo ⁊.ff.de acqui.here.l.recusare. ođ sunst anders do wider thůt.vt.ff.de lega.l.cũ pater.⁊.ff.de minorib.l.auxilium.⁊ ex̄ de p̄ben.ꝑ illoꝝ/de cōsti.cum accessissent de priui.c.si de terra. Oder wie er anders der freiheit mißbraucht ⁊ xj.q.iij.c.priuilegiũ ⁊ lxx.di.vbi.

¶ Articulus.L.

Abb. 16 | *Ein früher Druck des Sachsenspiegels des Eike von Repgow aus dem Jahre 1481, gedruckt in Augsburg.*

Die gesamte Entwicklung auf dem Gebiet des Rechts wäre nicht denkbar ohne einen allgemeinen Aufschwung in Bildung und Wissenschaft des späteren Mittelalters. Dazu mehr im folgenden Kapitel.

Aufgaben zum Selbsttest

- Erläutern Sie die Begriffe „Reisekönigtum“ und „Itinerar“.
- Beschreiben Sie, wie das mittelalterliche deutsche Reich regiert wurde.

Literatur

Gerd Althoff, **Spielregeln der Politik im Mittelalter. Kommunikation in Frieden und Fehde**, Darmstadt 1997.
Boockmann, **Einführung** (wie S. 53) S. 75–112.
Müller, **Mittelalter** (wie S. 53) S. 99–114, 130–144.
Hans K. Schulze, **Grundstrukturen der Verfassung im Mittelalter**, Bd. 1, 4. Aufl., Stuttgart 2004; Bd. 2, 3. verb. Aufl., Stuttgart 2000; Bd. 3, Stuttgart 1998; Bd. 4 (in Vorb.).
Schubert, **Einführung** (wie S. 53) S. 196–246.
Zu den Info-Kästen:
Helmut Beumann, **Zur Entwicklung transpersonaler Staatsvorstellungen**, in: Theodor Mayer (Hg.), Das Königtum. Seine geistigen und rechtlichen Grundlagen (Vorträge und Forschungen 3), Sigmaringen 1956, S. 185–224.
Wipo, **Gesta Chuonradi**, in: Die Werke Wipos, ed. Harry Bresslau, (MGH SS rer. Germ. in us. schol. [61]), Hannover 1915, S. 1–62.

Bildung und Wissenschaft im Mittelalter | 2.7

Im spätantik-römischen Reich gab es in den Städten allgemein zugängliche Schulen, deren Lehrer von der Öffentlichkeit eingesetzt und bezahlt wurden. Mit dem Verfall des Römerreiches gerieten auch die Schulen in Verfall und damit schwand die Möglichkeit, als Angehöriger der einfacheren Schichten zu einer Schulbildung zu kommen. Das **Analphabetentum** nahm daraufhin stetig zu, denn nur in der adeligen Oberschicht wurden die Kinder noch in der eigenen Familie unterrichtet und die Bildung von Generation zu Generation weitergegeben. Gegen den allgemeinen **Bildungsverfall** forderten bereits Konzilien am Beginn des 6. Jahrhunderts die Einrichtung von (**Pfarr-**)**Schulen**, die von Priestern geleitet werden sollten und zunächst Laien und Klerikern offen standen, doch im Laufe der Zeit fast nur noch von (zukünftigen) Geistlichen besucht wurden. Auch in den **Klosterschulen** wurde primär der „eigene Nachwuchs“ unterrichtet, für Mädchen waren selbst auch die Pfarrschulen nicht zugänglich, so dass insbesondere die Frauenbildung stark abnahm. So

Verfall

Zur Definition des Begriffs Konzil → S. 145.

wurde das Schulwesen bis weit ins Hochmittelalter ausschließlich von der Kirche geleitet und geprägt.

Die **Elementarschule** besuchten die Knaben ab einem Alter von etwa sieben Jahren; hier wurde Lesen, Singen und Rechnen gelernt. Das Schreiben war ein eigenes Fach, denn im Frühmittelalter lernte man nicht automatisch Lesen und Schreiben, wie dies heute selbstverständlich ist. Unterrichtsmittel waren neben einer Alphabettafel liturgische Bücher und die Bibel. Mit Lesen war Latein lesen gemeint und nicht die Volkssprache; Singen war ausschließlich das Singen von Hymnen und geistlichen Liedern und der Rechenunterricht umfasste die Kenntnis der Kardinal- und der Ordinalzahlen sowie einfaches Addieren und Subtrahieren. Allerdings muss man sich hierbei klarmachen, dass die indisch-arabischen **ZIFFERN**, mit denen zu rechnen für uns selbstverständlich ist, sich erst seit dem 11. Jahrhundert im Abendland verbreiteten; im frühen Mittelalter wurde mit den komplizierten römischen Zahlen gerechnet.

ZIFFER, von arab. *siffr.* = leer, d. h. „Null“; aus demselben arabischen Wort entwickelte sich dann im 18. Jahrhundert „Chiffre“ in der Bedeutung „Geheimzeichen“.

Die Elementarschule vermittelte die Grundkenntnisse, die man für das Studium der **ARTES LIBERALES** benötigte. Dieser Begriff bezeichnete das System, nach dem im Mittelalter der Lehrstoff und zugleich die höhere Bildung organisiert war. Die Artes waren in

ARTES LIBERALES, latein. = die freien Künste.

Info

Rechnen im Mittelalter

Um eine Vorstellung davon zu bekommen, wie kompliziert Rechnen im Mittelalter war, muss man sich den „Taschenrechner“ des Mittelalters, den **Abakus** (griech. *abax* = Brett, Tafel, Platte) einmal anschauen. Im späten Mittelalter benutzte man den hier auf der Abbildung dargestellten Linien- oder Streifenabakus: er zeigt die Zahlen 1241 und 82 (die Rechensteine zwischen den Zeilen besitzen den Wert „5“). Zuvor hatte es den Kolumnenabakus mit Einer-, Zehner- und Hunderterspalten gegeben, den vielleicht der Universalgelehrte und spätere Papst Silvester II., Gerbert von Aurillac (um 950–1003), eingeführt hatte: eine Tafel mit Rechensteinen, die verschoben werden konnten. Bei Multiplikationen nannte Gerbert die Zahlen des Produkts von 1 bis 9 *digiti* (nach dem Muster des Fingerrechnens: latein. *digitus* = Finger) und die Zahlen darüber *articuli*. Gerberts Abakus war also die erste Rechenmaschine, die „digital“ arbeitete, denn digital bedeutet ja nichts anderes als „in Ziffern dargestellt“, d. h. nicht stufenlos (= analog). Unsicher ist, ob Gerbert auch als erster die arabischen Ziffern in Westeuropa bekannt gemacht hat.

Abb. 17

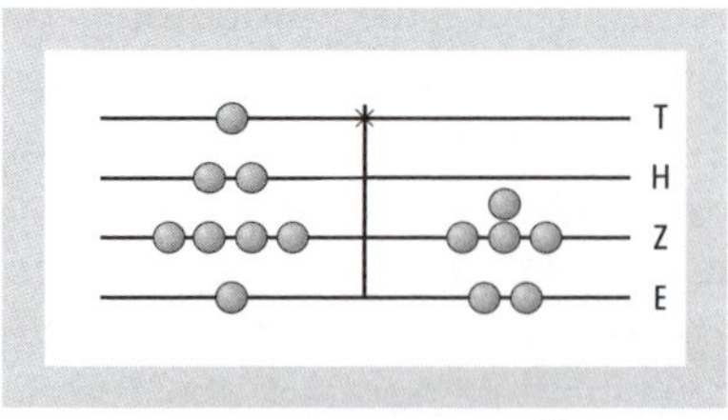

Abakus. Dargestellt ist ein Linien- oder Streifenabakus.

TRIVIUM, latein. = Dreiweg.

QUADRIVIUM. latein = Vierweg.

zwei Gruppen aufgeteilt, in das **TRIVIUM** der „redenden" Künste: **Grammatik**, **Rhetorik** und **Dialektik** und in das **QUADRIVIUM** der „rechnenden" Künste: **Arithmetik**, **Geometrie**, **Musik und Astronomie**.

Die grundlegenden Abhandlungen zu den einzelnen Gebieten waren schon in der Antike von den Griechen verfasst worden, doch im Laufe der Spätantike ging die Kenntnis des Griechischen immer weiter zurück und manche Schriften gingen überhaupt verloren. So wurde für das Mittelalter entscheidend, dass der römische Gelehrte **Boethius** (475/80–524), dem der rasche Verfall der Griechischkenntnisse im Westen des Römischen Reiches bewusst war, auf der Basis der grundlegenden griechischen Werke der Antike zu den einzelnen Artes Schriften auf Latein und in enzyklopädischer Form verfasste. Dass Boethius katholischer Christ war und wegen Hochverrats vom ostgotischen arianischen König Theoderich hingerichtet wurde, förderte die Akzeptanz seines Werkes durch die Kirche, die in den *artes liberales* eine wichtige Voraussetzung für das Studium und die Erklärung der Bibel sah. Seit der **karolingischen Reform** im **9. Jahrhundert** wurde das Studium der Grammatik mit dem **Studium der antiken „Klassiker"** verbunden, die bis dahin als heidnische Autoren nicht geschätzt worden waren. So hatte man in den Jahrhunderten zuvor zahlreiche Handschriften mit den Texten antiker Dichter oder Prosa-Autoren abgeschabt und mit christlichen Texten überschrieben (→ auch Kapitel 4.1.1, S. 179). In der Karolingerzeit sammelte man sie nun bewusst und schrieb sie ab, damit sie in verschiedenen Klosterbibliotheken vorhanden waren. Dies war der Grund, dass die Humanisten die Schrift, in der sie die meisten antiken römischen Autoren vorfanden, „Antiqua" nannten, da sie meinten, die Handschriften stammten noch aus der Zeit der antiken Autoren selbst (→ Kapitel 4.1.3, S. 184).

Dass seit dem 9. Jahrhundert nicht nur das Trivium gepflegt wurde, sondern im Zuge der **karolingischen Bildungsreform** auch das Quadrivium, lag unter anderem daran, dass eine Schrift über die sieben freien Künste große handschriftliche Verbreitung fand, nämlich die des **Martianus Capella**; von diesem Autor weiß man kaum etwas, weder seine Lebenszeit, noch die Entstehungszeit seines Werkes (zwischen 330 und 429 oder nach 470).

Dass unter den Fächern des Quadriviums die **Astronomie** auf besonderes Interesse stieß, hing nicht zuletzt damit zusammen, dass man zur Berechnung der beweglichen Kirchenfeste (→ auch Kapitel 4.3.6, S. 205 f.) die astronomischen Voraussetzungen – also die unterschied-

KOMPUTISTIK, von latein. *computare* = berechnen; der Begriff „Computer" kommt ebenfalls daher.

liche Dauer des Mond- und Sonnenjahres verstehen und berechnen können musste. So entwickelte sich die mittelalterliche **KOMPUTISTIK**, welche die Berechnung der beweglichen Kirchenfeste ausgehend von der Osterfestberechnung zur Aufgabe hatte. Ebenso nahm man Berechnungen des Weltalters nach den chronologischen Angaben der Bibel vor, und man errechnete den Tag der Kreuzigung und Auferstehung Christi. Es wurde z. T. gefordert, dass jeder Priester in der Lage sein sollte, den christlichen Festkalender für die nächsten Jahre zu erstellen, doch zeigen gerade die Ostertafeln (→ Kapitel 3.2.1, S. 129), dass dies in der Realität wohl nicht so einfach war.

Damit die Sänger im Chor einer Kirche oder eines Klosters jederzeit neue Hymnen vom Blatt singen konnten, erfand der Benediktinermönch **Guido von Arezzo** (992/1000 – 1080) Mitte des 11. Jahrhunderts die heute noch gebräuchliche **Notenschrift** mit einem Vierliniensystem, aus dem sich das heute allgemein benutzte Fünfliniensystem entwickelte.

Während der oben schon erwähnte **Gerbert von Aurillac** bereits um 980 auf seiner Spanienreise mit der arabischen Mathematik und Astronomie bekannt wurde, die der westeuropäischen weit überlegen war, nahm die Wissenschaft seit dem 12. Jahrhundert einen Aufschwung durch Übersetzungen wissenschaftlicher Werke aus dem Griechischen und Arabischen: Über das muslimische Spanien und durch die Kreuzzüge war es zu Berührungen mit der arabischen Welt gekommen, die dem Abendland den Zugang zu den hochentwickelten arabischen und jüdischen Wissenschaften eröffneten. So waren es nicht nur die **arabische Astronomie und Mathematik**, die nun in die westliche Welt eindrangen, sondern auch die **Medizin**; besonders bekannt war dafür die **Schule von Salerno**, von wo aus sich medizinisches Wissen in ganz Europa verbreitete. Der staufische Kaiser **Friedrich II.** (1212 – 1250), der große eigene wissenschaftliche Interessen auf verschiedenen Gebieten hatte und selbst ein wissenschaftliches Werk über die Falkenjagd verfasste, versammelte an seinem Hof – wie Karl der Große im 8./9. Jahrhundert – einen Kreis bedeutender Gelehrter um sich und regte Übersetzungen von griechischen Autoren wie Aristoteles an, aber auch von arabischen und jüdischen wissenschaftlichen Werken. So kam es seit dem 12. Jahrhundert zu einer starken Zunahme des naturwissenschaftlichen Wissens im Abendland und jetzt waren es nicht unbedingt immer Männer der Kirche, wie in den Jahrhunderten zuvor, die das neue Wissen kennen lernten und weitergaben.

Info

Das Falkenbuch Kaiser Friedrichs II.

„Friedrich II., Kaiser der Römer, König von Jerusalem und Sizilien" nannte der Autor des Werkes *De arte venandi cum avibus* (Über die Kunst der Jagd mit Vögeln) sich in der Einleitung und gab an, 30 Jahre Material für sein Werk gesammelt zu haben. Der Stoff war in 6 Bücher aufgeteilt, die alles Wissenswerte über Habichte, Falken, Sperber und andere edle Vögel sowie über Hunde und deren Aufzucht und Abrichtung enthalten. Es werden verschiedene Jagdarten beschrieben sowie das Zurückholen eines Beizvogels, wenn er abstreicht. Das Original des Werkes ist leider verloren, erhalten hat sich aber eine wertvolle Handschrift, die Friedrichs Sohn, König Manfred, besaß, und die mit zahlreichen kunstvollen Illustrationen von Hunden und Vögel zum Zierat und zur Erklärung geschmückt sind.

Abb. 18

Diese Miniatur in der erhaltenen Handschrift des Falkenbuchs zeigt Kaiser Friedrich II. mit einem Falken.

Eine weitere Umwälzung im Bildungswesen des Mittelalters, die nicht mehr von der Kirche ausging, war die (→ S. 41 ff.) schon behandelte **Gründung der Universitäten** um 1200: Damals hatte der Aufschwung der städtischen Schulen besonders in Frankreich (Paris) und in Italien (Bologna) einen Höhepunkt erreicht. Sie wurden meist nicht mehr von der Kirche getragen und ermöglichten den *magistri*, den Lehrern, einen sozialen Aufstieg. In den auf städtischprivater Basis organisierten Schulen wurde das römische Recht „wiederentdeckt“ und gelehrt, aber auch die Logik des griechischen Philosophen Aristoteles oder die griechisch-arabische Medizin. Die Kirche fürchtete den Verlust ihres Lehrmonopols, da die meisten *magistri* Laien waren. Um aber ein qualitätvolles Studium und eine gute Ausbildung zu unterstützen und wohl auch, um den Einfluss nicht zu verlieren, wurden die neu gegründeten Universitäten bald sowohl vom Papst als auch von den Königen unterstützt.

Die Universitäten waren in **vier Fakultäten** eingeteilt, wobei die Lehrer und Studenten der **Artes liberales** eine Fakultät bildeten, in der die Studenten die Grundausbildung für die höheren, nämlich die **theologische**, die **juristische** und die **medizinische Fakultät** erhielten.

Die **städtischen Schulen** wie die Universitäten sorgten schließlich dafür, dass bis zum Ende des Mittelalters die Zahl der Lese- und Schreibkundigen auch in den niederen sozialen Schichten stark anstieg. Der Erfolg der Reformation Luthers wäre nicht denkbar, ohne dass die Flugblätter, die in dieser Zeit zur Propaganda für die neue Lehre aufkamen, auch von vielen Menschen gelesen werden konnten.

Aufgaben zum Selbsttest

- Was versteht man unter den „septem artes liberales“ und welche Wissenschaften wurden im Laufe des Mittelalters gepflegt?
- Wer konnte im Mittelalter lesen und schreiben? Skizzieren Sie Veränderungen des Bildungsstandes der Bevölkerung im Verlauf der Epoche.

Literatur

Günter Bernt/Ludwig Hödl/Heinrich Schipperges, **Artes liberales**, in: Lexikon des Mittelalters 1 (1980) Sp. 1058–1063.

A.C. Crombie, **Von Augustinus bis Galilei. Die Emanzipation der Naturwissenschaften**, Köln, Berlin 1959.

Frugoni, **Mittelalter auf der Nase** (wie S. 63)

Müller, **Mittelalter** (wie S. 53) S. 161–190.

Rainer A. Müller, **Geschichte der Universität. Von der mittelalterlichen Universitas zur deutschen Hochschule**, München 1990.

Jean Verger, **Universität**, in: Lexikon des Mittelalters 8 (1997) Sp. 1249–1255.

Zu den Info-Kästen:

Das Falkenbuch Friedrichs II. Cod. Pal. Lat. 1071 der Biblioteca Apostolica Vaticana, Faksimile mit einem Kommentar von Dorothea Walz und Carl Arnold Willemsen, Graz 2000.

Werner Bergmann, **Innovationen im Quadrivium des 10. und 11. Jahrhunderts. Studien zur Einführung von Astrolab und Abakus im lateinischen Mittelalter**, Stuttgart 1985.

Grundlagen des historischen Arbeitens

3

Überblick

Nachdem im vorherigen Kapitel von den Lebensbedingungen sowie den sozialen, wirtschaftlichen, gesellschaftlichen und kirchlichen Verhältnissen im Mittelalter die Rede war, müssen wir uns nun mit den Quellen, die im ersten Kapitel bereits ohne nähere Erläuterung erwähnt wurden, und mit der so genannten historischen Methode beschäftigen, denn alle unsere Erkenntnisse über das Mittelalter sind letztlich aus den Quellen geschöpft. Über Theorie und Methode der Geschichtswissenschaft sind, wie oben schon angedeutet (→ Kapitel 1.3, S. 36 ff.**), viele Bücher und Aufsätze geschrieben worden, hier kann nur das für den Anfänger zum Verständnis Notwendige kurz zusammengefasst werden.**

3.1 Die historische Methode

3.1.1 Was ist eine Quelle?

Unser Wissen über die Vergangenheit stammt aus den **QUELLEN**, ein Begriff, der im 19. Jahrhundert von Ernst Bernheim (1850 – 1942) geprägt und dann immer wieder unterschiedlich definiert wurde. Die umfassendste und verständlichste Definition lautet, dass **„alle Texte, Gegenstände oder Tatsachen, aus denen Kenntnis der Vergangenheit gewonnen werden kann,“** als Quellen bezeichnet werden.

QUELLE, engl./franz. *sources*, ital. *fonti*, latein. *fontes*.

Von den Quellen unterscheiden wir die **Darstellungen**, also die Literatur, die auf der Grundlage von Quellen geschichtliche Vorgänge oder Zustände darstellt, wobei die Grenzen hier fließend sein können, denn auch eine Darstellung kann unter bestimmten Umständen zur Quelle werden. Dafür ein Beispiel: als man im Jahr

1653 im belgischen Tournai das Grab des merowingischen Königs Childerich I. († 481/82) entdeckte und ausgrub, verfasste ein dort anwesender Arzt namens Jean Jacques Chiflet ein Buch mit minutiösen Zeichnungen aller Fundstücke. Da im 18. Jahrhundert ein großer Teil der kostbaren Grabbeigaben geraubt und eingeschmolzen wurde, ist seitdem Chiflets 1655 erschienenes Buch selbst eine wertvolle Quelle zum Childerichgrab geworden.

Wenn schon die einfach erscheinende Abgrenzung von Quelle und Darstellung, wie wir sahen, problematisch ist, dann ist es die Feinunterscheidung der einzelnen Quellenarten erst recht: Johann Gustav Droysen (1808 – 1884), einer der bedeutendsten Historiker des 19. Jahrhunderts, versuchte eine Einteilung der Quellen in **absichtlich und unabsichtlich geschriebene**, während der schon erwähnte Ernst Bernheim die Kategorien **Tradition und Überrest** fand, wobei beide Unterscheidungen Ähnliches meinen: sie versuchen die Quellen nach dem Willen zu bewusster Überlieferung für die nachkommenden Generationen oder dem Fehlen einer solchen Absicht zu scheiden.

Überrest und Tradition

Nach dieser Differenzierung fallen unter den Begriff Tradition die literarischen Quellen, also Texte, die der Autor zur Belehrung und Unterrichtung der Nachwelt geschrieben hat, wie beispielsweise eine Autobiographie oder eine Weltchronik. Zu den Überresten zählen dagegen die erhaltenen Childerich-Grabbeigaben, um bei unserem Beispiel zu bleiben, sowie Bau- und Kunstwerke, Möbel, Waffen, ja selbst ergrabene Skelette usw. Diese **Sachquellen** bezeichnet man heute auch als **Realien** und widmet ihnen mehr Aufmerksamkeit als in früheren Zeiten, weil sie beispielsweise für die Rekonstruktion der **Alltagsgeschichte** (→ Kapitel 5.5.1, S. 251 f.), die in den letzten Jahrzehnten zunehmend Interesse gefunden hat, wichtige Quellen sind. Zu den Überresten würde man aber auch Inschriften zählen oder Gesetze und Verträge, die ja nicht aufgesetzt wurden, um die Nachwelt über gewisse Dinge zu unterrichten, sondern um in der Gegenwart Regelungen zu treffen.

Aber auch diese Einteilung der Quellen ist keine absolute Systematik, denn, wie die Geschichtswissenschaft inzwischen erkannt und herausgearbeitet hat, kann ein und dieselbe Quelle sowohl als Tradition als auch als Überrest gelten, je nachdem, welche Fragen man an sie stellt.

Eine weitere Unterscheidung ist die zwischen **Primär- und Sekundärquellen.** Was damit gemeint ist, lässt sich am besten an einem Beispiel verdeutlichen: Für die wissenschaftliche Beschäftigung mit

Info

Der Gang nach Canossa (1077)

▶ Der von Papst Gregor VII. exkommunizierte König Heinrich IV. zog im Winter 1076/77 (→ S. 131) über die Alpen zur Burg von Canossa, wo sich der Papst aufhielt. Dort erreichte er nach drei Tagen, an denen er im Hof der Burg als Büßer erschien, die Lösung vom Bann, den der Papst über ihn verhängt hatte, und erhielt damit seine Handlungsfreiheit als König zurück.

dem berühmten Ereignis von Canossa 1077 ist der Brief des Papstes an die deutschen Fürsten, in dem er die Vorgänge schildert, eine Primärquelle, da sie nicht nur von einem Augenzeugen, sondern sogar von einem Beteiligten verfasst wurde. Was dagegen Otto von Freising († 1158) in seiner Weltchronik darüber schreibt, ist hier Sekundärquelle, denn er handelt über die Vorgänge knapp 70 Jahre später in Kenntnis der weiteren Ereignisse und Auseinandersetzungen zwischen Heinrich und Gregor; seine Sichtweise ist jedoch als Enkel Heinrichs IV. und Reichsbischof für bestimmte Fragestellungen ebenfalls von Bedeutung.

Primär- und Sekundärquelle

Das Beispiel zeigt außerdem, dass die Einteilung in Primär- oder Sekundärquelle vom „Angebot" an Quellen abhängig ist, denn das Ereignis von Canossa hat schon auf die Zeitgenossen tiefen Eindruck gemacht und hatte große politische Auswirkungen, so dass es in zahlreichen zeitgenössischen wie späteren Quellen unterschiedlicher Gattungen, also Chroniken, Annalen, Viten und Briefen, behandelt wurde. Dagegen ist beispielsweise der Vertrag von Verdun (843) in dem das Reich Karls des Großen unter seinen Nachfolgern aufgeteilt wurde – was für die Entstehung Deutschlands und Frankreichs von großer Bedeutung war –, nicht überliefert, so dass wir den genauen Grenzverlauf nicht kennen und nur teilweise aus späteren Verträgen und Einzelnachrichten rekonstruieren können; d. h. in diesem Fall müssen die indirekten und späten Quellenzeugnisse die fehlenden Primärquellen (notdürftig) ersetzen.

Die historische Methode und die Aufgabe der Mediävisten 3.1.2

Die Bemühungen der Geschichtswissenschaft des 19. Jahrhunderts um eine absolute Systematik der Quellen hängen maßgeblich mit ihrem Objektivitätsideal zusammen, denn man war der Überzeugung, man könne die Vergangenheit objektiv darstellen und würde damit ein für alle Zeiten feststehendes, gültiges Geschichtsbild von der Vergangenheit gewinnen. Aus diesem Grund versuchte man, alle Quellen zu einem Ereignis zusammenzutragen, und aus dieser Motivation heraus sind manche quellenkundlichen Hilfsmittel entstanden, die heute noch unentbehrlich und wichtig sind (→ Kapitel 3.3, S. 151 ff.). Das 19. Jahrhundert glaubte aber nicht nur an ein einziges gültiges Geschichtsbild vom Mittelalter, sondern sah es mit Leopold von Ranke (1795–1886), einem weiteren bedeutenden Historiker des 19. Jahrhunderts, als seine Aufgabe an, herauszufinden, „wie es eigentlich gewesen" sei; Geschichtswissenschaft bedeutete damit: Rekonstruktion der Vergangenheit.

HEURISTIK, von griech. *heuriskein* = finden.

Droysen teilte die Arbeit des Historikers in drei Arbeitsphasen ein, nämlich (1) in das Zusammentragen aller Quellen, die **HEURISTIK**, (2) die **Quellenkritik** und (3) die **Quelleninterpretation**.

Aber nicht nur die Geschichtsbilder ändern sich, wie wir noch sehen werden, sondern auch die theoretischen Auffassungen von Sinn und Zweck der Geschichtswissenschaft. Die heutige Mediävistik vertritt die Auffassung, dass es unmöglich ist, herauszufinden, „wie es war", denn man hat erkannt, dass wir die Geschichte immer nur in Ausschnitten und unter bestimmten Blickwinkeln durch die Quellenautoren geboten bekommen. Ein weiteres methodisches Problem des Historikers ist das von „Überlieferungs-Chance" oder „Überlieferungs-Zufall", was grundsätzlich zu berücksichtigen ist, denn die Urkunde, die ein König einem Kloster gewährte, hatte eine viele größere Chance, im dortigen Klosterarchiv die Jahrhunderte zu überdauern, als die Urkunde, die er einem Adeligen gewährte, dessen Burg vielleicht niedergebrannt wurde oder dessen Familie irgendwann ausstarb. So müssen wir uns immer bewusst machen, dass unser Bild vom Mittelalter in dem einen oder anderen Bereich ganz anders aussehen könnte, wenn uns andere oder mehr Quellen überliefert wären.

Zu bedenken ist auch, dass unsere eigenen Vorstellungen, Denkweisen, Bewertungsmaßstäbe und Interessen nicht unwesentlich unseren Blick auf das Mittelalter beeinflussen, d. h. man ist sich heute der Subjektivität seiner Sichtweise und Fragestellung bewusst, während das 19. Jahrhundert noch an die eigene Objektivität glaubte. Das eben behandelte Ereignis von Canossa kann hier wiederum als Beispiel dienen: Im 19. Jahrhundert bewertete eine vorwiegend von Protestanten geprägte Geschichtsschreibung den Gang Heinrichs IV. nach Canossa als unnötige Selbsterniedrigung, und als Reichskanzler Bismarck am 14. Mai 1872 im Reichstag über die Ablehnung des Kardinals Hohenlohe als deutschem Botschafter bei Papst Pius IX. sprechen musste, prägte er den auch heute noch gelegentlich gebrauchten Ausspruch: „Nach Canossa gehen wir nicht." Die Bedeutung der Kirchenspaltung in Katholiken und Protestanten in der Reformation hat in der Vergangenheit immer wieder zu kontroversen Beurteilungen des Mittelalters durch protestantische und katholische Historiker geführt, wobei man zu wenig berücksichtigte, dass das gesamte Mittelalter von der Einheit einer Kirche geprägt war trotz aller theologischen Auseinandersetzungen, die es auch gab.

Heute sieht man die Aufgabe der Mediävisten – vorsichtiger oder realistischer vielleicht als im 19. Jahrhundert – nicht mehr in der Rekonstruktion der Vergangenheit, sondern in der Vermittlung zwischen Gegenwart und Vergangenheit und ist sich dabei bewusst, dass sich Geschichtsbilder wandeln, weil sich auch die Erforschung der Vergangenheit mit den Interessen verändert: „Geschichtswissenschaft ist wissenschaftliche, das heißt methodisch geleitete Aufarbeitung der Vergangenheit zum Zwecke des besseren Verständnisses unserer Gegenwart aus historischer Kenntnis und Erkenntnis" (Hans-Werner Goetz). Dass sich in den letzten Jahrzehnten neue Forschungsgebiete wie die Alltags- und Mentalitätsgeschichte oder die Frauengeschichte entwickelt haben (→ S. 253 ff.), entspricht eben auch den geänderten Interessen unserer Gesellschaft, die sich z. B. mehr dafür interessiert, wie der Alltag der Menschen in der Vergangenheit aussah oder wie die Stellung der Frau war, während das 19. Jahrhundert sich eher für die Reichsgeschichte und das Schicksal der Kaiser, Könige oder Päpste interessierte.

Die Tatsache, dass die Geschichtswissenschaft im 19. Jahrhundert vom Sinn und Zweck der Geschichte und von der Erfüllbarkeit ihrer eigenen Ansprüche noch andere Vorstellungen hatte, bedeutet aber nicht, dass ihre theoretischen Überlegungen heute keine Gültigkeit mehr hätten: Wir müssen zunächst mit einer klaren Fragestellung an ein Thema herangehen, dann gemäß der von Droysen genannten Arbeitsphasen die zu diesem Thema gehörenden Quellen zusammentragen, sie einer sorgfältigen Quellenkritik unterziehen, bevor wir sie gemäß unserer Fragestellung interpretieren. Um das Beispiel von Canossa noch einmal aufzugreifen, so erfordert die Quellenkritik hierbei die Berücksichtigung der Tatsache, dass Gregor VII. nicht nur Beteiligter, sondern auch Partei war, genau wie Otto von Freising als Enkel Heinrichs IV., aber auch als Reichsbischof in seiner Haltung kein völlig „neutraler“ Autor ist. Außerdem sind natürlich neben den Quellen die Darstellungen zum Thema zu berücksichtigen, denn aus ihnen können und müssen wir den aktuellen Forschungsstand ablesen, damit wir „nicht das Rad neu erfinden“ und Erkenntnisse als neue Forschungsergebnisse präsentieren, die längst schon von anderen Mediävisten gewonnen wurden.

Aufgabe zum Selbsttest

- Quelle und Darstellung – definieren Sie die Begriffe und nehmen Sie eine Abgrenzung vor.
- Erläutern Sie die von Droysen festgestellten drei Arbeitsphasen bei der Arbeit des Historikers.

Literatur

Rüdiger vom Bruch/ Rainer A. Müller (Hg.), **Historikerlexikon. Von der Antike bis zum 20. Jahrhundert**, 2. erw. Aufl., München 2002.

Arnold Esch, **Überlieferungs-Chance und Überlieferungs-Zufall als methodisches Problem des Historikers**, Historische Zeitschrift 240 (1985) S. 529–570.

Hans-Werner Goetz, **Die Historische Fragestellung in ihrer Bedeutung für die Theorie und Methode der Geschichtswissenschaft**, in: Lebendige Sozialgeschichte. Gedenkschrift für Peter Borowsky, hg. von Rainer Hering und Rainer Nicolaysen, Wiesbaden 2003, S. 94–101.

– ders., **Proseminar Geschichte: Mittelalter**, 3. überarb. Aufl., Stuttgart 2006, S. 17 ff.

Gerhard Theuerkauf, **Die Interpretation historischer Quellen: Schwerpunkt Mittelalter**, 2. Aufl., Paderborn 1997.

Zu den angeführten Beispielen:

Lutz Röhrich, **Lexikon der sprichtwörtlichen Redensarten**, Freiburg 2001.

Helmut Roth, **Kunst und Handwerk im frühen Mittelalter. Archäologische Zeugnisse von Childerich I. bis zu Karl dem Großen**, Stuttgart 1986, S. 19 ff. (Das Grab König Childerichs I. in Tournai).

Bernd Schneidmüller, **Meersen**, Vertrag, in: Lexikon des Mittelalters 6 (1993) Sp. 466.

– ders., **Verdun**, Vertrag, in: Lexikon des Mittelalters 8 (1997) Sp. 1509–1511 (mit weiterer Literatur).

Harald Zimmermann, **Der Canossagang von 1077. Wirkungen und Wirklichkeit** (Akademie der Wissenschaften und der Literatur. Abhandlungen der Geistes- und Sozialwissenschaftlichen Klasse 5), Wiesbaden 1975.

Die Quellengattungen zur mittelalterlichen Geschichte

3.2

Die Quellen lassen sich zunächst grob in erzählende, dichterische, nicht-erzählende oder dokumentarische Quellen und in Sachquellen (Realien) einteilen.

Die Einteilung erfolgt dabei aufgrund der Form und des Inhalts, jedoch sind die Grenzen innerhalb der erzählenden Quellen fließend, was im Einzelnen noch an Beispielen erläutert werden wird. Auch die Bezeichnung der Werke, welche die Autoren der Quellen selbst verwendeten, entspricht nicht immer unserer Einteilung. Die Vorstellung der einzelnen Quellengattungen soll jeweils mit dem Beispiel einer wichtigen Quelle verknüpft werden, an dem sich die Anwendung der Quellenkritik oder ein Forschungsfortschritt im 19. oder 20. Jahrhundert besonders gut zeigen lässt. Die Fülle der Namen von Autoren und ihrer Werke ist hierbei für den Anfänger vielleicht etwas ermüdend, denn eine klarere Vorstellung von Inhalt und Eigenart dieser Quellen ergibt sich erst im Laufe des Studiums, wenn man sie liest oder mit ihnen arbeitet.

Erzählende Quellen

3.2.1

CHRONIK, von griech. *chronos* = Zeit.

Als **KIRCHENVÄTER** bezeichnet man die anerkannten Lehrer der frühen Kirche wie Hieronymus, Augustinus, Ambrosius und Gregor der Große; mit ihren Schriften gelten sie als Vertreter der Rechtgläubigkeit.

Die **CHRONIK** steht am Anfang der erzählenden Quellen, sie will in der Regel Weltgeschichte darstellen, und zwar von einem angenommenen Schöpfungsdatum der Welt an bzw. von Christi Geburt bis in die eigene Gegenwart. Die Wurzeln dieser Quellengattung liegen in der Spätantike: **Eusebius von Caesarea** (um 264–340) verfasste eine Weltchronik auf Griechisch, die der **KIRCHENVATER Hieronymus** (um 340–420) ins Lateinische übersetzte und bis zum Jahr 378 fortsetzte. Es wiederholte sich später oft, dass ein Autor eine ältere Weltchronik fortsetzte bis in die eigene Zeit. Die Fakten zur Geschichte der frühen Jahrhunderte konnte ein Autor ja ohnehin nur älteren Weltchroniken von Hieronymus an entnehmen. Bei der Behandlung der selbst miterlebten Zeit wird die Darstellung meist recht ausführlich. Die Gliederung der Weltchroniken erfolgte entweder nach der Lehre der sechs Weltalter oder nach der Vier-Reiche-Lehre, die schon erwähnt wurden (→ Kapitel 2.1.2, S. 50). Großen Einfluss auf die mittelalterliche Geschichtsschreibung hatte dann im 8. Jahrhundert der schon erwähnte Angelsachse **Beda Venerabilis** († 735), der als erster die Zählung der Jahre nach dem vom römischen Mönch

Dionysius Exiguus († vor 556) errechneten Geburtsjahr Christi einführte – heute immer noch Grundlage unserer Jahreszählung (→auch Kapitel 4.3.4, S. 202).

Die Weltchronistik stand im ganzen Mittelalter in Blüte mit Autoren wie **Frechulf von Lisieux** († 850) oder **Regino von Prüm** († 915) für die Karolingerzeit, **Frutolf vom Michelsberg** und **Ekkehard von Aura** sowie **Sigebert von Gembloux** für das Zeitalter des Investiturstreits; für das 12. Jahrhundert stehen **Burchard von Ursberg** und **Otto von Freising** († 1158), dessen *Chronica sive historia de duabus civitatibus* als Höhepunkt mittelalterlicher Geschichtsschreibung angesehen wird.

Im Spätmittelalter wird der Horizont der Chronistik beschränkter und ihr Inhalt „lehrbuchhafter" (Herbert Grundmann): Die Papst- und Kaiserchronik des **Martin von Troppau** († 1278) sollte ein Handbuch für Theologen und Juristen sein; **Matthias von Neuenburg** und **Johann von Winterthur** in der ersten Hälfte des 13. Jahrhunderts berichten hauptsächlich über den alemannischen Raum, **Jakob Twinger von Königshofen** († 1420) eher über die elsässische Gegend. Es entwickeln sich die Landes- oder Stadtchroniken, die den universal- und heilsgeschichtlichen Anspruch aufgeben.

Am Ende des Mittelalters verfasste der Nürnberger Stadtarzt **Hartmann Schedel** eine Weltchronik, die mit zahlreichen Holzschnit-

Info

Quellenkritik

▶ Die Bedeutung sorgfältiger Quellenlektüre wie Quellenkritik als auch genauer Analyse der Überlieferung lassen sich gut am Beispiel der **Weltchronik**en **Frutolfs vom Michelsberg** und **Ekkehards von Aura** zeigen: 1099 beendete der Mönch Frutolf im Kloster Michelsberg bei Bamberg seine Weltchronik, deren Autograph erhalten ist und einige Jahre später von Abt Ekkehard von Aura entdeckt und dann bis zum Jahr 1106 fortgesetzt wurde. Da Frutolf sich im Werk als Autor nirgends nannte und Ekkehard lediglich in einem Widmungsbrief, der nur in wenigen Handschriften überliefert ist, blieb die Chronik bis ins 19. Jahrhundert anonym oder wurde falsch zugeschrieben. Bei der Vorbereitung einer Edition wurde dann 1837 durch Georg Waitz Ekkehard anhand des Widmungsbriefes zunächst als Autor des ganzen Werkes namhaft gemacht, bevor 1896 Harry Bresslau nachwies, dass Ekkehard den letzten Jahresbericht Frutolfs zu 1099 radiert und überschrieben und die Chronik dann selbst weitergeführt hatte, dass aber der erste Teil des Werkes bis 1099 von der Hand des Mönches vom Michelsberg geschrieben war, der auch andere Werke verfasst und geschrieben hatte und von dem man wusste, dass er Autor einer Weltchronik war. Dass Frutolf und Ekkehard unterschiedliche Positionen gegenüber Heinrich IV. einnahmen, bestätigte die Ergebnisse.

ten versehen und 1493 auf Lateinisch und auf Deutsch gedruckt wurde und große Verbreitung fand (→ S. 252, Abb. 46). Auch im 16. Jahrhundert wurde die Chronistik noch fortgesetzt.

Die **ANNALEN** verweisen schon im Namen auf ihre Anlage, nämlich den jahrweisen Bericht der Ereignisse. Im Unterschied zu den Chroniken sind sie meist nicht das Werk eines einzelnen Autors, sondern waren zunächst Aufzeichnungen in den Klöstern oder Domstiften für den eigenen Gebrauch, meist anonym und teilweise über Generationen von verschiedenen Autoren fortgeführt. So wurden sie oft auch nicht über den Entstehungsort hinaus verbreitet, sondern blieben im **AUTOGRAPH** erhalten; andere gingen verloren und sind nur noch durch **REZEPTION** in anderen Annalenwerken rekonstruierbar.

ANNALEN, von latein. *annus* = Jahr.

AUTOGRAPH, von griech. *autos* = selbst; *graphein* = schreiben; das vom Autor selbst geschriebene oder diktierte Urexemplar seines Werkes.

REZEPTION, von latein. *recipere* = wiederaufnehmen; als Rezeption bezeichnet man die wörtliche oder inhaltliche Wiederaufnahme eines Werkes in einem anderen.

Entstanden sind sie aus den **Ostertafeln**, Tabellen mit den Osterdaten der kommenden Jahre oder Jahrzehnte (→ Kapitel 4.3.6, S. 205 ff.), an deren Rändern man zunächst (für das Kloster) wichtige Ereignisse wie den Tod des Abtes oder Königs notierte. Sehr gut lässt sich dies am Autograph der Corveyer Annalen beobachten (→ S. 131, Abb. 19).

Da wir selten den oder die Verfasser eines Annalenwerkes kennen, hat man sie entweder nach dem Entstehungsort oder dem Auffindungsort der (Haupt-)Handschrift benannt.

Die Blütezeit der Annalen, die keinen universalgeschichtlichen Anspruch hatten, war die Karolingerzeit, denn am Hof Karls des Großen hatte man schnell erkannt, dass sie für die Darstellung der eigenen Politik und der Dynastie äußerst brauchbar waren. So prägte der schon erwähnte Leopold von Ranke 1854 für ein umfangreiches Annalenwerk, das – um 788 entstanden und mit dem Jahr 741 einsetzend – die karolingische Politik immer wieder rechtfertigte, den Namen **„Fränkische Reichsannalen"**, nachdem es zuvor nach der ältesten Handschrift, die aus Kloster Lorsch stammt, als *Annales Laurissenses maiores* bezeichnet wurde (→ S. 95). Eine stilistisch überarbeitete Fassung dieser Annalen hielt man früher fälschlicherweise für ein Werk des schon erwähnten Einhard und bezeichnete sie als *Annales qui dicuntur Einhardi*. Die Teilung des Karolingerreiches nach Karl dem Großen lässt sich auch an den Annalen ablesen, denn nun gab es nicht mehr ein Werk wie die Reichsannalen, sondern in Ost und West offiziöse Annalen, die den Standpunkt des jeweiligen Königs des Teilreiches zum Ausdruck brachten; im Osten waren dies die **Annales Fuldenses**, im Mittelreich die **Annales Xantenses** (→ Quelle auf S. 64) und im Westen die **Annales Bertiniani** (→ S. 131), die von drei nachein-

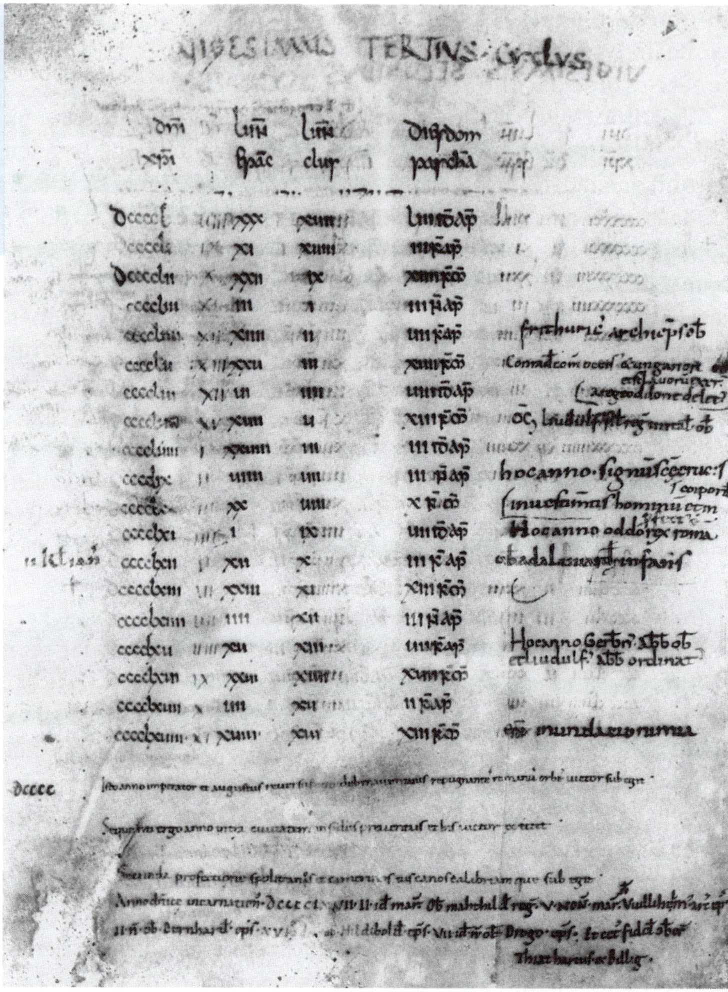

Abb. 19

Eine Seite aus den Corveyer Annalen, die heute im Staatsarchiv Münster verwahrt werden.

ander tätigen Verfassern stammen, die im Werk genannt werden bzw. sich selbst nennen. Der letzte Verfasser war der auch als Berater König Karls des Kahlen tätige Erzbischof Hinkmar von Reims (845–882; → Info S. 131).

Um die Mitte des 10. Jahrhunderts war im Westen **Flodoard** (893/94–966), Archivar der Reimser Kirche, als Annalist tätig (→ Quelle S. 135); er beschrieb die politischen Auseinandersetzungen zwischen den späten Karolingern und den aufstrebenden neuen Adelsfamilien. Im ostfränkisch-deutschen Reich kam es ebenfalls zu einem

Wiederaufleben dieser Quellengattung mit Annalen in den sächsischen Klöstern **Quedlinburg** und **Hildesheim** sowie der annalistischen Fortsetzung der Chronik des Regino von Prüm durch den Mönch **Adalbert** aus Sankt-Maximin bei Trier. Behandelten schon diese drei Werke die „Zeitgeschichte“ ziemlich ausführlich, so tat **Lampert von Hersfeld** (vor 1028 – nach 1081), der sein Werk „Annalen“ nannte, aber mit einem weltgeschichtlichen Abriss bis zum Jahr 1040 begann, dies in so ausgiebiger Art und Weise, dass er für die letzten drei Jahresberichte seiner bis Sommer 1077 reichenden Annalen genauso viel Platz benötigte wie für alles Vorhergehende seit Erschaffung der Welt. Lampert ist ein phantasievoller, wenn auch nicht immer glaubwürdiger Erzähler, und alles andere als ein neutraler Beobachter, denn sein Hass auf Heinrich IV. ist immer wieder spürbar. Dennoch ist seine Erzählung – beispielsweise von der Alpenüberquerung Heinrichs im Winter 1076/77 (→ Info S. 123), bei der man seine Gemahlin Berta auf Tierhäuten sitzend die vereisten Hänge hinunterrutschen ließ – sehr eindrucksvoll und wir verdanken ihm viele Nachrichten über die Zeit Heinrichs III. und seines Sohnes.

Info

Hinkmar von Reims

▶ Dass auch die Verfasser der Annalen mitunter bestimmte Darstellungsabsichten verfolgten, zeigt die Schilderung des Todes und der Bestattung Kaiser Karls des Kahlen (877) durch Hinkmar von Reims als Verfasser der erwähnten Annales Bertiniani. Hinkmar hatte sich in den letzten Jahren mit dem Herrscher überworfen und beschreibt nun sehr negativ, wie der Kaiser auf seinem Italienzug in einer elenden Hütte an Gift stirbt, wie seine Begleiter den Leichnam zwar öffnen und einbalsamieren, er aber dennoch einen solch üblen Geruch beim Rücktransport über die Alpen verbreitet, dass sie ihn zunächst in eine mit Pech bestrichene und mit Fellen umhüllte Tonne legen, schließlich aber in Nantua bei Genf in dieser Tonne begraben. Da immer wieder in den Quellen berichtet wird, welchen Wohlgeruch noch nach Jahren der Leichnam eines Heiligen bei Öffnung des Grabes verströmte, war für die Zeitgenossen die Botschaft Hinkmars eindeutig: Er wollte den Herrscher als Verdammten darstellen und so der Nachwelt ein negatives Bild von Karl hinterlassen.

Während auch die Stauferzeit noch große Annalenwerke hervorbrachte wie die **Marbacher Annalen** oder die **Kölner Königschronik** (die trotz ihres Namens zur Gattung der Annalen gehört), hörte dies im Spätmittelalter auf, was vor allem damit zusammenhing, dass die alten Klöster durch die neuen Bettelorden an Bedeutung verloren.

VITA = latein. Leben.

Die Quellengattung der **VITEN** gab es bereits in der Antike, wobei die Biographien der römischen Kaiser von Sueton zum Vorbild für **Einhards Vita Karls des Großen** (→ S. 56) wurden. Dieses Werk fand zwar im Mittelalter große Verbreitung, es begründete aber eigentlich keine Tradition, denn die Zahl früh- und hochmittelalterlicher Herrscherviten ist gering: Zwar erhielt Karls Sohn, Kaiser **Ludwig der Fromme** (814–840), sogar **zwei Viten**, – die eine war das Werk eines Trierer Chorbischofs namens **Thegan**, die andere aber das eines anonymen Autors, der als **Astronomus** bezeichnet wird wegen seiner präzisen und detaillierten astronomischen Beschreibungen in der Vita, so etwa von dem zwischen dem 22. März und dem 28. April 837 sichtbaren Halleyschen Kometen, – die spätkarolinigischen Könige aber erhielten keine Vita mehr. Erst der später heilig gesprochene Kaiser **Heinrich II.** (1002–1024), erhielt wiederum zwei Viten, und dann der 1106 im Bann und im Kampf gegen seinen Sohn und die Fürstenopposition gestorbene **Heinrich IV.** (*1050), der von einem Anhänger, der seinen Namen nicht zu nennen wagte (Bischof Erlung von Würzburg?), gerechtfertigt und gegen seine Gegner verteidigt wird.

Die große Masse der Viten des Mittelalters aber sind Heiligenviten, die das Leben und gegebenenfalls auch den Märtyrertod frommer Männer und Frauen schildern. Solche Texte kamen mit dem Christentum der Spätantike auf. Von großer Bedeutung für die Entwicklung dieser Quellengattung war die **Vita des heiligen Martin von Tours** († 397) aus der Feder des **Sulpicius Severus** († nach 406). Sie wurde Vorbild für zahlreiche Viten der merowingischen Epoche, einer Zeit, in der das Christentum im Frankenreich erst richtig Fuß fasste und in der zahlreiche Heiligen- und Märtyrerkulte entstanden. Der Bischof Gregor von Tours (573–594) und der Dichter Venantius Fortunatus (vor 540 – um 600) schrieben jeder mehrere Viten. Auch infolge der zweiten Missionierungsphase im Frankenreich, als die angelsächsischen Missionare von der Britischen Insel auf den Kontinent kamen (→ S. 79), entstanden zahlreiche Viten, etwa die der Äbte Sturmi und Eigil von Fulda bis hin zur **Vita des heiligen Bonifatius**, der 754 bei der Missionierung der Friesen den Märtyrertod fand. Gegenüber der Merowingerzeit ist auffällig, dass in der Karolingerzeit kaum noch Viten heiliger Frauen verfasst wurden.

Die **Vita Bruns von Köln** († 965), Bruder Ottos I. und Erzbischof von Köln sowie Herzog von Lothringen, zeigt uns den mächtigen Bischof der ottonischen Reichskirche, der auch eine politische Rolle spielte. Die Viten des Bischofs **Ulrich von Augsburg** († 973), der sich aktiv an der Bekämpfung der Ungarn beteiligte, und des Bischofs **Bernward von Hildesheim** (993–1022), der Erzieher Ottos III. war, lassen sich hier anfügen; ihr Inhalt zeigt, dass sich die Bischofsbiographie mehr und mehr vom bloßen Heiligenkult löste.

Als die Einheit von Reich und Kirche im Investiturstreit auseinander brach, wurden auch weniger Viten verfasst, denn die Gattung eignete sich nicht zur polemischen Auseinandersetzung, und so erhielten weder Papst Gregor VII. († 1086) noch die bedeutenden Reichsbischöfe des 11. und 12. Jahrhunderts zeitgenössische Viten. In der Stauferzeit endet damit die Blütezeit dieser Quellengattung.

Die Viten, die zunächst zur Erbauung der Gläubigen verfasst wurden, sind für uns für verschiedene Fragestellungen wertvoll: die Viten der Merowingerzeit wie auch später der Ottonenzeit spiegeln die politische Rolle wider, die Bischöfe in diesen Jahrhunderten einnahmen, außerdem sind sie wertvolle Quellen für die Alltagsgeschichte wie auch die Missions- oder Frömmigkeitsgeschichte und die Entwicklung des kirchlichen Lebens.

Info

Genovefa

▶ Als Schutzpatronin der Stadt Paris genoss die um 502 gestorbene heilige Genovefa in Frankreich durch die Jahrhunderte großes Ansehen. Über die Echtheit ihrer Vita entstand Ende des 19. Jahrhunderts bis ins 20. hinein eine Kontroverse, als der Herausgeber Bruno Krusch (1857–1940) sie für unglaubwürdig und nicht zeitgenössisch erklärte. Dies ist vor allem darauf zurückzuführen, dass er sich die in der Vita geschilderte führende Rolle der frommen Frau in Paris angesichts der Stellung der Frau in der Gesellschaft des 19. und beginnenden 20. Jahrhunderts nicht vorstellen konnte. Aufgrund handschriftlicher Untersuchungen und im Rahmen eines besseren Verständnisses der Stellung der Frau in der Merowingerzeit konnte inzwischen die Echtheit der Vita nachgewiesen und gezeigt werden, dass die höhnische Bemerkung von Krusch, Genovefa als „maîre de Paris“ (= Bürgermeisterin von Paris) sei undenkbar, eigentlich die Sachlage ganz treffend beschreibt.

Autobiographische Werke des Früh- und Hochmittelalters sind eher selten, als herausragendes Beispiel sei hier **Liutprand von Cremona** (ca. 920–970/72) genannt, der als Gesandter an den byzantinischen Hof nach Konstantinopel reiste und in recht polemischer Weise seine Erfahrungen dort schilderte. Der Regensburger Mönch **Otloh von Sankt Emmeram** († nach 1070) schrieb ein „Buch über seine Versuchungen“ und der getaufte Kölner **Jude Hermann** erzählt als Propst des Prämonstratenserklosters Scheda um 1150 die Geschichte seiner Bekehrung. **Guibert von Nogent**, Abt dieses Klosters bei Laon (†um 1125), schrieb seine Autobiographie *De vita sua* nach dem Vorbild der vielleicht berühmtesten Autobiographie, nämlich den *Confessiones* (latein. = Bekenntnisse) des Kirchenvaters Augustinus. Kaiser **Karl IV.** (1316–1378) stellte seine Lebensgeschichte bis zu seiner Königswahl ebenfalls selbst dar.

GESTA, von latein. *res gestae* = Taten.

Als **GESTA** bezeichnen wir eine Quellengattung, die im Unterschied zur Vita nicht auf vollständige Darstellung des Lebens einer Person abzielt, sondern nur ihre Taten berichtet.

LIBER PONTIFICALIS, von latein. *liber* = Buch, *pontifex maximus* = wörtlich oberster Brückenbauer, Vorsitzender eines Priesterkollegs im antiken Rom, später auch Bezeichnung für den Papst.

Vorbild für die Gesta war der **LIBER PONTIFICALIS**, eine Sammlung von Papstbiographien, in denen nach einem bestimmten Schema (Angaben zur Person, Regierungstätigkeit wie Kirchengründungen, Schenkungen usw., Tod und Dauer der Vakanz) die Leistungen der Päpste geschildert werden. Die Autoren der Gesta verwenden auch oft für ihre Darstellung dokumentarisches Material wie Urkunden oder Briefe.

Der Mönch **Notker von Sankt Gallen** (ca. 840–912) verfasste um 883 die **Gesta Karoli Magni**, die aber eher anekdotenhafte und chronologisch kaum einzuordnende Erzählungen über Karl den Großen bieten, und daher ein ganz anderes Bild von ihm vermitteln als die Vita Einhards. Berühmt sind die **Gesta Chuonradi II.**, die Taten Kaiser Konrads II. (1024–1039), geschrieben von seinem Hofkaplan **Wipo** (†nach 1046) (→ S. 105), und die **Gesta Friderici**, die Taten Kaiser Friedrich Barbarossas (1152–1190), die der schon mehrfach erwähnte Bischof **Otto von Freising** († 1158) begann und die er auf dem Totenbett seinem Notar **Rahewin** († zwischen 1170 und 1177) anvertraute, der das Werk auf Ottos Wunsch fortführte (bis 1160).

Die meisten Werke der Quellengattung Gesta aber sind Bistums- oder Klostergeschichten: Der *Liber pontificalis*, der immer wieder Fortsetzungen fand, war im 8. Jahrhundert ins Frankenreich gelangt, dort wurde er zum Vorbild für die **Gesta episcoporum Mettensium**. Diese schrieb der Langobarde **Paulus Diaconus** († um 799) auf Veranlassung Karls des Großen, womit das Bistum Metz, das ein Ausgangspunkt und Machtzentrum der karolingischen Dynastie war, als erstes eine Darstellung seiner Geschichte erhielt. Wenige Jahre später entstand mit den **Gesta abbatum Fontanellensium** (= Fontenelle/Saint-Wandrille bei Rouen) die erste Klostergeschichte. Die Verfasser griffen in der Regel auf dokumentarisches wie historiographisches Material aus dem Archiv ihres Bistums oder Klosters zurück, und der einzelne Abt oder Bischof interessiert nur im Rahmen seines Wirkens für die Institution.

Quelle

Historia Remensis ecclesiae

▶ Der schon als Autor von Annalen (→ S. 130) erwähnte Reimser Archivar Flodoard (893/94–966) verfasste in der Mitte des 10. Jahrhunderts ein Werk, das im Mittelalter mal als *Historia Remensis ecclesiae*, mal als *Gesta Remensium episcoporum* bezeichnet wurde und die Geschichte des Bistums Reims und seiner Bischöfe behandelt. Über den späteren Bischof Somnatius von Reims (ca. 613–nach 626) berichtet Flodoard: „Auch bestimmte Güter, die von irgendwelchen Leuten (der Reimser Kirche) entfremdet worden waren, konnten auf Betreiben des genannten Archidiakons Somnatius bei der königlichen Majestät (= König Childebert II. 575–590) wiedergewonnen werden, wie man finden kann (= im Archiv), und Urkunden des Königs über diese Restitution sind noch vorhanden." (Flodoard, Historia Remensis ecclesiae II c.4, S. 451). Die erwähnten Urkunden sind heute verloren, sie zählen zu den Deperdita (→ dazu Kapitel 4.2.4, S. 194 f. und zur kritischen Edition der Quelle Kapitel 3.3.3, S. 164).

ORIOGINES GENTIUM, von latein. *origo* = Ursprung; *gens* = Geschlecht, Volk.

Als Origines oder **ORIGINES GENTIUM** bezeichnet man eine Quellengattung, die auch mit dem Titel „Volksgeschichte" oder „Nationalgeschichten der germanischen Stämme" versehen wurde. Sie versucht zu erklären, oft mithilfe von Sagen und sagenhaften Geschichten, woher das jeweilige Germanenvolk kam, wer seine Anführer waren, wo es sich ansiedelte usw. Der römische Senator **Cassiodor** (ca. 485–580), Kanzler des Ostgotenkönigs Theoderich d. Gr. († 526) war der erste, der eine Geschichte der Goten schrieb, von der sich aber nur ein kurzer Auszug erhalten hat, den der Gote **Jordanes** († vermutlich 552) später anfertigte. Cassiodor war Römer genau wie Bischof **Gregor von Tours** (573–594), der dem (gallo)römischen Senatorenadel angehörte und trotzdem innerhalb seiner *Decem Libri historiarum* die *origo* der Franken und ihrer merowingischen Könige schrieb.

Quelle

Fredegar

▶ Eine weitere Quelle zur *origo* der Franken ist die Chronik des so genannten Fredegar, über deren Autor man so gut wie nichts weiß. Er schrieb unter anderem über die Herkunft der fränkischen Könige: „Man erzählt, Chlodio habe sich einmal im Sommer mit seiner Gattin an den Meeresstrand begeben: als seine Gemahlin mittags zum Baden ins Meer hinauswatete, habe sie ein Meerungeheuer mit Stierkopf angefallen. Ob sie nun daraufhin von dem Untier oder von ihrem Mann empfing – sie gebar jedenfalls einen Sohn mit dem Namen Meroveus, nach dem später die Könige der Franken Merowinger genannt wurden."
(Fredegar, Chronik III c. 9, übersetzt von Reinhold Kaiser, Die Franken: Roms Erben und Wegbereiter Europas?, S. 126).

Die Erzählung Fredegars kann als typisch für die Gattung der *origo gentis* gelten, denn es mischen sich immer sagenhafte Elemente, auch unter Einbeziehung heidnischer Götter, mit tatsächlichen Gegebenheiten: Die kultische Verehrung des Stiers etwa durch die merowingischen Könige erhält eine Erklärung durch die angebliche Abstammung von einem Meeresungeheuer mit Stierkopf.

Auch im 8. Jahrhundert entstand eine berühmte *origo*, nämlich die der Langobarden, verfasst von einem Langobarden, **Paulus Diaconus**, der Mönch in Monte Cassino wurde, einige Jahre aber zum Hofkreis Karls des Großen gehörte (→ S. 118). In seiner Langobardengeschichte (*Historia Langobardorum*, entstanden nach 779) arbeitete er die *origo* seines Volkes ein; als er schrieb, war die Herrschaft der Langobarden in Italien bereits zu Ende gegangen – aufgrund der Eroberung des Langobardenreiches durch Karl den Großen 774.

Literatur

Egon Boshof, **Mittelalterliche Geschichte: Quellenkunde**, in: Egon Boshof/ Kurt Düwell/ Hans Kloft, Grundlagen des Studiums der Geschichte. Eine Einführung, 5. Aufl., Köln 1997, S. 114–142.
Raoul C. van Caenegem avec la collaboration de François-Louis Ganshof, mise à jour par Luc Jocque, **Introduction aux sources de l'histoire médiévale**, Turnhout 1997, S. 21–80.
Hans-Werner Goetz, **Proseminar Geschichte: Mittelalter**, 3. überarb. Aufl., Stuttgart 2006, S. 107–132.
Herbert Grundmann, **Geschichtsschreibung im Mittelalter. Gattungen – Epochen – Eigenart**, 3. Aufl., Göttingen 1978.
Max Manitius, **Geschichte der lateinischen Literatur des Mittelalters**, 3 Bde., München 1911-1931.
Zu den Infokästen:
Annales Bertiniani, übersetzt von Reinhold Rau (Quellen zur karolingischen Reichsgeschichte II. Freiherr vom Stein-Gedächtnisausgabe), Darmstadt 1966, S. 11–287
Flodoard von Reims, **Historia Remensis ecclesiae**, ed. Martina Stratmann, (MGH SS 36), Hannover 1998.
Martin Heinzelmann, **Zum Stand der Genovefaforschung**, DA 41 (1985) S. 532–548.
Reinhold Kaiser, **Die Franken: Roms Erben und Wegbereiter Europas?**, Idstein 1997.
Franz-Josef Schmale, **Ekkehard von Aura**, in: Die deutsche Literatur des Mittelalters. Verfasserlexikon 2 (1980) Sp. 443–447.
– ders., **Frutolf von Michelsberg**, ebda. Sp. 993–998.

3.2.2 Mittelalterliche Dichtung

Die mittelalterliche Dichtung in Gestalt von Lyrik, Epik und Drama ist – ähnlich wie die Quellengattung der erzählenden Quellen – auf das ganze Mittelalter bezogen ein großer Komplex von sehr unterschiedlichen Werken mit sehr unterschiedlicher Thematik. Sie kann ebenfalls hier nur kurz vorgestellt werden.

Wir müssen zunächst zwischen lateinischer und volkssprachiger, also etwa althochdeutscher oder altsächsischer, Dichtung unterscheiden. Die gesamte althochdeutsche und mittelhochdeutsche Poesie ist natürlich primär das Forschungsfeld der Nachbarwissenschaft Mittelalter-Germanistik (→ S. 256 f.), jedoch sind die Ergebnisse auch für die Mittelalter-Historiker von Interesse.

In der volkssprachigen Dichtung ist für das Frühmittelalter im Bereich der **EPIK** zunächst die Heldendichtung zu nennen, wobei davon auszugehen ist, dass sie ursprünglich in mündlicher Überlieferung weitergegeben wurde, d.h. dass es berufsmäßige Sänger und Erzähler gab, die solche Heldensagen bei Hof vortrugen und tradierten, bevor sie irgendwann schriftlich aufgezeichnet wurden. Aber auch lateinische **Geschichtsdichtung** bzw. **Heldendichtung** ist überliefert, so etwa das Werk des **Ermoldus Nigellus**, der die Kriegszüge Ludwigs des Frommen (814–840) verherrlichte, nicht zuletzt weil er sich davon die Gunst des Kaisers erhoffte, der ihn hatte verbannen lassen.

EPIK, von griech./latein. *epos* = Heldengedicht.

Quelle

Ermoldus Nigellus

▶ Ermoldus Nigellus schildert den Kriegszug Ludwigs in Spanien folgendermaßen: „Wie im Herbst die Drosseln und andere Vögel in dichten Schwärmen in die Weinberge einfallen und die Trauben stehlen ... so erschienen die Franken sofort bei Beginn der Erntezeit und plünderten den reichen Ertrag dieser Gegend“ (ed. Edmond Faral, Ermold le Noir, Verse 124–126).

Es entstanden verschiedene „Sagenkreise“, die auch im Hoch- und Spätmittelalter in den einzelnen Ländern und in verschiedenen Volkssprachen immer wieder aufgenommen wurden, so etwa die Sagen um den britischen **König Artus**, die im 12./13. Jahrhundert mit der Sage um die Suche nach dem heiligen **Gral** verknüpft wurden und in Epen über Parzifal oder Lancelot und die Ritter der Tafel-

Info

Der Heliand

▶ Aus der Mitte des 9. Jahrhunderts ist eine Dichtung (→ Bibeldichtung S. 138) von 6000 Stabreimversen überliefert, die das Leben Jesu in altsächsischer Sprache darstellt und von ihrem Erstherausgeber Johann Andreas Schmeller 1830 den Namen **Heliand** (= Heiland) erhielt. Auftraggeber des Werkes war vielleicht der karolingische König Ludwig der Deutsche (826–876).

Info

Rolandssäulen

▶ Roland war nicht nur eine literarisch immer wieder besungene Figur, in Städten – hauptsächlich Nord- und Nordostdeutschlands – wurden im Spätmittelalter Rolandssäulen oder -figuren aufgestellt, so in Halle, Quedlinburg, Torgau, Zerbst und Wedel – die berühmteste steht allerdings in der Stadt Bremen (1404 errichtet) –, denn Roland wurde zum Symbol für Privilegien, die eine Stadt von Karl dem Großen oder dann auch von späteren Landesherren erhalten hatte; daneben entwickelte sich die Rolandsfigur zum Symbol für den Schutz des Rechts.

runde des Königs Artus mündeten. Diese Epik ist eine wichtige Quelle etwa für das höfisch-ritterliche Leben des Hochmittelalters. Ein anderes Beispiel für die Wiederaufnahme und literarische Weiterverarbeitung eines bestimmten Sagenkreises ist die Sage von Markgraf **Roland**, der 778 im Kampf gegen die spanischen Basken gefallen war und zum Inbegriff von Tapferkeit bis zum Tod wurde. Die spätere Überlieferung machte ihn zum Neffen Karls des Großen.

Eine andere Thematik der lateinischen und volkssprachigen Dichtung war das biblische Geschehen, vor allem in der Karolingerzeit war die **Bibeldichtung** (→ S. 137) eine blühende Quellengattung.

LYRIK, von griech./latein. *lyra* = Laute oder Lied, Dichtkunst.

MINNESANG, von mittelhochdt. *minne* = Liebe.

TROUBADOURSLYRIK, von provenc.-französ. *troubadour* = Erfinder = Sänger u. Dichter.

Bei der **LYRIK** spielen im Hochmittelalter der deutsche **MINNESANG** und die französische **TROUBADOURSLYRIK** eine große Rolle. Besungen wird die „hohe minne" des ritterlichen Dichters zu seiner Herrin. Die höfisch-ritterliche Kultur des Hochmittelalters ist also die Umgebung, in der diese Dichtung entstand (→ auch Kapitel 4.1.2, S. 182 zur Manessischen Liederhandschrift). Daneben war auch die politische Spruchdichtung wie sie Walther von der Vogelweide repräsentierte (→ Kapitel 5.6.2, S. 257 f.), aus dessen Dichtung wir viel über den deutschen

Info

Die Carmina Burana

▶ Berühmt sind die vom ersten Herausgeber, dem bereits genannten J.A. Schmeller 1847 so genannten **Carmina Burana**, die aus einer Sammelhandschrift stammen, welche bis 1803 im Kloster Benediktbeuern lag. Darin finden sich insgesamt 315 Texte, „ohne die sich die weltlich-lateinische Dichtung des Hochmittelalters um wesentliche Züge ärmer darstellen würde" (D. Schaller). Enthalten sind Lieder zu Themen wie Liebe, Glück, Zechen, Spielen, Parodien auf kirchliche Texte etc. Einem größeren Publikum bekannt wurden die Carmina Burana durch die Vertonung ausgewählter Stücke durch Carl Orff (1895–1982) im Jahre 1937.

Abb. 20

Der Roland in Bremen steht auf dem Marktplatz.

Thronstreit erfahren, populär; dies gilt auch für die **VAGANTENDICHTUNG**, die Trink-, Spiel- und Frauenlieder der umherziehenden **SCHOLAREN** zum Inhalt hat.

VAGANT, von latein. *vagari* = umherschweifen.

SCHOLAR, von latein. *schola* = Schule, Bezeichnung für die umherziehenden Studenten.

Diese wenigen Beispiele aus dem Bereich der Dichtung sollten zeigen, mit welch verschiedenartigen Werken es die Historiker zu tun haben, wenn sie diese Quellengattung nutzen.

Literatur

Peter Dronke, **Die Lyrik des Mittelalters. Eine Einführung**, München 1973.
Joachim Heinzle (Hg.), **Geschichte der deutschen Literatur von den Anfängen bis zum Beginn der Neuzeit**:
Bd. 1, Teil 1: Wolfgang Haubrichs, **Die Anfänge: Versuche volkssprachiger Schriftlichkeit im frühen Mittelalter (ca. 700–1050/60)**, 2. Aufl., Tübingen 1995;
Bd. 1, Teil 2: Gisela Vollmann-Profe, **Wiederbeginn volkssprachlicher Schriftlichkeit im hohen Mittelalter (1050/60–1160/70)**, 2. Aufl., Tübingen 1994;
Bd. 2,Teil 1: Peter Johnson, **Die höfische Literatur der Blütezeit**, Tübingen 1999;
Bd. 2, Teil 2: Joachim Heinzle, **Wandlungen und Neuansätze im 13. Jahrhundert (1220/30–1280/90)**, 2. Aufl., Tübingen 1995.
Bd. 3, Teil 1: Johannes Janota, **Orientierung durch volkssprachige Schriftlichkeit**, Tübingen 2004.
Max Manitius, **Geschichte der lateinischen Literatur des Mittelalters**, 3 Bde., München 1911–1931. Bd. 1 und 2, ND 1975–76; Bd. 3: 6. Aufl. 2008 (bearb. v. Paul Lehmann).
Zu den Info-Kästen:
Günter Bernt, **Carmina Burana**, in: Die deutsche Literatur des Mittelalters. Verfasserlexikon 1 (1978) Sp. 1179–1186.
Ermold Le Noir, **Poème sur Louis le Pieux**, ed. et trad. Emond Faral (Les Classiques de l'histoire de France au moyen âge 14), Paris 1964.
Dieter Schaller, **Carmina Burana**, in: Lexikon des Mittelalters 2 (1983) Sp. 1513–1517 (mit weiterer Literatur).
Wolfgang Schild, **Alte Gerichtsbarkeit. Vom Gottesurteil bis zum Beginn der modernen Rechtsprechung,** München 1980, S. 74, 84 f. (Roland).
Burkhard Taeger, **Heliand**, in: Die deutsche Literatur des Mittelalters. Verfasserlexikon 3 (1981) Sp. 958–971.
Winfried Trusen, **Rolandssäulen**, in: Handwörterbuch zur deutschen Rechtsgeschichte 4 (1990) Sp. 1102–1106.

3.2.3 Nicht-erzählende Quellen

Wir müssen uns nun mit den nicht-erzählenden Quellen beschäftigen, die auch wieder in zahlreiche Gattungen unterteilt werden, wobei auch hier wiederum nur die wichtigsten vorgestellt werden können. Man verwendet für die nicht-erzählenden Quellen auch die Bezeichnung „dokumentarische Quellen", während der gelegentlich benutzte Gattungsbegriff „Rechtsquellen" eigentlich nur einen Teil der nicht-erzählenden Quellengattungen erfasst.

Bei den dokumentarischen Quellen sind an erster Stelle die **Urkunden** zu nennen. Sie werden hier nur der Vollständigkeit halber erwähnt, da sie und ihre Erforschung in Kapitel 4.2 bei der Diplomatik, der Urkundenlehre, ausführlich behandelt werden. Sie sind aus römischer Tradition von den Germanenreichen der Völkerwanderung übernommen und dann vor allem in der Königskanzlei der einzelnen Dynastien in bestimmte Formen gegossen worden. Wir unterscheiden die Urkunden grundsätzlich in Königs-, Papst- und Privaturkunden (→ ausführlich S. 190 ff.).

Man hat das Mittelalter gelegentlich als das „Urkundenzeitalter" bezeichnet und die frühe Neuzeit als das Zeitalter der **Akten**. Und so hat der Mediävist es selten mit Akten zu tun, höchstens beim Spätmittelalter (→ zu Akten S. 196).

Als Muster für den Text der Urkunde hat man in der Kanzlei eines Königs oder auch eines Bischofs **Formelsammlungen** (**Formulae**) angelegt, mit teils echten, teils fingierten Urkunden oder Briefen zu verschiedenen Rechtsgeschäften oder Anlässen. Diese Formelsammlungen sind wertvolle Quellen, da die darin enthaltenen Formulae zwar keine Rechtskraft besitzen, aber viel über die Zustände der Zeit aussagen, denn aufgenommen wurden natürlich Muster für typische, d. h. häufig zu tätigende Rechtsgeschäfte. So gibt es Formelsammlungen wie den berühmten **Codex Udalrici** aus dem 12. Jahrhundert, der für die Rechtsgeschäfte der Königskanzlei Muster enthält, oder solche, die für bischöfliche Tätigkeit aussagekräftig sind.

Info

Formulae Marculfi

▶ Eine berühmte Formelsammlung der Merowingerzeit sind die Formulae Marculfi, die nicht nur zahlreiche Königs- und Privaturkunden enthalten, sondern auch Muster für andere Rechtsgeschäfte der Zeit wie Verknechtungsurkunden und Scheidungsbriefe, so den folgenden, der mit den Worten beginnt: „Da zwischen N. N. und seiner Frau N. N. kein gottgemäße Liebe, sondern Zwietracht herrscht und sie darum nicht mehr zusammenleben können, sind beide zu dem Entschluss gekommen, sich vom ehelichen Zusammenleben trennen zu sollen – was sie dann auch getan haben ..." (Formulae Marculfi II c. 30, MGH Formulae S. 94; Übersetzung: Angenendt, Frühmittelalter, S. 196). Daraus kann man wohl schließen, dass in der Merowingerzeit Scheidungen häufiger vorkamen, bevor in der Karolingerzeit die Kirche begann, die Unauflöslichkeit der Ehe durchzusetzen.

Die Quellengattung der **Briefe** ist für uns besonders interessant, da sie uns als Zeugnisse der unmittelbar Betroffenen Einblick geben in Denken und Handeln. Sie sind nur ganz selten als Originale überliefert, da einzelne Pergamentblätter wiederbeschrieben werden konnten und Briefe zudem keine gute Überlieferungs-Chance hatten. So sind überwiegend **Briefsammlungen** überliefert, und zwar entweder als Kopien des Ausgangs eines Absenders in Form von Registern oder (seltener) als Sammlungen eines Empfängers. Aus der Karolingerzeit besitzen wir eine Reihe von Briefsammlungen, bisweilen nur in einer einzigen Handschrift überliefert, dann aus dem späten 11. und 12. Jahrhundert und schließlich aus der Zeit des Humanismus, als der Brief in Form von Traktaten zu einer besonderen literarischen Form wurde. Bei den Königen ist oft die Abgrenzung zwischen Brief und Urkunde schwierig, so dass die Briefe vielfach in die Edition der Urkunden mitaufgenommen wurden. Wichtig sind auch die Papstbriefe, die bei den kirchlichen Rechtsquellen noch behandelt werden (→ S. 145).

Info

Ein Brief aus dem frühen Mittelalter

▶ Einer der wenigen erhaltenen **Originalbriefe** des Frühmittelalters, und zwar aus dem Jahre 865, liegt heute in der Dombibliothek in Köln. (→ S. 162) Er stammt von dem vom Papst 863 abgesetzten Erzbischof Gunthar von Köln, der seinen einflussreichen Amtsbruder Hinkmar von Reims (845–882) bittet, sich für seine Wiedereinsetzung zu verwenden mithilfe einer beigefügten Denkschrift, die in Reims mehrfach abgeschrieben und an die anderen Bischöfe des Karolingerreiches geschickt werden sollte, wie aus einer Schlußbemerkung des Briefes hervorgeht. Warum dieser Brief in Köln und nicht in Reims, was ja näherliegend wäre, gefunden wurde, ist ungeklärt.

Zu den **weltlichen Rechtsquellen** zählen zunächst einmal die **Volksrechte** (**Leges**) des frühen Mittelalters. Sie sind – ähnlich wie die mittelalterlichen Urkunden – entstanden unter dem Einfluss der römischen Tradition auf die Germanenvölker, die begannen, die Gesetze des eigenen Volkes zu sammeln und schriftlich zu fixieren. Sie wurden in lateinischer Sprache abgefasst unter Verwendung volkssprachlicher Rechtswörter und hielten das traditionelle Gewohnheitsrecht fest. Das berühmteste **Stammesrecht** war die wohl um 510 von Chlodwig I. veranlasste Aufzeichnung der **Lex salica**, dem Volksrecht der salischen Franken. Die Aufzeichnung der Volksrechte der anderen germanischen Stämme wie Baiern, Alamannen, Sachsen, Friesen, ripuarischen Franken etc. geschah nach 510 bis gegen 800, also bis in die Zeit Karls des Großen hinein. Auch die außerhalb des späteren deutschen Reiches siedelnden Germanenstämme wie die Burgunder oder die Langobarden haben ihr Recht aufgezeichnet.

Wie bei allen Rechtsquellen wissen wir nicht, wie weit die Befolgung der Rechtsnormen in der Realität ging – der Rechtsanspruch sagt noch nichts über die Rechtswirklichkeit aus. Die Initiative zur

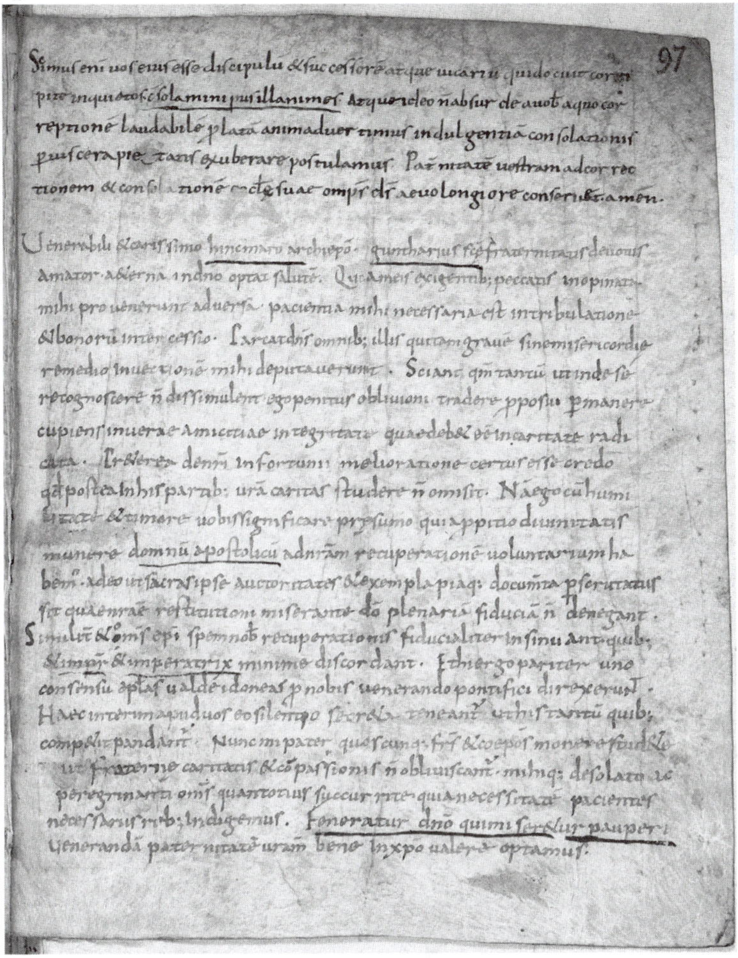

Abb. 21

Die erste Seite des Originalbriefes von Erzbischof Gunthar von Köln aus dem Jahr 865.

Quelle

Die Lex salica

▶ In der **Lex salica** werden vier sagenhafte Gesetzgeber genannt, die für die Aufzeichnung des Volksrechts verantwortlich waren; sie begegnen noch in Quellen des hohen Mittelalters als Urheber: „Deshalb wurden unter ihnen aus mehreren vier Männer ausgewählt mit folgenden Namen: Wisogast, Arogast, Salegast und Widogast in Gehöften, die jenseits des Rheines liegen: in Bodheim, Saleheim und Widoheim, die auf drei Gerichtsversammlungen zusammenkamen und sorgfältig den Ursprung aller Streitfälle untersuchten und in folgender Weise über die einzelnen Fälle das Urteil wiesen“ (Lex salica §2, MGH Leges nationum 4, 2 S. 2–4).

Aufzeichnung der Volksrechte ging von den Herrschern aus, während das spätmittelalterliche Pendant zu den frühmittelalterlichen Volksrechten, die **Rechtsbücher**, auch „**Spiegel**" genannt, private Werke waren, die bald aber allgemeine Gültigkeit erlangten.

Info

Der Sachsenspiegel

▶ Das bekannteste mittelalterliche Rechtsbuch ist der um 1225 entstandene **Sachsenspiegel** Eikes von Repgow, der sein auf Latein verfasstes Werk selbst ins Niederdeutsche übertrug. Vom Sachsenspiegel sind zahlreiche Handschriften überliefert, teilweise mit symbolhaften Bildern. Das Werk wurde zum Vorbild für den um 1275 verfassten Augsburger „Deutschenspiegel" und den „Schwabenspiegel".

Abb. 22

Eine mit zahlreichen Illustrationen versehene Handschrift des Sachsenspiegels befindet sich in der Universitätsbibliothek Heidelberg. Auf dieser Abbildung sieht man weltliche und geistliche Gewalt – Papst und Kaiser – friedlich vereint. Beide Gerichtsgewalten sollen einander beistehen.

KAPITULARIEN, von latein. *capitula* = Kapitel; Bezeichnung für Erlasse, die in einzelne Abschnitte eingeteilt waren.

Die **königliche Gesetzgebung** der Karolingerzeit erfolgte in Gestalt von **KAPITULARIEN**. Sie galten für das gesamte Frankenreich und wurden bekannt gemacht, indem in der Regel zwei Königsboten, meist ein Graf und ein Bischof, sie in ihrem geographisch genau bezeichneten Amtsbereich verlasen (→ S. 108). Die Kapitularien regeln weltliche und mitunter auch kirchliche Angelegenheiten. Der Höhepunkt der

Kapitulariengesetzgebung lag in der Zeit Karls des Großen und Ludwigs des Frommen. Wie eine Bestimmung eines solchen Kapitulars lauten konnte, zeigt ein Beispiel in Kapitel 4.9 (→ S. 236) zur Münzreform Karls des Großen.

Während die Kapitularien einen relativ geschlossenen Bestand an königlichen Gesetzen darstellen, haben wir nach der Karolingerzeit zwar verschiedene Reichsgesetze überliefert wie Reichslandfrieden, Lehnsgesetze oder Privilegien für weltliche und geistliche Fürsten, auch Verträge mit ausländischen Herrschern, jedoch sind dies einzelne Dokumente, denn eine Gesetzgebung in größerem Stil setzte erst Mitte des 13. Jahrhunderts ein, aber dann – anders als in Frankreich, England oder Spanien – nicht auf Reichsebene, sondern in den Territorien.

Neben der weltlichen spielte im Mittelalter aber auch die **kirchliche Gesetzgebung** eine große Rolle. Hier haben wir zunächst einmal die **Briefe der Päpste**, die als **DEKRETALEN** bezeichnet werden, da sie in der Regel rechtlich relevante Äußerungen der Päpste enthalten und weniger einen privaten Charakter haben. Während von den Päpsten der Spätantike nur wenige Briefe erhalten sind, ist Papst Gregor der Große (590–604) der erste Papst, von dem in vielen Abschriften ein Briefregister überliefert ist (→ dazu S. 141). Kontinuierliche Registerführung an der päpstlichen Kurie besitzen wir aber erst seit dem Pontifikat Innozenz' III., also seit 1198.

DEKRETALEN, eigentl. *litterae decretales* von latein. *litterae* = Brief, *decretus* = entschieden.

Info

Eine berühmte Fälschung

▶ Eine der berühmtesten und erfolgreichsten Fälschungen des Frühmittelalters, die Pseudoisidorischen Dekretalen, geben vor, Briefe der frühen Päpste (1.–4. Jahrhundert) zu sein; es handelt sich jedoch um Texte, die aus Versatzstücken von echten Werken aus späterer Zeit (4.–9. Jahrhundert) und aus erfundenen Sätzen bestehen.

Die Beschlüsse der Kirchenversammlungen in den einzelnen Bistümern oder Kirchenprovinzen, die **SYNODEN** oder **KONZILIEN**, bezeichnet man als **KANONES/CANONES**. Von diesem Wort ist auch die Bezeichnung **kanonisches Recht** für das Kirchenrecht abgeleitet. Es handelt sich dabei um Rechtssätze über bestimmte Sachthemen in Kapitelform – ähnlich wie die Kapitularien der weltlichen Herrscher. Sie sind oft mit Unterschriften der Teilnehmer versehen, die eine wichtige Quelle für die Amtszeit und die Tätigkeit der Bischöfe darstellen (→ Kapitel 5.1, S. 240 f.).

SYNODE, von griech. *syn* = mit; *odos* = Weg.

KONZIL, von latein. *concilium* = Versammlung.

KANON, von griech./latein. *canon* = Regel, Richtschnur.

Die Synodalakten sind uns entweder einzeln überliefert oder in Form von **Kanonessammlungen**; dabei gibt es zwei Arten von Kanonessammlungen: die einen beinhalten eine Anzahl von Kanonesreihen in chronologischer Abfolge, die anderen stellen unter verschiedenen thematischen Gesichtspunkten die einschlägigen Kanones zusammen; diese bezeichnet man als **systematische Kanonessammlungen**. Wichtig war für das Frankenreich die Anfang des 6. Jahrhunderts entstandene chronologische Sammlung des Dionysius, die **Dionysiana**, die bis ins ausgehende 8. Jahrhundert ergänzt wurde. Im Laufe der Zeit ging die Tendenz dahin, systematische Kanonessammlungen anzulegen, da sie den Benutzern natürlich einen schnelleren Zugriff auf gesuchte Rechtsbeschlüsse ermöglichten. Die meisten dieses Kanonessammlungen enthalten außerdem nicht nur Kanones, sondern auch Dekretalen, Bestimmungen aus den Bußbüchern (→ S. 81) und andere Vorschriften des kirchlichen Rechts. Im Zeitalter des Investiturstreits nahm besonders in Italien die kirchliche Rechtswissenschaft (**Kanonistik**) einen großen Aufschwung und brachte zahlreiche systematische Sammlungen hervor. Um 1140 entstand dann die *Concordia discordantium canonum* des Magisters Gratian, das „**Dekret Gratians**", die viele bedeutende Sammlungen aufnahm und schließlich in das **Corpus Iuris Canonici** (CIC), das offizielle Gesetzbuch der katholischen Kirche aufgenommen wurde.

An weiteren kirchlichen Rechtsquellen sind die **Bußbücher** (*libri paenitentiales*) und die **Bischofskapitularien** zu nennen, wobei beide Quellengattungen nur im Frühmittelalter anzutreffen sind. Die Bußbücher, die ursprünglich in Irland entstanden waren, sind katalogartige Auflistungen von Sünden mit den dafür zu verhängenden kirchlichen Strafen und verstehen sich als Anleitungen für die Priester in der Seelsorge. Bischofskapitularien sind Erlasse einzelner Bischöfe in Kapitelform nach dem Vorbild der Kapitularien der karolingischen Herrscher. Beide Quellengattungen lassen Rückschlüsse zu auf den kirchlichen Alltag und die täglichen Probleme der Menschen etwa in Ehe und Sexualität. Für das Spätmittelalter ersetzen gewissermaßen die **Akten des geistlichen Gerichts** die beiden genannten Quellengattungen.

Über die Sphäre der Klöster erhalten wir Informationen durch die **CONSUETUDINES** und die **Klosterregeln**, in denen das Zusammenleben der Mönche oder der Nonnen und die interne Organisation im Kloster schriftlich fixiert wurde.

CONSUETUDINES, von latein. *consuetudo* = Gewohnheit.

Im Kloster geführt wurden auch die Nekrologien und die Verbrüderungsbücher: Die **NEKROLOGIEN** sind entstanden aus den **Martyrologien**, ursprünglich Verzeichnissen von **MÄRTYRERN** der Kirche mit ihrem Todestag; seit dem 7. Jahrhundert nahm man in diese Martyrologien auch die Todestage von Mitgliedern des Mönchskonvents oder Wohltätern des Klosters auf. Die **Verbrüderungsbücher**, die auch als **LIBER VITAE** oder **LIBER MEMORIALIS** bezeichnet werden, zeichnen die Vereinbarungen geistlicher Gemeinschaften untereinander oder auch mit hochgestellten Laien über gegenseitige Unterstützung in Gebet und guten Werken auf. Auch das gegenseitige Totengedenken spielte eine große Rolle. Beide Quellengattungen sind wichtig für die Erforschung der einzelnen Klöster, etwa im Hinblick auf ihre zahlenmäßige Größe, aber auch für Namenforschung oder Genealogie.

NEKROLOG, von griech. *nekros* = tot; *logos* = Wort.

MÄRTYRER, von griech. *martyros* = Zeuge (der Wahrheit der christlichen Religion), der dies mit seinem Leben bezahlt hat.

LIBER VITAE, latein. = Buch des Lebens.

LIBER MEMORIALIS, latein. = Gedenkbuch.

Damit haben wir die wichtigsten Quellen aus dem kirchlichen Bereich kennen gelernt.

Wir müssen nun noch kurz die wichtigsten **wirtschaftsgeschichtlichen Quellen** betrachten. Aus dem ländlichen Bereich sind hier die **URBARE** zu nennen, die seit dem frühen Mittelalter für kirchliche und königliche Grundherrschaften erhalten sind. Es sind Besitz- und Einkünfteverzeichnisse, in denen beispielsweise schriftlich festgehalten ist, welche Abgaben und Dienste die einzelnen Hörigen zu leisten hatten. Es ist umstritten, ob sie unmittelbar auf spätrömische Steuerlisten zurückgehen oder nicht. Aus der Karolingerzeit sind für den kirchlichen Bereich eine Reihe von **POLYPTYCHA** kirchlicher Grundherrschaften erhalten, die nicht nur die zu jedem Bauernhof gehörenden Familienangehörigen (oft mit Namen) verzeichnen sowie ihre zu leistenden Dienste und Abgaben, sondern auch die Bücher und kirchlichen Geräte der kleinen Kirchen der Grundherrschaft. Aber nicht nur im kirchlichen Bereich gab es diese Urbare, berühmt sind das **Lorscher Reichsurbar** aus karolingischer Zeit, das **Tafelgüterverzeichnis** aus staufischer Zeit und – für England – das **Domesday Book** von 1086, deren Anlage auf königliche Initiative zurückgeht und die Einkünfte des Reiches, d.h. des Königs aufzeichneten; im Domesday Book werden sogar die Inhaber der Höfe und Güter genannt.

URBAR, von mittelhochdt. *urbar* = Ertrag.

POLYPTYCHON, griech./latein. = die aus mehr als drei Teilen bestehende, zusammenklappbare Schreibtafel der Antike.

Für das Spätmittelalter gibt es zahlreiche weitere wirtschaftsgeschichtliche Quellengattungen wie Steuerlisten, Zollregister, Amts- und Rechnungsbücher aus den Städten. Verschiedene statistische Untersuchungen sind für das Frühmittelalter aus Mangel an Quellen kaum durchführbar, für das Spätmittelalter dann aber sehr wohl.

Literatur

Boshof, **Mittelalterliche Geschichte: Quellenkunde** (wie S. 136) S. 114–142.
R. van Caenegem/F. L. Ganshof, **Introduction aux sources** (wie S. 136) S. 91–166.
Giles Constable, **Letters and Letter-Collections** (Typologie des sources 17), Turnhout 1976.
Robert Fossier, **Les polyptiques et les censiers** (Typologie des sources 28), Turnhout 1978.
Jean Gaudemet, **Les sources du droit de l'église en Occident du IIe au VIIe siècle**, Paris 1985.
Goetz, **Proseminar** (wie S. 126) S. 107 ff.
Zu den Info-Kästen:
Arnold Angenendt, **Das Frühmittelalter. Die abendländische Christenheit von 400 bis 900**, 3. Aufl., Stuttgart 2001.
Formulae Marculfi, in: Formulae Merovingici et Karolini aevi, ed. Karl Zeumer, MGH Formulae, Hannover 1882 – 1886, S. 32–127.
Horst Fuhrmann, **Eine im Original erhaltene Propagandaschrift des Erzbischofs Gunthar von Köln (865),** Archiv für Diplomatik 4 (1958) S. 1–51.
Reinhold Kaiser, **Die Franken: Roms Erben und Wegbereiter Europas?** Idstein 1997.
Lex salica, ed. Karl August Eckhardt, MGH LL nationum 4, 2, Hannover 1969.
Ruth Schmidt-Wigand (Hg.), **Die Wolfenbütteler Bilderhandschrift des Sachsenspiegels. Faksimileausgabe und Kommentarband**, Berlin 1993.
Klaus Zechiel-Eckes, **Pseudoisidorische Dekretalen**, in: Lexikon der Kirchengeschichte 2 (2001) Sp. 1345 –1349.

3.2.4 Sachquellen (Realien)

Die Sachquellen oder Realien wurden bereits als nicht-schriftliche Hinterlassenschaft des Mittelalters genannt. Zu ihnen gehören der eben erwähnte „Roland" vor dem Rathaus in Bremen (→ S. 138 f.) genauso wie die erhaltenen Münzen, Siegel, Wappen oder Reichsinsignien, die Gegenstand eigener Teilgebiete des Faches Mediävistik geworden sind und daher im Kapitel 4 über die Grund- oder Hilfswissenschaften behandelt werden sollen. Die (kunst)handwerklichen Erzeugnisse und die Gegenstände des täglichen Lebens wie Arbeits- oder Küchengeräte, Kleidung und Möbel etc., die (für das Frühmittelalter überwiegend) ausgegraben wurden oder vom Spätmittelalter an so die Zeit überdauert haben, sagen viel aus über die handwerklichen Fähigkeiten im Mittelalter, über die „Mode" und den Geschmack der Zeit sowie das Alltagsleben und sind daher für verschiedene kulturgeschichtliche Fragestellungen wichtige Quellenzeugnisse.

Nicht nur für Studienanfänger interessant ist in diesem Zusammenhang ein bereits zum Klassiker gewordenes Buch, das hier stellvertretend erwähnt werden soll, weil es sehr gut die großen Möglichkeiten der Auswertung von Realien zeigt, nämlich: **Hartmut Boockmann, Die Stadt im späten Mittelalter, München 1986**.

Der Verfasser hat die aus dem Mittelalter stammenden Bauwerke wie Kirchen oder Stadtmauern, Rathäuser oder Bewässerungskanäle etc., Gemälde und andere Überreste wie beispielsweise erhaltene Haushaltsgegenstände oder Kinderspielzeug unter 26 verschiedenen Aspekten „befragt" nach dem Leben in einer spätmittelalterlichen Stadt. Das Innere der Häuser wird ebenso behandelt wie Hygiene und Gesundheit, Rechtspflege, Begräbnis, Kinderspiel usw. Der Leser des Buches bzw. der Betrachter der Bilder erhält einen lebensnahen Eindruck, nicht zuletzt durch die konsequente Einbeziehung spätmittelalterlicher Gemälde, denn die Maler haben immer, auch wenn sie biblische Szenen dargestellt haben, die eigene Zeit abgebildet, d.h. Maria ist gekleidet wie eine Frau des 14. oder 15. Jahrhunderts und sitzt bei der Verkündigung meist in einer bürgerlichen Stube der Zeit.

Die Auswertung der Realien ist noch längst nicht ausgeschöpft, zumal durch weitere archäologische Funde immer wieder neue „Quellen" hinzutreten können. Mitunter ergänzen sie die erzählenden Quellen sehr gut, wie beispielsweise die unten (Kapitel 3.3.2, S. 156 ff.) behandelte Weiheinschrift in der Kirche von Schwarzrheindorf bei Bonn.

Dass die Sachquellen aber nicht nur zur Rekonstruktion der Alltagsgeschichte wichtig sind, beweist ein zweites berühmtes Beispiel von Realien, das hier in aller Kürze noch behandelt werden soll, nämlich der berühmte Teppich von Bayeux.

Info

Der Teppich von Bayeux

▶ Hierbei handelt es sich um eine 70 m lange und 50 cm hohe Stickerei mit Wollfäden, die bald nach der normannischen Eroberung Englands (1066) angefertigt wurde – vielleicht im Auftrag Bischof Odos von Bayeux, der ein Bruder Wilhelms des Eroberers war – und Szenen aus der normannisch-englischen Geschichte von ca. 1046 bis zum Sieg Wilhelms 1066 zeigt. Der Teppich mit einer Szenenfolge mit 623 Personen, 762 Tieren, 37 Gebäuden, 41 Schiffen und Booten sowie 49 Bäumen, ist seit 1476 im Besitz der Kathedrale von Bayeux nachweisbar und stellt in seiner Einmaligkeit eine unschätzbare Quelle für die Realienkunde dar, weil er das Kriegswesen und die Schiffe, die Architektur, Jagd, Kleidung, Gelage etc. der Zeit so detailreich abbildet.

Abb. 23 | *Ein Ausschnitt aus dem Teppich von Bayeux zeigt links Astrologen, die Sterne beobachten. Einen Kometen deuten sie als Unheil bringend für König Harold, der rechts sitzt.*

Aufgaben zum Selbsttest

- Annalen, Viten, Chroniken, Gesta, Origines – erläutern Sie knapp diese Fachbegriffe.
- Benennen Sie die wichtigsten Arten von erzählenden und nichterzählenden Quellen.

Literatur

Gerhard Jaritz, **Zwischen Augenblick und Ewigkeit. Einführung in die Alltagsgeschichte des Mittelalters**, Wien/Graz/Köln 1989.

Zum Infokasten und zum Beispiel:

Hartmut Boockmann, **Die Stadt im späten Mittelalter**, 3. Aufl., München 1994.

Ulrich Kuder, **Der Teppich von Bayeux oder: Wer hatte die Fäden in der Hand?**, Frankfurt 1994.

Die Erschließung der Quellen

3.3

Nachdem wir die zahlreichen verschiedenen Quellengattungen kennen gelernt haben, sowie herausragende Werke aus den einzelnen Gattungen als Beispiel, ist es einleuchtend, dass verschiedene Hilfsmittel nötig sind, um die Fülle der Quellen für eine wissenschaftliche Beschäftigung zugänglich zu machen. So müssen wir uns nun damit beschäftigen, wie man Quellen zu einem Ereignis oder Thema findet, wie man sich über eine Quelle, ihren Inhalt und ihre Tendenz sowie über ihren Autor informiert und wie man die maßgebliche Ausgabe einer Quelle, die **kritische Edition**, oder auch einen alten Druck findet. Wir werden also eine ganze Reihe von einschlägigen Werken und Hilfsmitteln kennen lernen sowie ihre Bezeichnungen im „Fach-Jargon".

Tipp

Zur Arbeit mit diesem Kapitel

1. Die in diesem Kapitel verwendeten Kurzformen für die Fachliteratur sind unter Historikern allgemein üblich, sie sind aber nicht zitierfähig im Literaturverzeichnis einer Hausarbeit.
2. Um sich die in diesem Kapitel präsentierten Bücher in ihrem Aufbau und in ihrer Funktion besser merken zu können, sollte man hier nicht nur über sie lesen, sondern sie unbedingt einmal selbst in die Hand nehmen und anschauen, denn dann prägen sie sich besser ein!
3. Es erleichtert das Studium und spart Zeit, wenn man weiß, wo man nachschauen muss, um Quellen und Literatur zu einem bestimmten Thema zu finden, und eine klare Vorstellung von den verschiedenen Hilfsmitteln hat.

Quellenkunden

3.3.1

Für eine erste Information gibt es die **Quellenkunden**: Sie informieren nach Zeit und Land differenziert über die vorhandenen Quellen und ihre Autoren, indem alles erwähnt wird, was man z.B. über die Biographie eines Autors, seine zeitliche und räumliche Nähe zu den berichteten Ereignissen weiß, sowie über sein Werk, also dessen Abfassungszeit, Berichtszeitraum, Abhängigkeit von anderen Werken, Überlieferung und Verbreitung.

Für die **Quellenkritik** sind diese Informationen wichtig, denn die zeitliche und räumliche Nähe eines Autors zu den berichteten Ereignissen zu kennen, ist entscheidend für die Einschätzung seines Werkes. Auch seine politische Einstellung ist für die Quellenkritik maßgeblich, denn – um bei dem Beispiel zu bleiben – ein Anhänger Kaiser Heinrichs IV. hat den Gang nach Canossa 1077 natürlich anders beurteilt als ein Anhänger Papst Gregors VII. Die Zahl der erhaltenen

Handschriften eines Werkes sowie ihr Entstehungsort liefert uns Informationen über seine **Verbreitung**, und das heißt auch über seine Resonanz im Mittelalter, wobei man diese außer an der Zahl der erhaltenen Handschriften auch an der **Rezeption** (→ S. 129) ablesen kann, d.h. den Zitaten aus einem Werk im Werk anderer Autoren.

Für die deutsche Geschichte des frühen und hohen Mittelalters ist an Quellenkunden „der Wattenbach"zu nennen: **Wilhelm Wattenbach** (1818–1897), ein Schüler des schon erwähnten Leopold von Ranke, war einer der besten Kenner der mittelalterlichen Quellen und machte sich sowohl um ihre Edition im Rahmen der MGH (→ S. 161 ff.) verdient als auch um die Quellenkunde, indem er 1858 sein Werk „Deutschlands Geschichtsquellen im Mittelalter bis zur Mitte des 13. Jahrhunderts" publizierte. Da die Forschung seit 1858 zu vielen der in Wattenbachs Buch behandelten Quellen nicht nur neue Editionen vorgelegt hat, sondern zu den Autoren und Werken auch neue Erkenntnisse gewonnen hat – zu erinnern ist beispielsweise an die Identifizierung von Frutolf und Ekkehard als Autoren der berühmten Weltchronik des 11./12. Jahrhunderts (→ S. 128) – hat nicht nur Wattenbach selbst Aktualisierungen seines Werkes herausgegeben, sondern im 20. Jahrhundert hat man das Buch sozusagen in die einzelnen Epochen aufgeteilt und von einzelnen Gelehrten überarbeiten lassen, so dass der „alte Wattenbach" nur noch historischen Wert hat, für die wissenschaftliche Arbeit aber der „neue Wattenbach" mit den jeweiligen Bearbeitern zu konsultieren ist, also:
Die Bezeichnung „Wattenbach-Levison-Löwe" steht für:

- Wilhelm Wattenbach/Wilhelm Levison/Heinz Löwe, Deutschlands Geschichtsquellen im Mittelalter. Vorzeit und Karolinger, 6 Hefte, Weimar 1952–1990.

„Wattenbach-Holtzmann-Schmale" ist die Bezeichnung für:

- Wilhelm Wattenbach/ Robert Holtzmann/ Franz-Josef Schmale, Deutschlands Geschichtsquellen im Mittelalter. Die Zeit der Sachsen und Salier, 2 Bde., Berlin 1938–1943; Neuausgabe 1967–1971.

„Wattenbach-Schmale" ist die Bezeichnung für:

- Wilhelm Wattenbach/Franz-Josef Schmale, Deutschlands Geschichtsquellen im Mittelalter. Vom Tode Heinrichs V. bis zum Ende des Interregnums, Darmstadt 1976.

Für das **Spätmittelalter** ist es wegen der noch größeren Fülle von Quellen, die nur teilweise gedruckt oder kritisch ediert bzw. in Quellensammlungen zugänglich sind, viel schwieriger eine Quellenkunde zu schreiben. Hier gibt es einmal den (allerdings ziemlich veralteten)

- Ottokar Lorenz, Deutschlands Geschichtsquellen im Mittelalter seit der Mitte des 13. Jahrhunderts, 2 Bände, 3. Aufl., Berlin 1880–1887

sowie das neuere, allerdings lückenhafte Werk von

- Winfried Dotzauer, Quellenkunde zur deutschen Geschichte im Spätmittelalter (1350–1500), Darmstadt 1996.

Wenn man sich nun quellenkundlich über ein Werk des Spätmittelalters informieren will, greift man am besten zum „**Verfasserlexikon**",

- Kurt Ruh u.a. (Hg.), Die Deutsche Literatur des Mittelalters, 2. Aufl., Berlin 1978–2008, Bd. 1–14: dieses Werk ist zwar keine Quellenkunde in Prosa, die kapitelweise regional und chronologisch die einschlägigen Quellen abhandelt, sondern ein alphabetisch geordnetes Lexikon, aber die einzelnen Quellen (auch die früh- und hochmittelalterlichen) werden in der Regel von ausgewiesenen Kennern behandelt einschließlich ihrer Überlieferung und Rezeption, und so ist es ein guter Ersatz für die fehlende umfassende Quellenkunde des Spätmittelalters.

Während alle behandelten Quellenkunden einschließlich Verfasserlexikon nur die Quellen zur deutschen Geschichte behandeln, wollte **August Potthast** (1824–1898) mit seiner vier Jahre nach Wattenbachs Werk (1862) publizierten „Bibliotheca historica medii aevi", (2. überarbeitete Aufl., Berlin 1892; digitalisiert zu benutzen unter www.mgh.de/bibliothek/virtueller-lesesaal), eine Quellenkunde für die gesamte europäische Geschichte schaffen; Potthasts dickes, zweibändiges Werk ist, genau wie das Verfasserlexikon, keine Quellenkunde in Prosa, sondern auch alphabetisch wie ein Lexikon aufgebaut und stellt eine große wissenschaftliche Leistung eines Einzelnen dar, aber genau wie im Fall des „Wattenbach" war auch hier im 20. Jahrhundert eine Neuauflage nötig, die den neuen Forschungsergebnissen Rechnung trägt. Auch hier hat man die Arbeit auf verschiedene Bearbeiter aufgeteilt, aber nicht nach Epochen wie beim „Wattenbach", sondern nach Ländern, indem jedes Land wie England, Frankreich, Deutschland, Italien, Ungarn usw. die Quellen der eigenen Geschichte in Lexikonartikeln behandelt, die dann in alphabetisch geordneten Bänden vereinigt werden. Diese Neubearbeitung des „alten Potthast" heißt:

- **Repertorium fontium historiae medii aevi** (erschienen sind bislang Band 1–11), Rom 1963–2007.

Inzwischen erscheinen in regelmäßigen Abständen und mit Aktualisierungen gegenüber der gedruckten Fassung die Artikel

über die deutschen Quellen des Mittelalters im Internet unter: www.repfont.badw.de/index.html
herausgegeben von der Arbeitsstelle für das Repertorium bei der Bayerischen Akademie der Wissenschaften in München.

Übersetzungen von mittelalterlichen Quellen liegen in der Freiherr-vom-Stein-Gedächtnisausgabe vor (mit dem lateinischen Text der MGH-Edition auf der linken und der deutschen Übersetzung auf der rechten Seite).

Komplett digitalisiert sind die „Geschichtsschreiber der deutschen Vorzeit", ältere Übersetzungen von im deutschen Reich entstandenen mittelalterlichen Quellen; am besten nachzuschauen unter: de.wikisource.org/wiki/Die_Geschichtsschreiber_der_deutschen_Vorzeit

Wenn wir es mit Themen und Quellen zur außerdeutschen Geschichte zu tun haben, also etwa mit Werken, die im Mittelalter im heutigen Österreich, Frankreich oder England entstanden sind, so müssen wir die jeweiligen **nationalen Quellenkunden** konsultieren, von denen hier einige wenige sozusagen stellvertretend genannt seien:

- Alphons Lhotsky, Quellenkunde zur mittelalterlichen Geschichte Österreichs, Graz/Köln 1963.
- Auguste Molinier, Les sources de l'histoire de France des origines aux guerres d'Italie, 6 Bände, Paris 1901–1906.
- Antonia Gransden, Historical Writing in England, 2 Bände, London 1974–1982.

Neben den Quellenkunden gibt es für das Früh- und Hochmittelalter auch Literaturgeschichten:

- Franz Brunhölzl, Geschichte der lateinischen Literatur des Mittelalters Bd. 1 und 2, München 1975 und 1992 (reicht vom 6. Jahrhundert bis zur Mitte des 11. Jahrhunderts).
- Max Manitius, Geschichte der lateinischen Literatur des Mittelalters Bd. 1–3, München 1911–1931 (reicht vom 6. bis zum 12. Jahrhundert).

3.3.2 | Regestenwerke und Jahrbücher

Wir haben gesehen, dass Gelehrte des 19. Jahrhunderts wichtige Hilfsmittel zur Erschließung der Quellen „erfunden" haben, deren überarbeitete Neuauflagen auch heute noch wichtig sind. Dies gilt auch für die jetzt zu behandelnden **Regestenwerke** und für die **Jahrbücher der deutschen Geschichte**.

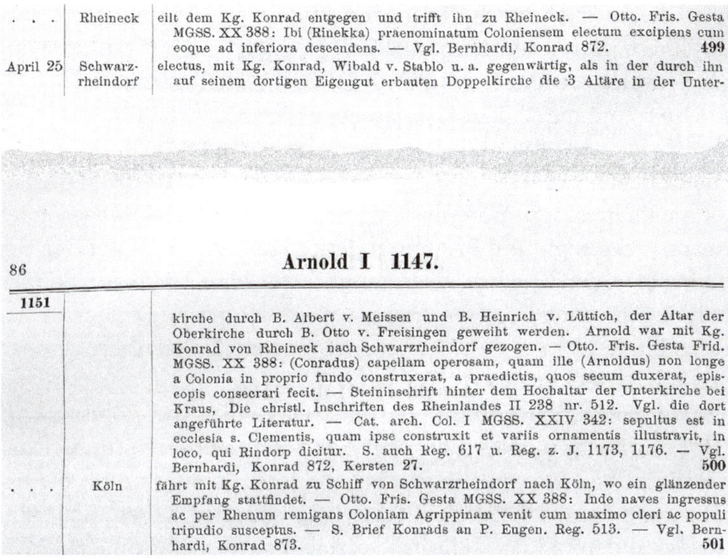

. . .	Rheineck	eilt dem Kg. Konrad entgegen und trifft ihn zu Rheineck. — Otto. Fris. Gesta MGSS. XX 388: Ibi (Rinekka) praenominatum Coloniensem electum excipiens cum eoque ad inferiora descendens. — Vgl. Bernhardi, Konrad 872. **499**
April 25	Schwarz-rheindorf	electus, mit Kg. Konrad, Wibald v. Stablo u. a. gegenwärtig, als in der durch ihn auf seinem dortigen Eigengut erbauten Doppelkirche die 3 Altäre in der Unter-

86 **Arnold I 1147.**

1151		kirche durch B. Albert v. Meissen und B. Heinrich v. Lüttich, der Altar der Oberkirche durch B. Otto v. Freisingen geweiht werden. Arnold war mit Kg. Konrad von Rheineck nach Schwarzrheindorf gezogen. — Otto. Fris. Gesta Frid. MGSS. XX 388: (Conradus) capellam operosam, quam ille (Arnoldus) non longe a Colonia in proprio fundo construxerat, a praedictis, quos secum duxerat, episcopis consecrari fecit. — Steininschrift hinter dem Hochaltar der Unterkirche bei Kraus, Die christl. Inschriften des Rheinlandes II 238 nr. 512. Vgl. die dort angeführte Literatur. — Cat. arch. Col. I MGSS. XXIV 342: sepultus est in ecclesia s. Clementis, quam ipse construxit et variis ornamentis illustravit, in loco, qui Rindorp dicitur. S. auch Reg. 617 u. Reg. z. J. 1173, 1176. — Vgl. Bernhardi, Konrad 872, Kersten 27. **500**
. . .	Köln	fährt mit Kg. Konrad zu Schiff von Schwarzrheindorf nach Köln, wo ein glänzender Empfang stattfindet. — Otto. Fris. Gesta MGSS. XX 388: Inde naves ingressus ac per Rhenum remigans Coloniam Agrippinam venit cum maximo cleri ac populi tripudio susceptus. — S. Brief Konrads an P. Eugen. Reg. 513. — Vgl. Bernhardi, Konrad 873. **501**

Abb. 24

Auszug aus S. 85 und 86 der Regesten der Erzbischöfe von Köln im Mittelalter, Bd. 2, hg. von Richard Knipping, 1901, zur Kapellenweihe in Schwarzrheindorf, die am 24. April 1151 stattfand. (→ S. 156 f.)

Johann Friedrich Böhmer (1795–1863) hatte noch den Untergang des alten deutschen Reiches miterlebt. Er war seit 1822 in der freien Reichsstadt Frankfurt tätig, wo er geboren worden war. Für ihn, der in der mittelalterbegeisterten Epoche der Romantik lebte wie ja auch die anderen hier bereits erwähnten Gelehrten des 19. Jahrhunderts, war das Früh- und Hochmittelalter eine große Vergangenheit und so nahm Böhmer sich vor, die Urkunden der deutschen Könige und Kaiser, die erhalten geblieben waren, zu sammeln und herauszugeben. Zunächst als Privatgelehrter, da er aus vermögendem Haus stammte, dann als Archivar und Bibliothekar in Frankfurt sammelte Böhmer die Urkunden, brachte es jedoch nie zu einer eigenen Urkundenausgabe. Allerdings muss auch gesagt werden, dass bis heute noch nicht von allen deutschen Herrschern des Früh- und Hochmittelalters die Editionen ihrer Urkunden fertiggestellt sind.

Böhmer erkannte schon bald, dass als Vorarbeit für eine Ausgabe der Königsurkunden ein Werk benötigt wurde, in dem zunächst einmal alle Urkunden in chronologischer Reihenfolge unter Zugrundelegung des jeweiligen Herrscheritinerars (→ dazu S. 107) verzeichnet sein mussten. 1831 veröffentlichte Böhmer dann sein eigentliches Lebenswerk, die „Regesta chronologico-diplomatica regum atque imperatorum Romanorum inde a Conrado I. usque ad Heinricum VII.“, also ein Werk, das nach einem bestimmten Schema (d.

h. in Regestenform) die Königsurkunden von 911 bis 1313 verzeichnete und in seinem Aufbau wegweisend auch für andere Regestenwerke wurde. Es wird im Fach-Jargon als „**Regesta imperii**" bezeichnet und mit **RI** oder **Reg. imp.** abgekürzt.

REGEST, von latein. *regerere* = wiederbringen.

Was versteht man oder verstand „der Erfinder" Böhmer unter einem Regest? **REGEST** heißt eigentlich nur „**Wiedergabe**" und bedeutet die knappe Zusammenfassung des Quelleninhalts, insbesondere von Urkunden und Briefen, indem man den Aussteller der Urkunde bzw. den Briefschreiber nennt sowie den Empfänger, den Inhalt der Urkunde oder des Briefes sowie Datum und Ort der Abfassung. Ein Regest soll dem Benutzer eine schnelle Orientierung über den Inhalt der Quelle ermöglichen.

Wie beim „Wattenbach" hat auch das Werk von Böhmer von 1831 nur noch „historischen Wert", aber die Neubearbeitungen, die allerdings bis heute noch nicht abgeschlossen sind, sind für die Erforschung der Reichsgeschichte wichtig, zumal in diesen nicht nur die Urkunden in Regestenform verzeichnet werden, sondern auch andere Quellen zu dem genannten Ereignis wie historiographische Nachrichten. Wenn man also wissen möchte, welche Quellen es beispielsweise zum Tod König Konrads I. 918 gibt (→ auch Kapitel 4.6, S. 223) oder welche Quellen überhaupt über den Vertrag von Verdun (843) oder Meersen (870) (→ S. 123) berichten, so kann man sich darüber unter dem entsprechenden Datum in den Regesta imperii informieren. Außerdem werden auch Nachrichten aus den erzählenden Quellen über heute verlorene Urkunden, die Deperdita (→ Kapitel 4.2.4, S. 195), aufgenommen.

Info

Die Doppelkirche von Schwarzrheindorf

▶ Am 24. April 1151 war König Konrad III. anwesend, als sein Kanzler, der neu gewählte Erzbischof von Köln, Arnold von Wied, in Schwarzrheindorf bei Bonn von mehreren Bischöfen eine Kapelle weihen ließ, die er auf Eigengut errichtet hatte. Unter den anwesenden Bischöfen war auch der Geschichtsschreiber Otto von Freising, der darüber berichtet. Auf der Abb. 25 ist zu sehen, wie sich dieses Ereignis in den Jahrbüchern der deutschen Geschichte unter Konrad III. liest. Da die Neubearbeitung der *Regesta imperii* für Konrad III. immer noch fehlt, muss man in diesem Fall auf ein regionales Regestenwerk zurückgreifen, nämlich die Regesten der Erzbischöfe von Köln (→ Abb. 24). Die Schwarzrheindorfer Doppelkirche, ein kunstgeschichtlich bedeutendes Bauwerk, kann noch heute bewundert werden (→ Abb. 27), und eine zeitgenössische Inschrift in der Kirche erinnert an das Ereignis von 1151 (→ Abb. 26), ist also eine Parallelquelle zum Bericht Ottos von Freising.

Abb. 25

Seite 872 aus: Wilhelm Bernhardi, Konrad III. (1125–1137) (Jahrbücher der deutschen Geschichte, 1879). Der Eintrag berichtet von der Kapellenweihe von Schwarzrheindorf.

872 1151.

Vor Rineck traf der König den Kanzler Arnold, welcher ihm in Begleitung Heinrich's von Lüttich und kölnischer Geistlicher entgegengeeilt war. Mit ihm und dem übrigen Gefolge ging der König alsdann nach Bonn, in dessen nächster Nähe, in Rheindorf, Arnold eine Kirche erbaut hatte, deren Einweihung die Bischöfe Heinrich von Lüttich, Otto von Freising und Albert von Meißen am 25. April vollzogen. Auch Abt Wibald und kölnische Geistliche, wie der Domdechant Walter, der Propst Gerhard von Bonn, der Abt Nicolaus von Siegburg, sowie vermuthlich die Verwandten Arnold's, sein Bruder Burchard von Wied, seine Schwestern Hedwig, Aebtissin von Gerresheim, und Hizecha, Aebtissin von Wilich, waren bei der Feierlichkeit gegenwärtig [19]).

In Rheindorf bestiegen der König und sein Gefolge bereit gehaltene Schiffe und fuhren den Rhein hinab nach Köln, wo die Ankunft vermuthlich am 26. April erfolgte, und zunächst längerer Aufent=

expugnavit, in Chohina praesidia ponens, alteram ignibus tradens. — In einem Briefe an den Papst (Ep. Wib. No. 340, S. 470) bezeichnet Konrad u. A. als Zweck seiner Reise in das rheinische Gebiet: Accessimus . . . ad eas partes Lotharingiae ad reprimendos motus bellicos et vindicandas latronum incursiones, qui totam episcopatus illius (Coloniensis) regionem rapinis et incendiis perturbaverant et inreparabilis metu vastationis cuncta compleverant.

[19]) Otto Fris. Gest. I, 62: Ibi (zuletzt ist Rineck erwähnt) . . . Coloniensem electum excipiens, cum eoque ad inferiora descendens, capellam operosam, quam ille non longe a Colonia in proprio fundo construxerat, a praedictis quos secum duxerat episcopis consecrari fecit. — Inschrift in der Kirche zu Rheindorf (Binterim, Suffraganei Colon. extraord. S. 23): A. MCLI, VII Ianuarii (dedicatum est) altare a Misniensium episcopo Arnoldo (l. Alberto), . . . a Leodiensium episcopo Henrico, . . . altare vero medium . . . a Frisingensium episcopo Ottone, domini Romanorum regis augusti fratre, ipso eodem rege praesente, nec non Arnoldo piae recordationis fundatore et Coloniensis ecclesiae electo, praesente etiam venerabili Corbeiensium abbate Wibaldo, . . . Waltero maioris ecclesiae in Colonia decano, Bunnensi praeposito et archidiacono Gerhardo, . . . Sigebergensium abbate Nicolao, multis praeterea personis tam e nobilibus quam ministerialibus, dotata quoque ab eodem fundatore et fratre suo Burcardo de Withe et sorore sua Hathewiga Asnidensi, Gergisheimensi abbatissa, et sorore sua Hicecha, abbatissa de Wilera. — Das Datum VII Ianuarii oder Cal. Febr. (bei Hundshagen, Stadt u. Universität Bonn, S. 185) sind unzweifelhaft aus der verwitterten Schrift entstandene falsche Lesarten. Jaffé, Konr. III., S. 198 vermuthet VII Id. Maii. Aber es ist zu lesen VII Cal. Maii. Dies wird bewiesen durch eine von Kaufmann bei Simons (Doppelkirche zu Schwarzrheindorf, S. 9) mitgetheilte Urkunde von 1327, nach welcher das bisher crastino Georgii proximo gefeierte Kirchweihfest von Rheindorf auf den Sonntag nach Himmelfahrt verlegt werden soll. Der Georgstag wird vielfach am 24. April begangen. Die Weihe fand demnach am 25. April statt. Die Entfernungen zwischen Boppard, Kochem, Rineck, Rheindorf (ganz nahe unterhalb Bonn) sind gering. Die Burgen werden dem König keinen oder sehr geringen Widerstand entgegengesetzt haben. Die Zeit vom 15. bis 24. April reicht vollkommen für die Einnahme dieser Burgen und die Ankunft in Bonn oder Rheindorf aus, während der Zwischenraum (15. April bis 11. Mai) viel zu lang erscheint. Auch kommt in Betracht, daß der König am 13. Mai zu Nimwegen sein soll und vorher einige Zeit in Köln verweilte. Vgl. Kersten, Arnold von Wied (Jen. Diss. 1881, S. 27 f.), wo noch andere Drucke der Inschrift verzeichnet sind.

Abb. 26 | *Die Weihinschrift in der Kirche von Schwarzrheindorf.*

Die Regesta imperii liegen in über 60 Bänden für das gesamte Mittelalter vor. Eine aktuelle Auflistung aller bislang erschienenen Neubearbeitungen der Regesta Imperii findet man im Internet über die Homepage der RI:
www.regesta-imperii.de/unternehmen/publikationen.html

Darüber hinaus kann man aber auch die einzelnen Regesten aus allen Bänden einzeln über eine Datenbank benutzen unter:
regesten.regesta-imperii.de

Auch die **Jahrbücher der deutschen Geschichte** sind, wie man an ihren Erscheinungsjahren ablesen kann, eine „Erfindung" des 19. Jahrhunderts, das sich fast ausschließlich für die Reichsgeschichte des Mittelalters und seine Könige interessierte. Die Jahrbücher – vergleichbar mit den mittelalterlichen Annalen – behandeln die Regierungszeit der einzelnen Herrscher in streng chronologischer Reihenfolge unter Einbeziehung aller Quellen zu den jeweiligen Ereignissen und sind so eine gute Einstiegslektüre über den faktischen Ablauf der Ereignisse. Manche Deutungen und Beurteilungen sind

Abb. 27

Die Doppelkirche von Schwarzrheindorf heute.

zwar heutzutage überholt, aber die quellennahe Darstellung der Ereignisse ist auch heute noch die Grundlage für jede neue Herrscherbiographie, auch wenn sie andere Akzente setzt oder Ereignisse und Personen anders wertet und beurteilt. Da es sich bei ihnen gewissermaßen um eine deutsche Nacherzählung der Quellen handelt, können sie auch in ihrer Absicht nicht veralten und müssen daher nicht – wie der „Wattenbach" oder die Regesta imperii – neu bearbeitet werden.

Eine Übersicht über alle Bände der Jahrbücher findet man im Internet unter: www.mgh.de/bibliothek/virtueller-lesesaal

Hier wird aber nicht nur eine Übersicht geboten, sondern alle Bände, die zumeist nicht mehr über den Buchhandel lieferbar sind, sind dort auch im Volltext abrufbar.

Neben der Reichsgeschichte interessierte man sich im 19. Jahrhundert besonders für die Geschichte des Papsttums und so stammen zwei weitere bedeutende Regestenwerke ebenfalls aus dem 19. Jahrhundert (→ S. 161). Sie sind gewissermaßen Vorarbeiten zu einer Gesamtedition der älteren Papsturkunden, die es bis heute nicht gibt, nur für die Urkunden aus der Zeit vom Ende des 9. bis zur Mitte des 11. Jahrhunderts liegt eine Edition vor:

- Papsturkunden 896–1046, bearb. von Harald Zimmermann, 2 Bde., 2. verb. Aufl., Wien 1989.

REGISTER, von mittellatein. *registrum* = Verzeichnis.
Achtung: Die Begriffe „Regest" (→ S. 155) und „Register" hören sich ähnlich an, haben aber eine unterschiedliche Bedeutung!

Erst mit dem Pontifikatsbeginn Papst Innozenz' III. im Jahre 1198 sind, wie erwähnt, die **PAPSTREGISTER**, also die in der päpstlichen Kanzlei angefertigten Kopien aller vom Papst ausgesandten Briefe und ausgestellten Urkunden, in fast kontinuierlicher Folge erhalten. Von Päpsten vor 1198 sind nur wenige Register erhalten, nämlich das Papst Gregors d. Gr. (590–604) in zahlreichen Abschriften aus verschiedenen europäischen Ländern, das von Johannes VIII. (872–882) und das berühmte Originalregister Papst Gregors VII. (1073–1085), dem wir ja auch den bereits erwähnten Brief an die deutschen Fürsten über die Ereignisse von Canossa verdanken (→ S. 123).

Die Digitalisate der Vatikanischen Register 1–545 von Johannes VIII. (872–882) bis Paulus II. (1464–1471) und der Avenionesischen Register von Clemens V. (1305–1314) bis Clemens VI. (1342–1352) aus dem Archivio Segreto stehen vollständig als CD-Rom bzw. DVD-Version im Archiv der Monumenta Germaniae Historica zur Verfügung; zu den Nutzungsbedingungen siehe: www.mgh.de/archiv/papstregister

Es gibt zwei Möglichkeiten, die briefliche Hinterlassenschaft der Päpste zu sammeln und zu verzeichnen, nämlich nach dem **Aussteller- und** nach dem **Empfängerprinzip**:

- Nach dem Ausstellerprinzip geordnet sind die **Regesta pontificum Romanorum**, die von Gründung der Kirche **bis zum Jahr 1198** reichen und in einer ersten Auflage 1851 von **Philipp Jaffé** (1819–1870) nach dem Muster von Böhmers Regesta imperii herausgegeben wurden. Da auch hier bald eine Neubearbeitung nötig war, weil weitere Quellen ergänzt werden konnten, bearbeitete **Friedrich Kaltenbrunner** die Papstregesten bis zum Jahr 590, **Paul Ewald** bis 882 und **Samuel Löwenfeld** bis zum Jahr 1198, also dem erwähnten Pontifikatsbeginn Innozenz' III. Da in dem Werk jeder Papstbrief eine Nummer hat, zitiert man ihn in der wissenschaftlichen Literatur immer mit der entsprechenden Nummer der Regesta pontificum Romanorum und setzt davor **JK**, **JE** oder **JL**, je nachdem, aus welchem Bereich der Brief stammt (**J** steht für den Erstbearbeiter Jaffé und **K**, **E** bzw. **L** für die Überarbeiter Kaltenbrunner, Ewald bzw. Löwenfeld). Die beiden Bände: Regesta pontificum Romanorum (bis 1198) bearb. von Philipp Jaffé, 2. Auflage überarbeitet von Wattenbach, Loewenfeld, Kaltenbrunner und Ewald, Bd. 1 (1885), Bd. 2 (1888) sind digitalisiert benutzbar unter: www.mgh.de/bibliothek/virtueller-lesesaal

1874/75 gab dann der im Zusammenhang mit einer europäischen Quellenkunde schon erwähnte **August Potthast** (→ S. 153) zwei Bände **Regesta pontificum Romanorum von 1198 bis 1304** heraus. An der Tatsache, dass die 106 Jahre päpstlicher Pontifikate schon zwei Bände füllen gegenüber den beiden Bänden von Jaffé und Bearbeitern, die über 1000 Jahre enthalten, kann man das Anwachsen der Quellen im Spätmittelalter ablesen. Regesta Pontificum Romanorum inde ab a. post Christum natum 1198 ad a. 1304, bearb. v. August Potthast, 2 Bde. (ND Graz 1957), Berlin 1874–1875, die Adressaten und Empfänger sind auch über eine Datenbank erschlossen unter: www.cei.lmu.de/potthast/index.html

- Nach dem Empfängerprinzip aufgebaut sind die verschiedenen Bände **Italia pontificia**, **Gallia pontificia**, **Germania pontificia** etc. In diesen Bänden, die längst noch nicht für die Diözesen in allen Ländern vorliegen, werden die Papstbriefe in Regestenform mit Nummer verzeichnet, die man in den Archiven der einzelnen Länder bzw. in erzählenden Quellen aus diesen Ländern nachweisen kann. Das seit 1931 bestehende europäische Unternehmen, die „Pius-Stiftung für Papsturkunden" ist damit vergleichbar den Bemühungen des Repertorium fontium historiae medii aevi (→ S. 153). Bislang sind digitalisiert nur die Bände der Italia pontificia unter: collections.stanford.edu/publicdomain/bin/search/simple/process?query=Italia+pontificia

Die „Pius-Stiftung für Papsturkunden" ist benannt nach dem ersten Förderer und Geldgeber, Papst Pius XI. (1922–1939).

Bei beiden Regestenwerken wurden wie bei den Regesta imperii auch Nachrichten aus anderen Quellen über heute verlorene Papstbriefe mit eigener Nummer aufgenommen.

3.3.3 | Editionen und Editionsreihen, Drucke und Quellensammlungen

Wir kommen nach der Behandlung verschiedener Hilfsmittel zur Erschließung der Quellen nun zu den Quellen selbst: Schon im 15. Jahrhundert suchten die Humanisten nach Quellen aus Antike und Mittelalter, und nach Erfindung des Buchdrucks (→ S. 182) gaben sie die meist in Klosterbibliotheken gefundenen Texte (→ Kapitel 4.1.2, S. 181 ff.) in gedruckter Form heraus. Nach dem Druck wanderten die Handschriften (→ S. 181 ff.) entweder in die Bibliothek des jeweiligen Gelehrten, – so trug beispielsweise der Abt Johannes Trithemius († 1516) eine große Bibliothek mittelalterlicher Codices zusammen, die allerdings die Zeit nicht überdauert hat, wie auch manche andere Bibliothek gelehrter Humanisten – oder aber die Handschriften wurden vernichtet, indem beispielsweise die Drucker sie auseinander schnitten und als Einband für Bücher benutzten, da nach Meinung vieler Gelehrter des 15./16. Jahrhunderts die Handschrift wertlos war, wenn der Text einmal gedruckt war. Wer heute in eine Bibliothek geht, um eine mittelalterliche Handschrift zu studieren, muss zuvor sein wissenschaftliches Anliegen begründen, erhält die Handschrift dann nur unter Aufsicht vorgelegt und muss sie vorsichtig benutzen – in manchen Bibliotheken sogar mit Stoffhandschuhen! Dies zeigt, wie sehr sich im Laufe der Jahrhunderte das Verhältnis zu diesen jahrhundertealten Zeugen unserer Vergangenheit gewandelt hat, die man auch für die nachfolgenden Generationen und ihre Forschungen erhalten will. Ausgeliehen werden Handschriften keinesfalls mehr, wie dies noch im 19. Jahrhundert bisweilen gemacht wurde; heute erhält man auch kaum noch einen Mikrofilm der Handschrift wie noch vor Jahren, sondern meist Digitalisate. Außerdem gibt es Bibliotheken wie die Dombibliothek in Köln, die ihren gesamten Bestand in sehr guter Qualität digitalisiert ins Netz gestellt haben (www.ceec.uni-koeln.de). Um festzustellen, welche mittelalterlichen Handschrift im Internet digitalisiert zugänglich sind, ist folgende Seite nützlich:
manuscripts.cmrs.ucla.edu/index.php

Es hat sich aber nicht nur die Einstellung zum einzelnen Textzeugen einer Quelle gewandelt, sondern im Laufe der Zeit hat sich auch der Anspruch, den man an die gedruckte Ausgabe einer Quelle stellt, verändert: Heute, oder genauer gesagt seit dem 19. Jahrhundert, begnügt man sich nicht mehr damit, eine Quelle nach einer einzigen, zufällig gefundenen Handschrift abzudrucken, die vielleicht eine sehr fehlerhafte Abschrift des Originals darstellt, sondern man setzt sich zum Ziel, alle noch vorhandenen Abschriften einer Quelle zusammenzutragen und ihren Wortlaut zu vergleichen, weil man auf diese Weise dem Wortlaut des Autors am nächsten zu kommen hofft, denn die Fehler einer schlechten Abschrift können bei Auffinden einer anderen, besseren korrigiert werden. Dieses meist verlorene „Urexemplar" einer Quelle bezeichnet man als **ARCHETYP**. Eine nach diesen Prinzipien erarbeitete Ausgabe einer Quelle bezeichnet man als **kritische Edition** (→ S. 22). Alle erhaltenen Handschriften einer Quelle festzustellen, ist aber nicht nur wichtig, um durch Vergleich des Wortlauts aller Textzeugen (die **KOLLATION**) Abschreibefehler festzustellen, sondern auch, weil sich an der Anzahl und räumlichen Verteilung der erhaltenen Abschriften die mittelalterliche Resonanz auf das jeweilige Werk ablesen lässt: Einhards Vita Karoli war im Mittelalter weit verbreitet und bekannt, wie die große Anzahl von über 120 Abschriften erkennen lässt; Cassiodors Gotengeschichte (→ S. 135) war dagegen anscheinend nicht sehr bekannt, da nur Teile durch einen Auszug, den Jordanes anfertigte, überliefert sind, d. h. die mittelalterliche Resonanz auf einen Text ist außer an der Zahl der Abschriften auch durch Zitate in anderen Werken ablesbar; dies bezeichnet man, wie schon erwähnt, als **Rezeption** (→ S. 129).

ARCHETYP, griech./latein. = zuerst geprägt, Urbild.

KOLLATION, von latein. *conferre, collatus* = vergleichen.

Daneben gibt es aber auch kritische Editionen, deren Ziel es nicht ist, dem Wortlaut des Archetyps möglichst nahe zu kommen, sondern gewissermaßen die Weiterentwicklung eines Textes zu dokumentieren. Um dafür ein Beispiel zu geben: Bei der kritischen Edition der auf S. 138 f. behandelten Volksrechte der einzelnen Germanenstämme sind die Varianten, die einer Handschrift in den einzelnen Rechtsbestimmungen auftauchen, aufschlussreich für die Weiterentwicklung des Rechts, denn sie sind meist nicht Abschreibfehler, sondern bewusste Textveränderung im Sinne einer Rechtsanpassung. Ein weiteres Beispiel für eine solche Edition ist die des **Constitutum Constantini**, der Konstantinischen Schenkung, einer Fälschung, die zwischen der Mitte des 8. und des 9. Jahrhunderts entstanden ist und in der Kaiser Konstantin I. Papst Silvester (314–335) verschiedene Rechte gewährt und Schenkungen macht. Im Laufe des Mittelalters entstanden mehrere Versionen dieser Fälschung, auf die sich einzelne Päpste beriefen, und die sogar ins Decretum Gratiani (→ S. 112) aufgenommen wurde. Erst im 15. Jahrhundert wurde sie als Fälschung entlarvt. Die einzelnen Versionen sind aufschlussreich für verschiedene Fragestellungen, wie etwa die nach der Fälschungsabsicht oder den Verbreitungsgebieten der Fälschung.

Der Herausgeber einer kritischen Edition, auch **Editor** genannt, muss zunächst in einer Prosaeinleitung alle Information über den Autor und sein Werk bieten und dann die Überlieferungsverhältnisse und die Rezeption erläutern. Auf die Einleitung folgt die eigentliche Edition, die Präsentation der Quelle, die durch **zwei wissenschaftliche Apparate** erläutert wird, nämlich den **Variantenapparat**, in dem die Unterschiede zwischen den einzelnen Textzeugen, die **Varianten** oder **Lesarten**, verzeichnet werden, und den **Sachkommentar**, in dem für den Benutzer der kritischen Edition die Personen, Orte und Ereignisse sowie andere kommentierungswürdige Dinge erläutert werden.

Abb. 28 | *Auszug aus der kritischen Edition der Historia Remensis ecclesiae II c. 4 (S. 141) des Flodoard.*

Oratorium denique sub honore beati Germani construxit in atrio sancti Remigii[22]. Quasdam quoque res a quibusdam pervasas apud regiam maiestatem agente prefato Sompnatio[o] archidiacono evindicasse[p] reperitur regie auctoritatis super his evindicationibus[q] adhuc manentibus instrumentis[23].

Text

g) actribuit *V.* h) *über der Zeile nachgetragen M.* i) *korr. aus* Sompnacum *M,* Somnacium *V.* j) quibus *M.* k) eas *V.* l) Orivialis *V.* m) comisse *M.* n) *fehlt M.* o) Sonnacio *V.* p) eum dicasse *M.* q) eum dicationibus *M.*

Variantenapparat

SCHENK ZU SCHWEINSBERG, Reims S. 111 und SOT, Flodoard S. 427 mit Anm. 40. 22) *Für diese Gründung von Saint-Germain de Reims ist Flodoard der einzige Gewährsmann.* 23) *Vgl. zu dieser verlorenen Urkunde STRATMANN, Königs- und Privaturkunden S. 8 f. und 27 f.*

Kommentar

Eine kritische Edition zu benutzen, ist natürlich für den Anfänger ungewohnt, aber man lernt bald, sie richtig „zu lesen" und ihre Informationen auszuwerten.

Die meisten kritischen Editionen erscheinen aber nicht als einzelne Monographien, sondern es gibt in Deutschland wie auch in anderen Ländern Institute oder Unternehmen, deren (Haupt)aufgabe die Herausgabe von Quellen auf dem aktuellen wissenschaftlichen Stand ist. In Deutschland wurde 1819 in Frankfurt am Main die „Gesellschaft für ältere deutsche Geschichtskunde" gegründet, ein privater Verein, der vor dem Hintergrund der schon erwähnten Mittelalterbegeisterung der Romantik die „Monumente", d. h. die schriftliche Hinterlassenschaft einer großen deutschen Vergangenheit herausgeben wollte: 1826 veröffentlichte die Gesellschaft den ersten Band der **Monumenta Germaniae Historica** (abgekürzt **MGH**), einen großen Folioband (→ S. 23) „Scriptores", also mit erzählenden Quellen. 1875 wurde

Info

Eine kritische Edition

▶ Wie eine kritische Edition aussieht, zeigt die Abb. 28: Das gewählte Beispiel ist die Passage aus Flodoards Historia Remensis ecclesiae II c. 4 (→S. 145), die auf S. 135 als Beispiel für die Quellengattung der Gesta übersetzt wurde: Mit arabischen Zahlen werden im zweiten Apparat, dem **Sachkommentar**, die Erläuterungen zum Text gegeben. Für den Anfänger erklärungsbedürftiger ist der erste Apparat, der **Variantenapparat**; es wurde bereits erwähnt, dass der Editor den Wortlaut aller Textzeugen einer Quelle auf Abweichungen vergleichen muss. Diese Abweichungen muss jeder Benutzer der Edition nachvollziehen können, und aus diesem Grund versieht der Editor jeden Textzeugen seiner Quelle mit einer **Sigle**, d. h. einer Abkürzung, bestehend aus einem Buchstaben, der in der Regel nicht willkürlich gewählt wird, sondern heute meist dem ersten Buchstaben des **Bibliotheksortes der Handschrift** entspricht – bei unserem Beispiel ist dies **M** für den Textzeugen, der in der Bibliothek von **M**ontpellier liegt, und **V** für die Handschrift, die in der **V**atikanischen Bibliothek in Rom liegt. Während man den Sachkommentar mit arabischen Zahlen durchnummeriert, tut man dies zur besseren Unterscheidung beider Apparate beim Variantenapparat mit dem Alphabet. Damit ist, um bei unserem Beispiel zu bleiben, für jeden Benutzer klar, dass in der Handschrift aus Montpellier „Sompnatio“ steht, in der Vatikanischen aber „Sonnacio“, da dies unter der Variante „o)“ angegeben ist. Die Variante „p)“ verzeichnet für die Handschrift aus Montpellier die sinnlose Lesart „eum dicasse", während der Vatikanische Textzeuge das richtige, d. h. vom Autor Flodoard benutzte „evindicasse“ hat. (Es gibt auch Editionen, die einen Variantenapparat nicht mithilfe des Alphabets erstellen, sondern statt der Buchstaben hinter der Variante die Zeilenzahl angeben, wo sich die Variante befindet.) Fußnote 23 im zweiten Apparat, dem Sachkommentar, gibt einen Literaturhinweis zu der erwähnten verlorenen Urkunde.

der Verein in eine öffentlich-rechtliche Körperschaft umgewandelt und vom preußischen Staat finanziert. Die MGH, die dann ihren Sitz in Berlin hatten, haben nach dem Ende des Zweiten Weltkrieges in München im Haus der Bayerischen Staatsbibliothek ihren Platz gefunden und geben neben zahlreichen Quelleneditionen auch eine Zeitschrift heraus, das Deutsche Archiv für Erforschung des Mittelalters (→ S. 175).

Der Aufbau der **fünf Editionsreihen der MGH** mit ihren Untergruppen ist für den Anfänger zunächst verwirrend, aber auch hier sei gesagt, dass man die Systematik mit zunehmender Quellenkenntnis besser versteht.

Die MGH gliedern sich in:

- **Scriptores** (abgekürzt **MGH SS**): verschiedene Reihen mit erzählenden Quellen wie den oben behandelten Chroniken, Annalen, Viten etc.

- **Leges** (abgekürzt **MGH LL**): verschiedene Reihen mit Rechtsquellen wie den oben behandelten Kapitularien, Konzilien, Volksrechten, Rechtsbüchern etc.
- **Epistolae** (abgekürzt **MGH Epp.**): verschiedene Reihen mit Briefen
- **Diplomata** (abgekürzt **MGH DD**): die Reihe der Königsurkunden sowie inzwischen auch Fürstenurkunden
- **Antiquitates**: verschiedene Quellenreihen wie die Dichtung (**MGH Poetae**), die Nekrologien und die Gedenkbücher.

Tipp

MGH

Das Gesamtverzeichnis aller in den Reihen der MGH erschienenen Editionen und Publikationen findet man unter: **www.mgh.de/publikationen/publikationen-allgemeines/**
Seit einigen Jahren werden auch alle Editionen der MGH digitalisiert und unter Open-Access-Bedingungen zugänglich gemacht unter: **www.dmgh.de**
Neue Editionen sind dort drei Jahre nach Erscheinen der gedruckten Publikation zu finden.

Außer den MGH gibt es aber, auch in Deutschland, noch andere Editionsunternehmen.

Für die Geschichte des Spätmittelalters wichtig sind:

- **Deutsche Reichstagsakten**, hg. von der Historischen Kommission bei der Bayerischen Akademie der Wissenschaften,
  Ältere Reihe (1376–1487) (Bde. 1–22, 1867 ff.) und
  Mittlere Reihe (1486–1518) (Bde. 1–6, 1972 ff.)
  Eine Reihe von Bänden und Hilfsmitteln sind digitalisiert; welche dazu gehören, ist am besten zu überprüfen unter: http://de.wikisource.org/wiki/Deutsche_Reichstagsakten
- **Die Chroniken der deutschen Städte vom 14. bis ins 16. Jahrhundert**, hg. von der Historischen Kommission bei der Bayerischen Akademie der Wissenschaften Bde. 1–36 (1862–1931), Bd. 37 (1968).

In **Italien** werden seit 1883 (in ähnlicher Gliederung nach dem Vorbild der MGH) die **Fonti per la storia d' Italia** herausgegeben vom Istituto storico Italiano, und in Belgien werden seit 1954 im **Corpus Christianorum** (abgekürzt **CC**) Quellen vom 3. bis zum 8. Jahrhundert ediert, inzwischen ist aber auch eine Reihe **Corpus Christianorum Continuatio mediaevalis** (abgekürzt **CC Cont. med.**) für die Quellen des weiteren Mittelalters begonnen worden. (Die im CC edierten Texte sind auch elektronisch erschlossen durch CD-ROM.)

Auch in **Frankreich** gibt es mehrere Editionsunternehmen für verschiedene Quellengattungen, von denen nur zwei hier stellvertretend genannt werden sollen:

- **Chartes et diplômes relatifs à l'histoire de France** zur Herausgabe der französischen Königsurkunden (und damit das Pendant zu MGH Diplomata)
- **Les classiques de l'histoire de France au moyen âge** (erzählende Quellen und Briefe und damit das Pendant zu MGH Scriptores und MGH Epistolae).

Da bei diesen modernen Editionsunternehmen immer wieder neue kritische Ausgaben erscheinen, muss man entweder über ein aktuelles Gesamtverzeichnis der MGH verfügen – oder auch für die ausländischen Unternehmen – mithilfe anderer Hilfsmittel bibliographieren, ob es nicht eine neue Ausgabe der Quelle(n) gibt, mit der/denen man sich beschäftigt, denn es ist unbedingt notwendig, dass man nicht irgendeinen Druck oder irgendeine Ausgabe einer Quelle benutzt, sondern immer die neueste und maßgebliche kritische Edition.

Als die Humanisten und spätere Gelehrte des 16./17. Jahrhunderts begannen, nach Quellen aus der Antike und dem Mittelalter zu suchen und diese zu drucken, begnügten sie sich meist damit, den Wortlaut einer einzigen Handschrift abzudrucken. Deshalb unterscheidet man zwischen der kritischen Edition einer Quelle, die den Text in der gerade beschriebenen Weise mit Einleitung und wissenschaftlichen Apparaten sowie der Berücksichtigung aller erhaltenen Textzeugen bietet, und einem **Druck**, der häufig auf einer Handschrift basiert und nur in geringem Umfang Einleitung oder Apparate bietet. Die frühesten Drucke, die vor 1500 gemacht wurden, bezeichnet man als **Wiegendrucke oder INKUNABELN**, weil diese neue Technik gewissermaßen noch in den Windeln lag. Sie sind heute äußerst wertvoll, weil meist nur sehr wenige Exemplare eines vor 1500 gedruckten Buches erhalten sind.

INKUNABEL, von latein. *incunabula* = Windeln oder Wiege.

Da noch längst nicht alle Quellen des Mittelalters in einer kritischen Edition vorliegen, sind wir oft auf alte oder ältere Drucke der Texte angewiesen; hinzu kommt, dass es von einigen Quellen nur Drucke und keine Handschrift mehr gibt, weil der Text so wenig verbreitet war, dass die ein oder zwei Handschriften, die es gab, im Laufe der Jahrhunderte zugrunde gegangen sind. Deshalb ist es wichtig, auch die älteren Quellensammlungen zu kennen.

- Im 17. Jahrhundert begann der belgische Jesuit **Johannes Bollandus** (eigentlich Jan Bolland 1596–1665) die Heiligenviten des Mittelalters zu sammeln und zu drucken, was seit 1643 zu 70 großen Foliobänden geführt hat. Das Ordnungsprinzip dieser Quellensammlung ist der Heiligenkalender, d.h. für jeden Monat gibt es mehrere Bände, die Tag für Tag die Viten der entsprechenden Tagesheiligen bieten. Diese Quellensammlung heißt **Acta sanctorum (AA SS)** und ist online verfügbar, allerdings nicht unter Open-Access-Bedingungen, aber über die Lizenz von (Universitäts-)Bibliotheken oft zugänglich unter: acta.chadwyck.co.uk/

- Im 18. Jahrhundert begann der katholische Theologe und spätere Erzbischof von Lucca **Giovanni Dominico Mansi** (1692–1769) mit der Herausgabe der Konzilstexte der Alten Kirche, des Mittelalters und der Neuzeit. Von 1759 bis 1798 erschienen insgesamt 31 Foliobände der Sacrorum conciliorum nova et amplissima collectio, wie der korrekte Titel lautet, die aber besser unter der Bezeichnung ihres „Erfinders" bekannt ist. Während „der Mansi" für die Karolingerzeit durch die kritische Edition der MGH Concilia überholt ist, gilt dies längst nicht für die anderen Epochen.
- Im 19. Jahrhundert gründete der französische Verleger **Jacques-Paul Migne** (1800–1875) einen großen Betrieb und druckte ab 1844 insgesamt 221 Quartbände Patrologiae cursus completus ... Series latina, kurz **Patrologia Latina** (**PL**) oder schlicht als „der Migne" bezeichnet. Enthalten sind Texte, die zwischen 240 und 1216 entstanden sind, aber nicht nur, wie der Titel „**PATROLOGIA**" nahe legt, Schriften der Kirchenväter enthält, sondern die meisten erzählenden Quellen des Früh- und Hochmittelalters, Königs- und Papsturkunden, auch Konzilstexte etc. „Der Migne" versammelt lediglich bereits vorhandene ältere Drucke, die der Verleger nachdrucken ließ, aber da er praktisch alle Quellen des Früh- und Hochmittelalters in seine Patrologia aufgenommen hat, ist er auch heute noch in fast jeder größeren wissenschaftlichen Bibliothek vorhanden und längst noch nicht in allen Teilen durch kritische Editionen ersetzt. Wie die Acta Sanctorum ist auch der Migne nicht unter Open-Access-Bedingungen zugänglich: pld.chadwyck.co.uk/ Jedoch haben große Bibliotheken eine Lizenz gekauft, so dass man ihn darüber benutzen kann.

PATROLOGIE, von griech. *patros* = Vater, *logos* = Wissen.

Dass wir auch heute noch so oft auf ältere Drucke angewiesen sind, und manchmal gerade bei bedeutenden Quellen, hängt nicht zuletzt damit zusammen, dass es sehr zeit- und arbeitsaufwändig ist, eine kritische Edition eines Textes vorzulegen, der in vielen Handschriften überliefert ist, die alle erst einmal gesammelt, kollationiert (→ S. 163) und untersucht werden müssen, während man in früheren Jahrhunderten nur den gefundenen Textzeugen abdruckte, um ihn überhaupt gedruckt zugänglich zu machen.

An dieser Stelle könnten noch weitere Editionsunternehmen und Quellensammlungen genannt werden; da dieses Buch aber keine Bibliographie zum Studium der mittelalterlichen Geschichte sein möchte, sondern eine erklärende Einführung, wurden hier nur die allerwichtigsten genannt und in ihrer Eigenart erläutert, da dem Anfänger bibliographische Hinweise allein wenig nützen dürften.

Aufgaben zum Selbsttest

- Erklären und unterscheiden Sie die Begriffe „Jahrbücher des deutschen Reiches“ und „Regesta imperii“.
- Was versteht man unter der kritischen Edition einer Quelle? Skizzieren Sie die Anlage einer kritischen Edition.
- Was unterscheidet den alten Druck einer mittelalterlichen Quelle von der kritischen Edition derselben Quelle?
- Unterscheiden sie die Begriffe „Quellenkunde“ und „Quellensammlung“ und nennen Sie Beispiele für beides.

Literatur

Zu den Info-Kästen und den Beispielen:
Das Constitutum Constantini (Konstantinische Schenkung), ed. Horst Fuhrmann, MGH Fontes iuris 10, Hannover 1968.
Flodoard von Reims, **Historia Remensis ecclesiae**, ed. Martina Stratmann, MGH SS 36, Hannover 1998.
Rudolf Schieffer, **Die Besuche mittelalterlicher Herrscher in Bonn**, Bonner Geschichtsblätter 37 (1985) S. 7 – 40.

Wichtige Hilfsmittel und Darstellungen | 3.4

Lexika und Nachschlagewerke | 3.4.1

Die Lektüre wissenschaftlicher Texte oder Quellen macht es immer wieder erforderlich, verschiedene Hilfsmittel zu konsultieren, sei es dass man zum Übersetzen eines lateinischen Textes Vokabeln nachschlagen muss oder beim Lesen eines Aufsatzes auf Begriffe stößt, die man noch nicht gehört hat. Hier sollen aus der Vielzahl verschiedener Lexika nur jeweils ein oder zwei für einen bestimmten Bereich vorgestellt werden, um dem Anfänger erste Orientierungshilfen zu geben, ihn aber nicht durch zu viele „neue Bücher“ zu verwirren. Im Laufe des Studiums wird man nicht darum herum kommen, sich noch weitere Hilfsmittel, Darstellungen usw. einzuprägen.

Um eine mittelalterliche, lateinische Quelle zu übersetzen, ist es in der Regel nicht ausreichend, die (vielleicht schon aus der Schule bekannten) Lexika für das Klassische Latein zu benutzen, denn das Mittellatein enthält viele Vokabeln, die es zu Zeiten von Caesar und Cicero noch nicht gab (→ auch Kapitel 5.6.1, S. 255). Findet man also in einem auf das Klassische Latein ausgerichteten Lexikon wie Karl Ernst Georges, Ausführliches lateinisch-deutsches Wörterbuch, 2 Bde. 1913–18, ND 1998 (digitalisiert unter: www.zeno.org/Kategorien/T/Georges-1913) ein Wort nicht, so gibt es für das Mittellatein „den Niermeyer“:

- **Jan Frederik Niermeyer/C. van de Kieft, Mediae latinitatis lexicon minus** 2 Bde., 2. überarbeitete Aufl., Leiden, Boston 2002, CD-Rom 2004.

Während die Erstauflage von 1976 für manche Studenten nicht leicht zu benutzen war, weil sie die mittellateinischen Worte nur ins Englische und Französische übersetzte, wird in der Neuauflage auch eine deutsche Übersetzung geboten.

Online verfügbar ist der 10-bändige Du Cange, Glossarium mediae et infimae latinitatis, Editio nova, 10 Bde. 1883–1887, unter: http://ducange.enc.sorbonne.fr/

Hat man bei einer unbekannten Vokabel den Verdacht, dass es sich um einen Ortsnamen handeln könnte (bei *Bonna* für „Bonn“ oder *Colonia* für „Köln“ kann man dies noch ganz gut erraten, aber dass sich hinter *Aquisgrani* die Stadt „Aachen“ verbirgt, erkennt der Anfänger sicher nicht gleich). In diesem Fall konsultiert man:

- **Graesse/Benedict/Plechl, Orbis latinus**. Lexikon lateinischer geographischer Namen des Mittelalters und der Neuzeit, 3 Bde., Braunschweig 1972 auch online unter: www.columbia.edu/acis/ets/Graesse/contents.html

Handelt es sich bei dem lateinischen Text um einen älteren Druck, vielleicht aus Mansi oder Migne und nicht um eine kritische Edition, so wird man auch vorkommende Personennamen oder Begriffe selbst entschlüsseln müssen.

Für den Mediävisten von großem Wert ist das zwischen 1978 und 1998 in 10 Bänden erschienene

- **Lexikon des Mittelalters**, 10 Bände, Zürich 1980–1998, weil es gewissermaßen eine Enzyklopädie des Mittelalters ist mit Artikeln über Personen, Begriffe und Ereignisse sowie größeren Überblicksartikeln und Genealogien der wichtigsten europäischen Dynastien; die Artikel stammen in der Regel von ausgewiesenen

Kennern der jeweiligen Thematik und sind mit Literaturangaben versehen. Es ist zwar nicht unter Open-Access-Bedingungen zugänglich, aber große (Universitäts-) Bibliotheken haben eine Lizenz, so dass man es darüber benutzen kann. Allerdings sollte man auch nicht, wie manche Studenten dies tun, ausschließlich das Lexikon des Mittelalters zum Bibliographieren benutzen, denn man darf nicht vergessen, dass der erste Band und damit die dort zitierte Literatur inzwischen deutlich über 20 Jahre alt ist.

Es gibt eine Fülle von Lexika mit biographischer, kirchengeschichtlicher oder rechtsgeschichtlicher Ausrichtung, wobei die älteren Lexika mitunter sehr wertvoll sind, weil sie Informationen enthalten, die in Neuausgaben nicht mehr vorkommen. So finden sich beispielsweise Artikel zu Personen, die in der ADB vorkommen, in der Neuauflage, der NDB, nicht mehr:

- **Allgemeine deutsche Biographie** (ADB), Bd. 1–56, Leipzig 1875–1912. www.deutsche-biographie.de/adb_index.html
- **Neue Deutsche Biographie** (NDB): erschienen sind Bd. 1–Bd. 22, Berlin 1953 – 2003 (inzwischen beim Buchstaben „R“ angelangt). Gesamtregister ADB/NDB auch auf CD-ROM.

Kirchengeschichtlich ausgerichtet sind das (katholische):

- **Lexikon für Theologie und Kirche** (LThK) in der 3. Auflage; 11 Bde., Freiburg 1993–2001

und die (evangelischen):

- **Theologische Realenzyklopädie** (TRE); erschienen sind Bd. 1 – Bd. 36, Berlin 1976–2004 (mehrere Registerbände seit 2004)
- **Religion in Geschichte und Gegenwart** (RGG) in der 4. Auflage erschienen, Bd. 1–Bd. 8, Tübingen 1998–2005.

Für rechtsgeschichtliche Fragestellungen ist wichtig das

- **Handwörterbuch der deutschen Rechtsgeschichte**, Bde. 1–5, Berlin 1964–97.

Über historische Begriffe orientiert:

- Helmuth Rössler, **Biographisches Wörterbuch zur deutschen Geschichte**, Augsburg 1995.

Bisweilen hilft bei unbekannten Begriffen auch schlicht ein Fremdwörterbuch weiter oder, wenn man die Entstehung eines Wortes oder Begriffes wissen will, ein **ETYMOLOGISCHES** Wörterbuch.

ETYMOLOGIE, von griech. *etymon* = das Wahre, *logos* = Lehre.

Viele der Begriffserklärungen in diesem Buch kann man in einem von beiden finden:

- DUDEN Fremdwörterbuch (Buch plus CD), 9.Aufl., Mannheim 2006
- Friedrich Kluge, Etymologisches Wörterbuch der deutschen Sprache, 24. Aufl., Berlin 2002 (auch als CD-ROM erhältlich).

3.4.2 Handbücher und Überblicksdarstellungen zur politischen Geschichte

Bei der Fülle von gewissermaßen klassischen Handbüchern und Überblicksdarstellungen sowie den jedes Jahr zahlreich neu erscheinenden Werken ist es schwierig, für den Anfänger hier eine Auswahl zu treffen, denn manche „älteren" Darstellungen sind immer noch wertvoll, auch wenn sie inzwischen nicht mehr die jüngsten sind, wohingegen das neueste Buch zum Thema nicht immer das beste sein muss. In der Regel wird jeder Dozent im Vorlesungsverzeichnis oder am Beginn seiner Veranstaltung nicht nur Spezialliteratur nennen, sondern auch „Einstiegslektüre", an der man sich orientieren sollte.

Man muss sich zunächst klarmachen, dass es Handbücher oder Überblicksdarstellungen nicht nur zu den einzelnen Epochen der deutschen oder außerdeutschen Geschichte gibt, sondern auch zu den einzelnen Sachgebieten wie der Kirchengeschichte, der Rechts- und Verfassungsgeschichte, der Sozial- und Wirtschaftsgeschichte, der Kultur- und Kunstgeschichte.

Hier sollen jeweils nur ein oder zwei Standardwerke genannt werden, um dem Anfänger ein „Grundgerüst" an Fachliteratur zu geben. Ein klassisches Handbuch zur **Kirchengeschichte** ist:

- Albert Hauck, Kirchengeschichte Deutschlands, 5 Bände, 6. Aufl., Berlin/ Leipzig 1922.

Ein Handbuch zur **weltlichen Rechtsgeschichte**:

- Heinrich Mitteis, Deutsche Rechtsgeschichte. Ein Studienbuch, neu bearbeitet von Heinz Lieberich, 19. Aufl., München 1992.

Ein Handbuch zur **kirchlichen Rechtsgeschichte**:

- Hans Erich Feine, Kirchliche Rechtsgeschichte, Bd. 1: Die katholische Kirche, 5. Aufl., Köln/Graz 1972.

Ein Handbuch zur **Verfassungsgeschichte**:

- Hans Kurt Schulze, Grundstrukturen der Verfassung im Mittelalter, 3 Bde.: Bd. 1, 3. Aufl., Stuttgart 1995, Bd. 2, 3. Aufl., Stuttgart 2000, Bd. 3, 1. Aufl., Stuttgart 1998.

Ein Handbuch zur **Sozial- und Wirtschaftsgeschichte**:

- Hermann Aubin/Wolfgang Zorn, Handbuch der deutschen Wirtschafts- und Sozialgeschichte, Bd. 1: Von der Frühzeit bis zum 18. Jahrhundert, Stuttgart 1971,

und Handbücher zur **Stadtgeschichte** sind:

- Edith Ennen, Die europäische Stadt des Mittelalters, 4. Aufl., Göttingen 1987,

- Eberhard Isenmann, Die deutsche Stadt im Spätmittelalter 1250–1500. Stadtgestalt, Recht, Stadtregiment, Kirche, Gesellschaft, Wirtschaft, Stuttgart 1988.

Die **politische deutsche und europäische Geschichte** behandeln das:

- Handbuch der europäischen Geschichte, hg. von Theodor Schieder, Bd. 1: Europa im Wandel von der Antike bis zum Mittelalter, hg. von Theodor Schieffer, Stuttgart 1976,
  Bd. 2: Europa im Hoch- und Spätmittelalter, hg. von Ferdinand Seibt, Stuttgart 1987,

sowie das neue Handbuch der Geschichte Europas:

- Bd. 2: Hans-Werner Goetz, Europa im frühen Mittelalter, 500–1050, Stuttgart 2003,
- Bd. 3: Michael Borgolte, Europa entdeckt seine Vielfalt, 1050–1250, Stuttgart 2002.
- Michael North, Europa expandiert, 1250–1500, Stuttgart 2007.

Für die einzelnen **Epochen** gibt es die Taschenbücher von:

- Eugen Ewig, Die Merowinger und das Frankenreich, 5. Aufl., Stuttgart 2006,
- Rudolf Schieffer, Die Karolinger, 4. Aufl., Stuttgart 2006,
- Gerd Althoff, Die Ottonen, 2. Aufl. Stuttgart 2005,
- Werner Goez, Kirchenreform und Investiturstreit 910–1122, 2. Aufl., Stuttgart 2008,
- Odilo Engels, Die Staufer, 8. Aufl., Stuttgart 2005,
- Heinz Thomas, Deutsche Geschichte des Spätmittelalters 1250-1500, Stuttgart 1983,
- Hans Eberhard Mayer, Geschichte der Kreuzzüge, 10. Aufl., Stuttgart 2005.

Die einzelnen Bände der Reihe „Enzyklopädie Deutscher Geschichte“ sind zweigeteilt: in einem ersten Teil wird jeweils ein knapper Überblick über die Ereignisgeschichte gegeben, während im zweiten Teil unter dem Titel „Grundprobleme und Tendenzen der Forschung“ die wissenschaftliche Literatur und die Forschungsergebnisse vorgestellt und diskutiert werden. Umfangreiche Quellen- und Literaturverzeichnisse sowie Register runden die Bände ab, so dass man sich mit ihrer Hilfe sowohl die politische Geschichte als auch den Forschungsstand schnell aneignen kann:

- Bd. 26: Reinhold Kaiser, Das römische Erbe und das Merowingerreich, 3. Aufl., München 2004,
- Bd. 31: Joachim Ehlers, Die Entstehung des deutschen Reiches, 2. Aufl., München 1998,

- Bd. 27: Egon Boshof, Königtum und Königsherrschaft im 10. und 11. Jahrhundert, 2. Aufl., München 1997,
- Bd. 21: Wilfried Hartmann, Der Investiturstreit, 3. Aufl., München 2007,
- Bd. 37: Bernd Schimmelpfennig, Könige und Fürsten, Kaiser und Papst nach dem Wormser Konkordat, München 1996,
- Bd. 14: Karl Friedrich Krieger, König, Reich und Reichsverfassung im späten Mittelalter, 2. Aufl., München 2005,
- Bd. 35: Ernst Schubert, Fürstliche Herrschaft und Territorium im späten Mittelalter, 2. Aufl., München 2006.

In der 10. neu bearbeiteten Auflage liegen jetzt auch für das Mittelalter die meisten Bände des von Geschichtslehrer Bruno Gebhardt (1858-1905) im 19. Jahrhundert initiierten **Handbuches der deutschen Geschichte** vor:

- Friedrich Prinz, Friedrich, Perspektiven des Mittelalters. Europäische Grundlagen deutscher Geschichte, 4.–8. Jahrhundert, Stuttgart 2004.
- Rudolf Schieffer, Die Zeit der Karolinger, 714–887, Stuttgart 2005.
- Gerd Althoff/Hagen Keller, Die Zeit der späten Karolinger und der Ottonen, 888–1024, Stuttgart 2008.
- Alfred Haverkamp, 12. Jahrhundert 1125–1198, Stuttgart 2003.
- Wolfgang Stürner, 13. Jahrhundert,1198–1273, Stuttgart 2007.
- Hartmut Boockmann/Heinrich Dormeier, Konzilien, Kirchen und Reichsreform, 1410–1495, Stuttgart 2005.

Kurz gefasst aber verständlich für Studenten geschrieben ist die Reihe **Geschichte kompakt**:

- Matthias Becher, Merowinger und Karolinger, Darmstadt 2009.
- Ludger Körntgen, Ottonen und Salier, 3. Aufl., Darmstadt 2010.
- Nikolaus Jaspert, Die Kreuzzüge, 5. Aufl., Darmstadt, 2010.
- Martin Kaufhold, Interregnum, 2. Aufl., Darmstadt, 2007.
- Malte Prietzel, Das Heilige Römische Reich im Spätmittelalter, 2. Aufl., Darmstadt 2010.

Immer noch empfehlenswert ist die Reihe **Deutsche Geschichte – Das Reich und die Deutschen**:

- Herwig Wolfram, Das Reich und die Germanen zwischen Antike und Mittelalter, 2. Aufl., Berlin 1991.
- Hans K. Schulze, Vom Reich der Franken zum Land der Deutschen, Merowinger und Karolinger, 2. Aufl., Berlin 1993.
- Hans K. Schulze, Hegemoniales Kaisertum. Ottonen und Salier, Berlin 1991.

- Hartmut Boockmann, Stauferzeit und spätes Mittelalter. Deutschland 1125–1517, 2. Aufl., Berlin 1993.

Wissenschaftliche Zeitschriften

3.4.3

Wie im ersten Kapitel (→ S. 22 f.) bereits dargelegt, vollzieht sich die Diskussion innerhalb der Forschung in den Aufsätzen und Miszellen der meist jährlich, teilweise in mehreren Heften oder Bänden erscheinenden wissenschaftlichen Zeitschriften, in denen außerdem im Rezensionsteil neu erschienene Literatur vorgestellt und diskutiert wird. Somit erfüllen die Zeitschriften auch eine Funktion als bibliographische Hilfsmittel. Aus der Fülle der Zeitschriften, die verschiedene Schwerpunkte bzw. thematische Ausrichtungen haben, seien hier nur wenige stellvertretend genannt.

Die **Historische Zeitschrift** (abgekürzt: **HZ**) druckt Beiträge zur Alten Geschichte, Mittelalterlichen und Neuzeitlichen Geschichte, während das von den MGH herausgegebene **Deutsche Archiv für Erforschung des Mittelalters** (**DA**), wie sein Name schon sagt, nur Beiträge über den Zeitraum 500–1500 druckt; für den Zeitraum 500–1000 gibt es die **Frühmittelalterlichen Studien** (**FmSt**). Die einzelnen Bände des DA werden durch Register erschlossen, die für bibliographische Recherchen sehr nützlich sind. Der Besprechungsteil des Deutschen Archivs ist (indirekt) im Internet verfügbar über den OPAC der MGH (→ siehe oben, S. 166), indem man zu einem aufgerufenen Titel auch die Besprechung im DA anklicken kann.Um die Vermittlung zwischen Schule und Universität bemüht sich die Zeitschrift **Geschichte in Wissenschaft und Unterricht** (**GWU**), die auch in unregelmäßigen Abständen Literaturberichte zum frühen, hohen und späten Mittelalter bietet, in denen ausgewiesene Kenner der Zeit die in den letzten Jahren erschienene neue Forschungsliteratur vorstellen und bewerten.

Es gibt Zeitschriften zur Landesgeschichte wie die **Blätter für deutsche Landesgeschichte**, zum Mittellatein wie das **Mittellateinische Jahrbuch**, Zeitschriften mit kirchengeschichtlichem Schwerpunkt wie die **Zeitschrift für Kirchengeschichte** oder mit rechtsgeschichtlichem wie die **Zeitschrift der Savigny-Stiftung für Rechtsgeschichte** mit ihren drei Abteilungen für Germanistik, Romanistik und Kanonistik.

Daneben gibt es auch Zeitschriften, die Beiträge zu den einzelnen Hilfswissenschaften publizieren wie das **Archiv für Diplomatik**.

Zunehmend wichtig geworden sind Internet-Zeitschriften wie **HSozKult**, **Sehepunkte** und **Concilium medii aevi**:

hsozkult.geschichte.hu-berlin.de/rezensionen/
www.sehepunkte.de
cma.gbv.de.

Auch ausländische Zeitschriften wie das italienische **Medioevo latino**, die österreichischen **Mitteilungen des Instituts für Österreichische Geschichtsforschung** (**MIÖG**) oder die belgische **Revue d'Histoire ecclésiastique** (**RHE**) sind wichtig, denn sie geben einen Überblick über die Forschungen und Interessen der Mediävisten anderer Länder.

In verschiedenen europäischen Ländern unterhält Deutschland **Auslandsinstitute**, die – ähnlich organisiert wie die erwähnten MGH in München (→ oben S. 164 ff.) – eine Anzahl wissenschaftlicher Mitarbeiter haben, die sich um die Erforschung der Geschichte dieser Länder im wissenschaftlichen Austausch mit Deutschland bemühen. Für die Mediävisten sind hier die Institute in Paris und in Rom besonders wichtig. Beide Institute geben jeweils auch eine wissenschaftliche Zeitschrift heraus, in der sich Beiträge zur mittelalterlichen Geschichte finden sowie Besprechungen neuer Literatur zu diesem Bereich. Die vom Deutschen Historischen Institut (DHI) in Paris herausgegebene Zeitschrift heißt bezeichnenderweise **Francia** und die vom DHI Rom publizierte **Quellen und Forschungen aus italienischen Archiven und Bibliotheken** (**QFIAB**). Die Francia ist inzwischen dazu übergegangen, ihren Besprechungsteil nicht mehr in Buchform zu publizieren, sondern nur noch im Internet, was das schnellere Erscheinen der Rezensionen gewährleistet:
www.perspectivia.net/content/publikationen/francia/francia-recensio

Die Fülle der wissenschaftlichen Zeitschriften mit ihren Abkürzungen ist am Anfang verwirrend und schon so mancher Student konnte sich die zuletzt genannte, vom DHI Rom herausgegebene Zeitschrift mit der Eselsbrücke „Quallen und Frösche" besser merken als andere; aber auch hier sei gesagt, dass man mit zunehmender Routine im wissenschaftlichen Arbeiten einzuschätzen lernt, welche Zeitschriften für das gestellte Thema einschlägig sind und welche nicht.

Aufgaben zum Selbsttest

- Wie sind wissenschaftliche Zeitschriften aufgebaut und was ist ihre Zielsetzung?
- Welche Lexika informieren Sie über Personen des Mittelalters und welche über Fachbegriffe?

Die Grund- oder Hilfswissenschaften | 4

Überblick

Da man den Ausdruck „Hilfswissenschaften“ leicht missverstehen könnte als Bezeichnung für Kenntnisse und Fähigkeiten von marginaler Bedeutung, sprechen manche Mediävisten lieber von den Grundwissenschaften oder vom „(Hand)Werkzeug“ des Historikers – so der Titel einer immer noch maßgeblichen Einführung in dieses Fachgebiet von Ahasver von Brandt (siehe unten). In der Tat sind die klassischen Hilfswissenschaften von großer Bedeutung, wenn wir die aus dem Mittelalter überkommenen Quellen lesen, verstehen und interpretieren wollen. Deshalb ist es für jeden Studenten des Faches Mittelalterliche Geschichte unerlässlich, sich Grundkenntnisse in den wichtigsten Hilfswissenschaften wie Paläographie, Chronologie oder Diplomatik anzueignen. Aus diesem Grund soll in diesem Kapitel eine knapp gefasste Einführung in die wichtigsten Hilfswissenschaften gegeben werden, die durch den Besuch entsprechender Veranstaltungen und durch die Lektüre einschlägiger Literatur allerdings vertieft werden müssen.

Die einzelnen Hilfswissenschaften stehen untereinander in einem engen Zusammenhang, denn zur wissenschaftlichen Analyse einer mittelalterlichen Urkunde beispielsweise braucht man sowohl spezielle Kenntnisse in der Urkundenlehre, als auch in der Siegelkunde, der Paläographie und der Chronologie.

4.1 Die Paläographie und Kodikologie

PALÄOGRAPHIE, griech. *palaios* = alt; *graphein* = schreiben.

MITTELLATEIN, Bezeichnung für das vom klassischen Latein in Grammatik, Orthographie und z. T. auch dem Wortschatz abweichende Latein der mittelalterlichen Quellen.

Die **PALÄOGRAPHIE** ist die Lehre von den alten Schriften, und dies meint für den Mediävisten zunächst die lateinische Paläographie, die sich aus der lateinischen Sprache und dem römischen Alphabet entwickelte und für das europäische Mittelalter grundlegend wurde. Hinzu kommt die althochdeutsche und mittelhochdeutsche Paläographie für die volkssprachigen Texte. So versteht es sich von selbst, dass die Philologie des **MITTELLATEINS** als Nachbarwissenschaft der Paläographie eng verbunden ist (→ Kapitel 5.6, S. 255 f.). Aber bevor wir uns näher mit der Schrift oder vielmehr den Schriften, die es im Mittelalter gegeben hat, befassen, müssen wir uns die Gegebenheiten der mittelalterlichen Schriftkultur klarmachen.

4.1.1 Die Beschreibstoffe

KODIKOLOGIE lat. *codex* = Buch; Bezeichnung für die Handschriftenkunde.

Erst ab dem 13. Jahrhundert kam über die Araber der ursprünglich in China erfundene, heute gebräuchliche **Beschreibstoff**, das Papier, nach Europa, und vor der Erfindung des Buchdrucks durch Johannes Gutenberg um 1450 war man gezwungen, einen Text von Hand abzuschreiben, wenn man ihn besitzen wollte.

Papier besteht aus Hadern, das sind Woll- oder Leinenlumpen, die durch Stampfen unter Zusatz von Wasser zu einem Brei verarbeitet werden, der dann mit einem Sieb aus der Bütte geschöpft wird, wobei diese dünne und schichtartige Masse durch Trocknen und Glätten zu einem Papierbogen geformt wird. Auf dem Sieb wurde ab dem 14. Jahrhundert eine aus Draht gebogene Figur angebracht, die auf dem fertigen Bogen durchscheint und als **WASSERZEICHEN** bezeichnet wird. Da die einzelnen Papierhersteller unterschiedliche Wasserzeichen hatten, helfen sie dem Historiker, die Herstellung des jeweiligen Papiers zu datieren und zu lokalisieren. Heute stellt man Papier auch aus anderen Stoffen her wie z. B. aus Altpapier, aber das teuerste Papier ist immer noch das **Büttenpapier**, d. h. das handgeschöpfte aus Hadern gewonnene Papier.

Wir kennen **WASSERZEICHEN** hauptsächlich von den Banknoten als Sicherheitsmerkmal.

Der typische Beschreibstoff der Antike aber war der **Papyrus**: Blätter, die aus dünnen Streifen des Marks der ägyptischen Papyrusstaude hergestellt wurden. Aus nebeneinander und quer darüber gelegten Lagen dieser Papyrusstreifen wurden durch Leimen und Pressen Blätter hergestellt, die man aneinander klebte, so dass Buchrollen (**VOLUMEN**) entstanden. Der Papyrus blieb zumindest für

VOLUMEN von latein. *volvere* = rollen.

Urkunden bis ins 8. Jh. in Gebrauch. Der klassische Beschreibstoff des Mittelalters aber war das **Pergament**, das aus Tierhäuten von Schaf, Ziege oder Kalb besteht, die in aufwendigen Verfahren geschabt und geglättet wurden. In den lateinischen Texten wird dieser Beschreibstoff als **MEMBRANA** bezeichnet, der Name Pergament aber rührt daher, dass er in der Stadt Pergamon „erfunden" worden sein soll. Pergament wurde nicht mehr in Rollenform benutzt, sondern als **CODEX**, was unserer Buchform vergleichbar ist: die einzelnen Pergamentblätter, die als **FOLIA** (abgekürzt **fol.**) bezeichnet werden, wurden auf möglichst gleiche Größe geschnitten, in der Mitte gefaltet und zu **Lagen** von unterschiedlichem Umfang zusammengelegt. Vier ineinandergelegte Doppelblätter (also 8 Blätter = 16 Seiten) bezeichnet man als **QUATERNIO**, drei Doppelblätter als **TERNIO** und zwei als **BINIO**, jeweils nach den lateinischen Distributivzahlen.

MEMBRANA, latein = Haut.

CODEX ursprünglich latein. = Baumstamm, weil in der Antike zunächst auf Holztafeln geschrieben wurde, die mit Wachs überzogen waren.

FOLIUM, latein. = Blatt.

BINI, latein. = je zwei,

TERNI, latein. = je drei,

QUATERNI, latein. = je vier,

QUINI, latein. = je fünf.

Es versteht sich von selbst, dass die Herstellung von Pergament viel teurer war als die von Papyrus oder Papier, da man für ein größeres Werk, das abgeschrieben werden musste, viele Tiere bzw. deren Häute brauchte, um die erforderlichen Pergamentblätter herzustellen. Andererseits ist Pergament aber auch sehr viel haltbarer als die beiden anderen Beschreibstoffe, und es wären sicherlich weniger Quellen aus dem Mittelalter erhalten geblieben, wenn man sie nicht auf das robuste Pergament geschrieben hätte, sondern auf Papyrus, der unter ungünstigen Witterungsbedingungen leicht zerfällt. Von den Tierhäuten ließ sich sogar der Text wieder abschaben, so dass man das Pergament erneut beschreiben konnte – von dieser Möglichkeit wurde im Frühmittelalter in den Klöstern wiederholt Gebrauch gemacht, indem man Texte aus vorchristlicher Zeit wie auch die antiken Klassiker Vergil oder Cicero abschabte und Schriften der Kirchenväter (→ S. 127) oder liturgische Texte (→ S. 80 f.) darüberschrieb. Solche doppelt beschriebenen Pergamente nennt man **PALIMPSESTE** oder **CODICES RESCRIPTI**, und man kann heutzutage auch den ausradierten Text unter der Quarzlampe wieder sichtbar bzw. lesbar machen.

Um Konzepte, etwa den Entwurf eines Briefes, niederzuschreiben, benutzte man auch im Mittelalter **Wachstafeln**, wie sie schon von den Römern verwendet worden waren.

Schreibgeräte waren **Griffel** aus Holz, Eisen oder Elfenbein für die Wachstafeln und **Federn** entweder von Vögeln oder aus Metall für Papyrus, Pergament und Papier. **TINTE** wurde aus **GALLÄPFELN** und **VITRIOL** hergestellt.

PALIMPSEST, griech. = wieder abgekratzt.

CODEX RESCRIPTUS, latein. = wiederbeschriebenes Buch.

TINTE, von latein. *tincta aqua* = gefärbtes Wasser.

GALLÄPFEL, durch Gallwespen verursachte Auswüchse mit Gerbstoffen aus der Wildrose oder der Eiche, die in Verbindung mit Eisensalzen eine blauschwarze Tinte ergeben.

VITRIOL = Sulfate aus Kupfer, Eisen oder Zink.

Abb. 29

In den Medaillons der „Ambrosiushandschrift“ aus Bamberg sind die einzelnen Arbeitsschritte vom Spannen der Tierhaut bis zum Binden des Codex und Spitzen eines Griffels dargestellt.

Info

Handschriften (ab)schreiben

▶ Dass das (Schön-)Schreiben mit Feder auf Pergament eine mühsame Arbeit war, bezeugen manche Bemerkungen in mittelalterlichen Handschriften, so wie die eines Mönches namens Leo aus Novara im 10. Jahrhundert: „Drei Finger schreiben, der ganze Körper arbeitet. Man beugt den Rücken, presst die Rippen in den Bauch und nährt den ganzen Überdruss des Körpers. Deshalb, Leser, wende die Blätter sorgsam um, wasch Dir die Hände und behandle das Buch sorgfältig, bedecke es mit einem Tuch!“ (Wilhelm Wattenbach, Schriftwesen im Mittelalter, S. 284)

Einen mittelalterlichen Pergament- oder Papiercodex bezeichnet man in der wissenschaftlichen Terminologie auch als **Handschrift**.

Die Bibliotheken und Skriptorien im Mittelalter

4.1.2

Die **Bibliotheken im Mittelalter**, die Handschriften aufbewahrt und damit uns überliefert haben, waren in der Regel die Bibliotheken in den Klöstern oder Kathedralen. Oben (→ S. 55) wurde ja bereits darauf hingewiesen, dass vor allem im Früh- und Hochmittelalter fast nur die Geistlichen (lateinisch) lesen und schreiben konnten, während etwa Karl der Große das Schreiben in fortgeschrittenem Alter mühsam erlernte (→ S. 56). Der Frankenkönig besaß zwar trotzdem eine große Bibliothek, aber außerhalb des Königshauses war dies bei den Laien eher die Ausnahme.

Dass die **Klosterbibliotheken** die mittelalterlichen Quellen aufbewahrten, bedeutet aber in der Regel nicht, dass man sie auch heute noch dort findet. Zum einen konnten Tausch, Schenkung, Verkauf oder Diebstahl bereits im Mittelalter dazu führen, dass Handschriften verloren gingen oder an einen ganz anderen Ort kamen als wo sie verfasst oder abgeschrieben worden waren; zum anderen wurden zahlreiche Handschriften bzw. ganze Büchersammlungen beispielsweise im 30jährigen Krieg (1618–1648) verschleppt oder vernichtet. Ein weiterer Einschnitt war die **SÄKULARISATION**, die beispielsweise dazu führte, dass Handschriften aus vielen bayerischen Klöstern heute in der Staatsbibliothek München aufbewahrt werden, weil das Vermögen der Klöster 1803 an den bayerischen König fiel, der sie in seine, d.h. die königliche Bibliothek in München bringen ließ, die heute Bayerische Staatsbibliothek heißt. So machten manche mittelalterlichen Handschriften weite Reisen, und wenn man sich mit einer Quelle näher beschäftigt, muss man diesen Weg bis zu ihrer Entstehung zurückverfolgen.

SÄKULARISATION, von latein. *saeculum* = Jahrhundert im Sinne von Welt; gemeint ist die Aufhebung der geistlichen Territorien im deutschen Reich und die Vermögenskonfiskation, die im Reichsdeputationshauptschluß von 1803 beschlossen wurde und auch die Bibliotheken betraf.

Angefertigt wurden die Handschriften in der Schreibstube, dem **SKRIPTORIUM** eines Klosters. In der Antike hatte es noch Berufsschreiber gegeben, aber im Frühmittelalter waren die **Mönche** in den Klöstern die **Träger der Schriftkultur**.

SKRIPTORIUM, von latein. *scribere* = schreiben.

Erst mit dem **Aufblühen der Universitäten** enstand im 13. Jahrhundert, zunächst in Italien und Frankreich, dann auch im deutschen Reich, ein eigenes Gewerbe der von den Universitäten verpflichteten Schreiber, welche die für den akademischen Unterricht benötigten Bücher für die Studenten abschrieben. Da diese Lohnschrei-

Info

Die Manessische Liederhandschrift

▶ Ein gutes Beispiel für die „lange Wanderschaft" einer Handschrift ist die berühmte **Manessische Liederhandschrift**, die um 1330–1350 in Zürich entstanden ist und 137 Lieder der stauferzeitlichen Minnesänger enthält, die jeweils von einem Autorenporträt eingeleitet werden. Veranlasst hatte die Sammlung wohl ein Züricher Chorherr mit Namen Manesse. Ob der Codex das ganze Mittelalter hindurch in Zürich blieb, wissen wir nicht. 1571 befand er sich in Heidelberg im Besitz von Kurfürst Friedrich III., um 1590 wurde er von dort ausgeliehen und kehrte 1607 nach Heidelberg zurück. 1623 war er aber offensichtlich nicht dort, denn er entging dem Abtransport der gesamten Heidelberger Bibliothek, die Maximilian I. von Bayern nach der Eroberung Heidelbergs durch den Feldherren Tilly im Dreißigjährigen Krieg dem Papst schenkte. Der Codex Manesse befand sich damals wohl schon in Schloss Rhenen bei Utrecht und ist dann 1657 im Besitz des „Sonnenkönigs" Ludwig XIV. von Frankreich nachweisbar. Erst 1888 gelang es dank der Bemühungen eines aus Heidelberg stammenden Straßburger Buchhändlers namens Trübner und mit Hilfe einer Zahlung von 400 000 Goldmark sowie der Intervention Kaiser Wilhelms I., Friedrichs III. und des Fürsten Bismarck, den Codex Manesse nach Heidelberg zurückzuholen. Dort befindet er sich noch heute. (→ S. 232 zur Manessischen Liederhandschrift und S. 257 f.)

ber die Texte lagenweise erhielten und eine Lage lateinisch als *pecia* bezeichnet wurde, nannte man sie *peciarii*. Bis zur Erfindung des Buchdrucks schrieb man also fast immer „auf Bestellung" ab: der Mönch, der für ein befreundetes Kloster einen Codex kopierte oder einen aus einem anderen Kloster entliehenen für die eigene Bibliothek, genau wie der Lohnschreiber für die Universität.

So bedeutete die **Erfindung des Buchdrucks** in der Mitte des 15. Jahrhunderts eine **Revolutionierung der Wissenschaften**, denn nun konnten auf einmal von einem beliebigen Text viele Kopien hergestellt werden, ohne dass bei jedem erneuten Abschreiben weitere Fehler durch Unaufmerksamkeit in den Text gerieten. Die Reformation des 16. Jahrhunderts wäre ohne die Möglichkeit, mithilfe des Buchdrucks Flugblätter und Flugschriften herzustellen und damit die neue kirchliche Lehre zu verbreiten, wohl nicht so erfolgreich gewesen.

Ein Kloster beherbergte aber nicht nur die „abschreibenden" Mönche, sondern auch die gelehrten Mönche, die Bücher studierten und eigene Schriften verfassten, die sie entweder selbst niederschrieben oder diktierten.

Abb. 30

Diese Illustration in einer Augustinus-Handschrift wird heute in Prag aufbewahrt. Sie zeigt den Schreiber Hildebertus und seinen Gehilfen Everwinus sowie eine Maus, die Käse knabbert. Der Text in der Handschrift auf dem Pult lautet übersetzt: Verfluchte Maus, oft genug bringst du mich in Zorn; dass Gott dich vernichte!

Info

Alltag im Skriptorium

▶ Gelegentlich hatten Mönche bei ihren Studien auch „Gesellschaft", wie ein irischer Mönch in einem karolingischen Kloster mit Witz beschreibt:

„Statt nach Ruhm zu streben, konzentriere ich mich viel lieber auf mein kleines Buch. Pangur Ban (ein Kater) ist nicht neidisch auf mich (...) Er erhascht eine Maus, ich erhasche ein schwer zu lösendes Problem. Er besiegt eine Mauer, ich kämpfe gegen die harten Anforderungen der Wissenschaft (...) Er freut sich, wenn er eine Maus in den Pfoten hat, ich bin fröhlich, wenn ich eine schwierige Frage verstanden habe (...) Jeder von uns liebt seine Kunst."

(Pierre Riché, Die Welt der Karolinger, S. 263 f.)

4.1.3 | Die Entwicklung der Schrift

Damit kommen wir zur **Entwicklung der Schrift** bzw. der Schriften im Mittelalter: unsere heutige Schrift ist eigentlich das Ergebnis eines Missverständnisses, denn sie geht zurück auf die schon erwähnten Humanisten des 14. und 15. Jahrhunderts, die in ihrer Begeisterung für die Kultur der Antike meinten, dass die Schrift, in der sie die meisten Texte der klassischen Autoren wie Caesar, Cicero oder Vergil vorfanden, die der Antike gewesen sei (→ S. 117). Tatsächlich waren dies aber Codices aus dem 9. und 10. Jahrhundert, denn die antiken Autoren waren vor allem in der Karolingerzeit abgeschrieben worden und sind uns dadurch und nicht etwa durch Abschriften aus der Antike erhalten geblieben. Die Humanisten nannten diese (von ihnen zeitlich falsch zugeordnete) Schrift **Antiqua** – die Grundform unserer heutigen Druckschrift. Unsere Schreibschrift, die der Druckschrift ja sehr ähnlich ist und sich nur dadurch unterscheidet, dass sie die einzelnen Buchstaben miteinander verbindet, entwickelte sich aus der **humanistischen KURSIVE**.

KURSIVE, von latein. *cursare* = durchlaufen.

Damit kommen wir zu einer grundlegenden Unterscheidung in der Schriftgeschichte, nämlich zu der Unterscheidung zwischen **Buchschrift und Geschäftsschrift**: am Anfang der Schriftenwicklung steht die Buchschrift, d.h die einzelnen Buchstaben werden unverbunden aneinandergereiht, so wie wir es von antiken und mittelalterlichen Inschriften kennen. Es wird dabei nicht Wert gelegt auf schnelles, flüssiges Schreiben, sondern auf schöne, ebenmäßige und gut lesbare Buchstaben – so schrieb man in den Klöstern beispielsweise liturgische Bücher oder Kirchenväterschriften als wertvollen künftigen Besitz für die Klosterbibliothek ab. Man bezeichnet dies auch als **KALLIGRAPHIE**. Die Buchschrift ist damit von ihrer Optik her mit unserer Druckschrift vergleichbar.

KALLIGRAPHIE, griech. *kallos* = schön, *graphein* = schreiben.

Die Geschäftsschrift ist, wie ihr Name besagt, die Schrift des Geschäfts und der Verwaltung, d.h. wenn es auf möglichst schnelles und bequemes Schreiben zum Zwecke der bloßen Aufzeichnung etwa von Rechtsgeschäften oder anderen Verwaltungsvorgängen ankam, benötigte man eine Schrift, bei der man mithilfe von **LIGATUREN**, also Verbindungslinien zwischen den einzelnen Buchstaben eines Wortes, schnell schreiben konnte. Eine solche Schrift nennt man auch **Kursive**. Sie entspricht somit unserer Schreibschrift.

LIGATUR, von latein. *ligare* = verbinden.

MAJUSKEL, von latein. *maiusculus* = etwas größer.

MINUSKEL, von latein. *minusculus* = etwas kleiner.

Die zweite grundlegende Unterscheidung in der Schriftgeschichte ist die zwischen **MAJUSKEL und MINUSKEL**: Bei der Majuskelschrift

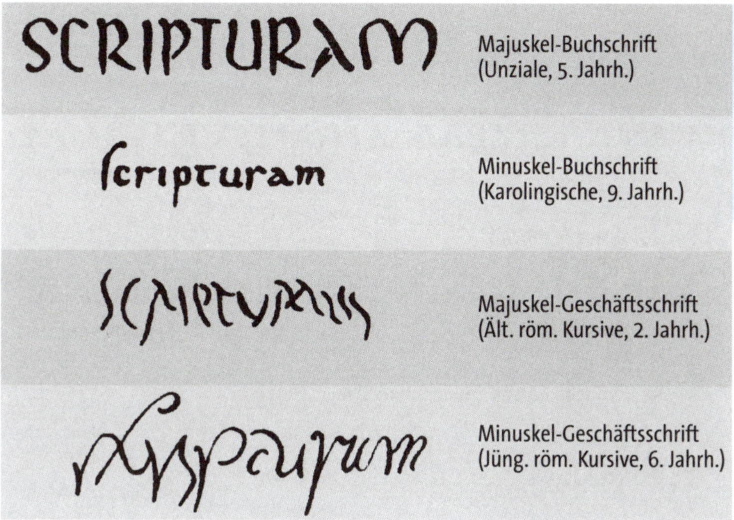

Abb. 31

Beispiele für Majuskel- und Minuskel-Schriften.

sind alle Buchstaben gleich groß, d. h sie lassen sich in ein Schema zwischen zwei Linien einordnen, während bei der Minuskelschrift ein Vierlinien-Schema zustande kommt, da die Buchstaben Ober- und/oder Unterlängen aufweisen, um Verbindungen zu den folgenden Buchstaben besser herstellen zu können. (Auf der Abbildung 31 sind diese Unterschiede gut zu erkennen.)

Nun in aller Vereinfachung zur **Schriftentwicklung**: Während es im Römischen Reich eine einheitliche Schriftentwicklung gegeben hatte, bei der es nacheinander verschiedene Buchschriften wie **Capitalis quadrata**, **Capitalis rustica** und **Unziale** gab sowie als Geschäftsschrift die **römische Kursive**, führte die Zeit der Völkerwanderung zur Ausbildung verschiedener **„Nationalschriften"** in den einzelnen Germanenreichen, die aber alle nur Weiterentwicklungen der römischen Schrift waren, so auch die merowingische Kursive. Erst durch die **Schriftreform in der Karolingerzeit** wurden diese Sonderentwicklungen beendet und eine einzige Schrift entwickelt, die letztlich Grundlage unserer heutigen ist (wegen des bereits erwähnten Missverständnisses der Humanisten): es entstand die **karolingische Minuskel**, die zunächst als Buchschrift verwendet wurde, dann aber auch in der Königskanzlei für die auszustellenden Urkunden. Zwischen dem 9. und dem 12. Jahrhundert entwickelte sich die karolingische Minuskel weiter, so dass man die Entstehungszeit einer Handschrift sehr gut feststellen kann, wenn man andere Handschriften zum

Abb. 32

Die Entwicklung der Schrift, dargestellt an ausgewählten Beispielen von der Spätantike bis zum ausgehenden Mittelalter.

Schriftentwicklung

Capitalis quadrata (4. Jh.)

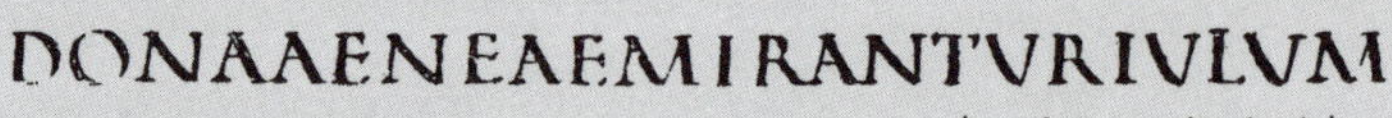

dona Aeneae mirantur Iulum

Capitalis rustica (5./6. Jh.)

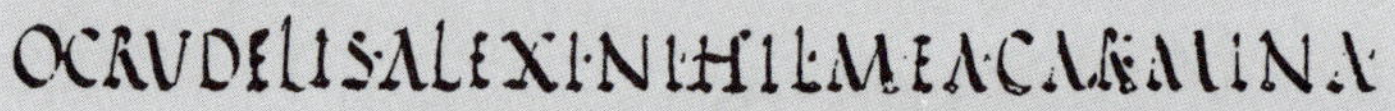

O crudelis Alexi nihil mea carmina

Jüngere Römische Cursive (Minuskelkursive; 6. Jh.)

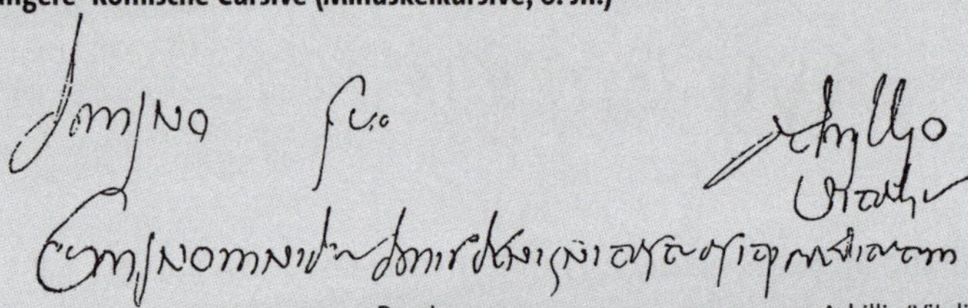

Domino suo Achillio/Vitalis
Cum in omnibus bonis benignitas tua sit praedita, tum

Unziale (um 700)

pignora mitto mei

Halbunziale (509/510)

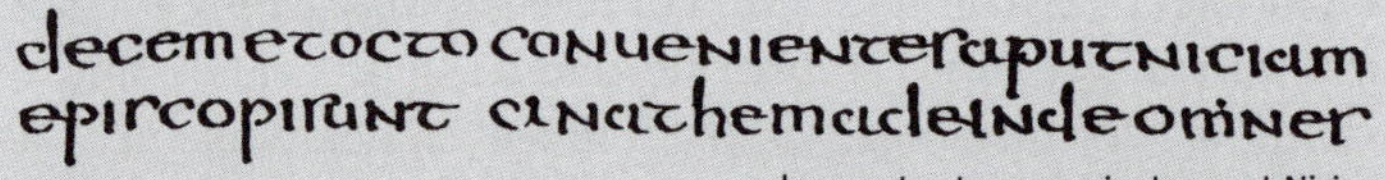

decem et octo convenientes aput Niciam
episcopi sunt. Anathema deinde omnes

Karolingische Minuskel (um 800)

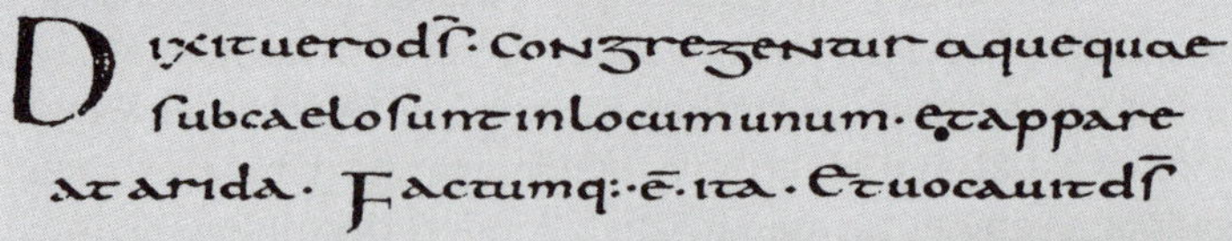

Dixit vero deus: Congregentur aque quae
sub caelo sunt in locum unum, et appare-
at arida. Factumque est ita. Et vocavit deus

(D = Capitalis quadrata; außerdem ist in der ersten Zeile auch die Halbunziale verwendet)

Gotische Minuskel

Codex (1191)

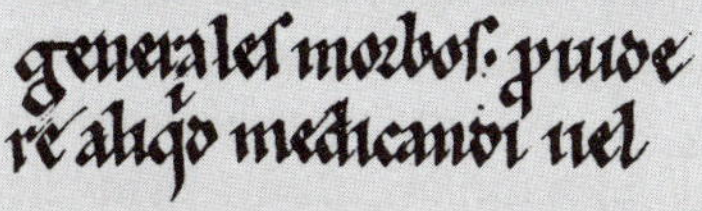

generales morbos provide-
re aliquid medicandi vel

Urkunde (1210)

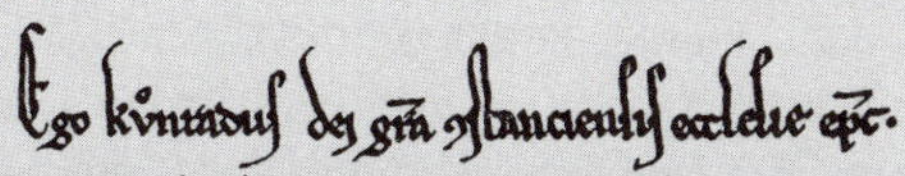

Ego Kuonradus dei gratia Constanciensis ecclesie episcopus.

Codex (1410)

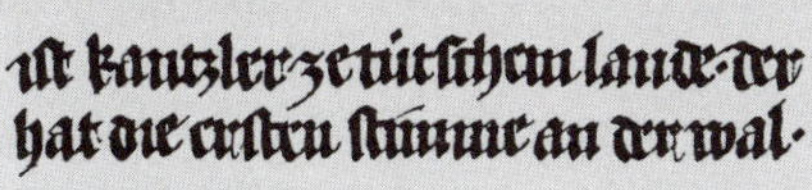

ist kantzler ze tütschem lande, der
hat die ersten stimme an der wal.

Urkunde (1465)

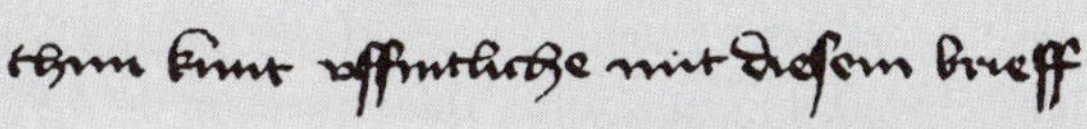

thun kunt uffintliche mit diesem brieff

Vergleich heranzieht, die eindeutig datiert sind, beispielsweise durch einen entsprechenden Vermerk des ausführenden Schreibers. Eine gute Datierung der Handschrift sowie die sichere Bestimmung ihres Entstehungsortes können für die Textgeschichte einer mittelalterlichen Quelle von großem Interesse und Nutzen sein.

Im 12. Jahrhundert veränderte sich die Schrift grundlegend, es entsteht **die gotische Schrift**: die **Textura**, die unserer altmodischen Fraktur-Druckschrift ähnlich ist, als Buchschrift und die gotische Kursive als Geschäftsschrift. Charakteristisch für diese Schriften ist eine Brechung der Rundungen der einzelnen Buchstaben sowie Streckung in die Höhe und Verengung der Buchstaben.

Die Geschäftsschriften des Spätmittelalters sind wesentlich schwerer zu lesen als Texte in karolingischer Minuskel. In jedem Fall aber sind paläographische Fähigkeiten, wie sie beispielsweise auch für den Beruf des Archivars gebraucht werden, Übungssache und man sollte nicht vergessen, dass auch so manche „Handschrift“ des 20. oder 21. Jahrhunderts sehr individuell und schwer zu „entziffern“ ist. Was man aber für die mittelalterliche Paläographie unbedingt braucht,

KONTRAKTION, von latein. *contrahere* = zusammenziehen.

SUSPENSION, von latein. *suspendere* = hängen-, auslassen.

sind Grundkenntnisse der gebräuchlichen Abkürzungen, denn um Platz auf dem teuren Pergament und Tinte zu sparen, setzte sich für häufig vorkommende Namen oder Wortendungen ein System von Abkürzungen durch: zunächst einmal werden sehr häufig die ***nomina sacra*** (latein. = heilige Namen) wie *deus* (= Gott) oder *spiritus sanctus* (= heiliger Geist) abgekürzt. Das gilt auch für Begriffe aus dem kirchlichen Bereich wie *episcopus* (= Bischof) oder *ecclesia* (= Kirche). Man wendete hier die **KONTRAKTIONSKÜRZUNG** an, d.h dass der oder die ersten Buchstaben geschrieben wurden sowie der oder die letzten, damit für das Textverständnis der Kasus erkennbar ist. Bei unseren Beispielen sieht das dann so aus: $\overline{\text{ds}}$, $\overline{\text{sps}}$, $\overline{\text{eps}}$ und $\overline{\text{eccla}}$. Daneben gibt es noch die aus der römischen Schriftentwicklung stammende **SUSPENSIONSKÜRZUNG**, bei der nur der oder die ersten Buchstaben eines Wortes geschrieben, die weiteren aber ausgelassen werden und dies durch einen Strich über dem Wort angedeutet wird. Während es für die Handschriften, die bis zum 12. Jahrhundert entstanden sind, einen überschaubaren und relativ schnell erlernbaren festen Bestand an geläufigen Kontraktions- und Suspensionskürzungen gibt, weitet sich dieses System danach sehr aus, was die Lesbarkeit von Texten zusätzlich erschwert. Ein wertvolles Hilfsmittel, in dem man die Fülle von Abkürzungen nachschlagen kann, ist hier **der Cappelli** (→ siehe unten).

Aufgaben zum Selbsttest

- Welche Beschreibstoffe verwendete man während des Mittelalters und womit schrieb man?
- Erläutern Sie die Entwicklung der Schrift von der Spätantike bis zum Ende des Mittelalters.
- Erklären Sie das Aussehen und den Name unserer heutigen Druckschrift.
- Welche Schriftarten kennen Sie?
- Erläutern Sie die Begriffe „Skriptorium“ und „Bibliothek“.

Literatur

Bernhard Bischoff, **Paläographie des römischen Altertums und des abendländischen Mittelalters**, 4. erw. Aufl. mit einer Auswahlbibliographie 1986–2008 von Walter Koch, Berlin 2009.
Jacques Stiennon, **L'écriture** (Typologie des sources du moyen âge occidental 72, 1995).
Brandt, **Werkzeug** (wie S. 238), S. 65–80.
Adriano Cappelli, **Lexicon abbreviaturarum. Dizionario de abbreviature latine ed italiane**, 6. Aufl., Mailand 1973, auch im Internet verfügbar unter: http://inkunabeln.ub.uni-koeln.de/

Literatur

Hans Foerster/Thomas Frenz, **Abriss der lateinischen Paläographie**, 3. verb. Aufl., Stuttgart 2004.
Goetz, **Proseminar** (wie S. 126), S. 285 ff.
Jacques Stiennon, **Lécriture, (Typologie des sources du Moyen Âge occidental 72)**, Turnhout 1995.
Zu den Infokästen:
Codex Manesse. Die Miniaturen der Großen Heidelberger Liederhandschrift, herausgegeben und erläutert von Ingo F. Walther unter Mitarbeit von Gisela Siebert, Frankfurt am Main 1988.
Pierre Riché, **Die Welt der Karolinger**, Stuttgart 1981.
Wilhelm Wattenbach, **Das Schriftwesen im Mittelalter**, 4. Aufl., Leipzig 1896; ND Graz 1958.
Einige wichtige und nützliche Internetseiten:
Historische Hilfswissenschaften der Universität München:
www.vl-ghw.uni-muenchen.de/palaeographie.html
Historische Hilfswissenschaften der Universität Bamberg
www.hist-hh.uni-bamberg.de/handbuch/handbuch_start.html
Einen Selbstlernkurs für mittelalterliche Paläographie findet man unter:
http://paleo.anglo-norman.org

4.2 Die Diplomatik

DIPLOMATIK ist die wissenschaftliche Bezeichnung für die Lehre von den mittelalterlichen Urkunden. Geprägt wurde der Begriff von Jean Mabillon, einem gelehrten französischen Benediktiner, der im Jahr 1681 ein großes Werk mit dem Titel „De re diplomatica libri VI" publizierte, eine wissenschaftliche Abhandlung über die aus dem Mittelalter überlieferten Urkunden, abgefasst in der damals internationalen Wissenschaftssprache Latein. Das Wort *diploma* für Urkunde findet man zwar in den mittelalterlichen Quellen nicht sehr häufig – hier tauchen eher die Begriffe *praeceptum* oder *charta* auf – gleichwohl gab Mabillon durch den Titel seines Buches dieser Hilfwissenschaft, die somit auf eine lange Tradition zurückblicken kann, den Namen.

DIPLOMATIK, von griech./latein. *diploma* = Urkunde.

Info

Urkunde

▶ Eine Urkunde ist ein unter Beachtung bestimmter Formen ausgefertigtes und beglaubigtes Schriftstück über Vorgänge von rechtserheblicher Natur.

4.2.1 Zur Geschichte der Diplomatik

In Frankreich brachte die Französische Revolution von 1789 große Veränderungen für die Wissenschaft der Diplomatik, weil nach dem Sturz der Monarchie die im Mittelalter und in der Neuzeit ausgestellten Urkunden ihre Rechtsgeltung verloren und damit für die Forschung leichter zugänglich wurden, denn sie waren nun nur noch historische Quellen. In Deutschland dagegen war es die Mittelalterbegeisterung der Romantik im 19. Jahrhundert, die den Anstoß gab, zunächst eine Bestandsaufnahme der mittelalterlichen Königsurkunden zu machen. Diese wurde in den von **Johann Friedrich Böhmer** initiierten, chronologisch angelegten Regesta imperii publiziert (→ Kapitel 3.3.2, S. 154 ff.). In Frankreich erfolgte und erfolgt die Herausgabe der kompletten Urkunden der westfränkisch-französischen Könige durch die École des chartes, ursprünglich die Ausbildungsstätte für die französischen Archivare. In Deutschland wurden und werden die Urkunden der deutschen Könige, beginnend mit Merowingern und Karolingern, von den **Monumenta Germaniae Historica** herausgegeben (→ Kapitel 3.3.3, S. 164 ff.). Die für die Edition heute noch angewendete diplomatische Methode wurde bereits in der 2. Hälfte des 19. Jahrhunderts von dem in Wien tätigen Diplomatiker **Theodor Sickel** (1826–1908) begründet.

Wer stellte nun im Mittelalter außer den Königen Urkunden aus? Die Diplomatik unterscheidet zwischen **Papst-, Königs- und Privaturkunden**, d. h. die Päpste stellten Urkunden aus für alle möglichen, meist aber kirchlichen Empfänger im damaligen Europa, die Könige stellten Urkunden aus, sehr häufig Schenkungen an Kirchen oder Klöster, aber auch an ihre Gefolgsleute, meist adelige Laien. Die Urkunden aller anderen Aussteller aber, und das können Bischöfe und Erzbischöfe wie Grafen oder Herzöge gewesen sein, bezeichnet man, auch wenn der Ausdruck verwundert, als Privaturkunden. Am besten erforscht und auch ediert sind die Papst- und die Königsurkunden, so dass sich die folgenden Ausführungen hauptsächlich auf diese beiden Gattungen beziehen.

DISCRIMEN VERI AC FALSI, latein. = Unterscheidung von Echtem und Falschem.

Hauptaufgabe der Diplomatik war und ist die **Echtheitskritik**, das **DISCRIMEN VERI AC FALSI**, d. h. dass zunächst geklärt werden muss, ob es sich bei der untersuchten Urkunde um ein echtes oder um ein gefälschtes oder verfälschtes Diplom handelt, denn gerade unter den mittelalterlichen Urkunden sind, wie die Forschung erkannt hat, viele Fälschungen.

4.2.2 Urkundenfälschungen im Mittelalter

Zur Erklärung dieses Phänomens der Fälschungen müssen wir zunächst **das Rechtsverständnis und die Rechtsverhältnisse im Mittelalter** betrachten: In unserem Staat wird beispielsweise der Kauf eines

Grundstücks oder eines Hauses nicht nur durch einen schriftlichen Vertrag beurkundet, von dem Käufer und Verkäufer eine Kopie erhalten, sondern zusätzlich durch die Aufzeichnung dieses Geschäftes im Grundbuchamt als staatlicher, neutraler Institution festgehalten. Im Römischen Reich der Spätantike war dies genauso, denn damals gab es in jeder größeren Stadt die **GESTA MUNICIPALIA**, in die z. B. nach Eröffnung eines Testaments, das ein reicher Privatmann oder ein Bischof gemacht hatte, die Bestimmungen dieses Testaments eingetragen wurden, damit man bei Verlust dieser Urkunde, auch nach Jahren noch nachschauen konnte, was der Erblasser bestimmt hatte und wie die Besitzverhältnisse waren. Mit dem Verfall der Schriftlichkeit und der staatlichen Institutionen nach dem Ende des Römerreiches verfiel auch diese „doppelte Buchführung", und damit gewann die Urkunde selbst, also das Original, an Bedeutung, denn nun musste man sie sorgfältig aufbewahren, weil man im Falle von Rechtsstreitigkeiten nur mit der Urkunde seine Ansprüche beweisen konnte, d.h man musste mit dem Dokument vor dem König erscheinen und auf dieser Grundlage sein Recht einfordern. Erst in der hoch- und spätmittelalterlichen Stadt änderte sich dies wieder, und der Stadtschreiber und mehrere Notare waren für die „doppelte Buchführung" und andere Rechtsgeschäfte zuständig.

GESTA MUNICIPALIA, von latein. *gesta* = Taten, *municipalis* = städtisch.

Die fehlende doppelte Buchführung im Früh- und Hochmittelalter am Königshof bedeutete aber auch, dass ein Fälscher unter Umständen leichtes Spiel hatte, denn da es am Königshof auch kein Archiv gab, in dem Aufzeichnungen über die Rechtsgeschäfte der früheren Könige registriert worden waren, konnte man mit einer gefälschten Urkunde Güter beanspruchen, auch wenn sie einem nie gehört hatten. Insofern empfahl es sich für einen Fälscher, eine solche Schenkung in frühere Jahrhunderte zu verlegen, um zu dokumentieren, wie „alt" die eigenen Rechtsansprüche waren; außerdem machte es Eindruck, wenn die Schenkung vorgeblich von einem möglichst bedeutenden König gemacht worden war, denn wer wollte Wohltaten des schon von den Zeitgenossen hoch geschätzten und später verklärten merowingischen Königs Dagobert I. (623 – 639) oder Karls des Großen (768 – 814) anzweifeln? So nehmen diese beiden Herrscher eine Spitzenposition unter den Königen ein, auf die man im Mittelalter Urkunden fälschte. Auch in späteren Jahrhunderten des Mittelalters berief man sich immer gerne auf die frühen merowingischen Könige als Schenker, und so wird die Fälschungsrate der merowingischen Königsurkunden inzwischen bei über 65 % angesiedelt (→ S. 195 ein Beispiel für eine Fälschung im Frühmittelalter).

Eine weitere Möglichkeit war, eine Urkunde zu verfälschen, indem man die darin gemachten Schenkungen um weitere ergänzte. Aus der Tatsache, dass die Klöster vor allem im Frühmittelalter die Träger der Schriftkultur waren und dass sie überwiegend bis zur Säkularisation von 1803 bestanden, während adelige Familien, die auch Königsurkunden erhalten hatten, ausstarben oder deren Familienarchiv in Fehden und Kriegen verloren ging, erklärt es sich, dass wir viel mehr Urkunden für kirchliche Empfänger überliefert haben und dass in einem größeren Skriptorium auch bessere Möglichkeiten bestanden zu fälschen.

In den letzten Jahrzehnten hat sich die Forschung intensiv mit der **Mentalität des mittelalterlichen Fälschers** beschäftigt und herausgearbeitet, dass hinter seinem Tun ein anderes Rechts- bzw. Unrechtsbewusstsein stand, denn der Mönch, der in einem Kloster eine Urkunde schrieb, in der Karl der Große seinem Konvent bestimmte Äcker schenkte, war davon überzeugt, damit Recht zu schaffen, d. h mithilfe seiner gefälschten Urkunde dem Kloster das zu sichern, was ihm schon längst zustand und was Karl der Große sicher geschenkt hätte, wenn man ihn nur gebeten hätte.

Dieses Beispiel zeigt, dass die Hilfswissenschaften wie die Diplomatik nicht isoliert von der allgemeinen mittelalterlichen Geschichte als bloßes „Handwerkszeug“ zu sehen sind, sondern dass beide in enger Beziehung stehen müssen, um zu überzeugenden Forschungsergebnissen zu kommen: die mithilfe diplomatischer Methoden durchgeführte Echtheitskritik ist dabei ebenso wichtig, wie die Analyse der Vorstellungen, Motive und Hintergründe einer als Fälschung erkannten Urkunde.

Mittelalterliche Urkunden sind uns entweder als Original (bzw. als Original sich ausgebende Fälschung) oder abschriftlich als Kopie überliefert, wobei es natürlich auch Kopien von Fälschungen gibt. Der Fälschungsnachweis erfolgt aufgrund der **äußeren** und **inneren Kritik**. Dabei ist mit der äußeren Kritik die Untersuchung der äußerlichen Beschaffenheit wie Beschreibstoff, Schrift und Siegel gemeint, die allerdings nur bei einem Original angewendet werden kann, während die innere Kritik sich mit dem Text und seiner Stimmigkeit beschäftigt. Es ist einleuchtend, dass Aussagen über die Echtheit etwa einer Königsurkunde nur durch Vergleich mehrerer Diplome eines Ausstellers gewonnen werden können.

Die Königskanzlei

4.2.3

Eine Urkunde entstand in der Regel in der **Kanzlei** des Ausstellers, also beispielsweise in der königlichen, der päpstlichen oder auch einer bischöflichen Kanzlei. An der Ausstellung beteiligt waren der Aussteller, in dessen Namen die Urkunde geschrieben wurde, der Empfänger, der durch sie etwas erhielt, und das Personal der Kanzlei: der **Schreiber** (*notarius*), der den Text schrieb, der **DICTATOR**, der den Wortlaut festlegte, und der **RECOGNOSZENT**, der die Verantwortung für die Ausfertigung der Urkunde trug und ihre Korrektheit bestätigte. Mitunter sind Urkunden auch in der Kanzlei des Empfängers aufgesetzt worden und weisen dann verständlicherweise große Unterschiede in äußeren wie inneren Merkmalen – so beispielsweise in Schrift und Diktat – auf gegenüber den in der Kanzlei aufgesetzten, den **kanzleigemäßen Urkunden**.

DICTATOR, von latein. *dictare* = vorsagen.

RECOGNOSZENT, von von latein. *recognoscere* = wieder-, anerkennen.

Relativ gut erforscht ist die Königskanzlei, die einiges Personal hatte, während die Kanzlei eines Bischofs vielleicht nur aus ein paar **Notaren** bestand. In der Merowingerzeit waren die königlichen Kanzleibeamten, die **REFERENDARII**, noch Laien, aber mit zunehmender Verlagerung der Schriftlichkeit in den kirchlichen Bereich, beauftragten die karolingischen Könige ihre Hofgeistlichen mit der Ausfertigung der Urkunden. Man bezeichnet diese Geistlichen in der Umgebung des Königs auch als **Hofkapelle** nach der bedeutendsten Reliquie des Reiches, die immer am Königshof aufbewahrt wurde und die sie zu hüten hatten, nämlich die *cappa*, d. h. der Mantel des heiligen Martin von Tours, den er für einen Bettler geteilt hatte. (Auch unser Begriff Kapelle leitet sich davon ab.) An der Spitze der königlichen Kanzlei, der Hofkapelle, stand der *archicapellanus*, der **Erzkaplan**, auch *archicancellarius*, **Erzkanzler** genannt. Da dies aber schon in der Karolingerzeit ein Bischof oder Erzbischof war, der sich nicht immer am Hof aufhielt, weil dieses Amt ein Ehrenvorrang war, lag die eigentliche Verantwortung beim *cancellarius*, dem **Kanzler**, und unsere Verwendung dieses Begriffs weist auf die politische Verantwortung, die der mittelalterliche Vorsteher einer Kanzlei hatte. Da die drei rheinischen Erzbistümer die vornehmsten im deutschen Reich des Mittelalters waren, bekleidete seit dem Jahr 965 immer der Erzbischof von Mainz das Amt des Erzkanzlers für das Reich, seit 1031 war der Erzbischof von Köln Kanzler für Italien, d. h für die Urkunden für Empfänger in Reichsitalien, und seit 1033 war der Erzbischof von Trier Kanzler für das nun zum Reich gehörende Burgund.

REFERENDARII, von latein. *referre* = Bericht erstatten.

Zum Hl. Martin → Abb. 48 auf S. 258; das Altarbild aus dem Elsass zeigt den heiligen Martin, der seinen Mantel für einen Bettler teilt.

Spitze der Kanzlei: Erzkanzler/Erzkaplan

Die **Kanzleigeschichte** und die Geschichte der Hofkapelle sind somit zusammenhängende Forschungsgebiete. Um die Einleitung einer kritischen Urkundenedition zur Kanzleigeschichte zu verstehen, muss man wissen, wie in der Forschung das jeweils für einen König tätige „Kanzleipersonal" unterschieden und bezeichnet wird: Da man zwar immer den Namen des jeweiligen Erzkanzlers kennt, aber nicht die der einfachen Schreiber, bezeichnet man die neben- oder nacheinander tätigen Notare unter einem Erzkanzler mit einfachen Großbuchstaben (A, B, C usw.; der Schreiber Heriger A war demnach der unter Heriger von Mainz, dem Erzkanzler Heinrichs I., tätige erste und lange Zeit einzige Notar in der damaligen Königskanzlei). Dies bedeutet natürlich, dass man zunächst durch den paläographischen Vergleich aller originalen Herrscherurkunden, die aus der Amtszeit des betreffenden Erzkanzlers überliefert sind, die individuelle Schrift (heute würden wir sagen die „Handschrift") der einzelnen Schreiber unterscheidet, um ihnen jeweils die Buchstaben zuweisen zu können. Man bezeichnet die jeweilige Handschrift der einzelnen Schreiber als **Hand** und den Vorgang der Unterscheidung einzelner Schreiber von Urkunden oder auch von Schreibern eines einzigen größeren Codex als die **Scheidung der Hände**.

Mit dem allgemeinen **Rückgang der Schriftlichkeit** hängt es zusammen, dass die merowingischen Könige in der Regel noch ihren Namen unter eine Urkunde setzen konnten, die karolingischen aber nicht mehr. Daraus entwickelte sich der Brauch, statt einer **Unterschrift des Königs** sein **Monogramm** unter die Urkunde zu setzen, in das der König einen kleinen Strich zog, den man **Vollziehungsstrich** nennt, weil er damit der Urkunde Rechtskraft verlieh. Neben dieser Form der Beglaubigung eines Diploms trat dann noch das **Königssiegel** und die **Bestätigung des Kanzlers** am Ende der Urkunde.

4.2.4 Überlieferungsformen mittelalterlicher Urkunden

Nun zu den **Überlieferungsformen** der mittelalterlichen Diplome. Der Idealfall ist natürlich die Überlieferung eines Originals. Bei der abschriftlichen Überlieferung gibt es verschiedene Arten: ein **Urkundenregister** sammelt, oft in Form von **Konzepten**, die von einem Aussteller gewährten Urkunden für verschiedene Empfänger; so besitzen wir aus dem Mittelalter verschiedene Papstregister, seit dem Pontifikatsbeginn von Papst Innozenz III. (1198) sogar in kontinuierlicher Folge (→ S. 160 f.). Das Gegenstück zum Register ist das **KOPIAR**, das

KOPIAR, von latein. *copia* = Menge, Abschrift.

Info

Urkundenfälschung im frühen Mittelalter

Bischof Egidius von Reims wurde von König Childebert II. (575–596) beschuldigt, Königsgüter in seinen Besitz gebracht zu haben. Er legte die angeblichen Schenkungsurkunden bei Hof vor: der König stellte „in Abrede, dass er das geschenkt habe; und als Otto, der damals Referendar gewesen war und dessen Unterschrift sich unter den Urkunden nachgebildet fand, herbeigerufen wurde, erschien er und sagte, die Unterschrift sei nicht von ihm. Seine Unterschrift in der Urkunde war nämlich gefälscht", so Gregor von Tours (Decem libri historiarum X c. 19, II, S. 377). Die Urkunden waren in der Merowingerzeit aus Papyrus – womit man u.a. die hohe Verlustrate an merowingischen Diplomen erklärt – in der Karolingerzeit dann aus Pergament. Die Päpste benutzten dagegen noch bis ins 11. Jahrhundert Papyrus für ihre Urkunden. Die Siegel als wesentliche Beglaubigungsmittel einer königlichen oder päpstlichen Urkunde sind wiederum Gegenstand einer eigenen Hilfswissenschaft, nämlich der Sphragistik (→ S. 226 ff.).

auch als **CHARTULAR** oder **Kopialbuch** bezeichnet wird. Hierin wurden alle Urkunden von verschiedenen Ausstellern für einen bestimmten Empfänger kopiert, und im Mittelalter waren dies fast ausschließlich kirchliche Empfänger wie Bistümer und Klöster. Eine besondere Form von Kopiaren sind die **TRADITIONSBÜCHER**, in die alle Schenkungs- und Tauschurkunden eines kirchlichen Empfängers in vollem Wortlaut eingetragen wurden. Privaturkunden (→ S. 190) aus dem Frühmittelalter sind fast nur so überliefert. Beglaubigte Abschriften, die auch Rechtskraft besaßen, waren das **VIDIMUS**, das den vollständigen Urkundentext, oder das **TRANSSUMPT**, das den Inhalt einer älteren Urkunde in eine neue aufnahm. Konzepte von Urkunden sind nur sehr selten separat überliefert.

CHARTULAR, von latein. *charta* = Urkunde.

TRADITION, von latein. *traditio* = Schenkung, Übergabe.

VIDIMUS, latein. = wir haben gesehen.

TRANSSUMPT, von latein. *transsumere* = hinübernehmen.

In den letzten Jahrzehnten hat man auch einer weiteren „Überlieferungsform" von Urkunden größere Beachtung geschenkt, nämlich den **DEPERDITA**, d.h. den verlorenen Urkunden, die in anderen Quellen wie Bistumsgesta oder Chroniken (→ S. 135) oder auch als **Vorurkunde** in später ausgestellten, erhaltenen Diplomen erwähnt werden.

DEPERDITA, von latein. *deperditus* = zugrunde gegangen.

Entsprechend der unterschiedlichen Überlieferungsform von Urkunden gibt es auch **unterschiedliche Arten von Urkundeneditionen**: es gibt Editionen, die nach dem Ausstellerprinzip angelegt sind, wie die der Papst- oder Königsurkunden; und es gibt Editionen, die nach dem Empfängerprinzip vorgehen bzw. eine Mischform bieten, indem sie beispielsweise alle ausgehenden und eingehenden Urkunden einer Bischofskirche edieren.

NOTITIA = Beweisurkunde; latein. = schriftliches Verzeichnis.

DISPOSITIV, von latein. *disponere* = festsetzen.

MANDAT, von latein. *mandare* = anvertrauen.

Die **Klassifizierung der Urkunden** erfolgt nach Rechtsakt und Zweck: als **NOTITIA** bezeichnen wir die schriftliche Niederlegung einer längst erfolgten Rechtshandlung, als **charta** die **DISPOSITIVE** Urkunde, die als solche Recht setzt. Von **MANDATEN** sprechen wir, wenn wir schlichte administrative Verfügungen meinen, und von einem feierlichen **Diplom**, wenn beispielsweise von Königen Besitz und Privilegien an Kirchen oder Klöster vergeben wurden. In den mittelalterlichen Quellen ist die Terminologie nicht so eindeutig, zumal die Grenzen ohnehin fließend sind.

Nicht behandelt wird hier die Aktenkunde, da sie hauptsächlich den Historiker der Neuzeit interessiert, denn **Akten** sind seit dem 15. Jahrhundert gelegentlich überliefert und waren in der Antike bis in die Spätantike gebräuchlich: Als Akten bezeichnet man den schriftlichen Niederschlag von Handlungen im Gerichtswesen sowie in Regierung und Verwaltung, d.h. die eben erwähnten *gesta municipalia* (→ S. 191) würden unter den Begriff Akten fallen.

In der Diplomatik gibt es also zahlreiche Spezialausdrücke, die für den Anfänger sicher etwas verwirrend sind. Auch der Aufbau eines feierlichen Diploms, sei es von einem Papst, einem Kaiser oder einem König ausgestellt, folgt einem bestimmten Muster, dessen einzelne Teile durch Spezialausdrücke bezeichnet werden.

Im Folgenden wird der Aufbau einer solchen Urkunde mit den Fachtermini und ihrer Bedeutung in einer Tabelle aufgeführt, wobei die Einschränkung gemacht werden muss, dass keine Kaiser- oder Königsurkunde wirklich alle Teile enthält.

Abb. 33

Das Original der Urkunde Ludwigs des Deutschen (→ S. 198) vom 19. Juni 831 für die Kirche von Salzburg wird heute in Wien aufbewahrt.

Der Aufbau einer Königsurkunde

4.2.5

Protokoll

Chrismon	(religiöses Zeichen, dem als Grundform das C [= Christus] dient [in der Edition als **C** angegeben])
Invocatio	(Anrufung Gottes): z. B.: *In nomine sancte et individue trinitatis*
Intitulatio	(Name und Titel des Ausstellers mit Devotionsformel): z. B. *dei gratia rex Karolus ...*
Inscriptio	(Nennung des Empfängers mit salutatio): z. B.: *fidelibus nostris N.N. salutem*
Arenga	(Allgemeine redensartliche Begründung) z. B.: *Regiae maiestatis decet in subditos liberalem se praebere* – die Arenga wird teilweise auch zum nachfolgenden Kontext gezählt

Kontext

Promulgatio/ Publicatio	(Verkündungsformel) z. B.: *Noverint omnes Christi fideles*
Narratio	(Erzählung der Umstände, die die Ausfertigung des Diploms veranlasst haben) z. B.: *quod fidelis noster N.N. accedens ad nostram presentiam deprecans celsitudinem nostram, ut ...*
Dispositio	(Willenserklärung und materieller Inhalt der Rechtshandlung) z. B.: *concedimus, quod ....*
Sanctio	(Poenformel, d. h Androhung einer Strafe bei Zuwiderhandlung)
Corroboratio	(Angabe des oder der Beglaubigungsmittel) z. B.: *presens privilegium sigilli nostri impressione iussimus firmari*

Eschatokoll (Schlußprotokoll)

Signumzeile	(in Auszeichnungsschrift, da sie den Charakter einer Unterschrift hat; sie enthält das Monogramm des Königs mit oder ohne Vollziehungsstrich) in der Edition mit **M** = Monogramm oder **MF** = Monogramm mit Vollziehungsstrich (*monogramma firmatum*) angegeben
Rekognitionszeile	(Beglaubigung durch den Kanzler) z. B.: *Ego N.N. cancellarius recognovi* (die Zeile endet mit dem [korbähnlichen] Rekognitionszeichen des Kanzlers, in der Edition mit **SR** = *signum recognitionis* angegeben)
Datierung	(Tages- und Ortsangabe, wann das Rechtsgeschäft getätigt wurde [*actum*-Formel] und wann die Urkunde übergeben wurde [*datum*-Formel])
Apprecatio	(Segenswunsch) z. B.: *Amen*

4.2.6 Die kritische Edition einer Königsurkunde

Abb. 34 *Die kritische Edition der Urkunde Ludwigs des Deutschen, Diplom 4 (MGH DD LdD = Ludwig der Deutsche S. 5)*

LUDWIG DER DEUTSCHE 831. 5

4.

1 Urkundennummer

Ludwig schenkt der Kirche zu Salzburg eine Kolonie in Kärnten beim Einfluß der Görtschitz in die Gurk. *Ranshofen 831 Juni 19.*

2 Kopfregest

Originaldiplom im Haus-, Hof- und Staatsarchiv zu Wien (A). — Salzburger Kammerbücher aus dem Ende des 13. Jh. Bd. 1 f. 39 ebenda (C).

3 Überlieferung

(Kleimayrn) Juvavia, Anh. 80 n⁰ 26 aus C mit a. imp. XIIII. — *Jaksch Mon. Carinthiae 3, 8 n⁰ 15 aus A C. — Hauthaler-Martin Salzb. UB. 2, 20 n⁰ 8 aus A C. — Böhmer n⁰ 721. — Sickel n⁰ 2. — Mühlbacher* [1] *n⁰ 1304;* [2] *n⁰ 1343.*

4 Drucke

Den Kontext schrieb wahrscheinlich ein uns nur noch in D. 6 begegnender Hilfsschreiber des Adalleod nach dessen Diktat, während das ganze Eschatokoll samt den Noten am Schlusse des Kontextes und im Rekognitionszeichen (vgl. Tangl im Archiv für Urkundenforschung 1, 148 ff.) von Adalleod selbst mit hellerer Tinte hinzugefügt worden ist.

5 Vorbemerkung

(C.) In nomine domini nostri Iesu Christi dei omnipotentis. Hludouuicus divina largiente gratia rex Baioariorum. Si liberalitatis nostrae munere de beneficiis divinitus[a] nobis conlatis (C.) locis deo dicatis quiddam conferimus, id nobis procul dubio ad aeternae remunerationis praemia capessenda profuturum liquido credimus. Idcirco noverit omnium[a] fidelium sanctae dei ecclesiae nostrorumque praesentium scilicet[b] et futurorum solertia atque industria, quia nos pro mercedis nostrae augmento concessimus sanctae Iuuauensis[c] ecclesiae, q[uae est constructa][d] in h[on]ore[d] sancti Petri principis apostolorum[e], ubi etiam beatissimus confessor Christi Hruodbertus[f] corpore quiescit humatum[g], cui praesenti tempore auctore deo venerabilis vir[a] Adalramnus[h] archiepiscopus praeess[e videtur, qua]sdam[d] res pr[op]rietatis nostrae, quae sunt in provintia Carantana in[i] loco videlicet[i] ubi Curciza in Curcam influit, id est colonicam unam cum terris pratis silvis perviis adiacentiis[k] aquis a[quarumque decursibus exitibus et regre]ssibus[d], quantumcumque ad eandem colonicam pertinere videtur et nostri iuris atque possessionis in re proprietatis est. Has vero res[l] superius natas[m] cum omni integritate a die [praesenti praefatae][d] concessimus ecclesiae et de nostro iure in ius et dominationem eius liberalitatis nostrae gratia conferimus, ita videlicet ut quicquid de ipsis vel in ipsis rebus rectores et ministri memo[ratae sedis ab hodierno die][d] et tempore iure ecclesiastico facere vel iudicare voluerint, liberam in omnibus per hanc nostrae auctoritatis largitionem habeant potestatem faciendi quicquid elegerint. Et ut hec auctori[tas lar]gitionis[d] nostrae per curricula annorum inviolabilem atque inconvulsam obtineat firmitatem, manu propria subter firmavimus et anuli nostri inpressione signari iussimus. (NT.: *Gausbaldus ad me*[n] *ambasciavit.*)

6 **Protokoll**
a Invocatio
b Intitulatio

7 **Kontext**
a Arenga
b Promulgatio
c Dispositio (benennt Schenkung und Empfänger)
d Corroboratio

(C.) Signum[o] (MF.) Hludouuici gloriosissimi regis. (C.)

(C.) (C.) Adalleodus diaconus advicem Gauzbaldi recognovi et (C.) (SR. NT.: *Adalleodus diaconus advicem Gausbaldi recognovi et subscripsi; Gausbaldus ad me*[n] *ambasciavit.*) (SI. D.)[p]

Data XIII kalendas[q] iulias anno Christo propitio XVIII imperii domni Hludouuici serenissimi augusti et anno VI regni nostri, indictione VIIII; actum Randestorf palatio nostro; in dei nomine feliciter amen.

8 **Eschatokoll**
a Signumzeile
b Rekognitionszeile
c Datum und Actum-Zeile
d Apprecatio

4. a) *fehlt in C* b) icet *auf Rasur* c) Iuvavensi *C* d) *Stockflecken im Pergament, ergänzt aus C* e) ru *auf Rasur; das dritte* o *korr. aus* u f) Rŏdbertus *C* g) humatus *C* h) Adelrammus *C* i) in loco vide *auf Rasur* k) *das zweite* a *auf Rasur* l) *folgt Rasur* m) *A statt* nominatas *(so C)* n) *gerade die Stelle, auf die es ankommt, ist nicht so deutlich, daß die Lesung der Noten sicher wäre. Zuerst las Tangl* Gausbaldus idem magister ambasciavit, *hernach (Archiv f. Urkundenforschung 1, 150)* Gausbaldus ad me ambasciavit, *was auch ich nach Nachprüfung mit R. v. Heckel annehme* o) domni *schaltet C willkürlich ein* p) *das Siegel sah noch G. H. Pertz; es war nach seiner Beschreibung* SI. 1 q) kls *A.*

9 Variantenapparat

Aufgaben zum Selbsttest

- Was verbirgt sich hinter dem Begriff „Königskanzlei"? Erläutern Sie Unterschiede zwischen Früh- und Hochmittelalter.
- Kennen Sie die einzelnen Textteile, aus denen sich eine mittelalterliche Königsurkunde zusammensetzt?
- Welche Fragen beschäftigen die Forschung hinsichtlich der gefälschten Königsurkunden des Mittelalters?

Literatur

Brandt, **Werkzeug des Historikers** (wie S. 238), S. 81–118.
Harry Bresslau, **Handbuch der Urkundenlehre für Deutschland und Italien**, 2 Bde., (2. Aufl., Leipzig 1912–1915 und Bd. 2,2, 1931 aus dem Nachlass hg. von Hans Walter Klewitz).
Fälschungen im Mittelalter. Internationaler Kongress der Monumenta Germaniae Historica München, 16.–19. September 1986, Teil III und Teil IV: Diplomatische Fälschungen (MGH Schriften 33, 3 und 4), Hannover 1988.
Josef Fleckenstein, **Die Hofkapelle der deutschen Könige** (MGH Schriften 16, 1-2), Hannover 1959–1966.
Thomas Frenz, **Papsturkunden des Mittelalters und der Neuzeit**, 2. aktual. Aufl., Hannover 2000.
Goetz, **Proseminar** (wie S. 126), S. 295 ff.
Olivier Guyotjeannin/Jacques Pycke/Benoît-Michel Tock, **Diplomatique médiévale (L'atelier du médiéviste 2)** 3. Aufl., Turnhout 1993.
Oswald Redlich, **Die Privaturkunden des Mittelalter**, München/Berlin 1911.
Zu den Infokästen:
Gregor von Tours, **Zehn Bücher Geschichten** (Decem Libri Historiarum), nach der Übersetzung W. Giesebrechts neub. von Rudolf Buchner (Freiherr v. Stein-Gedächtnisausgabe), 2 Bde., Darmstadt 1955.
Wichtige und nützliche Internetseiten:
Historische Hilfswissenschaften der Universität München:
www.vl-ghw.uni-muenchen.de/diplomatik.html
Historische Hilfswissenschaften der Universität Bamberg:
www.hist-hh.uni-bamberg.de/handbuch/handbuch_start.html

4.3 Die Chronologie

Im Kapitel 2.1.2 (→ S. 50 f.) haben wir gesehen, dass die Menschen des Mittelalters großes Interesse an der zeitlichen Berechnung bestimmter Ereignisse wie dem Tag und Jahr der Geburt Jesu hatten. Auch wenn uns dies vielleicht heute naiv vorkommt, muss man immer wieder konstatieren, dass es unter den mittelalterlichen Gelehrten ausgezeichnete **CHRONOLOGEN** gab, die durch gute Beobachtung der Gestirne sowie scharfsinnige Berechnungen und Überlegungen die Lehre von der Zeit bestimmten, so dass noch heute vie-

CHRONOLOGE, von griech. *chronos* = Zeit, *logos* = Lehre.

les davon Gültigkeit hat, auch wenn wir uns selten bewusst machen, dass viele Festlegungen unserer Zeitrechnung aus dem Mittelalter oder sogar aus der Antike stammen.

4.3.1 | Die astronomischen Grundlagen

Zeitmessung und Zeitberechnung beruht zunächst einmal auf objektiven, d. h. **astronomischen Gegebenheiten**:

- Der (Sonnen)**Tag** ist der Zeitraum, in dem die Erde sich einmal um die eigene Achse dreht im Verlauf von 24 Stunden.
- Der (Mond)**Monat** ist der Zeitraum, in dem der Mond einmal um die Erde kreist; er dauert 29 Tage, 12 Stunden und 44 Minuten.
- Das (Sonnen)**Jahr** ist der Zeitraum, in dem die Erde einmal um die Sonne kreist; es dauert 365 Tage, 5 Stunden, 48 Minuten und 46 Sekunden.

Daraus folgt, dass ein Sonnenjahr nicht genau einem Kalenderjahr mit 365 Tagen entspricht.

4.3.2 | Das Kalenderjahr

Um trotzdem zu einem vernünftigen Kalenderjahr zu kommen, gab es schon in der Antike eine Reform, die man als **Julianische Kalenderrefom** bezeichnet, weil sie im Jahr 46 vor Christi Geburt von Gaius Julius Caesar eingeführt wurde: Er legte nämlich fest, dass das Jahr 365 Tage haben sollte, dass aber zum Ausgleich dieser knapp 6 Stunden, die das Sonnenjahr eigentlich länger ist, alle 4 Jahre ein Tag „eingeschaltet" wurde – so entstand das auch heute noch gebräuchliche **Schaltjahr**. Dass dieser zusätzliche Schalttag gerade am 29. Februar eingefügt wurde und dass der Februar überhaupt mit 28 – 29 Tagen der kürzeste Monat des Jahres ist, hängt damit zusammen, dass dies bei den Römern der letzte Tag des Jahres war, weil ihr neues Jahr mit dem 1. März begann (→ Kap. 4.3.3 und 4.3.5, S. 201 und 203).

Die Julianische Kalenderreform schuf allerdings ein neues Problem, weil das eingefügte Schaltjahr um 44 Minuten und 56 Sekunden zu lang war. Auch wenn uns dies als geringfügig erscheint, summiert sich dies doch im Laufe der Zeit und macht nach 128 Jahren einen vollen Tag aus, so dass sich die Jahreszeiten allmählich verschoben und zu einer wahrnehmbaren Differenz zwischen Sonnen- und Kalenderjahr führten.

Aus diesem Grund kam es im Jahr 1582 zur **Gregorianischen Kalenderreform**, die von den Gelehrten Nikolaus von Kues (1401 – 1464) und Nikolaus Kopernikus (1473 – 1543) angeregt und wissenschaftlich begründet worden war und von Papst Gregor XIII. (1572 – 1585) dann verkündet wurde. Damit der Frühlingsbeginn, nämlich das Datum der Tag- und Nachtgleiche, wieder der 21. März wäre, ließ man 10 Tage ausfallen und ging vom 4. Oktober gleich auf den 15. Oktober 1582 über. Außerdem wurde beschlossen, dass die Jahre 1700, 1800 und 1900 keine Schaltjahre sein sollten, sondern nur die durch 400 teilbaren Jahre 1600 und 2000, damit das aus der julianischen Reform resultierende Problem nicht wieder entstünde.

Dass der Tag der Tag- und Nachtgleiche auf den 21. März fiel, war für die Berechnung des Osterfestes von Bedeutung, wie wir noch sehen werden. Der Gregorianische Kalender setzte sich in den nichtkatholischen Ländern wie England oder Schweden nur langsam durch, und im griechisch-orthodoxen Russland blieb der Julianische Kalender bis zur russischen Februarrevolution von 1917 gültig, weshalb man z. B. die wichtigen Daten der Russischen Revolution in vielen Büchern immer als „Bruchzahl" angegeben findet oder mit der zusätzlichen Angabe „Alter" bzw. „Neuer Stil".

In der modernen Geschichtsschreibung hat sich die Praxis durchgesetzt, die Daten immer in unserer Zeitrechnung anzugeben.

Der Jahresanfang

4.3.3

Im Kapitel 2.1 (→ S. 51) wurde schon darauf hingewiesen, dass der uns geläufige Jahresanfang am 1. Januar im Mittelalter nur einer unter mehreren und nicht der gebräuchlichste war. Er setzte sich erst im 16. Jahrhundert durch. Nach altrömischem Brauch lag der Jahresbeginn am 1. März, was sich noch an den Monatsnamen ablesen lässt (→ S. 203 f.); dies war noch unter den Merowingern im Frankenreich üblich, aber seit der Karolingerzeit setzten sich Jahresanfänge durch, die von kirchlichen Festtagen ausgingen. Wenn also im Mittelalter der Beginn des Jahres am 1. Januar vorkommt, dann liegt das daran, dass man diesen Tag als Tag der Beschneidung Christi ansah. Deshalb wird ein solcher Jahresbeginn als **CIRCUMCISIONSSTIL** bezeichnet.

CIRCUMCISIONSSTIL, von latein. *circumcisio* = Beschneidung.

Es wurde ebenfalls schon darauf hingewiesen, dass der **Weihnachts- oder Nativitätsstil**, also der Jahresbeginn am 25. Dezember, dem Tag der Geburt des Herrn, der im Mittelalter gebräuchlichste Jahresanfang war.

ANNUNCIATIONSSTIL, von latein. *annuntiare* = verkündigen, ankündigen. **PASCHALSTIL**, von latein. *pascha* = Ostern.

Ebenfalls nicht unüblich war ein Jahresbeginn am 25. März, dem Tag der Verkündigung Marias. Er wird deshalb als **ANNUNCIATIONSSTIL** bezeichnet.

Als **Oster- oder PASCHALSTIL** wird ein Jahresbeginn zu Ostern bezeichnet, der bis ins 16. Jahrhundert in Frankreich üblich war. Wie noch zu erläutern ist, war dies ein Jahresbeginn, der auf 35 verschiedene Tage fallen konnte, da Ostern zu den beweglichen Kirchenfesten zählt.

Dies sind die im Mittelalter gebräuchlichsten Jahresanfänge, weitere wie ein Jahresbeginn am 1. September sind regional und lokal begrenzt verbreitet gewesen.

4.3.4 | Die Jahreszählung

Dass wir heute weltweit und unabhängig von der Religion die Jahre von der Geburt Christi an zählen, ist auch eine „Erfindung" des Mittelalters.

Bekanntlich zählten die Römer die Jahre *„ab urbe condita"* (nach Gründung ihrer Stadt 753 v. Chr. – „753 – Rom kroch aus dem Ei"), später zählten sie auch nach den Konsulatsjahren (d. h. nach dem Ende des Königtums im Jahre 509 v. Chr. mit dem Jahr I beginnend).

Es ist verständlich, dass die Reiche, die nach dem Untergang des Römischen Reiches entstanden, diese Zeitrechnung nicht übernahmen, sondern es setzte sich die Zählung des römischen Mönches **Dionysius Exiguus** (= der Kleine; gestorben vor 556) durch, der im Jahre 525 das Jahr der Geburt Christi errechnet hatte (*annus ab incarnatione Domini, a nativitate Christi*). Die Angelsachsen auf der Britischen Insel waren die ersten, die diese Jahreszählung übernahmen, so z.B. der schon erwähnte **Beda Venerabilis** († 735) in seiner Chronik und seinen chronologischen Lehrbüchern (→ S. 127 f.), und mit den angelsächsischen Missionaren kam sie dann auch auf den Kontinent und verbreitete sich dort. Man bezeichnet dieses Zeitrechung als **Zählung nach INKARNATIONSJAHREN**.

INKARNATIONSZÄHLUNG, von latein. *caro* = Fleisch, Fleischwerdung, d. h. Menschwerdung Gottes.

Ebenfalls aus religiöser Wurzel stammt die in der islamischen Welt übliche **Jahreszählung nach der** bereits erwähnten **Hedschra**, der Flucht des Propheten Mohammed von Mekka nach Medina im Jahre 622 (→ S. 48) oder die jüdische Weltaera, die mit einem angenommenen Schöpfungsdatum der Welt im Jahr 3761 v. Chr. zu zählen beginnt.

Eine andere Möglichkeit der Jahreszählung war die **Angabe von Herrscherjahren**, bei den Päpsten die nach Pontifikatsjahren.

Sehr verbreitet war im Mittelalter – etwa in Urkunden – als zusätzliche Jahresangabe die **Indiktion**. Dies war wohl ein von Kaiser Diokletian eingeführter 15jähriger Steuerzyklus.

Info

Die Indiktionsberechnung

▶ Um die Indiktionsangabe etwa in einer Urkunde zu überprüfen, muss man folgende Berechnung anstellen: weil das Jahr 3 v. Chr. als Beginn einer solchen 15jährigen Indiktion quellenmäßig belegt ist, war infolgedessen das Jahr 1 christlicher Zeitrechnung das 3. Jahr einer Indiktion. Also addiert man zum Inkarnationsjahr 3 dazu und dividiert diese Zahl durch 15; der Rest dieser Division ergibt die Indiktionszahl. Wenn kein Rest bleibt, ist die Indiktion 15.

Die Monats- und Tageszählung

4.3.5

Die ebenfalls heute noch gebräuchliche unterschiedliche Länge der einzelnen Monate geht ebenfalls auf die Julianische Kalenderreform zurück, denn weder der Mondmonat mit seinen 29 Tagen, 12 Stunden und 44 Minuten (→ Kap. 4.3.1, S. 200), noch die siebentägige Woche ist ohne Rest in die Länge des Jahres einzugliedern. Um eine möglichst gleichmäßige Länge der Vierteljahre zu erhalten (90 – 92 Tage), gibt es Monate mit 30 und Monate mit 31 Tagen, während der im Julianischen Kalender letzte Monat, der Februar, 28 bzw. 29 Tage hat (→ Kapitel 4.3.2, S. 200).

Die Monatsnamen hat das Mittelalter aus der römischen Antike übernommen, aus ihnen lässt sich unter anderem der Jahresbeginn am 1. März erkennen, denn die Monatsnamen September bis Dezember sind eigentlich ja die Zahlwörter 7–10. Ein Versuch Karls des Großen, den Monaten althochdeutsche Namen zu geben, von dem Einhard in seiner schon genannten Vita berichtet, setzte sich nicht durch.

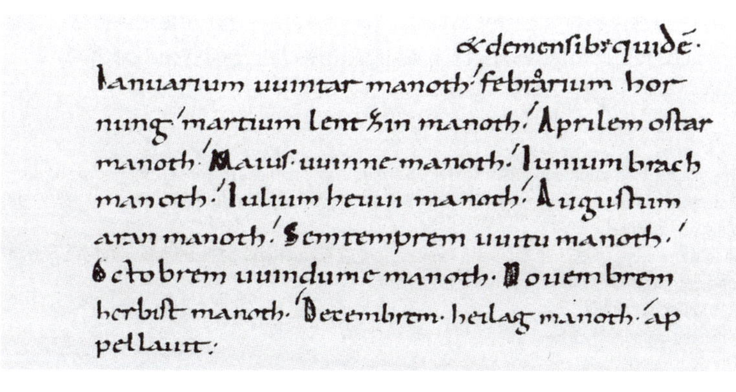
&demensib; quidē·
Ianuarium uuintarmanoth' febrarium hor
nung' martium lentzinmanoth' Aprilem ostar
manoth' Maius uuinnemanoth' Iunium brach
manoth' Iulium heuuimanoth' Augustum
aranmanoth' Semtemprem uuitumanoth'
Octobrem uuindumemanoth· Nouembrem
herbistmanoth' Decembrem· heilagmanoth' ap
pellauit·

Abb. 35

Die von Karl dem Großen vorgeschlagenen Monatsnamen in einer Handschrift des Einhard.

Info

Die Bedeutung unserer Monatsnamen

Ianuarius mensis = dem Gott Ianus geweiht, dem Gott aller Anfänge
Februarius mensis = Reinigungs- oder Sühnemonat
Martis mensis = dem Kriegsgott Mars geweiht
Aprilis mensis = Monat des Aufblühens (*aperire* = öffnen)
Maius mensis = dem Beschützer des Wachstums, dem Gott Maius geweiht
Iunius mensis = der römischen gens der Iunier geweiht
Iulius mensis = zu Ehren von Iulius Caesar so genannt, hieß zuvor *Quintilis*
Augustus mensis = zu Ehren von Augustus so genannt, hieß zuvor *Sextilis*
Septembris mensis = der 7. Monat
Octobris mensis = der 8. Monat
Novembris mensis = der 9. Monat
Decembris mensis = der 10. Monat.

KALENDEN, von latein. *calare* = ausrufen, denn am 1. Tag des Monats mussten die Zinsen bezahlt werden. Von dem Wort *Kalendae* leitete man im Spätmittelalter das Wort *calendarius/calendarium* ab, und so entstand unser heutiges Wort Kalender.

NONEN, von latein. *nonus* = der neunte, d.h. der 9. Tag vor den Iden.

IDEN, von dem etruskischen Wort *iduare* = *dividere* = teilen d.h. des Monats.

Die heute übliche Durchzählung der Tage eines Monats war im Mittelalter zwar nicht völlig unüblich, sie wurde aber erst seit dem 15. Jahrhundert häufiger benutzt, denn auch hier übernahm man die Tageszählung der römischen Antike. Diese geht von drei bestimmten Tagen im Monat aus und rechnet davon jeweils zurück, wobei der Tag, von dem aus man rechnet, mitgezählt wird. Diese drei Tage sind:

- die **KALENDEN**, der 1. eines Monats
- die **NONEN**, der 5. bzw. 7. Tag eines Monats
- die **IDEN**, der 13. bzw. 15. eines Monats.

In den Monaten März, Mai, Juli und Oktober galt für Nonen und Iden der spätere Termin, also der 7. und 15., in allen anderen Monaten der frühere Termin, d.h. der 5. und 13.

Weit verbreitet war im Mittelalter aber auch die Tagesangabe nach einem Heiligen, denn im Kalender der römischen Kirche hat jeder Tag mindestens einen Titelheiligen, dabei schwankt allerdings der Gebrauch, je nachdem welcher Heilige in welcher Gegend populär war.

Tipp

Der römische Kalender

Um sich die vier Monate mit dem späteren Termin besser merken zu können, gibt es die beiden „Eselsbrücken" bzw. Merkworte Momjul (= März, Oktober, Mai und Juli) oder Milmo (= März, Juli, Mai und Oktober).
So lauten die neuzeitlichen Tagesangaben 22. Juni, 3. August und 10. September in der Tageszählung der römischen Antike und des Mittelalters:
- X. Kal(endae) Iulii
- III. Non. Augusti
- IV. Idus Septembris.

Für die Wochentage begegnen sowohl die römischen Bezeichnungen als auch Angaben, die auf einer Nummerierung beruhen:

- *feria prima* oder *dies dominica* für den *Sonntag*
- *feria secunda* oder *dies lunae* für den *Montag*
- *feria tertia* oder *dies Martis* für den *Dienstag*
- *feria quarta* oder *dies Mercuris* für den *Mittwoch*
- *feria quinta* oder *dies Iovis* für den *Donnerstag*
- *feria sexta* oder *dies Veneris* für den *Freitag*
- *sabbatum* oder *dies Saturni* für den *Samstag*.

In den europäischen Sprachen haben sich eher die römischen Bezeichnungen niedergeschlagen, wie das Beispiel für Montag: englisch *monday*, französisch *lundi*, italienisch *lunedi* und spanisch *lunes* zeigt.

Über die mittelalterliche Stundeneinteilung wurde ja in Kapitel 2.2 (→ S. 57 f.) schon gehandelt. So müssen wir uns zum Abschluss unserer Beschäftigung mit der Chronologie noch mit dem „Angelpunkt des christlichen Festkalenders“ (A. v. Brandt), dem Osterdatum befassen.

Die Berechnung des Osterfestes

Aus dem christlichen Glauben erklärt sich, dass nicht nur die Geburt Christi, die seit dem 4. Jahrhundert am 25. Dezember gefeiert wurde und wird, ein wichtiges Kirchenfest war, sondern auch die Zeit der Passion Christi, also Ostern. 4.3.6

Das jüdische Oster- oder Passahfest fiel immer auf den Tag des Frühlingsvollmondes, d. h. auf den Tag des ersten Vollmondes an oder nach Frühlingsanfang (Tag- und Nachtgleiche), unabhängig davon, was dies für ein Wochentag war.

Das Konzil von Nicäa, das im Jahr 325 n. Chr. tagte, legte für die Christen fest, dass Frühlingsanfang immer am 21. März sein sollte –

Info

Ostern

▶ Die Zeit des Todes Christi bis zu seiner Auferstehung heißt auf hebräisch „pesach“, griechisch/lateinisch dann „pascha“, woraus in den modernen Sprachen dann „pasqua“ auf italienisch und „pâques“ auf französisch wurde. Das deutsche Wort „Ostern“ (englisch „Easter“) ist vermutlich eine gallo-fränkische Wortbildung „austro“ (lat. *alba*) = Morgenrot; dann Bezeichnung für die Osterwoche nach lateinisch *albae paschales* für die weißen Taufkleider der (an Ostern) Neugetauften.

daher ergab sich ja im Laufe der Zeit die Notwendigkeit einer Kalenderreform (→ Kapitel 4.3.2, S. 200 f.) – und dass das christliche Osterfest stets auf den ersten Sonntag nach dem Frühlingsvollmond fallen sollte. Aus dieser Festlegung ergeben sich insgesamt 35 Termine, auf die das Osterfest fallen kann, weshalb man von einem beweglichen Fest spricht: Der früheste Termin für das Osterfest ist der **22. März**, nämlich dann, wenn Vollmond auf den Tag des Frühlingsanfangs, also den 21. März fällt und dies gleichzeitig ein Samstag ist. Der späteste Ostertermin ist der **25. April**, nämlich dann, wenn der Frühlingsvollmond auf den 18. April fällt und dieser Tag außerdem ein Sonntag ist.

PFINGSTEN, von griech. *pentekoste hemera* = der 50. Tag; gefeiert wird die Ausgießung des Heiligen Geistes und Gründung der Kirche.

An **FRONLEICHNAM** (Leib des Herrn) wird das Gedächtnis des letzten Abendmahls am Gründonnerstag gefeiert.

Nach einer Zeit als Knappe ab dem 14. Lebensjahr erfolgte die Erhebung zum Ritter durch die **SCHWERTLEITE**; dies bedeutete die Lehens- und Turnierfähigkeit.

Bewegliche Feste sind neben Ostern auch **Christi Himmelfahrt**, **PFINGSTEN** und **FRONLEICHNAM**, weil ihr Inhalt ebenfalls mit der Leidensgeschichte Christi zusammenhängt und ihr Datum damit vom Osterdatum abhängig ist: Christi Himmelfahrt wird immer am Donnerstag nach dem 5. Sonntag nach Ostern, Pfingsten am 50. Tag nach Ostern und Fronleichnam am Donnerstag nach der Pfingstwoche begangen.

Wir haben Quellenbelege, dass Pfingsten schon im 5./6. Jahrhundert gefeiert wurde, und im Hochmittelalter war es besonders das Pfingstfest des Jahres 1184, als Kaiser Friedrich Barbarossa die **SCHWERTLEITE** seiner beiden Söhne in Mainz im Beisein von einigen Tausend Menschen feierte, von dem die Quellen berichten.

Zu den nicht beweglichen Festen zählen neben Weihnachten (= Geburt Christi) auch das oben (→ S. 201) schon erwähnte Fest der Verkündigung Marias am 25. März und Maria Himmelfahrt am 15. August.

Aus der komplizierten Festlegung des christlichen Osterfestes ergab sich die Notwendigkeit, **Ostertafeln** zu erstellen. Das waren Tabellen, die von chronologisch versierten mittelalterlichen Gelehrten aufgestellt wurden und auf denen die Osterfeste der nächsten Jahre und Jahrzehnte vorausberechnet waren. Jeder Bischofssitz und jedes Kloster benötigte solche Ostertafeln, um zu wissen, wann dieses hohe Kirchenfest in jedem Jahr zu feiern war. Am Rand solcher Ostertafeln vermerkte man in einzelnen Klöstern auch andere wichtige Ereignisse wie den Tod des Abtes oder die Erhebung eines neuen Herzogs oder Königs; daraus entwickelte sich die Quellengattung der Annalen (→ Kapitel 3.2.1, S. 129 ff.).

Heute benutzt man gewissermaßen eine verbesserte und gedruckte Form von Ostertafeln, nämlich „den **Grotefend**" – das 1898 in 1. Auflage erschienene und seitdem immer wieder neu aufgelegte Taschenbuch der Zeitrechnung von Hermann Grotefend mit seinen Tabellen zur Osterfestberechnung. Das Buch – eine Kurzfassung seines dreibändigen Werkes „Zeitrechnung des deutschen Mittelalters und der Neuzeit“ (1891/1898) – enthält außerdem zahlreiche weitere nützliche Tabellen zur Tagesberechnung nach dem römischen Kalender, ein alphabetisches Verzeichnis der Heiligentage sowie der mittelalterlichen Herrscher und ihrer Regierungszeiten – kurzum alles, was ein Mediävist und eine Mediävistin zur Auflösung von Datierungen in mittelalterlichen Quellen braucht. Den Anfänger kostet es meist etwas Mühe, bis er mit „dem Grotefend“ arbeiten kann, aber er ist ein unentbehrliches Hilfsmittel.

Aufgaben zum Selbsttest

- Warum wurden die julianische und die gregorianische Kalenderreform (46 v. Chr. und 1582 n. Chr.) durchgeführt?
- Nennen Sie verschiedene Tage für den Jahresbeginn im Mittelalter.
- Wie gab man im Mittelalter das Tagesdatum an?
- Skizzieren Sie die Bedeutung des Ostertermins für das Mittelalter. – Kennen Sie andere beweglichen Feiertage und ihre (möglichen) Termine im Kalenderjahr?

Literatur

Arno Borst, **Computus. Zeit und Zahl in der Geschichte Europas**, Berlin 1990.
ders., **Computus. Zeit und Zahl im Mittelalter**, in: Deutsches Archiv für Erforschung des Mittelalters 44 (1988) S. 1–82.
Brandt, **Werkzeug** (wie S. 238) S. 29–38.
Anna-Dorothee von den Brincken, **Historische Chronologie des Abendlandes. Kalenderreformen und Jahrtausendrechnungen. Eine Einführung**, Stuttgart 2000.
Goetz, **Proseminar** (wie S. 126) S. 278 ff.
Hermann Grotefend, **Taschenbuch der Zeitrechnung des deutschen Mittelalters und der Neuzeit**, 13. Aufl., Hannover 1991 (1. Aufl. 1898).
ders., **Zeitrechnung des deutschen Mittelalters und der Neuzeit**, Hannover 1891–1898, 3. ND 1997.
Zu den Infokästen:
Einhard, Vita Karoli Magni, ed. Oswald Holder-Egger, (MGH SS rer. Germ.) Hannover 1911.
Friedrich Kluge, **Etymologisches Wörterbuch der deutschen Sprache**, 24. Aufl., Berlin 2002; auch auf CD-ROM lieferbar.
Wichtige und nützliche Internetseiten:
Historische Hilfswissenschaften der Universität München:
www.vl-ghw.uni-muenchen.de/chronologie.html
Historische Hilfswissenschaften der Universität Bamberg:
www.hist-hh.uni-bamberg.de/handbuch/handbuch_start.html
Der „Grotefend“ im Internet mit einem praktischen Rechner für alle Daten, Ostertermine usw.:
www.manuscripta-mediaevalia.de/gaeste/grotefend/grotefend.htm

4.4 | Die Genealogie

Die Dynastie der Staufer verdankt ihren Aufstieg zum Königtum im 12. Jahrhundert der Eheverbindung zwischen Agnes, der Tochter des salischen Kaisers Heinrichs IV., und dem „Stammvater" Friedrich von Büren, der 1079 nicht nur die damals siebenjährige Agnes als Verlobte erhielt, sondern auch zum Herzog von Schwaben erhoben wurde. Friedrichs und Agnes' Sohn Konrad wurde dann 1138 König nach dem Tod von Agnes' Bruder Heinrich V. († 1125) und Kaiser Lothar III. († 1137), die beide ohne männliche Nachkommen starben. Die Einheirat in das salische Königshaus wertete bereits der Geschichtsschreiber Bischof Otto von Freising als Beginn des Aufstiegs der Familie. Dazu muss man allerdings wissen, dass Otto hier kein neutraler Berichterstatter war, denn er war ein Sohn der Agnes aus ihrer zweiten Ehe mit Markgraf Leopold III. von Österreich. (Die geschilderten genealogischen Zusammenhänge finden sich in übersichtlicher Form auf der Stammtafel in Abb. 36.)

GENEALOGIE, von griech. *genos* = Geschlecht, *logos* = Lehre.

Dieses Beispiel macht deutlich, womit sich die **GENEALOGIE** beschäftigt, nämlich mit den auf biologischer Abstammung beruhenden Zusammenhängen zwischen Menschen, so die klassische Definition. Für das Verständnis der Reichsgeschichte ist die Kenntnis solcher genealogischen Zusammenhänge zur Erklärung bestimmter Sachverhalte von großer Bedeutung. Aber auch in der Territorialgeschichte ist es wichtig, die Abstammungsverhältnisse der betreffenden Adelsgeschlechter zu kennen.

Stammbäume sind eine Erfindung des Mittelalters und man hat vermutet, dass das Vorbild hierfür die auf Gemälden oder Kirchenfenstern oft dargestellte „Wurzel Jesse" war, ein Baum, der aus dem Propheten Jesaja herauswuchs und auf dessen Zweigen Marias Vorfahren, Maria selbst und schließlich Jesus Christus zu sehen sind. Je mehr sich für den mittelalterlichen Adel, nachdem er spätestens im 12. Jahrhundert erblich geworden war, die Notwendigkeit ergab, die Verwandtschaftsverhältnisse und Abstammungen nachweisen zu müssen, desto beliebter wurden Stammbäume. Es gab allerdings auch „erfundene" Stammbäume bzw. Abstammungen (→ S. 211).

4.4.1 | Die Problematik der Bestimmung von Abstammungen

Zumindest im Früh- und Hochmittelalter kann man sich aber nur mit der Abstammung innerhalb der adeligen und der königlichen Dynas-

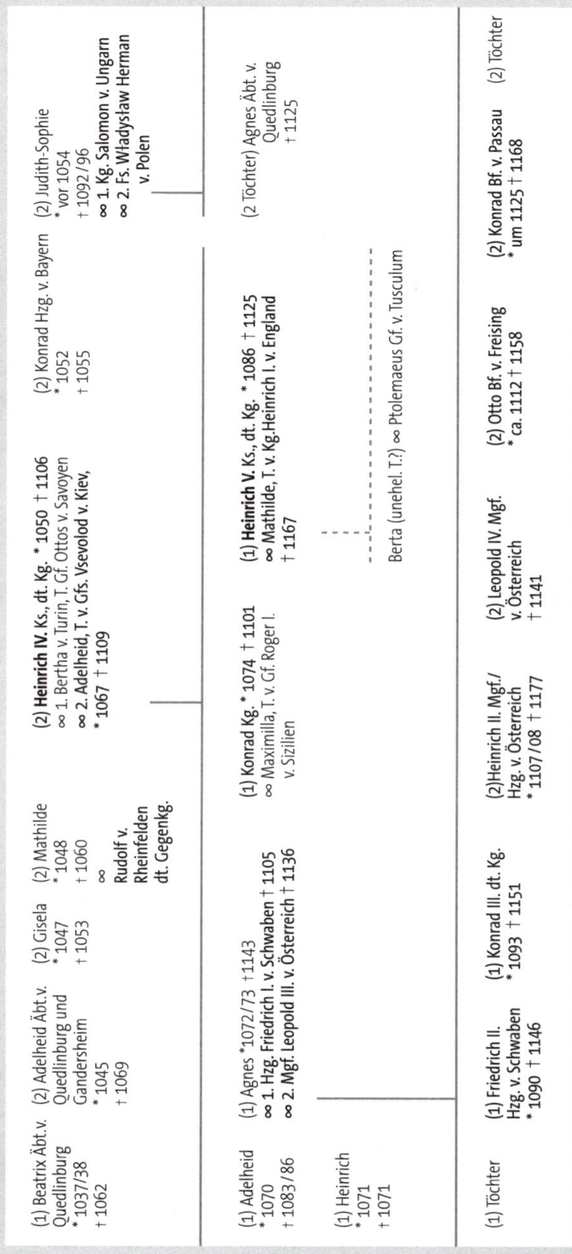

Lit.: Artikel der aufgeführten Personen — Salier–Europ. Stammtafeln, NF I, hg. D. Schwennicke, 1980, Taf. 4 – S. Weinfurter, Die Salier und das Reich. Einleitung (DieSalier und das Reich, I, hg. Ders., 1992).

Abb. 36

Ein Ausschnitt aus der Stammtafel der Salier.

Abb. 37

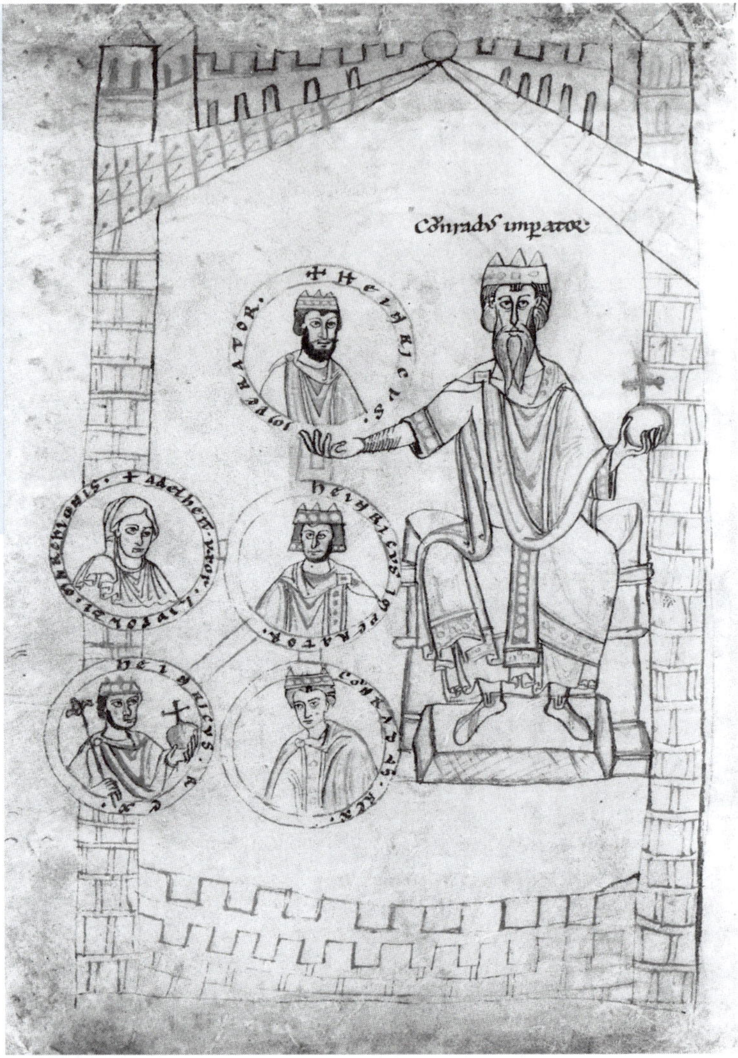

Das so genannte „Salierstemma" des Ekkehard von Aura (→ S. 128) zeigt einen mittelalterlichen Stammbaum, ausgehend von Konrad II. (1024–1039) und den Nachkommen Heinrich III. (1039–1056), Heinrich IV. (1056–1106) und Heinrich V. (1106–1125) sowie Konrad († 1101). Die Handschrift befindet sich heute in Berlin.

tien beschäftigen, denn zum einen besitzen wir Quellen nur über diese herausgehobenen Familien, und zum anderen ist es die **Zeit der Einnamigkeit**, denn die uns geläufigen „Familiennamen" gab es in dieser Zeit noch nicht. So ist es selbst für die adeligen Familien schwierig, die genaue Abstammung der einzelnen Familienmitglieder zu erfassen, denn häufig sind die Bezeichnungen in den Quellen ungenau (*nepos* kann z.B. Enkel oder Neffe bedeuten), und erst ab dem 11. Jahrhundert gaben sich die Adelsgeschlechter eine Art „Familiennamen“ nach ihrem Stammsitz – wie Friedrich von Büren nach seinem Familiensitz und dann die Staufer nach ihrem „Hausberg“, dem Hohenstaufen bei Göppingen. Ab dem 12. Jahrhundert treten dann noch Wappen und Siegel als individuelle Kennzeichen hinzu. Dafür sind jedoch eigene Hilfswissenschaften, nämlich die Wappenkunde (Heraldik) und die Siegelkunde (Sphragistik) zuständig (→ Kapitel 4.7, S. 226 ff. und 4.8, S. 230 ff.).

Hilfreich für die Genealogie sind auch die **Leitnamen** und das Prinzip der **Nachbenennung**: bei den Karolingern beispielsweise sind es die Leitnamen Karl und Ludwig, die immer wieder vergeben werden bzw. nach denen man in den folgenden Generationen immer wieder die Söhne nennt, und seit der Einheirat der „Staufer“ in die salische Königsdynastie werden in dieser Familie auch die „salischen“ Namen Konrad und Heinrich vergeben. Nicht unüblich war auch eine Nachbenennung nach dem **Spitzenahn**, d.h. den berühmtesten Vorfahren, die am Beginn eines Geschlechts standen.

Das Prinzip der Leitnamen bzw. der Nachbenennung führt natürlich dazu, dass wir innerhalb der Dynastie zahlreiche Träger des gleichen Namens haben. Besonders bei den Karolingern hat dies dazu geführt, dass viele von ihnen mit einem **Beinamen** versehen wurden wie Karl der Große, Ludwig der Fromme, Karl der Kahle, Ludwig der Deutsche oder Ludwig der Jüngere und Karl der Dicke. In den späteren Jahrhunderten begegnen solche Beinamen eher vereinzelt, so etwa bei Heinrich dem Zänker und Heinrich dem Löwen. Manchmal sind diese Beinamen zeitgenössisch, meist aber eine „Erfindung“ späterer Zeiten.

Schwierigkeiten können durch späte Quellen entstehen, in denen die Geschichte des Hauses verklärt wird, indem darin vornehme Ab-

Info

Eine gefälschte Genealogie

► Die „erste Herrschergenealogie des christlichen Mittelalters überhaupt“ (O. G. Oexle) entstand in Metz Mitte des 9. Jahrhunderts. Sie konstruiert eine Abstammung der Karolinger von den Merowingern, indem einem der Spitzenahnen der Karolinger, Bischof Arnulf von Metz, eine Abstammung von einer angeblichen Tochter eines Königs Chlothar „angedichtet wird“. Bezeichnend ist u.a. die Ansippung an die zuvor regierende Dynastie über die kognatische Verwandtschaft (→ Kap. 4.4.4, S. 215 ff.). Welchen Zweck diese Fiktion für ihre „Erfinder“ erfüllen sollte, ist umstritten. Jedenfalls setzte sich bis zum Ende des 9. Jahrhunderts die Vorstellung von einer merowingischen Abstammung der Karolinger vielfach durch und wurde im 20. Jahrhundert auch von einzelnen Forschern vertreten, bis diese These endgültig widerlegt wurde.

stammungen zu Adelsgeschlechtern und Königsdynastien hinzuerfunden wurden, um die Familie besonders hervorzuheben.

Auch die Forschung hat sich aufgrund der oft uneindeutigen und bisweilen widersprüchlichen Quellen in manche genealogische Kontroverse „verstrickt". Dabei geht es – wie im Fall der angeblichen merowingischen Abstammung der Karolinger – meist um mehr als um die Exaktheit des „Stammbaums" (→ Kapitel 4.4.2, siehe unten), denn es sind verfassungsrechtliche Fragen wie die **Bedeutung des Geblüts- oder des Wahlrechts** für die Etablierung einer neuen Königsdynastie.

Info

Eine offene Kontroverse

▶ Eine seit über 25 Jahren geführte genealogische Kontroverse ist die um **Kuno von Öhningen**, der in zwei Quellen des 12. Jahrhunderts genannt wird und mit Herzog Konrad von Schwaben (983–997) identifiziert wurde; außerdem wurde versucht, nachzuweisen, dass seine Gemahlin Richlint eine Enkelin Ottos des Großen gewesen sei. Da die Quellenlage für diese Nachweise äußerst problematisch ist, blieben die Identifizierungen nicht unwidersprochen. Eine Klärung dieser Frage ist deshalb für die allgemeine politische Geschichte von so großer Bedeutung, weil Konrad von Schwaben einer der Thronanwärter nach dem kinderlosen Tod Ottos III. 1003 war und an einer Verwandtschaft mit den Ottonen die verfassungsrechtlich relevante Frage hängt, ob 1003 nur Bewerber eine Chance hatten, die mit der vorhergehenden Dynastie verwandt waren, oder auch Bewerber aufgrund ihrer persönlichen Eignung, selbst wenn sie nicht verwandt waren.

4.4.2 Ahnentafel und Nachfahrentafel

ASZENDENZ, von latein. *ascendere* = aufsteigen. **DESZENDENZ**, von latein. *descendere* = hinabsteigen.

Neben Aufsätzen zu genealogischen Kontroversen präsentiert die Genealogie ihre Ergebnisse hauptsächlich in zwei Formen, nämlich als

- **Ahnentafel** (das ist die Darstellung der **ASZENDENZ**, d. h. der Vorfahren einer einzelnen Person) oder als
- **Nachfahrentafel** (das ist die Darstellung der **DESZENDENZ**, der Nachkommen einer einzelnen Person).

Die Stammtafeln der Karolinger, der Ottonen, Salier und Staufer sind eigentlich Nachfahrentafeln, indem sie vom ersten König der Dynastie die Nachkommenschaft bis zum letzten Herrscher verzeichnen. So ist also die uns geläufige Bezeichnung des „Stammbaums" unscharf. Vor allem im Spätmittelalter war eine vollständige Ahnentafel erforderlich, wenn man in ein Domkapitel oder einen

Ritterorden eintreten wollte, der nur Männer von rein adeliger Abstammung aufnahm. Man bezeichnete diesen Nachweis adeliger Abstammung als **Ahnenprobe**.

Der Ahnenverlust

4.4.3

Verfolgt man die Vorfahren einer Person, so ergibt sich folgendes Bild:
1. Generation = 1 Person
2. Generation = 2^1 Personen = 2 (Eltern)
3. Generation = 2^2 Personen = 4 (Großeltern)
4. Generation = 2^3 Personen = 8 (Urgroßeltern)
5. Generation = 2^4 Personen = 16 (Ururgroßeltern)
6. Generation = 2^5 Personen = 32 (Urururgroßeltern)
7. Generation = 2^6 Personen = 64 (Ururururgroßeltern)

Würde man diese Rechnung fortsetzen, so würde sie bald zu einer riesigen Zahl an Vorfahren führen, nämlich in der 21. Generation zu 1 048 576 Vorfahren und in der 36. Generation zu über 34 Milliarden Vorfahren. Denken wir an die in Kapitel 2.2 (→ S. 61) genannte geschätzte Einwohnerzahl von 650 000 Menschen am Beginn des 6. Jahrhunderts, so kann diese Rechnung keinesfalls stimmen. Die Erklärung dafür liegt im **Ahnenverlust**, der auch als **Ahnenschwund** bezeichnet wird, obwohl man besser von **Ahnengleichheit** reden sollte. Damit ist gemeint, dass sich die Zahl der Vorfahren deutlich durch Verwandtschaftsehen reduziert. Am besten lässt sich dies an den lückenlosen Stammtafeln aus dem europäischen Hochadel demonstrieren: die Zahl der Ahnen der ersten 12 Generationen müsste rein rechnerisch 8 190 ergeben, bei Friedrich dem Großen (1712–1786) sind es tatsächlich aber nur 2 549 Personen, was einen Verlust von 5 641 Ahnen ausmacht. Aus der Ahnentafel Friedrichs des Großen lässt sich bezüglich der Ahnengleichheit außerdem noch anführen, dass Kaiser Ludwig der Baier (1287–1347) dort an 166 verschiedenen Stellen vorkommt.

Für die mittelalterliche Geschichte können wir ebenfalls Beispiele für den Ahnenverlust anführen: so heiratete der spätere merowingische König Childerich II. (662–675) um 662 seine Cousine Bilichild, womit beide väterlicherseits denselben Großvater hatten, nämlich Dagobert I. (623–638/39). In der Karolingerzeit sorgte die zweite Gemahlin Ludwigs des Frommen († 840), die Kaiserin Judith († 843), dafür, dass ihre Schwester Hemma († 875) Judiths Stiefsohn

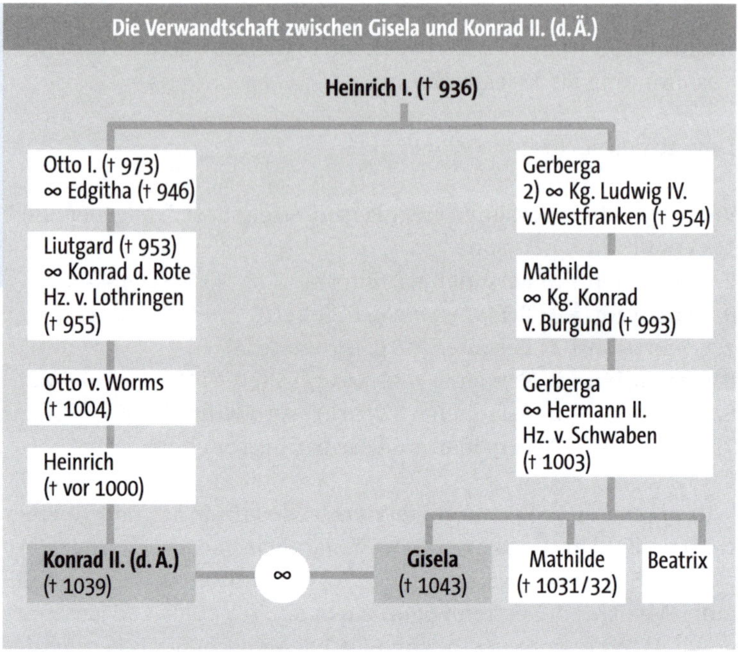

Abb. 38

Die verwandtschaftliche Nähe zwischen Kaiser Konrad II. und seiner Gattin Gisela zeigt diese Stammtafel.

Ludwig den Deutschen († 876) heiratete. Damit hatten Judiths Sohn Karl der Kahle und die drei Söhne Ludwigs des Deutschen, also Karlmann, Ludwig der Jüngere und Karl III. mütterlicherseits dieselben Großeltern, nämlich die Eltern von Judith und Hemma.

Der Ahnenverlust bzw. die Ahnengleichheit bedeutet also eigentlich eine nähere Verwandtschaft, da beide Ehepartner bzw. deren Nachkommen Vorfahren gemeinsam haben. Und genau dies spielte im Laufe des Mittelalters bei den adeligen Familien eine Rolle, denn eine zu nahe Verwandtschaft galt der Kirche als Ehehindernis. Gerade im 11. Jahrhundert, als im Zuge der kirchlichen Reformen strengere Maßstäbe in vielen Bereichen angelegt wurden (→ S. 85 f.), gerieten sogar prominente Ehen auf den „Prüfstand“: **Kritik an der Eheverbindung wegen zu naher Verwandtschaft** traf sowohl Kaiser Konrad II. (1024–1039) und seine Gemahlin Gisela († 1043) wie auch deren Sohn Kaiser Heinrich III. (1039–1056) und Agnes von Poitou († 1077).

Nur die Ahnenreihen der hochadeligen Personen sind über viele Generationen zurückzuverfolgen, denn im Normalfall wird ein heutiger Mensch seine Abstammung eher bis ins 19. Jahrhundert als bis ins 18. oder 17. Jahrhundert zurückverfolgen können. Wenn man

Info

Verwandtschaft als Ehehindernis

Die Zählweise, in welchem Verwandtschaftsgrad Personen zueinander standen, war unterschiedlich: Nach römischer Zählung rechnete man die Zeugungsschritte von einem Ehepartner zum gemeinsamen Vorfahren hinauf und wieder hinunter zum anderen Ehepartner, d.h. Vettern waren Verwandte 4. Grades. Nach anderer Methode zählte man den Abstand zum gemeinsamen Vorfahren bei beiden Ehepartnern hinauf, d.h. danach waren Vettern im 2. Grad verwandt (2:2), nach germanischer Zählweise wurden Eltern und Kinder als Einheit gerechnet und nicht gezählt, so dass Vettern im 1. Grad verwandt waren. Die häufigste kirchenrechtliche Formulierung lautete, dass eine ehehindernde Verwandtschaft bis zum 7. Grad (*usque ad septimam generationem*) bestand, wobei *generatio* (latein. = Zeugung) als Generation oder als Zeugungsschritt (siehe oben) ausgelegt werden konnte, was ein beträchtlicher Unterschied ist.

eine **Generationendauer von 30 Jahren** zugrunde legt, wie die Genealogie dies tut – also den Zeitraum bis zur Geburt der nächsten Generation –, wäre man bei einer im Jahre 2004 geborenen Person bei der 7. Vorfahrengeneration bereits in den 1820er Jahren. Da man früher Eheschließung und Geburt lediglich im Kirchenregister verzeichnete, genügt in der Regel der Verlust eines einzigen Kirchenregisters, beispielsweise durch Zerstörung der Kirche im Zweiten Weltkrieg, um die Familienforschung zu einem Punkt zu bringen, von dem es nicht mehr weiter zurückgeht.

Die Notwendigkeit eines Ariernachweises im Dritten Reich hat seinerzeit die Familienforschung in breiten Schichten der Bevölkerung zu einem Zwang werden lassen.

Agnatische und kognatische Verwandtschaft

4.4.4

Bei vielen modernen Stammtafeln mittelalterlicher Herrscherdynastien fällt auf, dass sie ausschließlich die männlichen Nachkommen (**AGNATISCHE Verwandtschaft**) verzeichnen und nicht die weiblichen. Dies ist zum einen darin begründet, dass im Mittelalter die Erbfolge nur über die männliche Linie lief – im neuzeitlichen England, Schweden oder Dänemark war und ist dies beispielsweise ja anders –, zum anderen aber auch darin, dass das Denken des 19. und teilweise noch des 20. Jahrhunderts ebenfalls auf die männliche Nachkommenschaft fixiert war. Ablesbar ist dies etwa daran, dass lange Zeit die Frau den Nachnamen des Mannes annehmen musste und dass der „Stammhalter“, der auch den Familiennamen

AGNATISCH, von latein. *agnasci* = hinzugeboren werden (von Söhnen).

weitergab, viel wichtiger war als eine Tochter. Noch 1958 schrieb Ahasver von Brandt in seinem Standardwerk „Werkzeug des Historikers“: „Die vollständige Nachfahrentafel, die also auch die Nachkommenschaft der weiblichen Nachfahren erfasst, ist als solche für den Historiker nur von geringer Bedeutung“.

KOGNATISCH, von latein. *cognatus* = verwandt.

Weitere ähnliche Sätze ließen sich noch anführen. Unser eingangs gewähltes Beispiel zu Saliern und Staufern hat aber bereits gezeigt, dass die Abstammung aus weiblicher Linie, die **KOGNATISCHE Verwandtschaft**, wichtig war und entscheidende Erklärungen für bestimmte Sachverhalte geben kann. So hatte Otto von Freising in dieser Frage sicherlich eine andere Einstellung als Ahasver von Brandt, d.h. im Mittelalter dachte man anders als im 19. und 20. Jahrhundert, und die Forschung der letzten Jahrzehnte hat erkannt, dass man sich Möglichkeiten der historischen Erkenntnis nimmt, wenn man beispielsweise nicht verfolgt oder nicht berücksichtigt, welche Eheverbindungen die weiblichen Nachkommen und wiederum deren Nachkommen eingingen oder wie eine angeblich „ausgestorbene“ Adelsfamilie über die weibliche Linie fortbestand: Dass die merowingische Königin Brunichild eine Schwester der von ihrem Gemahl Chilperich I. ermordeten Königin Galswinth war, hatte für den weiteren Verlauf der merowingischen Reichsgeschichte Bedeutung; dass der erste salische Herrscher Konrad II. († 1039) über seine Urgroßmutter Liutgard, die eine Tochter Ottos des Großen war, mit der vorhergehenden Dynastie verwandt war, war für seine Königswahl wichtig und den gelehrten Zeitgenossen ebenso bewusst wie im Falle der Agnes und ihres Gemahls Friedrich von Büren. Diese Beispiele zeigen, dass auch genealogische Forschungen in engem Zusammenhang mit der allgemeinen Geschichte stehen und von neueren Forschungsansätzen, wie in diesem Fall der Frauengeschichtsforschung (→ Kapitel 5.5.3, S. 253 f.) profitieren können.

PROSOPOGRAPHIE, von griech. *prosopos* = Person, *graphein* = schreiben.

Verwandt mit der Genealogie ist die **PROSOPOGRAPHIE**. Diese erforscht allerdings nicht Personen, die miteinander verwandt sind, sondern Personengruppen, die etwa durch gemeinsame Tätigkeit verbunden sind wie beispielsweise die Gruppe der politischen Amtsträger einer Region oder einer Epoche oder auch die Mitglieder eines großen Konvents. Damit zielt sie eher auf verfassungsrechtliche oder sozialgeschichtliche Zusammenhänge.

Nachdem wir nun die vier „großen“ Hilfswissenschaften – Paläographie, Diplomatik, Chronologie und Genealogie – etwas ausführlicher kennen gelernt haben, kommen wir nun zu den fünf

„kleineren“ Hilfswissenschaften: Epigraphik, Sphragistik, Heraldik, Numismatik und Insignienkunde, die aber durchaus auch von Wichtigkeit sind.

Aufgaben zum Selbsttest

- Was bezeichnet die Genealogie als „Ahnenschwund“ oder „-verlust“ und welches Beispiel aus der mittelalterlichen Geschichte können Sie dafür anführen?
- Erläutern Sie die Begriffe „agnatische“ und „kognatische“ Verwandtschaft. Wie bewertet die neuere Forschung deren Bedeutung im Rahmen der Reichsgeschichte?
- Welche Probleme bereitet die Erstellung einer Ahnentafel für eine adelige Familie des frühen Mittelalters?

Literatur

Eduard Hlawitschka, **Die Ahnen der hochmittelalterichen deutschen Könige, Kaiser und ihrer Gemahlinnen.** Ein kommentiertes Tafelwerk. Band 1: 911–1137 (MGH Hilfsmittel 25) Hannover 2006, Band 2: 1138–1197 (MGH Hilfsmittel 26) Hannover 2009.
Brandt, **Werkzeug** (wie S. 238) S. 39–47.
Otto Forst de Battaglia, **Wissenschaftliche Genealogie**. Eine Einführung in ihre wichtigsten Grundprobleme, Bern 1948.
Georg Scheibelreiter, **Wappenbild und Verwandtschaftsgeflecht. Kultur- und mentalitätsgeschichtliche Forschungen zu Heraldik und Genealogie**, Wien 2005.
Goetz, **Proseminar** (wie S. 126) S. 283 ff.
Zu den Infokästen:
Franz-Reiner Erkens, **Konrad II. (um 990–1039). Herrschaft und Reich des ersten Salierkaisers**, Regensburg 1998.
Eduard Hlawitschka, **Konradiner-Genealogie, unstatthafte Verwandtenehen und spätottonisch-frühsalische Thronbesetzungspraxis** (MGH Studien und Texte 32) München 2003.
ders., **Merowingerblut bei den Karolingern?,** in: Adel und Kirche. Gerd Tellenbach zum 65. Geburtstag, hg. von Josef Fleckenstein und Karl Schmid, Freiburg/Basel 1968, S. 66–91.
Lexikon des Mittelalters 9 (1998) S. 749–1005; dort finden sich Stammtafeln, Herrscher- und Papstlisten in alphabetischer Reihenfolge.
Otto Gerhard Oexle, **Die Karolinger und die Stadt des heiligen Arnulf**, Frühmittelalterliche Studien 1 (1967) S. 250–364.
Gertrud Thoma, **Kaiserin Gisela**, in: Karl Rudolf Schnith, Frauen des Mittelalters in Lebensbildern, Graz, Wien, Köln 1997, S. 90–120.
Heinz Thomas, **Zur Kritik an der Ehe Heinrichs III. mit Agnes von Poitou**, in: Kurt-Ulrich Jäschke/Reinhard Wenskus, Festschrift Helmut Beumann, Sigmaringen 1977, S. 224–235.
Wichtige und nützliche Internetseiten:
Historische Hilfswissenschaften der Universität München:
www.vl-ghw.uni-muenchen.de/genealogie.html
Historische Hilfswissenschaften der Universität Bamberg:
www.hist-hh.uni-bamberg.de/handbuch/handbuch_start.html

4.5 | Die Epigraphik

EPIGRAPHIK, von griech. *epi* = auf, graphein = *schreiben*.

Die Inschriftenkunde oder Epigraphik beschäftigt sich mit „Beschriftungen, die mit Kräften und Methoden hergestellt sind, die nicht dem Schreibschul- oder Kanzleibetrieb angehören".

Info

Epigraphik

▶ Die Inschriftenkunde befasst sich mit „Beschriftungen in verschiedensten Materialien: in Stein, Holz, Metall, Glas, Ton, Leder oder Stoff".

Für die alte Geschichte hat sich diese Hilfswissenschaft schon früher entwickelt, aber in den letzten Jahrzehnten hat auch die mittelalterliche Epigraphik europaweit einen großen Aufschwung genommen, wie sich gut an den inzwischen vier von Walter Koch 1987 bis 2002 herausgegebenen Bänden „Literaturbericht zur mittelalterlichen und neuzeitlichen Epigraphik" (MGH Hilfsmittel) ablesen lässt.

Dieser Aufschwung ist zum einen damit zu erklären, dass man den Quellenwert der Inschriften erkannt hat, sei es für die allgemeine Geschichte, sei es beispielsweise für religiöse Vorstellungen bei den Grabinschriften, zum anderen aber auch damit, dass viele Inschriften von der Vernichtung bedroht sind und man daher diese Quellen im wahrsten Sinne des Wortes sichern muss, indem man sie einerseits zu konservieren oder zu restaurieren versucht, mindestens aber ihren Text ediert – wie etwa in den Bänden der Deutschen Inschriften, die es für jede Stadt von A wie Aachen bis Z wie Zwickau geben soll und teilweise bereits gibt.

Das meist spröde Material, auf das Inschriften geschrieben wurden, gibt in gewisser Weise die Schriftform vor, d.h dass bis ins 14. Jahrhundert eine **Majuskelschrift** verwendet wurde, die auf der antiken Majuskelschrift, der **Capitalis** aufbaute. Ab dem 14. Jahrhundert wurde die gotische Minuskel auch für Inschriften übernommen (→ Kapitel 4.1.3, S. 184 ff.).

Eine große Rolle spielen bei den Inschriften die Urkundeninschriften, das sind königliche und landesherrliche Privilegien oder Stadtrechte – so wurde eine Urkunde Kaiser Heinrichs V. für die Stadt Speyer vom 14. August 1111 in Metall an der Westfassade des Speyrer Doms angebracht – oder auch Wegerechte, die man auf Tafeln verzeichnete und ähnliches.

Die Fragestellungen der modernen Epigraphik sind vielfältig und berühren sich eng mit Nachbardisziplinen und anderen Hilfswissenschaften: Für einzelne Objekte sind Fragen der Restaurierung oder Konservierung ebenso von Interesse wie die kunsthistorische Einschätzung eines Stückes, das eine Inschrift trägt. Fragen der Schriftentwicklung, die uns ja bei der Paläographie bereits begegnet sind (→ Kapitel 4.1.3, S. 184 ff.), spielen auch für die Beurteilung von Inschriften eine Rolle. Das gilt auch für die Sprache, denn selbst unter den Inschriften gibt es spätere Fälschungen, wie wir dies in der Diplomatik bereits kennen gelernt haben (→ Kapitel 4.2.2, S. 190 ff.).

Info

Gefälschte Inschriften

▶ Im Jahr 1049 wurden im Regensburger Kloster Sankt Emmeram drei so genannte „Himmelssteine" gefunden, die vorgaben, aus karolingischer Zeit zu stammen und einen Reliquienfund zu belegen, nämlich die Auffindung der Gebeine des heiligen Dionysius im späten 9. Jahrhundert. Das baierische Kloster stritt sich nämlich im 11. Jahrhundert schon geraume Zeit mit der Pariser Abtei Saint-Denis (= Sankt-Dionysius), in welchem Kloster die Gebeine dieses bedeutenden Heiligen aus apostolischer Zeit lagen, in Saint-Denis oder in Sankt-Emmeram, und diese Steine sollten die Ansprüche der Sankt-Emmeramer Mönche ein für alle Mal zweifelsfrei belegen.

Es gibt zahlreiche Beispiele für Inschriften, die in einer bestimmten Absicht gefälscht wurden; aus diesem Grund ist auch hier die Entwicklung der kritischen Methode, genau wie bei der Echtheitskritik einer Urkunde von großer Bedeutung.

Die Epigraphik beschäftigt sich aber nicht nur mit den noch erhaltenen Inschriften, sondern auch mit den Bezeugungen von verlorenen Inschriften in schriftlichen Quellen. Einhard beispielsweise bezeugt in seiner Vita Karoli noch eine Grabinschrift für den Kaiser in Aachen, die auf einem vergoldeten Bogen angebracht war und die er wörtlich wiedergibt; heute ist sie aber verschwunden. So sind uns manche Inschriften nur durch Schriftquellen bezeugt, was – ähnlich wie bei nicht im Original überlieferten Urkunden – den Echtheitsbeweis erschwert, weil die „äußere Kritik" entfällt.

Den Idealfall stellt eine Inschrift dar, die heute noch als Original erhalten ist und die gleichzeitig in den zeitgenössischen Quellen bezeugt wird. Ein solcher Idealfall ist die Grabplatte für den deutschen Gegenkönig im Investiturstreit, Rudolf von Rheinfelden († 1080), der nach einer Schlacht gegen Heinrich IV. (1050–1106) starb und im Merseburger Dom bestattet wurde. Wie auf der Abbildung 39 zu erkennen ist, gibt es nicht nur eine Inschrift bzw. Umschrift in Reim-

Abb. 39

Die Grabplatte Rudolfs von Rheinfelden im Merseburger Dom. Er war seit 1057 Herzog von Schwaben, 1077 wurde er als Gegenkönig gegen Heinrich IV. gewählt.

form auf der Grabplatte, sondern auch eine Darstellung Rudolfs als halbplastische Figur mit Reichsinsignien (→ S. 221 f.).

Dass die Grabplatte mit der Inschrift, die den Anspruch des Gegenkönigs auf den Thron bekräftigt, zeitgenössisch ist, kann hier nicht nur aufgrund der äußeren Merkmale wie Schrift und bildlicher Darstellung überprüft werden, sondern auch aufgrund von Erwähnungen in mittelalterlichen Quellen. Das Grab des Gegenkönigs wird nämlich nicht nur in einer Chronik des 12. Jahrhunderts erwähnt, sondern lieferte dem Geschichtsschreiber Otto von Freising (1112–1158), der ja über seine Mutter Agnes († 1143) ein Enkel Heinrichs IV. war, eine seiner amüsantesten und berühmtesten Anekdoten (vgl. Quelle).

Auch dieses Beispiel zeigt, wie eng die Hilfswissenschaften mit der allgemeinen Geschichte verbunden sind und wie gut sich beide ergänzen.

Quelle

Otto von Freising ► „Nicht lange danach wurde Rudolf von den Getreuen des Kaisers im offenen Kampf getötet und in der Kirche von Merseburg mit königlichen Ehren beigesetzt. Über den Kaiser wird berichtet, nachdem diese Aufstände einigermaßen niedergeschlagen waren, sei er einmal in die Merseburger Kirche gekommen und habe dort diesen Rudolf wie einen König bestattet liegen gesehen; als ihn nun jemand fragte, warum er zugelassen habe, dass jemand, der nicht König gewesen sei, mit königlichen Ehren bestattet liege, habe er gesagt: Möchten doch alle meine Feinde so ehrenvoll bestattet liegen!" (Otto von Freising, Gesta Friderici I c. 7, S. 143 und 145).

Aufgaben zum Selbsttest

- Auf welchen Beschreibstoffen können Inschriften stehen?
- Erläutern Sie am Beispiel der Grabplatte Rudolfs von Rheinfelden die Verbindungen zwischen Epigraphik und der allgemeinen Geschichtswissenschaft.

Literatur

Robert Favreau, **Épigraphie médiéval (L'atelier du médiéviste 5)**, Turnhout 1998.
Goetz, **Proseminar** (wie S. 126) S. 285 ff.
Helga Giersiepen/Clemens Bayer, **Inschriften-Schriftdenkmäler. Techniken, Geschichte, Anlässe**, Niedernhausen 1995.
Rudolf M. Kloos, **Einführung in die Epigraphik des Mittelalters und der frühen Neuzeit**, 2. Aufl., Darmstadt 1992.
Walter Koch, **Inschriftenpaläographie des abendländischen Mittelalters und der früheren Neuzeit. Früh- und Hochmittelalter**, München 2007.
Walter Koch u.a., **Literaturbericht zur mittelalterlichen und neuzeitlichen Epigraphik**, 4 Bde. (1976–1984; 1985–1991; 1992–1997; 1998–2002) (MGH Hilfsmittel 11, 1987; 14, 1994; 19, 1998; 22, 2005).
Die Deutschen Inschriften, hrsg. von den Akademien der Wissenschaften Bd. 1 ff., Stuttgart, Wiesbaden 1940 ff.
Zu den Infokästen:
Franz Fuchs, **Die Regensburger Dionysiussteine vom Jahre 1049,** in: Vom Quellenwert der Inschriften. Vorträge und Berichte der Fachtagung Esslingen 1990, hg. von Renate Neumüllers-Klauser, Heidelberg 1992, S. 139–159.
Berthold Hinz, **Das Grabdenkmal Rudolfs von Schwaben. Monument der Propaganda und Paradigma der Gattung**, Frankfurt am Main 1996.
Otto von Freising und Rahewin, Die Taten Friedrichs (Gesta Friderici) übersetzt von Adolf Schmidt (†) und herausgegeben von Franz-Josef Schmale (Ausgewählte Quellen zur deutschen Geschichte des Mittelalters. Freiherr vom Stein-Gedächtnisausgabe Bd. 17), Darmstadt 1965.
Wichtige und nützliche Internetseiten:
Seite des Epigraphischen Forschungs- und Dokumentationszentrum der Ludwig-Maximilians-Universität München: **www.epigraphica-europea.uni-muenchen.de/**
Historische Hilfswissenschaften der Universität Bamberg:
www.hist-hh.uni-bamberg.de/handbuch/handbuch_start.html

Die Insignienkunde | 4.6

Auf der Grabplatte des deutschen Gegenkönigs Rudolf von Rheinfelden, die seinen Anspruch auf das Königtum noch einmal darstellen wollte, ist er mit Krone, Reichsapfel und Szepter dargestellt (→ Abb. 39). Dies sind einige der Herrschaftsinsignien, mit denen sich die noch relativ „junge" Disziplin der Insignienkunde beschäftigt: 1928 publizierte **Percy Ernst Schramm** (1894–1970) das Buch „Die deutschen Kaiser

Abb. 40

Diese Illustration in einer Handschrift zeigt Kaiser Heinrich III. bei einer Prozession. Gut erkennbar sind verschiedene Insignien.

und Könige in Bildern ihrer Zeit 751–1190“ und begründete damit die insignienkundliche Forschung, der er sich dann noch mit drei Bänden über „Herrschaftszeichen und Staatssymbolik“ (1954–1956) widmete. Schramm stellte die Insignien der mittelalterlichen deutschen Herrscher anhand von vier Quellengattungen zusammen, die für die Erforschung maßgeblich sind: aus Realien wie Münzen und Siegeln, aus zeitgenössischen Bilddarstellungen, aus schriftlichen Quellen, und vor allem natürlich berücksichtigte er die erhaltenen Insignien.

Wie Hartmut Boockmann formuliert hat, ist der mittelalterliche König „auf der einen Seite eine nur notdürftig geschützte Person“, denn er regiert durch Umherreisen in seinem Königreich, „mit einer kleinen bewaffneten Schar ... durch unwirtliche Gegenden, niemals vor dem Gegner sicher“, andererseits ist er „eine einzigartige Gestalt: kommt er in ein Kloster oder in eine Bischofsstadt, so

Quelle

Widukind von Corvey

▶ Als der erste ostfränkisch-deutsche König, Konrad I., 918 im Sterben lag, designierte er seinen Gegner, den Sachsenherzog Heinrich, zum Nachfolger im Königtum, indem er ihm die Reichsinsignien übersenden ließ; so jedenfalls stellt es Widukind von Corvey (um 925–nach 973) dar, der in seiner Sachsengeschichte den Aufstieg der Ottonen zur Königsdynastie ausführlich schildert. Er legt Konrad eine Rede an seinen Bruder Eberhard in den Mund: „Wir können, Bruder, Truppen und Heere aufbieten und anführen, wir haben Burgen und Waffen nebst den königlichen Insignien und alles, was die königliche Würde verlangt, nur kein Glück und keine Eignung. Das Glück, mein Bruder, samt der herrlichsten Befähigung ist Heinrich zuteil geworden, das Glück liegt in der Sachsen Hand. Nimm darum diese Abzeichen, die heilige Lanze, die goldenen Spangen nebst dem Mantel, das Schwert und die Krone der alten Könige, gehe hin zu Heinrich ... Er wird in Wahrheit König sein." (Widukind von Corvey, Res gestae Saxonicae I c. 25, S. 57).

ziehen die Geistlichen ihm feierlich entgegen, sie besingen seine Ankunft mit liturgischen Gesängen, schwenken Weihrauchfässer, entzünden Kerzen und läuten die Glocken" (Einführung, S. 79 f.). Zu dieser außergewöhnlichen Erscheinung gehörten die Reichs- oder Herrschaftsinsignien, allen voran die Krone, die auch heute noch das Symbol für einen König ist. In den mittelalterlichen Handschriften wird der König immer mit Krone dargestellt, bei jeder Tätigkeit, und selbst wenn man ihn als Toten darstellt. Die Bedeutung der Krone war jedermann im Mittelalter geläufig. Dass der König im Besitz der Herrschaftsinsignien war, war Teil seines Königtums.

Widukind nennt als Herrschaftsinsignien die **Reichskrone**, das **Reichsschwert**, den **Krönungsmantel** und die **Heilige Lanze**, eine Flügellanze, in der angeblich ein Nagel vom Kreuz Christi eingelassen war. Später hat man in ihr die Lanze gesehen, mit der Christus am Kreuz laut Johannesevangelium vom Soldaten Longinus die Seitenwunde beigebracht wurde (Longinus-Lanze). Aus anderen Quellen kennen

Die Spitze der heiligen Lanze, in die ein Nagel eingelassen ist, der angeblich vom Kreuz Christi stammt. **Abb. 41**

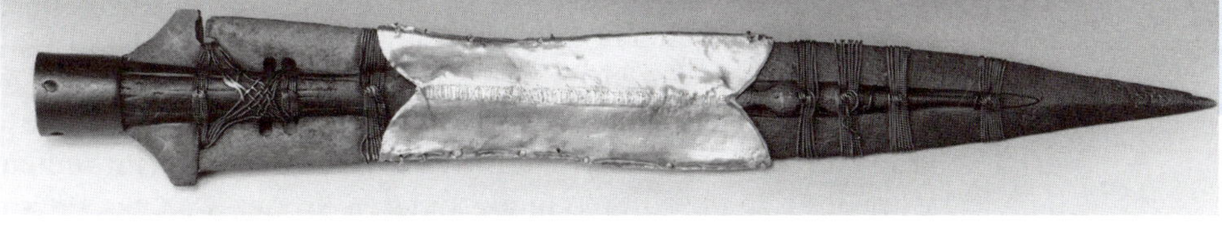

wir noch den **Reichsapfel** und das **Szepter**. Der König trug die Insignien aber nicht nur bei seiner Königskrönung, sondern auch an hohen Festtagen wie Ostern und Weihnachten.

DOPPELWAHLEN: 1198 und 1314 kam es jeweils zur Wahl zweier Fürsten zum deutschen König: 1198 wurden Otto von Wittelsbach und Philipp von Schwaben gewählt, und 1314 Friedrich der Schöne von Österreich und Ludwig der Baier.

Von der jüngeren insignienkundlichen Forschung bestritten wird allerdings die ältere Auffassung, es sei im Mittelalter, und insbesondere bei den **DOPPELWAHLEN** von 1198 und 1314, von rechtlicher Bedeutung gewesen, ob ein Kandidat mit den echten, und nicht mit nachgemachten Insignien gekrönt worden sei. Von rechtserheblicher Bedeutung war wohl nur der „richtige", d.h traditionelle **Krönungsort**, nämlich **Aachen** – der Sitz Karl des Großen.

OKTOGONAL = achteckig.

Gebildete Zeitgenossen haben den einzelnen Insignien theologische Deutungen unterlegt wie bei der Heiligen Lanze, die ja eigentlich die Funktion einer Reliquie hatte, genau wie das Reichskreuz. Vieles weist jedoch auch auf spätantik-byzantinische Wurzeln hin, nicht nur der Begriff Szepter, der bereits in der griechischen und der lateinischen Sprache vorkommt. Die Krone wurde als Hinweis auf die alttestamentarischen Priesterkönige, Christus und die **OKTOGONALE** Gestalt des himmlischen Jerusalem gedeutet; der Reichsapfel als Symbol für die Herrschaft über die Erde und in den Krönungsmantel war das Weltall mit goldenen Fäden eingestickt. Die Frage nach der Bedeutung der einzelnen Objekte fällt bereits unter den Begriff „Staatssymbolik", wozu auch Fragen des Hofzeremoniells und der liturgischen Bräuche zählen, über die uns schriftliche Quellen Auskunft geben. So führt die Insignienkunde tief in die mittelalterliche Gedanken- und Vorstellungswelt hinein.

Zu den Realien → Kapitel 3.2.4, S. 148f.

Ein besonderes Problem und ein ergiebiges wie kontroverses Forschungsfeld stellt nun die Beschäftigung mit den **Realien**, also den aus dem Mittelalter überlieferten Insignien, dar. Da sind zunächst einmal die als Reichsinsignien bezeichneten, zeitweise bis 1798 in Aachen, dem traditionellen Krönungsort der mittelalterlichen Herrscher, zeitweise in Nürnberg aufbewahrten und seit 1801 in der Wiener Schatzkammer befindlichen Reichsinsignien zu nennen sowie weitere, an anderen Orten aufbewahrte Insignien, insbesondere Kronen. Hier müssen kunstgeschichtlicher, kunsthandwerklicher wie epigraphischer Sachverstand und die Sichtung der erzählenden Quellen zusammenkommen, um sichere Erkenntnisse zu Herkunft und Datierung der Stücke zu ergeben.

Ein Beispiel dafür, welche Mühen, um nicht zu sagen unlösbare Probleme dies bereitet, ist die **Wiener Reichskrone**, die im hohen Mittelalter zunächst eine unter anderen Kronen war, bis sie im

Spätmittelalter und der Neuzeit **die** Krone wurde. Bis heute ist ihre Entstehungszeit nicht zweifelsfrei geklärt und ihr Auftraggeber nicht eindeutig namhaft gemacht.

Soweit der kurze Einblick in die Forschungsfelder und -probleme der Insignienkunde.

Abb. 42

Die ehemalige Reichskrone wird heute in der Schatzkammer in der Wiener Hofburg aufbewahrt.

Info

Die Reichskrone

▶ Als Auftraggeber und Besitzer der Wiener Reichskrone wurden genannt: Karl der Große, danach König Rudolf III. von Burgund, die sächsischen Herrscher Otto I., Otto II., Otto III. und Heinrich II., der salische Herrscher Konrad II., sowie die staufischen Herrscher Konrad III. und Konrad IV. Die Datierungen reichen vom 9. bis zum 13. Jahrhundert und als Entstehungsorte wurden Sizilien, Burgund, Byzanz sowie Köln, Mainz, die Reichenau, sowie Bamberg und Fulda genannt. Ein Ende der Kontroverse ist nicht in Sicht!

Aufgabe zum Selbsttest

- Welche Sachquellen geben uns Auskunft über die früh- und hochmittelalterlichen Herrscherinsignien?

Literatur

Boockmann, **Einführung** (wie S. 53).
Boshof, **Grundwissenschaften** (wie S. 136) S. 178–180.
Goetz, **Proseminar** (wie S. 126) S. 300.
Percy Ernst Schramm, **Die deutschen Kaiser und Könige in Bildern ihrer Zeit 751–1190,** hrsg. von Florentine Mütherich, München 1983.
ders., **Herrschaftszeichen und Staatssymbolik** (Schriften der MGH 13, 1–3) Hannover 1954–1956.
Zu den Infokästen:
Jürgen Petersohn, **Die Reichsinsignien im Herrschaftszeremoniell und Herrschaftsdenken des Mittelalters**, in: Die Reichskleinodien. Herrschaftszeichen des Heiligen Römischen Reiches, Göppingen 1997, S. 162–183.
Arno Mentzel-Reuters, **Die goldene Krone. Entwicklungslinien mittelalterlicher Herrschaftssymbolik**, in: DA 60 (2004) S. 135-182.
Widukind von Corvey, Res Gestae Saxonicae (Widukinds Sachsengeschichte), in: Quellen zur Geschichte der sächsischen Kaiserzeit, neu bearbeitet von Albert Bauer und Reinhold Rau (Ausgewählte Quellen zur deutschen Geschichte des Mittelalters. Freiherr vom Stein-Gedächtnisausgabe Bd. VIII) Darmstadt 1971, S. 1–183.

4.7 | Die Sphragistik

Siegelkunde

SIEGEL, von latein. *sigillum* = Verkleinerungsform von *signum* = Zeichen.

SPHRAGISTIK, von griech. *sphragis* = Zeichen.

Im Zusammenhang mit der Diplomatik aber auch mit der Insignienkunde war bereits von Siegeln die Rede, die einer Urkunde die Rechtskraft verliehen und die in der Regel das Bild des Königs trugen. Der deutsche Begriff **SIEGEL** kommt aus dem Lateinischen, während die Bezeichnung **SPHRAGISTIK** aus dem Griechischen kommt.

Das Siegel diente der **Beglaubigung einer Urkunde** und gewann in der Königskanzlei seine Bedeutung, unter anderem weil die Fähigkeit zur eigenhändigen Unterschrift immer mehr zurückging; es konnte aber auch als Verschlussmittel eines Briefes oder gar einer Warensendung dienen – wie ja auch heute noch z.B. Dienstsiegel einen „Schein" oder eine Urkunde beglaubigen oder Räume „versiegelt" werden können.

In der Sphragistik richtet sich das Augenmerk auf die Funktion und rechtliche Bedeutung des Siegels, den Siegelstoff, die Form und die Arten der Anbringung sowie die Gestaltung und Entwicklung des Siegels im Laufe der Zeit.

Für die **Entwicklung des Siegelwesens** war entscheidend, dass sowohl die römischen Kaiser als auch die Päpste aus der spätantiken Tradition heraus seit der ersten Hälfte des 6. Jahrhunderts ihre Urkunden mit einem Siegel beglaubigten. Die germanischen Herrscher, insbesondere die Franken, übernahmen diesen Brauch. Die älteste besiegelte Originalurkunde eines fränkischen Herrschers, die überliefert ist, stammt von Theuderich III. (673–694). Schon die Karolinger verwendeten für besondere Urkunden **Gold als Siegelstoff**, und so ist die berühmte Goldene Bulle Karls IV. von 1356, das wichtigste Verfassungsgesetz des deutschen Reiches bis 1806, in dem die Sieben Kurfürsten als Königswähler genannt werden (→ S. 110), zunächst einmal nichts anderes als die Bezeichnung für die Art der Urkunde, die Karl ausgestellt hat, nämlich eine Urkunde mit einem Metallsiegel (*bulla* ist nämlich die lateinische Bezeichnung dafür) aus Gold. Die Päpste verwendeten bevorzugt Bleibullen als Siegel (*bulla plumbea*), aber der am häufigsten verwendete Siegelstoff war farbloses oder gefärbtes Wachs.

Wie schon bei den Urkunden sind auch hinsichtlich der Siegel die der Könige und Päpste am besten erforscht.

Der **Siegelstoff** bestimmte die Art der Anbringung des Siegels, denn die **Metallsiegel** konnten nur mithilfe eines durch das Pergament der Urkunde gezogenen Fadens aus Hanf, Wolle oder Seide oder mit einem Pergamentstreifen an der Urkunde befestigt werden. Dies führte mitunter natürlich dazu, dass entweder das Siegel im Laufe der Zeit abriss und verloren ging, oder aber man hängte ein echtes Siegel an eine gefälschte Urkunde, um der Fälschung ein „Gütesiegel" zu verleihen. Für die Anbringung eines **Wachssiegel**s wurde zunächst ein kreuzförmiger Schnitt durch das Pergament gemacht, das Wachs verflüssigt und durch diese Öffnung gedrückt, so dass es beim Erhärten in der Urkunde „klebte". Im Laufe des Mittelalters wurden aber auch die Wachssiegel angehängt. Die Kenntnis der technischen Entwicklung und Einzelheiten in der Siegelausführung und -anbringung sind wichtig für die (schon bei der Diplomatik erwähnte) Echtheitskritik. In der päpstlichen Kanzlei wurden im Laufe des 12. Jahrhunderts zwei Arten von Urkunden durch die Art der Anbringung der Bleibullen unterschieden: Urkunden, die ein mit einem Seidenfaden angebrachtes Siegel hatten (*litterae cum filo serico*), und Urkunden, deren Siegel mit einem Hanffaden befestigt waren (*litterae cum filo canapis*).

Bei der **Form der Siegel** überwog zwar die runde Form, aber es gab z. B. auch spitzovale Siegel, oft von geistlichen Siegelführern. Aufschlussreich bei einem Siegel sind sowohl das Siegelbild, da sich beispielsweise die Königsinsignien auf den Siegeln finden, weshalb sie von P. E. Schramm ja auch als Quelle dafür herangezogen wurden (→ oben Kapitel 4.6, S. 221 f.), aber auch die Schrift, deren Beurteilung in das Arbeitsgebiet der Epigraphik fällt. Auch hier sehen wir wieder einmal den engen Zusammenhang zwischen den einzelnen Hilfswissenschaften.

AVERS, von latein. *adverti* = zuwenden.

REVERS, von latein. *reverti* = umkehren.

TYPAR, von latein. *typus* = Figur, Bild.

Während das aufgedrückte Wachssiegel nur einseitig ein Bild aufweist, haben die Metallsiegel eine Vorderseite (als **AVERS** bezeichnet) und eine Rückseite (als **REVERS** bezeichnet). Den Siegelstempel, der ja mehrfach verwendet werden konnte, bezeichnet man als **TYPAR**. Da man immer von dem aufgedrückten Siegel ausgeht, bezeichnet man in der Sphragistik das, was der Betrachter auf der rechten Seite eines Siegels sieht, als links und umgekehrt.

Meist hatte ein Siegelführer mehrere Typare nebeneinander, bisweilen auch unterschieden nach den Empfängerkreisen von Urkunden. Das

Info

Das Siegel der Stadt Wesel

▶ Obwohl man bei den Siegeln fast immer zuerst an die Königssiegel denkt, soll hier bewusst ein Städtesiegel erläutert werden. Die niederrheinische Stadt Wesel war eine der ältesten Städte der Grafschaft Kleve, die 1241 vom König Stadtrecht erhielt. Dieser bedeutende Vorgang wird noch thematisiert auf dem 3. großen Stadtsiegel von Wesel, das zwischen 1423 und 1448 entstanden sein dürfte: es hat die lateinische Umschrift *Sigillum Burgensium Weselensis Civitatis* (= Siegel der Bürger der Stadt Wesel) und zeigt, wie auf der Abbildung zu erkennen ist, im Hintergrund ein Modell der Stadt und im Vordergrund den Grafen Dietrich VI. von Kleve, der vor dem König kniet, der mit seinen Insignien auf einem Thron sitzt. Zwischen beiden ist ein Adlerschild dargestellt und über ihnen Arkaden mit Inschriften, die die Personen bezeichnen, nämlich *comes Clivensis* (= Graf von Kleve) und *Romanorum rex* (= König der Römer). Am unteren Bildrand ist noch ein „redendes" Wappen angebracht, wie es bei Stadtsiegeln oft vorkommt und uns bei der Wappenkunde wiederbegegnen wird. Hier ist es ein Wiesel (ebenfalls durch eine Arkade mit der lateinischen Bezeichnung *mustella* = Wiesel versehen); nach der Volksetymologie leitet sich davon der Ortsnamen „Wesel" ab, obwohl dieser eigentlich „an der sumpfigen Flusswiese" bedeutet. Das heutige Weseler Stadtwappen zieren sogar drei Wiesel.

Abb. 43

Das große Stadtsiegel von Wesel, angebracht an einer Urkunde vom 5. Juni 1448.

Siegelbild sollte den Siegelführenden repräsentieren und brachte oft auch seine politischen Vorstellungen oder Absichten zum Ausdruck.

Otto III. führte ein Königssiegel, das auf dem Revers die Umschrift: **Renovatio imperii Romanorum** (= Erneuerung des römischen Kaisertums) trug. Das Siegelbild der Päpste erhielt im 11. Jahrhundert sein endgültiges Aussehen: Auf dem Revers stand der Papstname mit der entsprechenden Ordnungszahl, auf dem Avers waren die Köpfe der Apostel Petrus und Paulus dargestellt. Aber auch weltliche Fürsten und Bischöfe hatten ihre eigenen Siegel, und so ließen sich die Bischöfe oft mit ihren Insignien wie dem Bischofsstab und der Mitra darstellen.

Eine weitere wichtige Gruppe, die im Laufe des Mittelalters begann, ein Siegel zu führen, waren die Städte, denn die Entstehung der Städte im Hochmittelalter und ihre rechtliche Konstituierung (→ Kapitel 2.3.2, S. 69) förderte auch die Benutzung von Siegeln. In den letzten Jahrzehnten hat die Erforschung der Städtesiegel große Fortschritte gemacht, wobei vor allem die Städtesiegel der durch den Handel bedeutend gewordenen Rheinischen Städte erforscht wurden. Die Stadt Köln beispielsweise führte als eine der ersten ein Stadtsiegel (entstanden zwischen 1114–1119).

Damit kommen wir zur nächsten Hilfswissenschaft, nämlich der Heraldik oder Wappenkunde, die in engem Zusammenhang steht mit der Siegelkunde.

Aufgabe zum Selbsttest

- Welche Siegelstoffe gibt es und wer war im Mittelalter berechtigt, ein Siegel zu führen?

Literatur

Brandt, **Werkzeug** (wie S. 238) S. 132–148.
Wilhelm Ewald, **Siegelkunde**, München 1914.
Andrea Stieldorf, **Siegelkunde**, (Hahnsche Historische Hilfswissenschaften) Hannover 2004.
Goetz, **Proseminar** (wie S. 126) S. 297.
Eckhart Hennig, **Bibliographie zur Sphragistik. Schrifttum Deutschlands, Österreichs und der Schweiz bis 1990**, Köln 1995.
Erich Kittel, **Siegel**, (Bibliothek für Kunst- und Antiquitätenfreunde 11) Braunschweig 1970.
Otto Posse, **Die Siegel der deutschen Kaiser und Könige von 751–1806**, Bde. 1–5, Dresden 1909–1913.
Zum Infokasten: Toni Diederich, **Rheinische Städtesiegel**, Neuss 1984.
Wichtige und nützliche Internetseiten:
Historische Hilfswissenschaften der Universität München:
www.vl-ghw.uni-muenchen.de/sphragistics.html

4.8 Die Heraldik

Wappenkunde

Schon der eben genannte Begriff Stadtwappen verweist auf den engen Zusammenhang zwischen Wappen und Siegel seit dem späten Mittelalter.

Info

Wappen

▶ Als Wappen bezeichnet man „ein bleibendes, nach bestimmten (mittelalterlichen) Regeln festgelegtes Abzeichen einer Person, Familie oder Körperschaft" (A. v. Brand).

Die Wappen entstanden während der Zeit der Kreuzzüge im 12. Jahrhundert, als große Ritterheere aus verschiedenen Ländern zusammenkamen, wobei die Kämpfer, d. h die Ritter, durch ihre Rüstung und ihren Helm verhüllt waren. Die Feldzeichen eines Heerführers waren Vorbild für die Wappen, d. h die Erkennungszeichen, die man zunächst auf Helm oder Schild anbrachte, da sie dort für jeden gut sichtbar waren. So kommt der Ausdruck Wappen von dem Wort Waffen, während der Spezialausdruck Heraldik für diese Hilfswissenschaft sich vom Begriff des **Herold**s ableitet, der im Laufe des 12. Jahrhunderts eine wichtige Funktion bei den **Ritterturniere**n hatte, denn er kannte die Wappen der in ihren Rüstungen verhüllten Ritter und rief ihre Namen aus. Aus der Tatsache, dass das **Wappen auf dem Schild** angebracht wurde, erklärt sich auch noch die Form heutiger Stadtwappen, die eben auch schildförmig sind. Wenn man **Wappenbilder** beschreibt, geht man vom Schildträger aus und das bedeutet, dass das, was wir auf der rechten Seite eines Wappens sehen, heraldisch als links bezeichnet wird und umgekehrt – diese Art der Bezeichnung ist uns ja schon bei der Beschreibung eines Siegels begegnet (→ S. 229).

Der **Wappengebrauch** hatte sich zwar aus der militärischen Notwendigkeit der **Kreuzfahrerheere** entwickelt, im Laufe des 13. Jahrhunderts löste er sich aber aus dieser Zweckgebundenheit und wurde zu einem Mittel der Repräsentation, d.h. adelige Personen aber auch Städte und Länder legten sich ein Wappen zu. Dabei durfte nicht jeder ein Wappen führen, sondern die **Wappenfähigkeit** ist bei Personen ursprünglich die **Waffenfähigkeit** gewesen, d. h die Fähigkeit und Verpflichtung des Adels in den Krieg zu ziehen. Wappenfähig wurden dann aber auch seit der Mitte des 12. Jahrhunderts das Bürgertum und die ursprünglich meist unfreien ritterlichen Dienstmannen, die **Ministerialen**. Bei Personen wurde das Familienwappen über

Generationen weitervererbt. Zur Wappenfähigkeit gehört auch das Recht auf ein bestimmtes Wappen, und dies hat im Laufe der Geschichte immer wieder zu Auseinandersetzungen geführt, indem zwei Staaten oder auch Personen das ausschließliche Recht auf ein bestimmtes Wappen, d.h. Wappenbild beanspruchten.

Die Beschreibung eines Wappens nennt man **BLASONIERUNG**, denn Wappen wurden nach bestimmten Regeln gestaltet: das Wappenbild im Schild wird von Farben und Figuren gebildet, wobei die Farben das Wichtigste sind, denn es gibt auch Wappen ohne Figuren. Es sind nur sechs Farben, die man mit dem Fachausdruck **Tinkturen** bezeichnet, gebräuchlich, nämlich Gold und Silber, die als „Metalle" bezeichnet werden und mit gelb und weiß als Farben wiedergegeben werden, sowie schwarz, rot, blau und grün. Die Verteilung der Farben auf dem Schild bezeichnet man als **Heroldsbilder**, während die figürlichen Darstellungen als **Gemeine Figuren** bezeichnet werden. Dabei sind vom Lebewesen bis hin zu Phantasiegestalten alle Bilder erlaubt, und hier begegnen uns wieder die „redenden Wappen", wie wir dies schon bei dem „Weseler Wiesel" (→ S. 228) kennen gelernt haben, denn solche Volksetymologien kommen gerade auch bei den Stadtwappen nicht selten vor, und so findet sich in den Siegeln und Wappen der niederrheinischen Stadt Emmerich der Eimer als Gemeine Figur, der noch heute das Stadtwappen ist, obwohl der Ortsname nicht von Eimer, sondern vom lateinischen Wort *Embrica* kommt.

BLASONIERUNG, von franz. *blason* = Wappenschild, Wappenkunde, *blasonner* = ein Wappen erklären.

Die Abgrenzung zwischen Heroldsbildern und gemeinen Figuren ist genau definiert: das frei im Schild „stehende" Kreuz im Wappen der Schweiz zählt man zu den Gemeinen Figuren, während Kreuze auf anderen Wappen, die sich von Rand zu Rand erstrecken, zu den Heroldsbildern zählen. International gebräuchlich war auch der „**Bastardbalken**" oder „Bastardstreifen", ein meist schmal dargestellter Schräglinksfaden im Wappen, der die illegitime Geburt seines Trägers bezeichnete.

Die Quellengattungen, die die Heraldik auswertet, sind vielfältig: von Originalschilden aus dem Mittelalter über Banner und Siegel, Münzen, Grabfiguren bis hin zu mittelalterlichen **EXLIBRIS**, die mitunter ein Wappen enthalten. Daneben gab es auch **Wappenbücher**, die oft von Herolden verfasst wurden, und die Wappen eines bestimmten Gebietes enthielten; berühmt ist etwa die **Züricher Wappenrolle** aus dem 14. Jahrhundert als erste planmäßige Sammlung.

EXLIBRIS, von latein. *ex libris* = aus den Büchern, d.h. ein Besitzervermerk.

Der Quellenwert der Wappen ist ebenfalls vielfältig: sie können zur Klärung genealogischer Zusammenhänge dienen wie etwa der verwandtschaftlichen Zusammengehörigkeit von Personen bei zusammengesetzten, d.h. abgewandelten Wappen; sie können über lehns- und staatsrechtliche Zusammenhänge informieren, denn es war beispielsweise üblich, dass ein Lehnsherr seinem Vasallen erlaubte, sein eigenes Wappen in abgeänderter Form zu übernehmen.

Auch dieses Beispiel zeigt, wie viel „Mittelalterliches" in Ortsnamen und Stadtwappen steckt und sich aus dieser Zeit erklärt.

Info

Das Wappen des Johann von Ringgenberg

▶ Als Beispiel für die Auswertung von Bild- und Schriftquellen für die Heraldik soll hier noch die (→ S. 182) schon erwähnte **Manessische Liederhandschrift** behandelt werden: Von den im Codex befindlichen 137 „Autorenportraits" der stauferzeitlichen Minnesänger sind 118 mit Wappen dargestellt, wobei es sich in vielen Fällen um das „echte", d. h. auch durch andere Quellen belegte Wappen handelt, und nicht selten sind es redende Wappen; allerdings ist die Echtheit des Wappens bei dem wohl berühmtesten Bild des Codex Manesse umstritten, nämlich bei Walther von der Vogelweide, dessen Schild einen schreitenden grünen Vogel in einem Vogelbauer zeigt (→ S. 257). Nicht umstritten ist dagegen das Wappen Hiltbolts von Schwangau, ein goldener Schwan auf rotem Grund oder das des Grafen Kraft von Toggenburg, eine schwarze zottige Dogge mit rotem Stachelhalsband in goldenem Feld. Der kleine Ort Ringgenberg am Brienzer See im Kanton Bern war die Heimat des Minnesängers Johann von Ringgenberg, dessen Schild auf dem Portrait einen halbkreisförmigen Rinken (also einen Gürtelhaken) über einem Sechsberg zeigt. Johann wird dargestellt als mit Schwert und Schild Kämpfender, wobei es erlaubt war, den Gegner durch geschickte Stellung zu unterlaufen und ihn zu fassen, um so den Kampf durch Ringen zu beenden, was ebenfalls als Anspielung auf seinen Namen gedeutet wird. Das Wappen des Johann von Ringgenberg ist noch heute das Wappen der schweizerischen Gemeinde.

Abb. 44 | *Der Minnesänger Johann von Ringgenberg, abgebildet in der Manessischen Liederhandschrift.*

Aufgabe zum Selbsttest

- Was versteht man unter einem „redenden Wappen" und woher kommt der Begriff „Heraldik"?

Literatur

Gert Oswald, **Lexikon der Heraldik. Von Apfelkreuz bis Zwillingsbalken**, 2. Aufl., Regenstauf 2006.
Brandt, **Werkzeug** (wie S. 238), S. 119–132.
Goetz, **Proseminar** (wie S. 126), S. 299 f.
David L. Galbreath/Léon Jéquier, **Lehrbuch der Heraldik**, München 1978.
Wappenfibel. Handbuch der Heraldik, herausgegeben vom „Herold“, bearbeitet vom Herold-Ausschuss der Deutschen Wappenrolle Neustadt a. d. Aisch 1887; 18. verb. Aufl., 1991.
Filip Vaclav, **Einführung in die Heraldik**, (Historische Grundwissenschaften in Einzeldarstellungen 3) Stuttgart 2000.
Georg Scheibelreiter, **Heraldik**, (Oldenbourg Historische Hilfswissenschaften) 2. Aufl., München 2010.
Zum Infokasten:
Codex Manesse. Die Miniaturen der Großen Heidelberger Liederhandschrift, hrsg. und erläutert von Ingo F. Walther unter Mitarbeit von Gisela Siebert, Frankfurt am Main 1988.
Die Biblioteca Palatina jetzt auch digitalisiert unter:
www.ub.uni-heidelberg.de/helios/digi/palatina-digital.html
Weitere nützliche Internetseite:
Historische Hilfswissenschaften der Universität München:
www.vl-ghw.uni-muenchen.de/heraldik.html

Die Numismatik | 4.9

Die Umstellung der Währung in Europa auf Euro und Cent zum Jahresanfang 2002 war ein historisches Ereignis mit zahlreichen Konsequenzen in wirtschaftlicher Hinsicht. Während es im Mittelalter immer nur überschaubare geographische Räume gab, in denen bestimmte Geldsorten Gültigkeit hatten, gibt es jetzt ein einheitliches Zahlungsmittel für einen sehr großen geographischen Raum. In Deutschland wurden hierbei Mark und Pfennig abgeschafft, Währungsbezeichnungen, die seit dem 8. und 9. Jahrhundert vorkamen, wenn auch mit jeweils unterschiedlichem Wert.

Die Begriffe Münze und Münzkunde leiten sich ab vom lateinischen Wort *moneta* – umgangssprachlich noch im Wort „Moneten“ verwendet –, denn der Tempel der Göttin Iuno Moneta beherbergte die römische Münzprägestätte; der Fachterminus Numismatik kommt dagegen vom lateinischen Wort *nummus* – wie ja auch unser Zahlwort Nummer – und bedeutet ebenfalls Münze oder Geld.

Münzen waren also Zahlungsmittel, die der **Münzherr**, der das Privileg hatte, Münzen prägen zu dürfen (**Münzrecht**), in Umlauf setzte. Er bestimmte nicht nur die äußere Form der Münze in Bild und Beschriftung, sondern auch ihr Gewicht und ihren Feingehalt an Edelmetall. Die Redensart, dass etwas noch „von echtem Schrot und Korn" sei, kommt aus dem Münzwesen: Als **„schroten"** bezeichnete man nämlich das Abschneiden des zur Prägung bestimmten Stückes vom Metallbarren und als **„Korn"** die Gewichtsmenge des Edelmetalls, das zugefügt wurde. Der Vergleich verweist dabei auf den (angeblichen) früheren Idealzustand des Geldes, das durch Verschlechterung des Edelmetallgehaltes immer mehr an Wert verloren habe gegenüber der „guten, alten Zeit".

Der Münzherr bürgte für den Wert des von ihm geprägten Geldes, wie dies heute der Staat tut. Man unterscheidet zwischen **Währungs- oder Kurantgeld**, bei dem der Sachwert gleich dem Nennwert des Geldes ist, und dem **Kreditgeld**, bei dem der Sachwert unter dem Nennwert liegt – das beste Beispiel hierfür sind unsere Banknoten.

WÄHRUNGSGELD, von mittelhochdeutsch *gelt* = Vergeltung, Vergütung, Einkommen und *werunge* = Währung = Gewährleistung des Münzgehaltes.

Es bestand immer eine wechselseitige Abhängigkeit zwischen Gewicht, Gehalt an Edelmetall und Wert einer Münze. Fiel der **Sachwert** dadurch, dass entweder weniger Edelmetall beigefügt wurde, oder dadurch, dass der Silberpreis fiel – im 16. Jahrhundert etwa durch die Silberimporte aus Nordamerika –, so ergab sich eine Differenz zum **Nennwert**, und die Münze verlor an Kaufkraft. Umgekehrt konnte auch der Wert des Edelmetalls steigen und damit überstieg dann der Sachwert den Nennwert, was in der Regel dazu führte, dass man das Geld hortete.

Jeder Münzherr verfügte über **Münzprägestätten** und konnte von Zeit zu Zeit einen **Münzverruf** durchführen, d. h das Verbot und die Einziehung der in Umlauf befindlichen Münzen – so könnte man die Währungsumstellung auf den Euro auch als Münzverruf bezeichnen, allerdings aus anderen Motiven als im Mittelalter. Mit dem Münzverruf wurde nämlich immer wieder Missbrauch getrieben, denn er war für den Münzherrn deshalb attraktiv, weil die Einnahmen aus der Neuprägung und dem Wechselgeschäft ihm zufielen; außerdem konnte er bei den neuen Münzen den Edelmetallgehalt senken, wie dies vor allem seit dem 11. Jahrhundert vorkam.

Aber bereits der Westgotenkönig Alarich II. (486 – 507) hatte kurz vor dem entscheidenden Krieg gegen den Frankenkönig Chlodwig I. (481/82 – 511), in dem er besiegt und getötet wurde, zur Finanzierung des Krieges eine Goldmünze prägen lassen, die stark mit minderwertigem Metall versetzt war, und bald in den Nachbarreichen „verrufen" wurde.

Für den Handel über größere geographische Räume waren Münzverruf und **Münzverschlechterung** natürlich von Nachteil, denn man benötigte Zahlungsmittel, die eine längere Geltungsdauer hatten und einen großen Geltungsbereich.

Es gab im Münzwesen sowohl die tatsächlich geprägten **Münzeinheiten**, als auch die **Rechnungseinheiten**, also Währungsnamen, mit denen man nur rechnete, die man aber nicht prägte.

Im römischen Reich hatte es Gold- und Silbermünzen gegeben, etwa den von Konstantin d. Gr. im ersten Viertel des 4. Jahrhunderts eingeführten **SOLIDUS** mit den Untereinheiten **SEMISSIS** (1/2 sol.) und **TRIENS** (1/3 sol.). Das deutsche Äquivalent zu *solidus* ist der Schilling. Eine alte römische Silbermünze war der **DENARIUS** im Wert von 10 **ASSES** – insofern verweist die Bezeichnung des europäischen **CENT** auch auf den **Münzfuß**, dass nämlich 100 Cent 1 Euro sind.

SOLIDUS, latein. *solidus* = vollkommen.

SEMISSIS, von latein. *semis* = die Hälfte.

TRIENS, latein. *triens* = der dritte Teil.

DENAR, von latein. *denarius* = je zehn enthaltend.

AS, latein. *as* = Münze, ursprünglich ein römisches Pfund.

CENT, von latein. *centum* = hundert.

Die **Goldprägung** hielt im Frühmittelalter solange an, bis der Goldvorrat, den man an römischen Münzen und Schmucksachen hatte, erschöpft war, denn die technischen Fähigkeiten zur Gewinnung von Edelmetallen ging in der Merowingerzeit gegenüber der Antike deutlich zurück, und so behalf man sich dadurch, dass man nicht mehr wie zu Zeiten des heiligen Eligius, des Münzmeisters und Patrons der Goldschmiede im Mittelalter († 680), lauteres (= reines) Gold verwendete, sondern einen starken Silberzusatz, der den spätmerowingischen Münzen ihr blasses Aussehen verleiht.

Nachdem nun das Münzwesen in der späten Merowingerzeit mehr und mehr in Auflösung geraten war – staatliche Zerrüttung führt auch immer wieder zur Zerrüttung des Münzwesens – gab es unter Karl dem Großen eine einschneidende Münzreform: Als Konsequenz aus dem Goldmangel ging man endgültig zur **Silberwährung** über und setzte außerdem einen neuen Münzfuß fest, nämlich:

1 Pfund (latein. *pondus, talentum*; nur Rechnungseinheit) = 20 Schillinge (latein. *solidi*, ebenfalls nur Rechnungseinheit) = 240 Pfennige (latein. *denarii*, die tatsächlich geprägte Silbermünze).

Aber selbst wenn, wie in der Karolingerzeit, ein Münzfuß festgesetzt war, ergaben sich Schwierigkeiten dadurch, dass die Gewichte und Maße im Mittelalter zeitlichen wie regionalen Schwankungen unterworfen waren, so wog beispielsweise ein Pfund im Mittelalter 400 Gramm, es konnten aber auch weniger sein. Aus diesem Grund entwickelte sich die **METROLOGIE** als weiterer Zweig der Hilfswissenschaften, die versucht, den Nennwert und Kurs von Münzen zu vergleichen sowie die Längen-, Flächen- und Hohlmaße und die Gewichte in ihrer Entwicklung von der Antike an zu bestimmen. Darüber hinaus ergibt sich natürlich auch die Schwierigkeit, dass der Gegen-

METROLOGIE, von latein. *metrum* = Maß.

Quelle

Aus einem Kapitular Karls des Großen

▶ Außerdem sorgten Gesetze für die Schaffung und Anerkennung einer vollwertigen und verlässlichen Münze, wovon ein Kapitular Karls des Großen (→ S. 144 f.) von 809 zeugt: „Hinsichtlich der Münzen wird beschlossen, dass niemand es wagen soll, einen Denar, der rein und von rechtem Gewicht ist, zurückzuweisen; und wer es wagt, dies zu tun, soll, wenn er ein Freier ist, den Bann zahlen, und wenn er ein Unfreier ist, der Körperstrafe unterliegen. Und in wessen Grafschaft oder Machtbereich auch immer jemand gefunden wird, der Denare aus der Prägestätte des Münzherren, die rein und von rechtem Gewicht sind, zurückweist, so soll der Bischof, Abt oder Graf, in dessen Machtbereich, wie wir sagten, derjenige gefunden wird, seines Amtes enthoben werden, wenn er es versäumt, den Missstand zu beseitigen.“
(Kapitular von Thionville (Diedenhofen) c. 7, MGH Capit. 1, S. 152).

wert einer bestimmten Geldsumme in den einzelnen Jahrhunderten unterschiedlich war, so dass die Zahl allein wenig aussagt.
Schon in der späten Karolingerzeit begann die Zersplitterung des Münzwesens, indem die Könige zunehmend geistlichen Institutionen wie Bistümern oder Abteien das Münzrecht verliehen; später erhielten auch die weltlichen Fürsten dieses Privileg, so dass wiederum der Niedergang des Königtums mit einer Zerrüttung des Münzwesens einherging.

Hier können gar nicht alle Münzbezeichnungen aufgeführt und erläutert werden, die es im Laufe des Mittelalters und der Neuzeit gab, denn es entwickelte sich eine unübersehbare Vielfalt von Münzen und eine Zersplitterung des Münzwesens in den einzelnen Territorien des hohen und späten Mittelalters sowie der Neuzeit, so dass einzelne Währungen nur in einem teilweise sehr kleinen Geltungsbereich als Zahlungsmittel anerkannt wurden. Deshalb seien hier nur die berühmtesten Münzen genannt wie beispielsweise der **GROSCHEN**, der in der 2. Hälfte des 13. Jahrhunderts neben den Gulden als Hauptwährungsmünze trat und bis zur Einführung des Euro bei uns das Zehnpfennigstück bezeichnete. Der **GULDEN** war eine 1252 in Florenz geschaffene Goldmünze, die auch als **FLORENE** bezeichnet wurde. Gegen Ende des 15. Jahrhunderts gab es dann den silbernen Gulden, den **Taler**. Der **Heller** erhielt seinen Namen nach der Münzprägestelle Schwäbisch Hall.

GROSCHEN, von latein. *grossus* = dick.

GULDEN, von golden.

FLORENE, von latein. *flos* = Lilie, Wahrzeichen der Stadt Florenz.

Berühmte Münzen des Mittelalters waren auch die Brakteaten und die von Friedrich II. geschaffenen Goldmünzen, die Augustalen. Der **BRAKTEAT** wurde im 5. und 6. Jahrhundert einseitig geprägt und

BRAKTEAT, von latein. *bractea* = dünnes Metallblech, Goldblättchen.

in Skandinavien verbreitet, fand sich vereinzelt aber auch auf dem Kontinent und in England. Die Einführung der **AUGUSTALIS** genannten Goldmünze durch Friedrich II. seit 1231 in Messina und Brindisi als staatlicher Prägung stellte nach Jahrhunderten, in denen ausschließlich Silbermünzen geprägt worden waren, einen Wendepunkt in der mittelalterlichen Münzgeschichte dar. Der Avers der Münze zeigt ein Brustbild Friedrichs, das den römischen Kaiserportraits nachempfunden ist, und der Revers einen Adler und eine Umschrift mit dem Namen und Kaisertitel des Staufers.

AUGUSTALIS, latein. = der Kaiserliche.

Zu den Begriffen Avers und Revers → S. 228

Münzfunde wie der Braunschweiger Fund des 18. Jahrhunderts (→ Abb. 45) sind die ergiebigste „Quelle“ des Numismatikers, denn sie geben Aufschluss über den Geldumlauf am Ort der Vergrabung zur Zeit der Vergrabung, die aus dem Fund selbst erschlossen werden muss. Die Zusammensetzung der Münzfunde liefert Informationen über Handel und Verkehr in diesem Gebiet und ist so von großem Quellenwert für wirtschaftsgeschichtliche Forschungen. Hier wird auch die Bedeutung der Archäologie als Nachbarwissenschaft der Mediävistik wieder einmal deutlich. **Münzvergrabungen** kamen immer wieder vor, etwa in einem Krieg aus Angst vor Plünderung oder auch aus anderen Gründen: so deutet man den Fund skandinavischer Münzen des 11. Jahrhunderts im französischen Vevay als Schatz eines Rompilgers, der von dort nicht mehr zurückkehrte.

Info

Eine Münze Heinrichs des Löwen

▶ Ein Beispiel für eine stilistisch ausgereifte Münze ist eine Prägung Herzog Heinrichs des Löwen (1139–1180), des Widersachers von Kaiser Friedrich I. Barbarossa (1152–1190), dem Großvater Friedrichs II. Die Münze zeigt auf dem Avers den thronenden Herzog in langem Gewand mit Szepter und Schwert als Herrschaftsinsignien, im Hintergrund zwei Zinnentürme auf Turmbögen, unter denen jeweils ein Löwe sitzt, der dem Rund der Münze angepasst ist. Heinrich setzt seine Füße auf die Türme eines Tores; möglicherweise ist mit diesen Türmen und dem Tor die von Heinrich in seiner Residenzstadt Braunschweig errichtete Burg Dankwarderode dargestellt. Die Münze wurde 1756 zusammen mit anderen in der Nähe des Braunschweiger Ägidienklosters gefunden.

Abb. 45

Eine in Braunschweig geprägte Münze mit dem Bildnis Heinrichs des Löwen.

Zunächst ist es die Aufgabe des Numismatikers, die Münzen zu bestimmen nach Münzherrn, Prägeort und Münzfuß. Der Vergleich vieler erhaltener und bereits zugeordneter Münzen erleichtert auch die Erkennung von gefälschten Münzen.

Die Münzen können aber auch Hinweise liefern zu personengeschichtlichen Fragen oder zu den Herrschaftsverhältnissen, indem sie beispielsweise die genaue Titulatur des Münzherren nennen.

Neben diesen Realien beschäftigt sich die Numismatik aber auch mit den schriftlichen Quellen, also Rechnungen und Urkunden, die etwa über die Verleihung des Münzrechtes Auskunft geben. Münzen sind außerdem Quellen für insignienkundliche und kunstgeschichtliche Forschungen.

Aufgabe zum Selbsttest

- Erläutern Sie die Probleme, die bei der wissenschaftlichen Auswertung eines Münzfundes auftreten können.

Literatur

Marc Bompaire/Françoise Dumas, **Numismatique médiéval (L'atelier du médiéviste 7)**, Turnhout 2000.
Bernd Kluge, **Numismatik des Mittelalters 1 (Handbuch und Thesaurus Nummorum Medii Aevi)**, Wien 2007.
Brandt, **Werkzeug** (siehe unten), S. 149–157.
Goetz, **Proseminar** (wie S. 126), S. 298 ff.
Bernd Kluge, **Deutsche Münzgeschichte von der späten Karolingerzeit bis zum Ende der Salier**, Sigmaringen 1991.
Zu den Infokästen:
Philipp Grierson, **Money and Coinage under Charlemagne**, in: **Karl der Große. Lebenswerk und Nachleben Bd. 1: Persönlichkeit und Geschichte**, hg. von Wolfgang Braunfels, Düsseldorf 1965, S. 501–536.
Kapitular von Thionville, ed. Alfred Boretius, (MGH Capitularia regum Francorum 1) Hannover 1883, S. 152.
Arthur Suhle, **Hohenstaufenzeit im Münzbild**, München 1963.

Allgemeine Literatur zum Thema Hilfswissenschaften

Ahasver von Brandt, **Werkzeug des Historikers. Eine Einführung in die Historischen Hilfswissenschaften**, (1. Aufl. 1958), 17. Aufl. mit Literaturnachträgen und einem Nachwort von Franz Fuchs, Stuttgart 2007.
Egon Boshof, **Grundwissenschaften**, in: Eugen Boshof/ Kurt Düwell/ Hans Kloft, Grundlagen des Studiums Geschichte, (1. Aufl. 1973), 5. Aufl., Köln, Wien 1997, S. 142–180.
Historische Hilfswissenschaften. Stand und Perspektiven der Forschung, hg. von Toni Diederich / Joachim Oepen, Köln 2005.

Wege der Forschung: Teildisziplinen und Nachbarwissenschaften | 5

Überblick

Als Studienanfänger im Fach Mittelalterliche Geschichte ist man in der Regel so sehr damit beschäftigt, sich einen Überblick über die einzelnen Epochen zu verschaffen, die notwendigen Daten, Fakten und Begriffe sowie die historische Methode zu erlernen, dass man erst im Laufe der Zeit wahrnimmt, welche Teildisziplinen und Nachbarwissenschaften es gibt und womit sie sich genau beschäftigen. Im 19. und zu Beginn des 20. Jahrhunderts galt das fast ausschließliche Interesse der Historiker der politischen Geschichte (→ S. 125); zwar sind in den letzten Jahren Biographien von Herrschern wieder „modern" geworden, doch bedeutet dies nicht, dass wiederum einseitig die Herrschergeschichte dominiert, denn in viele der neueren Herrscherbiographien sind die Erkenntnisse der Teildisziplinen wie beispielsweise der Wirtschafts- und Sozialgeschichte zur Erklärung der Zusammenhänge eingeflossen.

Neuere Forschungsgebiete erschließen sich im Studium auch erst dann richtig, wenn man sich ein bestimmtes Grundwissen angeeignet hat. Da aber nicht nur die Erkenntnisse der Nachbarwissenschaften, sondern auch die Beiträge der einzelnen Teildisziplinen für unseren Erkenntnisfortschritt wichtig sind, müssen hier wenigstens die wichtigsten Teilgebiete des Faches und die Nachbarwissenschaften vorgestellt werden, die früher mitunter auch als „Hilfswissenschaften" für die Mittelalterliche Geschichte angesehen wurden.

5.1 | Kirchengeschichte und Kanonistik

Wir haben in Kapitel 2.4 (→ S. 76 ff.) die Grundzüge der mittelalterlichen Kirchengeschichte kennen gelernt, die Kirchenorganisation, die Rolle des Papsttums, die religiösen Orden und die Häresien; außerdem haben wir gesehen, wie stark das Mittelalter von der christlichen Kirche geprägt war.

Als die Erforschung der mittelalterlichen Kirchengeschichte im 16. Jahrhundert begann, haben religiöse Motive immer wieder eine Rolle gespielt: am Beginn der Kirchengeschichtsschreibung nach der Reformation stehen der Protestant **Matthias Flacius Illyricus** (1520–1575) und der Katholik **Caesar Baronius** (1538–1607). Während Flacius aus den mittelalterlichen Quellen die Notwendigkeit der Reformation „beweisen" wollte und dafür ein Gremium von fünf gelehrten protestantischen Theologen um sich scharte, die in den **„MAGDEBURGER CENTURIEN"** seit 1564 nach den Quellen die Geschichte der Kirche von Beginn an bis zum Auftreten Luthers darstellten und dabei das Papsttum besonders negativ zeichneten, verfocht Baronius, der Kardinal und Präfekt der Vatikanischen Bibliothek, genau das Gegenteil, nämlich die Geschichte der Kirche und Bedeutung des Papsttums in seinen von 1588 an herausgegebenen „**Annales ecclesiastici**" positiv darzustellen. Flacius wie Baronius entdeckten und publizierten in ihren Werken – ähnlich wie die Humanisten die Texte des klassischen Altertums entdeckt hatten (→ S. 117) – bis dahin unbekannte mittelalterliche Quellen und stehen so am Beginn der Kirchengeschichtsschreibung. Dabei war Baronius' Werk wegen seiner größeren Übersichtlichkeit das erfolgreichere. Besonders die Beurteilung der Papsttums war lange Zeit zwischen Katholiken und Protestanten äußerst kontrovers.

Die **MAGDEBURGER CENTURIEN** sind benannt nach dem Entstehungsort der ersten Bände und dem Gliederungsschema, eben der Einteilung in Jahrhunderte.

Nach dem eben Gesagten kann man sich vielleicht besser vorstellen, dass zwar im Zeitalter der Reformation die Gräben zwischen protestantischen und katholischen Kirchenhistorikern viel tiefer waren, dass aber auch heute noch für die Beurteilung mancher kirchengeschichtlicher Tatbestände die Konfession des jeweiligen (Kirchen)historikers von Belang ist, auch wenn man sich immer wieder klarmachen muss, dass das Mittelalter im Unterschied zur Neuzeit nur eine einzige Kirche kannte und dass infolgedessen manche neuzeitlichen Beurteilungen des Mittelalters, so etwa die des Investiturstreits im Zeitalter des Kulturkampfes des 19. Jahrhunderts (→ S. 124 f.) anachronistisch waren.

Kirchengeschichtliche Fragestellungen wie beispielsweise die Suche nach den Ursachen der Reformation haben in den letzten Jahrzehnten die Forschung beschäftigt und zu detaillierteren und überkonfessionell ausgewogeneren Ergebnissen als in früheren Zeiten geführt, zu denen auch andere Teilgebiete wie die Wirtschafts- und Sozialgeschichte ihre Ergebnisse beigetragen haben. Dies ist nur ein Beispiel für ein kirchengeschichtliches Forschungsproblem, das in den letzten Jahrzehnten wachsendes Interesse gefunden hat. Zahlreiche weitere ließen sich nennen.

Info

Die Beurteilung des 15. Jahrhunderts

▶ Ein spannendes Kapitel „Wissenschaftsgeschichte" ist in diesem Zusammenhang die Beurteilung des 15. Jahrhunderts, eben des Jahrhunderts vor Ausbruch der Reformation. Während man diese Zeit früher als eine Epoche des Verfalls gesehen hat – Johan Huizingas berühmtes Buch „Herbst des Mittelalters" (1923/1941) ist hierfür ein Beispiel – wurde in den letzten Jahrzehnten herausgearbeitet und betont, dass das 15. Jahrhundert eine Zeit großer Frömmigkeit und ein Jahrhundert der Reformbestrebungen war; die Unausweichlichkeit der Reformation wird damit in Frage gestellt.

In Kapitel 3.3.3 (→ S. 168 f.) haben wir gesehen, dass auch die Sammlung und Herausgabe der Quellen zur Geschichte der Kirche wie etwa der Konzilien in früheren Jahrhunderten von Männern der Kirche betrieben wurde. Zu nennen sind in diesem Zusammenhang z. B. der Erzbischof von Lucca, Giovanni Domenico Mansi (1692–1769), oder für die Heiligenviten der belgische Ordensmann Jan Bolland (1596–1665).

Neben der Kirchengeschichte ist als weiteres, eng mit ihr zusammenhängendes Teilgebiet die kirchliche Rechtsgeschichte, die **Kanonistik**, zu nennen. Der Begriff leitet sich ab vom ursprünglich griechischen Wort *canon*, mit dem man die Bestimmungen der Synoden zu bezeichnen pflegte (→ Kapitel 3.2.3, S. 145 zur Unterscheidung von Kanones und Dekretalen). Auf die Bedeutung des Kirchenrechts, das durch den Magister **Gratian** eine umfassende Sammlung und Systematisierung erfuhr und dessen Concordia discordantium canonum zur Grundlage des bis 1917 geltenden Corpus iuris canonici wurde, ist ja in Kapitel 2.6 (→ S. 112 f.) hingewiesen worden. So betreibt die Kanonistik die systematische Erforschung und Darstellung des kirchlichen Rechts in seiner geschichtlichen Entwicklung.

Aufgaben zum Selbsttest

- Erläutern Sie die Entwicklung der Kirchengeschichte als eigene Forschungsrichtung.
- Womit beschäftigt sich die Kanonistik?

Literatur

Egon Boshof, **Mittelalterliche Geschichte IV.: Teilbereiche und Teildisziplinen**, in: Egon Boshof/ Kurt Düwell/Hans Kloft, Grundlagen des Studiums: Geschichte, 5. Aufl., Köln/ Wien 1997, S. 179–200.

Rüdiger vom Bruch/Rainer A. Müller, **Historikerlexikon. Von der Antike bis zum 20. Jahrhundert**, 2. Aufl., München 2002.

Goetz, **Proseminar**, (wie S. 126) S. 344 f.

Albert Hauck, **Kirchengeschichte Deutschlands**, 5 Bände, 6. Aufl. Berlin/Leipzig 1922.

Willibald Maria Plöchl, **Geschichte des Kirchenrechts**, Bde. 1–5, Wien/ München 1953–1969.

Die gedruckten Bände der Magdeburger Centurien sind online verfügbar unter: **www.mgh-bibliothek.de/digilib/centuriae.htm**

Die Annales ecclesiastici des Baronius finde sich digitalisiert unter: **www.archive.org/search.php?query=creator:"Baronio, Cesare, 1538-1607"**

Zu den Infokästen:

Hartmut Boockmann, **Das 15. Jahrhundert und die Reformation**, in: Hartmut Boockmann, Kirche und Gesellschaft im Heiligen Römischen Reich des 15. und 16. Jahrhunderts (Abhandlungen der Akademie der Wissenschaften in Göttingen, Phil.-Hist. Klasse Nr. 206) Göttingen 1994, S. 9–25.

Johan Huizinga, **Herbst des Mittelalters. Studien über Lebens- und Geistesformen des 14. und 15. Jahrhunderts in Frankreich und in den Niederlanden** (1923; erste dt. Ausgabe 1941) neu übertragen von Kurt Köster, Stuttgart 1987.

5.2 | Rechts- und Verfassungsgeschichte

Dass der Aufschwung des weltlichen Rechts nicht zuletzt durch das Aufblühen des Kirchenrechts im 12. Jahrhundert beeinflusst wurde, haben wir bereits gesehen (→ Kapitel 2.6, S. 112 ff.), und die gerade behandelte Kanonistik ist eine von drei Wurzeln des mittelalterlichen Rechts: neben dem kirchlich-kanonischen Recht gab es das römische und das germanische Recht. Von beiden war schon die Rede, und zwar vom römischen Recht im Zusammenhang mit seiner Wiederentdeckung in Oberitalien im 11. Jahrhundert während der Vorphase der Gründung von Universitäten (→ Kapitel 2.7, S. 118 ff.), und vom germanischen Recht im Rahmen der Quellenkunde in Kapitel 3.2.3 (S. 142 f.) bei der Behandlung der Volksrechte der einzelnen germanischen Stämme, die in der Zeit zwischen 500 und 800 aufgezeichnet wurden.

Das Fach Rechtsgeschichte ist im 19. Jahrhundert aus der „Historischen Rechtsschule" hervorgegangen, die Friedrich Carl von Savigny (1779–1861) begründete, nach dem auch die wichtigste rechtshistorische Zeitschrift benannt ist, die 1880 begonnene

- **Zeitschrift der Savigny-Stiftung für Rechtsgeschichte** (ZRG).

Die Zeitschrift hat 3 Abteilungen, d.h. separate Zeitschriftenreihen, nämlich die

- Germanistische Abteilung (abgekürzt: ZRG Germ.)
- Romanistische Abteilung (abgekürzt: ZRG Rom.)
- Kanonistische Abteilung (abgekürzt: ZRG Kan.).

Die durch diese Aufteilung suggerierte scharfe Trennung in die drei Rechtsbereiche ist in gewisser Weise realitätsfern, denn sowohl im Privatrecht (Personen-, Familien-, Ehe-, Erb- und Schuldrecht) als auch im Strafrecht des Mittelalters sind Rechtsvorstellungen aus allen drei Bereichen zusammengeflossen. So gab es in der Vergangenheit auch Differenzen zwischen Mittelalterhistorikern und Rechtshistorikern, ob die stark systematisierende, schematisierende und eher von den Normen eines modernen Staates ausgehende Disziplin der Rechtsgeschichte den mittelalterlichen Verhältnissen gerecht werden könne. Neben dem erwähnten Privat- und dem Strafrecht ist ein weiteres Thema der Rechtsgeschichte auch die Rechtsprechung. Der Historiker und die Historikerin haben zusätzlich auch die Rechtswirklichkeit mitzubedenken, d.h. die Frage, inwieweit die aufgestellten Normen und Gesetze in der Realität eingehalten und respektiert wurden. Diese Frage ist natürlich aufgrund der Quellenlage oft kaum oder nur schwer zu beantworten, insbesondere für das frühe Mittelalter.

So wird eine Spezialuntersuchung immer davon geprägt sein, ob sie von einem systematisch arbeitenden Rechtshistoriker geschrieben wurde oder von einem Mediävisten, der die komplexe Lebens-

Info

Fragen der Rechtsgeschichte

▶ In den letzten Jahrzehnten ist u.a. das Thema Ehe – Polygamie – Konkubinat – Ehescheidung im Frühmittelalter zunehmend auf Interesse bei Historikern wie Rechtshistorikern gestoßen. Sie stellten die Frage, ob die Könige des 6. Jahrhunderts Polygamie betrieben – ob somit Chalpaida/Alpais nur eine Konkubine des Hausmeiers Pippin des Mittleren (gest. 714) war oder eine weitere Ehefrau? Die Antwort auf diese Frage sagt einiges aus über die frühmittelalterliche Gesellschaft, ihre Werte und ihre (christliche) Entwicklung.

situation und auch die Rechtswirklichkeit des Mittelalters im Auge hat. Auf alle Fälle aber benötigt der Mediävist und die Mediävistin in ihrem Studium immer wieder rechtsgeschichtliche Handbücher, Lexika und Spezialuntersuchungen zum Verständnis der Zeit.

- **Das Handwörterbuch zur deutschen Rechtsgeschichte** (HRG), Bd. 1, Berlin 1964 – Bd. 5, Berlin 1997 (Neubearbeitung: Bd 1[8], 2006)

hilft, grundlegende Begriffe zu klären; verschiedene, teilweise mehrbändige Handbücher stellen die einzelnen Bereiche mittelalterlichen Rechts dar:

- Hans Erich Feine, Kirchliche Rechtsgeschichte, Bd. 1: Die katholische Kirche, 5. Aufl., Köln/Graz 1972.
- Karl Kroeschell, Deutsche Rechtsgeschichte, 2 Bde., Karlsruhe 1962–1966, 9. akt. Aufl., Köln 2008.
- Heinrich Mitteis, Deutsche Rechtsgeschichte. Ein Studienbuch, neu bearbeitet von Heinz Lieberich, 19. Aufl., München 1992.

In Kapitel 2.6. (→ S. 104 ff.) über die Regierung des mittelalterlichen Reiches haben wir gelernt, dass es eine geschriebene Verfassung des Staates, wie es etwa unser Grundgesetz darstellt, im Mittelalter nicht gegeben hat. Wir haben gesehen, dass der frühmittelalterliche Staat ein Personenverbandsstaat war, der auf persönlichen Beziehungen und Bindungen und auf lehnsrechtlichen Grundlagen beruhte. Erst in den Territorien des späten Mittelalters kam es zu einer umfassenden staatlichen Durchdringung und Herrschaftsausübung. Diese Erkenntnisse über mittelalterliche Staatlichkeit und Verfassung wurden entwickelt aus einer Ablehnung der schematischen Anschauungen der Rechtsgeschichte am Beginn des 20. Jahrhunderts. Obwohl also die **Verfassungsgeschichte** des Mittelalters eigentlich ein Teilbereich der Rechtsgeschichte ist, wurde sie von Anfang an eher von historischer als von juristischer Perspektive dominiert, und die teilweise immer noch nützliche und sehr quellenorientierte achtbändige Verfassungsgeschichte von Georg Waitz ist das Werk eines Historikers, nicht eines Rechtshistorikers (es behandelt den Zeitraum von ca. 500–1125):

- Georg Waitz, Deutsche Verfassungsgeschichte. Die Verfassung des deutschen Volkes in ältester Zeit, 8 Bde, 3. Aufl., Kiel 1876–1896.

Die verfassungsgeschichtlichen Forschungen der letzten Jahrzehnte beschäftigen sich für das Früh- und Hochmittelalter mit bestimmten „Ordnungen“, etwa der Sippe, dem Volksstamm oder der Grundherrschaft, wobei hier auch die Sozialgeschichte (→ S. 246 ff.) miteinbezogen wird. Aufgegeben wurden dagegen Vorstellungen von typisch germanischen Elementen in der mittelalterlichen Ver-

Info

Wandel im Verständnis eines Begriffs

▶ Ein Beispiel für die Zeitgebundenheit der Forschung ist die Theorie des Verfassungshistorikers Ulrich Stutz (1868–1938), die oben bereits behandelte „Eigenkirche" (→ Kapitel 2.4.1, S. 79 f.) sei aus von einem vorchristlichen, d. h. germanischen Hauspriestertum herzuleiten. Der Begriff „Eigenkirche" wurde von Stutz geprägt, er hat sich auch in der Forschung durchgesetzt, aber als Wurzel dieser Institution sieht man heute übereinstimmend die Grundherrschaft an (→ S. 98 f.).

fassung, wie sie zeitbedingt seit den Dreißiger Jahren des letzten Jahrhunderts vertreten wurden.

Verstärkt hat sich die Verfassungsgeschichte in den letzten Jahrzehnten auch dem Spätmittelalter zugewandt, das zuvor lange Zeit vernachlässigt worden war, was aber auch den Vorteil hatte, dass hier keine überholten Thesen und Theorien der Vergangenheit überwunden werden mussten. Beim Spätmittelalter richtet sich das Interesse besonders auf die Ansätze zu moderner Verwaltung und Staatlichkeit in den einzelnen Territorien des deutschen Reiches. Auch die Rolle des Königtums und die Art und Weise spätmittelalterlicher Königsherrschaft einschließlich Repräsentation und Hofzeremoniell sind Gegenstand spätmittelalterlicher Verfassungsgeschichte.

Als Handbücher oder handbuchartige Darstellungen, die einen Überblick geben, sind für Anfänger besonders zu empfehlen:

- Karl Friedrich Krieger, König, Reich und Reichsreform im Spätmittelalter (Enzyklopädie deutscher Geschichte 14), 2. Aufl., München 2005.
- Dietmar Willoweit, Deutsche Verfassungsgeschichte, Vom Frankenreich bis zur Teilung Deutschlands, 6. erw. Aufl., München 2009.

Aufgaben zum Selbsttest

- Mit welchen Problemen befasst sich die Rechtsgeschichte?
- Skizzieren Sie das Kernproblem einer „Verfassungsgeschichte des Mittelalters".

Literatur

Boshof, **Teilbereiche und Teildisziplinen** (wie S. 238) S. 180 ff.

Hans-Werner Goetz, **Moderne Mediävistik. Stand und Perspektiven der Mittelalterforschung**, Darmstadt 1999, S. 174 ff.

Literatur

ders., **Proseminar** (wie S. 126), S. 335 ff.
Zu den Infokästen:
Andrea Esmyol, **Geliebte oder Ehefrau? Konkubinen im frühen Mittelalter**, Köln/Wien/Weimar 2002.
Rudolf Schieffer, **Eigenkirche, Eigenkirchenwesen**, Lexikon des Mittelalters 3 (1986) Sp. 1705–1707.

5.3 | Wirtschafts- und Sozialgeschichte

Die historische Entwicklung der in enger Zusammengehörigkeit entstandenen Gebiete der Wirtschafts- und Sozialgeschichte hat eine Wurzel in Frankreich und eine in Deutschland: In Deutschland war es die jüngere Schule der Sozialökonomie des Historikers und Nationalökonomen **Gustav Schmoller** (1838–1917), die entscheidende Impulse gab, die politische Geschichte in den Kontext von Verfassungs-, Sozial- und Wirtschaftsgeschichte zu stellen, und in Frankreich waren es **Marc Bloch** (1886–1944) und **Lucien Febvre** (1878–1956), die das Ende positivistischer Geschichtsforschung (→ Kapitel 3.1.2, S. 123 ff.) und die Loslösung von der Vorrangstellung der politischen Geschichte forderten. Im Jahr 1929 gründeten Bloch und Febvre die Zeitschrift **Annales d'histoire économique et sociale**, von der dafür entscheidende Impulse ausgingen.

Info

Marc Bloch und seine Forschungen

▶ Neben einem großen Werk über die mittelalterliche Agrargeschichte Frankreichs und einem Buch über das Lehnswesen war es vor allem das 1924 erschienene Opus „Die wundertätigen Könige" (Les rois thaumaturges), das zeigt, worum es Bloch ging: es behandelt die Geschichte der Legenden und der Heilung der tuberkulösen Krankheit der Skrofeln durch die Könige von Frankreich und England; es geht also um eine Untersuchung des symbolischen Wesens der Macht und der Wundergläubigkeit der Massen.

Neben Bloch und Febvre gab auch der Begründer der Mediävistik in Belgien, **Henri Pirenne** (1862–1935), der mit den beiden französischen Forschern befreundet war, selbst Impulse für die Wirtschafts- und Sozialgeschichte.

Info

Henri Pirenne und seine Forschungen

▶ Pirenne äußerte 1922 in seinem posthum erschienenen Buch „Mohammed und Karl der Große" (Mahomet et Charlemagne, 1937) die These, das römische Reich sei weder durch inneren Verfall noch durch die Völkerwanderung der Germanen untergegangen, sondern erst durch die Eroberung der Südküste des Mittelmeeres durch den Islam, was den politischen und wirtschaftlichen Aufstieg des Karolingerreiches ermöglicht habe. Auch wenn Pirennes These heute als überholt gilt, hat sie wichtige Impulse für wirtschaftsgeschichtliche Forschungen gegeben.

An den beiden inzwischen auch wissenschaftsgeschichtlich berühmten Büchern von Bloch („Die wundertätigen Könige") und Pirenne („Mohammed und Karl der Große") lässt sich ablesen, wie die Teildisziplinen entstanden sind und auf was ihr Forschungsinteresse sich richtet.

Die neuere Sozialgeschichte in Deutschland, die eine engere Verbindung zur Soziologie mit ihren vergleichenden und analysierenden Methoden und Theorien gesucht hat, konzentriert sich hauptsächlich auf die Geschichte der Neuzeit, da die soziologischen Modelle auf das Mittelalter weniger gut anwendbar sind.

Einen wichtigen sozialgeschichtlichen Ansatz stellen aber die Forschungen über „Lebensformen im Mittelalter" – so der Titel eines wichtigen Buches von **Arno Borst** von 1973 – dar: Einzelne Gruppen der Gesellschaft wie die Geistlichen, die Bauern, die Bürger oder die Handwerker, aber auch Randgruppen wie Gaukler, Bettler, Prostituierte oder Juden werden in ihren Lebensbedingungen und ihrer sozialen Stellung untersucht. Bei diesen Fragestellungen ist die Verbindung zu anderen Teilgebieten des Faches wie der Alltags- und der Mentalitätsgeschichte (→ Kapitel 5.5.2, S. 253) verständlicherweise sehr eng.

Wichtige Ergebnisse wirtschaftsgeschichtlicher Forschung wurden oben in Kapitel 2.3 (→ S. 63 ff.) über die mittelalterliche Landwirtschaft und Ernährung sowie über Handel und Gewerbe und das Geld- und Kreditwesen vorgestellt. Sowohl der Sozialgeschichte als auch der Wirtschaftsgeschichte fehlt aber vor allem für das frühe Mittelalter statistisch verwertbares Quellenmaterial. Um dennoch zu Ergebnissen zu kommen, muss der Historiker auch Quellen nutzen, die von der Intention ihres Verfassers her eigentlich nichts Wirtschaftsgeschichtliches berichten wollen, wie beispielsweise Lebensbeschreibungen von merowingischen Heiligen (→ S. 132 f.): edle

Fernhandelsgüter werden erwähnt, um zu zeigen, wie asketisch die Haltung des Heiligen ist, der nicht nur heimische Produkte, sondern sogar diese Kostbarkeiten verschmäht; Handel und Gewerbe erscheinen in der Quelle „nur im Negativabdruck“ (Arnold Esch), liefern uns aber die wertvolle und erwünschte Information, welche Güter damals über den Fernhandel ins Frankenreich kamen. So muss der Historiker – wie natürlich in anderen Teilgebieten auch – aus der Not eine Tugend machen, denn nur selten ist er mit wirtschafts- und sozialgeschichtlichen Quellen so reich versehen wie mit dem oben (→ S. 69) erwähnten Archiv des toskanischen Kaufmannes Francesco Datini (1335–1410), das Arnold Esch zu Recht als „ein Pompeji der Wirtschaftsgeschichte“ bezeichnete.

So sind in den letzten Jahrzehnten wichtige Arbeiten zur mittelalterlichen Landwirtschaft sowie zu Handwerk und Handel erschienen, aber auch die Technikgeschichte ist hier noch als relativ junger Teilbereich zu erwähnen, der auf immer größeres Forschungsinteresse stößt.

Aufgabe zum Selbsttest

- Skizzieren Sie die historische Entwicklung der Wirtschafts- und Sozialgeschichte in Frankreich und Deutschland.

Literatur

Hermann Aubin/Wolfgang Zorn, **Handbuch der deutschen Wirtschafts- und Sozialgeschichte**, 2 Bde., Stuttgart 1971–1976.

Carlo M. Cipolla / Knut Borchardt, **Europäische Wirtschaftsgeschichte. Mittelalter**, Frankfurt/M. 1978.

Hans-Werner Niemann, **Europäische Wirtschaftsgeschichte. Vom Hochmittelalter bis heute**, Darmstadt 2009.

Boshof, **Teilbereiche und Teildisziplinen** (wie S. 238) S. 188 ff.

vom Bruch/Müller, **Historikerlexikon** (wie S. 242).

Arnold Esch, **Der Historiker und die Wirtschaftsgeschichte**, Deutsches Archiv für Erforschung des Mittelalters 43 (1987) S. 1–27.

Goetz, **Mediävistik** (wie S. 245) S. 225–261.

ders., **Proseminar** (wie S. 126) S. 338 ff.

Zu den Infokästen:

Marc Bloch, **Die wundertätigen Könige**, mit einem Vorwort von Jacques Le Goff, aus dem Französischen übersetzt von Claudia Märtl, München 1998.

Arno Borst, **Lebensformen im Mittelalter**, Frankfurt/M. 1973.

Henri Pirenne, **Mahomet et Charlemagne** (dt. Ausgabe zuletzt: Mohammed und Karl der Große: Die Geburt des Abendlandes, Frankfurt/M. 1987).

Landes- und Stadtgeschichte

5.4

Von ihrer Entwicklung her verdankt auch die Landes- und Stadtgeschichte ihr Entstehen im 19. Jahrhundert Forschungsansätzen, die wegführten vom Primat der politischen Geschichte.

Der eben erwähnte Nationalökonom und Historiker **Gustav Schmoller** sowie der ebenfalls genannte belgische Forscher **Henri Pirenne** (→ S. 246 f.) gaben nicht nur für die Wirtschafts- und Sozialgeschichte Impulse, sondern auch für die Stadtgeschichte: Pirenne stellte immer wieder die Frage nach der Kontinuität der spätantiken Stadt im frühen Mittelalter, und Schmoller beschäftigte sich intensiv mit den Zünften in den mittelalterlichen Städten.

In der Landesgeschichte waren es **Karl Lamprecht** (1856–1915), der in Bonn und Leipzig lehrte, und sein Schüler **Rudolf Kötzschke** (1867–1949), die in Leipzig die Geschichtliche Landeskunde und die Siedlungsgeschichte begründeten. Leipzig und Bonn blieben auch in der nächsten Generation mit Kötzschkes Schüler **Walter Schlesinger** (1908–1984) und mit **Hermann Aubin** (1885–1969) führende Orte landesgeschichtlicher Forschung.

Während zu Lamprechts Zeiten im 19. Jahrhundert die Berechtigung und der Ertrag landesgeschichtlicher Forschung noch umstritten waren, ist diese Teildisziplin inzwischen an fast jeder Universität etabliert und es gibt für fast jede Region bzw. fast jedes (Bundes-)Land handbuchartige Darstellungen wie auch vielfältige Spezialuntersuchungen. Neben der politischen Geschichte der Region, die untersucht und dargestellt werden muss, sind es vielfältige Fragestellungen, mit denen sich die Landesgeschichte beschäftigt. Hierbei leisten auch die Nachbarwissenschaften wie die Mittelalter-Archäologie, die Volkskunde oder auch die Sprachgeschichtsforschung einen wichtigen Beitrag, beispielsweise wenn es um Siedlungsfragen geht, für die der Vergleich archäologischer Funde wie auch die Dialektforschung oder die Ortsnamenkunde, die beide über Sprachgrenzen Aufschluss geben können, neue Erkenntnisse bringen. Daneben sind es vor allem für das Spätmittelalter verfassungsgeschichtliche Fragen wie die nach Stamm, Herzogtum oder Territorium, die von der Landesgeschichte erforscht werden. Es ist einleuchtend, dass die Ergebnisse der Landesgeschichte auch für die weitere Erforschung der Reichsgeschichte relevant sind. Auch die vergleichende Landesgeschichte, die Ergebnisse aus einer Region zu denen für andere Regionen in Beziehung setzt, ist ein Teilbereich des Faches.

Info

Die Bedeutung der Stadtgeschichte

▶ Die Stadtgeschichte wie auch die anderen hier vorgestellten Teildisziplinen stehen untereinander in engem Zusammenhang: So leisten Arbeiten zur Rolle der Frau in der mittelalterlichen Stadt (siehe unten die genannten Arbeiten von Margret Wensky und Erika Uitz) nicht nur einen Beitrag zur Stadtgeschichte, sondern auch zur Frauengeschichte (→ S. 253 f.) sowie zur Wirtschafts- und Sozialgeschichte, mitunter auch zur Mentalitätsgeschichte (→ unten S. 253 f.).

Im Zusammenhang mit einem zunehmenden historischen Bewusstsein für die Vergangenheit der eigenen Umgebung, die sich in den letzten Jahrzehnten in denkmalpflegerischen Aktivitäten und in der Aufarbeitung der Geschichte der Region niedergeschlagen haben, hat auch die **Stadtgeschichte** ihren Aufschwung erlebt; die Fragestellungen sind auch hier vielfältig: neben der „politischen" Geschichte der Stadt wird gefragt nach ihrer baulichen Gestalt, dem jeweiligen Stadtrecht und dem Stadtregiment, den Stadtbewohnern und der wirtschaftlichen und kulturellen Situation. So wird zum einen exemplarisch die Geschichte der einzelnen Stadt genauer erforscht, und zum anderen dienen die Ergebnisse im Rahmen einer vergleichenden Stadtgeschichte zur allgemeinen Untersuchung der Stadt im Mittelalter.

Für die Stadtgeschichte gibt es eine Reihe verschiedener überregionaler Reihen wie die „Städteforschung" oder den „Deutschen Städteatlas".

Aufgabe zum Selbsttest

- Mit welchen Fragestellungen beschäftigt sich die Stadtgeschichte?

Literatur

vom Bruch/Müller, **Historikerlexikon** (wie S. 242).
Edith Ennen, **Die europäische Stadt des Mittelalters**, 4. Aufl., Göttingen 1987.
Frank G. Hirschmann, **Die Stadt im Mittelalter**, München 2009.
Alois Gerlich, **Geschichtliche Landeskunde des Mittelalters. Genese und Probleme**, Darmstadt 1986.
Goetz, **Proseminar** (wie S. 126) S. 346 ff.
Eberhard Isenmann, **Die deutsche Stadt im Spätmittelalter, 1250–1500: Stadtgestalt, Recht, Stadtregiment, Kirche, Gesellschaft, Wirtschaft**, Stuttgart 1988.
Felicitas Schmieder, **Die mittelalterliche Stadt**, Darmstadt 2005.
Zum Infokasten:
Erika Uitz, **Die Frau in der mittelalterlichen Stadt**, Leipzig 1988.
Margret Wensky, **Die Stellung der Frau in der stadtkölnischen Wirtschaft im Spätmittelalter**, Köln/ Wien 1980.

Neuere Tendenzen der Forschung 5.5

Als Beispiele für neuere Forschungstendenzen in der Geschichte sollen hier die Alltags-, die Mentalitäts- und die Frauengeschichte knapp vorgestellt werden, die in den letzten Jahrzehnten zunehmend das Interesse der Forschung wie auch das einer breiteren Öffentlichkeit gefunden haben.

Die Alltagsgeschichte 5.5.1

Die „Geschichte der kleinen Leute", oft auch als „Geschichte von unten" bezeichnet, ist zunächst in der neueren und neuesten Geschichte aufgearbeitet worden, wobei ein wesentlicher Aspekt für das gesteigerte Interesse daran wohl die Tatsache ist, dass sich jeder mit den „kleinen Leuten" leichter identifizieren kann als mit der „Geschichte der Großen und Mächtigen". In Bezug auf das Mittelalter hat es solche Ansätze auch in der Kulturgeschichte des 19. Jahrhunderts gegeben, in der zweiten Hälfte des 20. Jahrhunderts wurde die **Alltagsgeschichte** dann mit den Ergebnissen anderer Disziplinen wie der Kunstgeschichte oder der Mittelalter-Archäologie verknüpft, was teilweise zu sehr detaillierten Erkenntnissen geführt hat. Das in Kapitel 3.2.4 (→ S. 148 f.) vorgestellte Buch „Die Stadt im späten Mittelalter" von Hartmut Boockmann von 1986 ist ein Beispiel dafür. Wie die Menschen im Mittelalter in Stadt oder Land wohnten, was sie an Kleidung trugen und wovon sie sich ernährten, welchen Hausrat sie besaßen und an welchen Krankheiten sie starben, womit sie sich in ihrer Freizeit zerstreuten – der ganz normale Alltag geriet zunehmend in den Blick der Alltagshistoriker. Für das Spätmittelalter stehen hierbei nicht wenige schriftliche Quellen, auch statistisch verwertbares Material, zur Verfügung, für das Frühmittelalter ist man zwar stark auf archäologische Funde und ihre Auswertung angewiesen, darüber hinaus kann man aber durch das „Lesen" altbekannter Quellen unter neuer Fragestellung zu Ergebnissen kommen: Was der Autor einer Heiligenvita gewissermaßen en passant über die Kleidung seines „Helden", seine Ernährungsgewohnheiten und den Umgang mit einfachen Leuten erzählt (→ S. 246), interessiert unter dem Aspekt der Alltagsgeschichte mehr als der Lebenslauf oder der Märtyrertod des Heiligen.

Literatur

Goetz, **Mediävistik** (wie S. 245) S. 299 ff.
Gerhard Jaritz, **Zwischen Augenblick und Ewigkeit. Einführung in die Alltagsgeschichte des Mittelalters**, Wien/Köln 1989.
Ulrich Nonn (Hg.), **Quellen zur Alltagsgeschichte im Früh- und Hochmittelalter**. Erster und zweiter Teil (Freiherr-vom-Stein-Gedächtnisausgabe 40 a und b) Darmstadt 2003 und 2007.
Ernst Schubert, **Alltag im Mittelalter. Natürliches Lebensumfeld und menschliches Miteinander**, Darmstadt 2001.

Info

Der Totentanz

▶ Ein neues „Todesbewusstsein" fand im Spätmittelalter seit der Mitte des 14. Jahrhunderts nach den großen Pestwellen seinen Ausdruck im **Totentanz**, der in der Literatur und den bildenden Künsten dargestellt wurde: Der Tod tritt als Gerippe auf, der in einem Tanz Kinder wie Greise, Reiche und Arme hinwegführt; Tote spielen dabei Toten zum Tanz auf. Diese Verbindung von Tod und Tanz versinnbildlichte die Pervertierung der göttlichen Ordnung und die tiefe Verunsicherung der Menschen, gleichzeitig waren diese dargestellten Totentänze wohl auch so etwas wie ein Bild- und Abwehrzauber gegen die Pest, denn die Menschen waren durch diese wellenartig auftretende Seuche, die auch Kinder und junge Leute nicht verschonte, viel intensiver als im Hochmittelalter mit dem Sinn des Todes wie des Lebens konfrontiert.

Abb. 46

Totentanz aus der Weltchronik des Hartmann Schedel von 1493. (→ Kapitel 3.2.1, S. 129 f.)

Die Mentalitätsgeschichte 5.5.2

Aber nicht nur der konkrete Alltag wird nachgefragt, auch die **Mentalität der mittelalterlichen Menschen**, ihr Denken und ihre Anschauungen vom Leben helfen uns, diese Epoche zu verstehen vor dem Hintergrund unserer eigenen heutigen Anschauungen: Was bedeutete z.B. Kindheit im Mittelalter? Wann endete sie und wie sah die Kindererziehung in den einzelnen Schichten aus? Was erwartete man von Kindern an Arbeit oder schichtenspezifischem Verhalten?

Ein anderes Thema der Mentalitätsgeschichte sind die mittelalterlichen Anschauungen zum Tod und zum Sterben: Was sah man im Mittelalter als einen guten Tod an, was als einen schändlichen? Welche Vorkehrungen traf man im Wissen um das baldige Sterben und welche Vorstellungen hatte man vom Leben nach dem Tod?

Die mentalitätsgeschichtliche Forschung bemüht sich, die Anschauungen des Mittelalters herauszuarbeiten sowie die dahinter stehenden Vorstellungen und Motivationen der Menschen.

Literatur

Philippe Ariès, **Geschichte des Todes**, (frz. Ausgabe 1978: L'homme devant la mort), München 1980, Neuaufl. 1999.
Klaus Arnold, **Kind und Gesellschaft in Mittelalter und Renaissance**, Paderborn 1980.
Arno Borst, **Lebensformen im Mittelalter**, Frankfurt/Main 1973, Paperback 1997.
Hans-Henning Kortüm, **Menschen und Mentalitäten. Einführung in Vorstellungswelten des Mittelalters**, Berlin 1996.
Zum Infokasten:
Norber Ohler, **Sterben und Tod im Mittelalter**, München 1990, Paperback 2003.

Die Frauengeschichte 5.5.3

Die Anstöße zur **Frauengeschichte**, die in Deutschland inzwischen oft lieber als Geschlechtergeschichte bezeichnet wird und in den englischsprachigen Ländern als **gender history**, kamen aus dem Feminismus und der Frauenbewegung seit dem Ende des Zweiten Weltkrieges. Sie richteten sich gegen eine traditionell männliche Geschichtssicht und Geschichtsdeutung. Während anfänglich aufgrund der Vernachlässigung der Geschichte der Frauen Thesen, die aus feministischer Sicht nahe lagen, wie beispielsweise die der Unterdrückung der Frau, am Beginn der Untersuchung standen, die dann das (erwartete und erwünschte) Ergebnis gewissermaßen zwangsläufig erbrachte, hat sich die Frauenforschung der letzten

Info

Frauen als Autorinnen im Frühmittelalter

▶ Neben einigen wenigen Quellen des frühen Mittelalters, in denen sich Frauen als Verfasserinnen zu erkennen geben, ist in den letzten Jahrzehnten auch für einige Annalenwerke, deren Verfasser ja fast immer anonym bleiben (→ Kapitel 3.2.1, S. 129), die Frage gestellt worden, ob sie nicht von Frauen verfasst wurden, unter anderem weil sie in Frauenklöstern entstanden sind; dazu gehören für die Merowingerzeit der *Liber Historiae Francorum* (wohl aus dem Nonnenkloster in Soissons), für die Karolingerzeit die *Annales Mettenses priores* (wohl aus dem Nonnenkloster Chelles) und für die Ottonenzeit die *Annales Quedlinburgenses*, möglicherweise gilt das auch für einige Viten von heiligen Frauen.

Jahre vom Feminismus gelöst. Sie hat erkannt, dass eine solide Frauenforschung auf solider Quelleninterpretation beruht wie auch auf der Einsicht in die Erkenntnisgrenzen, denn die Tatsache, dass wir beispielsweise aus dem Frühmittelalter nur sehr wenige Quellen besitzen, die von Frauen verfasst wurden, begrenzt die Möglichkeiten, Aussagen über Frauen zu treffen, erheblich.

Die zahlreichen Arbeiten zur Frauengeschichte aus den letzten Jahrzehnten haben gezeigt, dass die Quellen des Mittelalters viel mehr über Frauen aussagen als man lange Zeit gemeint hat, und zwar nicht nur zum Alltag, zur wirtschaftlichen Tätigkeit oder zur weiblichen Frömmigkeit; auch über weibliche Medizin, Sexualität oder Prostitution lassen sich Erkenntnisse gewinnen. Auch für die politische Geschichte hat man inzwischen die Bedeutung der weiblichen Linie, die kognatische Abstammung (→ Kapitel 4.4.4, S. 215 f.), erkannt: die oben erwähnte Eheschließung zwischen Agnes, der Tochter Kaiser Heinrichs IV., und Friedrich von Büren, dem Stammvater der späteren staufischen Dynastie, ist ein Beispiel dafür (→ S. 208).

Die inzwischen große Fülle der Publikationen zur Frauengeschichte sind in verschiedenen Bibliographien und Überblicken erfasst.

Literatur

Hans-Werner Goetz, **Frauen im frühen Mittelalter**, Weimar 1995.
ders., **Mediävistik** (wie S. 245) S. 318 ff.
Hedwig Röckelein, **Historische Frauenforschung. Ein Literaturbericht zur Geschichte des Mittelalters**, in: HZ 255 (1992) S. 377–409.
Katherine Walsh, **Ein neues Bild der Frau im Mittelalter. Weibliche Biologie und Sexualität, Geistigkeit und Religiosität in West- und Mitteleuropa**. Forschungsbericht, Innsbrucker Historische Studien 12/13 (1990) S. 395–580.

Literatur

Zum Infokasten:
Martina Hartmann, **Die Königin im frühen Mittelalter**, Stuttgart 2009.
Rosamond McKitterick, **Frauen und Schriftlichkeit im Frühmittelalter**, in: Hans-Werner Goetz, Weibliche Lebensgestaltung im Mittelalter, Köln/Weimar/Wien 1991, S. 65–118.
Die Annales Quedlinburgenses, ed. Martina Giese, (MHG SS rer Germ 72) München 2004, S. 57–66.

Aufgabe zum Selbsttest

- Nennen Sie Forschungsrichtungen, die in den letzten Jahrzehnten größeres Forschungsinteresse gefunden haben und skizzieren Sie diese.

5.6 Nachbarwissenschaften

5.6.1 Das Mittellatein

In verschiedenen Kapiteln haben wir bereits gesehen, dass das Latein **die** Sprache der mittelalterlichen Quellen ist, ohne deren Grundkenntnisse man ein Studium der mittelalterlichen Geschichte nicht sinnvoll betreiben kann. Gleichzeitig ist die Sprache aber eine andere als das aus der Schule vielleicht noch geläufige Latein Caesars und Ciceros: die grammatikalischen Regeln des klassischen Lateins gelten im Mittelalter vielfach nicht mehr und vor allem ist das Vokabular teilweise anders: aus dem klassischen Latein bekannte Worte haben eine neue Bedeutung erhalten und neue Worte, beispielsweise Lehnworte aus dem Griechischen für den kirchlichen Bereich, sind hinzugetreten. Deshalb bezeichnet man das Latein ungefähr ab dem Jahr 500 als **Mittellatein**.

Info

Das Mittellatein

Die aus dem Griechischen stammenden Wörter *episcopus* für „Bischof", *presbyter* für „Priester" und *ecclesia* für „Kirche" haben wir in Kapitel 2.4.1 (→ S. 77 ff.) bereits kennen gelernt. Auch *miles* im Sinne von „Ritter" statt (klassisch) „Soldat", *comes* in der Bedeutung „Graf" statt „Begleiter" und *dux* für den „Herzog" statt „Anführer" kamen in Kapitel 2.5 (→ S. 100) bereits vor. Die Liste ließe sich unendlich verlängern, beispielsweise mit *fides* für „Glauben" statt „Treue" oder *beneficium* im Sinne von „Lehen" statt „Wohltat". Daneben finden sich im Mittellatein viele Begriffe, die neu gebildet wurden und keine Entsprechungen im klassischen Latein haben.

Wenn man mittelalterliche lateinische Texte übersetzen will, ist es unbedingt notwendig, sich mit einem **Lexikon für das Mittellatein** auszustatten, denn in den Lexika für das klassische Latein fehlen nicht nur die unklassischen Vokabeln, die spezifisch mittellateinische Wortbedeutung mancher Wörter fehlt ebenso.

Die **Mittellateinische Philologie** ist aber nicht bloße Hilfswissenschaft für die Mittelalterliche Geschichte, sondern ein eigenständiges Fach, das die gesamte Literatur des Mittelalters erforscht und darstellt und infolgedessen auf die Ergebnisse der Mittelalterhistoriker genauso angewiesen ist wie umgekehrt die Historiker auf die Mittellateiner. So sollte man während seines Studium unbedingt auch einmal einen Lektürekurs oder, soweit es an der Universität, an der man studiert, das Fach „Mittellateinische Philologie" gibt, dort eine Übung machen, um einen intensiveren Eindruck von den mittelalterlichen Quellen zu bekommen bzw. die eher philologisch und literaturgeschichtlich ausgerichtete Arbeitsweise dieses Faches kennen zu lernen.

Literatur

Lexika:
Friedrich A. Heinichen, **Lateinisch-deutsches Schulwörterbuch. Mit Mittellatein,** Stgt./Leipzig 1993.
Jan Frederick Niermeyer/C. van de Kieft, **Mediae latinitatis lexicon minus,** 2. überarb. Aufl., Leiden/Boston 2002.
Grammatik:
Peter Stotz, **Handbuch zur lateinischen Sprache des Mittelalters,** 5 Bde., München 1996–2004.
Einführungen:
Karl Langosch, **Lateinisches Mittelalter. Einleitung in Sprache und Literatur,** 5. Aufl., Darmstadt 1988.
ders., **Mittellatein und Europa. Einführung in die Hauptliteratur des Mittelalters,** 2. Aufl., Darmstadt 1997.

5.6.2 Die Mittelaltergermanistik

Ähnlich wie das Verhältnis zwischen Mittelalterlicher Geschichte und Mittellatein ist auch das zur **Mittelaltergermanistik** zu sehen. Die Erforschung und Darstellung der alt- und mittelhochdeutschen Literatur des Mittelalters ist die Aufgabe des Faches, und der Mittelalter-Historiker ist angewiesen auf die sprachkundlichen Erkenntnisse sowie alt- und mittelhochdeutsche Lexika, wie umgekehrt für die Mittelaltergermanistik bei der Interpretation der Texte die historischen Erkenntnisse wichtig sind: die historische Situation, in der der Heliand (→ oben Kapitel 3.2.2, S. 137) entstanden ist, liefert Hinweise zur Interpretation, und umgekehrt ist für den Historiker die Singularität und der Sprachstand dieses volkssprachigen Zeugnisses von Interesse.

Abb. 47 *Walther von der Vogelweide. Dieses Bild des Dichters gehört zu den bekanntesten Motiven aus der Manessischen Liederhandschrift.*

Info

Walther von der Vogelweide

▶ Neben zahlreichen lateinischen Quellen zur staufischen Geschichte in den Jahren zwischen 1198 und 1220 wie Briefen und erzählenden Quellen sind es nicht zuletzt die Sprüche Walthers von der Vogelweide (um 1170–1230), die uns ein Bild von den Stimmungen, politischen Auseinandersetzungen und Problemen der Zeit geben. Der leidenschaftlich engagierte Dichter machte Propaganda für die Reichsidee der Staufer und gilt als bedeutendster mittelhochdeutscher Lyriker. Sein Bild in der Manessischen Liederhandschrift (→ S. 182) kennt fast jeder.

Literatur

Rudolf Schützeichel, **Althochdeutsches Wörterbuch**, 6. Aufl., Tübingen 2006.
Matthias Lexer, **Mittelhochdeutsches Handwörterbuch**, Studienausgabe, 2 Bde., Stuttgart 1872–1878, Nachdruck 1992.
Mittelhochdeutsche Wörterbücher gibt es im Internet unter:
gaer27.uni-trier.de/MWV-online/MWV-online.html
Zum Infokasten:
Walther von der Vogelweide: **Leich, Lieder, Sangsprüche**, 14. neu bearb. Aufl. der Ausgabe von Karl Lachmann [1827] hg. von Christoph Cormeau, Berlin 1996.
Gerhard Hahn, **Möglichkeiten und Grenzen der politischen Aussage in der Spruchdichtung Walthers von der Vogelweide**, in: Deutsche Literatur im Mittelalter. Kontakte und Perspektiven. Hugo Kuhn zum Gedenken, hg. von Christoph Cormeau, Stuttgart 1979, S. 338–355.

5.6.3 Die Kunstgeschichte

Als weitere wichtige Nachbarwissenschaft ist die **Kunstgeschichte** zu nennen, die in vielfältiger Weise für die Mediävistik von Bedeutung ist, da man in den letzten Jahrzehnten gelernt hat, die **Sachquellen** (→ Kapitel 3.2.4, S. 148 ff.) für historische Fragestellungen zu nutzen.

Info

Ein Altarbild des hl. Martin

Das Altarbild aus der Mitte des 15. Jahrhunderts in der Pfarrkirche in Sierenz im Elsass liefert vielfältige Aussagen, wobei Fragen des Stils und der Qualität mehr für den Kunsthistoriker und weniger für den Historiker von Interesse sind. Um dieses Gemälde wie viele andere mittelalterliche Darstellungen entschlüsseln zu können, muss man sowohl das biblische Geschehen als auch die berühmtesten Heiligenviten und ihre Handlung kennen: im Mittelpunkt steht hier der heilige Martin von Tours, der seinen Mantel für einen Bettler teilt (→ S. 132 und S. 193) und immer an diesem Attribut zu erkennen ist; die Szene, die ja eigentlich im 4. Jahrhundert spielt, ist – wie sehr oft im Mittelalter – in die eigene Zeit des Malers, also ins 15. Jahrhundert versetzt, wobei auch die Kleidung immer der eigenen Zeit angepasst wird; der Bettler zeigt die Symptome der Mutterkornvergiftung und professionell angelegte Verbände, die auf eine Versorgung durch den Antoniter-Orden, der sich der vom Antonius-Feuer Infizierten annahm (→ Kapitel 2.4.3, S. 90), schließen lassen; Stadttor, Stadtmauer, der Stadtheilige und das Wappen des Stadtherren geben uns einen lebendigen Eindruck vom Aussehen einer spätmittelalterlichen Stadt; im Inneren der Stadt ist ein spielendes Kind zu sehen, das auf einem Steckenpferd reitet – ein früher Beleg für dieses Kinderspielzeug; außerdem erkennt man einen herunterklappbaren Laden; nahe bei der Stadt sieht man eine Kapelle und eine Burg.

Abb. 48

Der hl. Martin. Altarbild von Konrad Witz, Nachfolger, um 1450. Das Bild misst im Original 1,44 m x 1,11 m.

Die Kunstgeschichte beschäftigt sich mit Bauwerken, Skulpturen, Malerei und Kleinkunst und versucht zunächst durch eine Stilkritik und andere Indizien das Alter des zur Diskussion stehenden Objektes zu bestimmen. Dass dies, auch unter Zuhilfenahme von Schriftquellen, nicht immer gelingt, zeigt die oben (→ Kapitel 4.6, S. 221 f.) knapp skizzierte Diskussion um die Reichskrone. Für die Geschichtswissenschaft ist vor allem die Malerei aussagekräftig, wie uns das Beispiel im Infokasten auf dieser Seite zeigt.

Die Malerei des Mittelalters ergänzt also unsere Schriftquellen auf sehr lebendige Weise, genau wie die aus dem Mittelalter erhaltenen Bauwerke, Skulpturen und Kunstgegenstände dies tun, die zudem für die Technikgeschichte sowie die Kultur- und Alltagsgeschichte von Interesse sind, wenn man sie richtig zu interpretieren versteht. Die symbolische Bedeutung vieler Dinge zu kennen, wie die Kreuzform eines Kirchenbaus oder die einzelnen Heiligenattribute, gibt uns einen Einblick in die mittelalterliche Vorstellungswelt, wobei die Kunstgeschichte wichtige Dienste leistet.

Literatur

Renate Prochno, **Das Studium der Kunstgeschichte. Eine praxisbetonte Einführung**, 3. Aufl., Berlin 2008.
Zum Infokasten:
Hartmut Boockmann, **Die Stadt im späten Mittelalter**, 3. Aufl., München 1994.
ders., **Eine spätmittelalterliche Stadt. Vorschläge für Verwendung eines Bildes im Geschichtsunterricht**, in: Geschichte in Wissenschaft und Unterricht 36 (1985) S. 271–276.

5.6.4 Die Mittelalterarchäologie

Mit Sachquellen, in der Regel selbst ausgegrabenen, befasst sich die **MITTELALTERARCHÄOLOGIE**, auf die der Mediävist insbesondere für das Frühmittelalter angewiesen ist, denn die ausgegrabenen Funde und ihre Auswertung liefern wichtige Informationen, die uns die Schriftquellen nicht bieten: über die Ernährungsgewohnheiten (→ Kapitel 2.3.1, S. 64 ff.) zumal der einfacheren Leute oder über die Lebenserwartung und häufige Krankheiten wüssten wir kaum etwas, wenn nicht die Bodenanalyse ergrabener Siedlungen oder die anthropologischen Untersuchungen von Gräberfeldern uns hier die notwendigen Informationen liefern würden. Unsere Quellenautoren hielten in der Regel nicht für berichtenswert, wovon sie sich ernährten, und da die meisten Menschen ihr Geburtsjahr ohnehin nicht kannten, hätten sie auch nichts über die Lebenserwartung sagen können. Auch von den Kunstfertigkeiten und der Mode in den einzelnen Epochen wüssten wir viel

ARCHÄOLOGIE, von griech. *archaios* = alt und griech. *logos* = Lehre.

weniger ohne die wertvollen Grabbeigaben oder Reste von Kleidung und Schmuck, die gut erhaltene Grabfunde geliefert haben. So sind neben den Archäologen noch eine Reihe naturwissenschaftlicher Experten nötig wie beispielsweise Mediziner, die die ausgegrabenen Skelette auf Sterbealter, Krankheiten und Todesursache untersuchen müssen, um die archäologischen Befunde abzurunden und dann in einem weiteren Schritt auch für Historiker fruchtbar zu machen.

Literatur

Günther P. Fehring, **Einführung in die Archäologie des Mittelalters**, 3. Aufl., Darmstadt 2003.
Sören Frommer, **Historische Archäologie. Ein Versuch der methodologischen Grundlegung der Archäologie als Geschichtswissenschaft**, Büchenbach 2007.

5.6.5 Die Historische Geographie

Ahasver von Brandt behandelte in seinem 1958 erschienenen „Werkzeug des Historikers" die **Historische Geographie** noch als Hilfswissenschaft der Geschichte, doch inzwischen hat sie sich als eigenes Fach etabliert und ist eher eine Teildisziplin der Geographie. Die Historische Geographie beschäftigt sich (in grober Vereinfachung) mit den **Auswirkungen der geographischen Gegebenheiten** auf den Menschen und den **Einwirkungen der Menschen** auf die Natur, also mit Natur- und mit Kulturlandschaften. Als dritte Aufgabe kommt die politische Geographie, also beispielsweise die Entwicklung von Reichs- und Staatsgrenzen hinzu. Die Veränderung des Küstenverlaufs an der Nordsee und ihre Auswirkung auf die Besiedlung zu untersuchen, würde also zur erstgenannten Aufgabe der Historischen Geographie gehören. Die Rodungs- und Siedlungsprozesse im Rahmen der Ostkolonisation des 12. Jahrhunderts (→ oben S. 89) und die Erforschung der von ihren Bewohnern aufgegebenen Orte, der Wüstungen, sind Beispiele für die Erforschung der Kulturlandschaft. Den genauen Grenzverlauf bei den einzelnen Reichsteilungen in der Karolingerzeit zu untersuchen und darzustellen, ist eine Frage der politischen Geographie.

TOPOGRAPHIE, von griech. *topos* = Ort, *graphein* = schreiben.

Die Ergebnisse werden in **TOPOGRAPHISCHEN** oder **thematischen Karten** dargestellt: Demnach wären Karten, die über die Jahrhunderte den Verlauf eines Flusses zeigen, der wie beispielsweise der Rhein sein Bett verlagert, zu den topographischen Karten zu zählen, während Karten mit Wüstungen des 14. Jahrhunderts im deutschen

Literatur

Brandt, **Werkzeug** (wie S. 238) S. 22–29.
Goetz, **Proseminar** (wie S. 126) S. 276 ff.
Günther Franz/Helmut Jäger, **Historische Geographie**, 3. Aufl., Braunschweig 1980.
Kartenwerke:
Großer Historischer Weltatlas, herausgegeben vom Bayerischen Schulbuchverlag, Teil II: Mittelalter, 2. Aufl., München 1983, Kommentarband mit Erläuterungen, hg. von Ernst W. Zeeden, München 1983.
dtv-Atlas zur Weltgeschichte, hg. von Hermann Kinder und Werner Hilgemann und Manfred Hergt, 37./38. überarb. Aufl. 2004/2005.
Zum angesprochenen Beispiel:
Erhard Kühlhorn, **Die mittelalterlichen Wüstungen in Südniedersachsen**, 4 Bde., Bielefeld 1994–1996.

Reich oder Karten mit den karolingerzeitlichen Reichsteilungen zu den thematischen Karten gehören. Daneben stellt die Historische Geographie ihre Ergebnisse aber auch in Aufsätzen und nicht zuletzt in verschiedenen Ortsverzeichnissen dar, wie beispielsweise in den vier Bänden „Wüstungen in Südniedersachsen" (1994–1996). Nicht nur im Hinblick auf die Wüstungsforschung, sondern auch in anderen Bereichen ist der Beitrag der Archäologie sowie die Ergänzung durch die Ergebnisse der Historikers für die Historische Geographie und umgekehrt wichtig.

Damit sei dieser knappe Überblick über Teildisziplinen und Nachbarwissenschaften abgeschlossen, der vor allem zeigen sollte, in welchem Maß die einzelnen Gebiete und Fächer miteinander verbunden sind und welch verschiedenartige Kenntnisse und Erkenntnisse nötig sind, um in der mittelalterlichen Geschichte wie auch in anderen Fächern zu fundierten Ergebnissen zu kommen. Interdisziplinäres wissenschaftliches Arbeiten erweitert also unsere Erkenntnismöglichkeiten gegenüber früheren Zeiten stark. Für den Anfänger und die Anfängerin sollte dies bedeuten, sich nicht von der Fülle der Angebote entmutigen zu lassen, aber sein Studienfach auch nicht zu beschränkt zu betrachten.

Aufgabe zum Selbsttest

- Nennen Sie Nachbarwissenschaften der mittelalterlichen Geschichte und erläutern Sie, inwiefern diese für die mediävistische Forschung von Bedeutung sind.

Literaturempfehlungen

1. Zur Einführung

Hartmut Boockmann, **Fürsten, Bürger, Edelleute. Lebensbilder aus dem späten Mittelalter**, München 1994.
Horst Fuhrmann, **Einladung ins Mittelalter**, 4. Aufl., München 2008.
Horst Fuhrmann, **Überall ist Mittelalter. Von der Gegenwart einer vergangenen Zeit**, 2. Aufl., München 2003.

2. Biographien

Matthias Becher, **Karl der Große**, 5. Aufl., München 2007.
Wilfried Hartmann, **Karl der Große**, Stuttgart 2010.
Egon Boshof, **Ludwig der Fromme**, 2. Aufl., Darmstadt 2009.
Wilfried Hartmann, **Ludwig der Deutsche**, Darmstadt 2002.
Johannes Laudage, **Otto der Große (912–973). Eine Biographie**, 2. Aufl., Regensburg 2006.
Gerd Althoff, **Otto III.**, Darmstadt 1996.
Franz-Reiner Erkens, **Konrad II. (um 990–1039). Herrschaft und Reich des ersten Salierkaisers**, Regensburg 1998.
Herwig Wolfram, **Konrad II. 990–1039. Kaiser dreier Reiche**, München 2000.
Stefan Weinfurter, **Heinrich II. (1002–1024). Herrscher am Ende der Zeiten**, 3. Aufl., Regensburg 2002.
Gerd Althoff, **Heinrich IV.**, 2. Aufl., Darmstadt 2008.
Uta-Renate Blumenthal, **Gregor VII.**, Darmstadt 2001.
Rudolf Schieffer, **Gregor VII.**, München 2010.
Hubert Houben, **Roger II. von Sizilien. Herrscher zwischen Orient und Okzident**, 2. Aufl., Darmstadt 2010.
Ferdinand Opll, **Friedrich Barbarossa**, 3. Aufl., Darmstadt 1998.
Wolfgang Stürner, **Friedrich II.**, 3. Aufl., Darmstadt 2009.
Hubert Houben, **Friedrich II.**, Stuttgart 2008.
Karl-Friedrich Krieger, **Rudolf von Habsburg**, Darmstadt 2003.
Heinz Thomas, **Ludwig der Bayer (1282–1347). Kaiser und Ketzer**, Regensburg 1993.
Jörg G. Hönsch, **Kaiser Sigismund. Herrscher an der Schwelle zur Neuzeit (1368–1437)**, München 1996.
Heinrich Koller, **Kaiser Friedrich III.**, Darmstadt 2005.

3. Quellensammlungen und Übersetzungen

Innerhalb der Reihe „Deutsche Geschichte in Quellen und Darstellung“ sind empfehlenswert:
- **Frühes und hohes Mittelalter, 750–1250**, hg. von Wilfried Hartmann, Stuttgart 1995.
- **Spätmittelalter, 1250-1495**, hg. von Jean-Marie Moeglin und Rainer A. Müller, Stuttgart 2000.

Glossar

ABENDLAND: Seit dem 16. Jahrhundert Bezeichnung für die im Mittelalter entstandene Kulturgemeinschaft der westeuropäischen Länder.

ABLASS: kirchlicher Erlass von Sündenstrafen; von althochdt. *ablaz* = Nachlass, Vergebung.

ABT: Vorsteher einer Mönchsgemeinschaft; von griech. *abbas* = Vater; weibl. Form (latein.) = *abbatissa*.

AGNATISCHE VERWANDTSCHAFT: in der Genealogie Bezeichnung der männlichen Nachkommen; von latein. *agnasci* = hinzugeboren werden (von Söhnen).

ANNALEN: Quellengattung, eine Art Jahrbücher, von latein. *annus* = Jahr.

ANNUNCIATIONSSTIL: Festlegung des Jahresbeginns auf den 25. März, den Tag der Verkündigung Marias; von latein. *annuntiare* = verkündigen, ankündigen.

ANTONITER: Spitalorden; der Name leitet sich ab von der Hauptaufgabe des Ordens, der Pflege der an Antoniusfeuer Erkrankten. Diese Krankheit wurde durch Verbacken von Getreide, das von Mutterkorn befallen war, ausgelöst.

APOSTEL: von griech. *apostolos* = Abgesandter, Bote; ursprünglich die Bezeichnung für die Jünger Jesu, welche die christliche Lehre in die Welt tragen sollten.

AQUAEDUKT: über Brücken geführte Wasserleitung; von latein. *aqua* = Wasser, *ducere* = führen.

ARCHETYP: „Urexemplar" einer Quelle; von griech./latein. = zuerst geprägt, Urbild.

ARTES LIBERALES: mittelalterliche Einteilung der Wissenschaften (siehe auch Quadrivium und Trivium); latein. = die (sieben) freien Künste.

ASKESE: strenge, entsagende Lebensführung; griech./mittellat. = Übung.

ASZENDENZ: in der Genealogie Bezeichnung für die Darstellung der Vorfahren einer einzelnen Person; von latein. *ascendere* = aufsteigen.

AUGUSTALIS: von Friedrich II. geschaffene Goldmünze; latein. = der Kaiserliche.

AUTOBIOGRAPHIE: Beschreibung des eigenen Lebens; von griech. *autos* = selbst, *bios* = Leben, *graphein* = schreiben.

AUTOGRAPH: das vom Autor selbst geschriebene oder diktierte Urexemplar seines Werkes; von griech. *autos* = selbst; *graphein* = schreiben.

AVERS: Vorderseite eines Metallsiegels oder einer Münze; von latein. *adversus* = zugewandt.

BENEDIKTIONALE: liturgisches Buch; von latein. *benedicere* = segnen.

BIBEL: Grundlage der christlichen Lehre, eingeteilt in Neues und Altes Testament; von griech. Wort *biblos* = Buch; abgeleitet ist der Begriff vom Namen der ägyptischen Stadt Byblos, von wo die Griechen ihren Papyrus bezogen.

BISCHOF: geistlicher Oberhirte eines Bistums; von griech. *episkopos*, latein. *episcopus* = Aufseher.

BLASONIERUNG: Fachterminus der Heraldik; von franz. *blason* = Wappenschild, Wappenkunde, *blasonner* = ein Wappen erklären.

BRAKTEAT: frühmittelalterliche Münze; von latein. *bractea* = dünnes Metallblech, Goldblättchen.

CHARTULAR: Kopialbuch mit Kopien von ausgestellten Urkunden; von latein. *charta* = Urkunde.

CHORBISCHOF: „Hilfs"bischof ohne die volle Amtsgewalt eines Bischofs; von griech. *chora* = Land.

CHRONIK: Quellengattung; Aufzeichnung geschichtlicher Ereignisse in ihrer zeitlichen Abfolge, meist seit Erschaffung der Welt; von griech. *chronos* = Zeit.

CIRCUMCISIONSSTIL: Festlegung des Jahresanfangs auf den 1. Januar, den Tag der Beschneidung Christi; von latein. *circumcisio* = Beschneidung.

CODEX: in der Paläographie die Bezeichnung für eine Handschrift; ursprünglich latein. = Baumstamm, weil in der Antike zunächst auf Holztafeln geschrieben wurde, die mit Wachs überzogen waren.

CONSUETUDINES: Klosterregeln; von latein. *consuetudo* = Gewohnheit.

DEKRETALEN: Entscheidungen der Päpste in Form von Briefen, eigentl. *litterae decretales* von latein. *litterae* = Brief, *decretalis* = entscheidend.

DEPERDITA: verlorene und nur aus anderen Quellen erschließbare Urkunden; von latein. *deperditus* = zugrundegegangen.

DESZENDENZ: in der Genealogie Bezeichnung für die Darstellung der Nachkommen einer einzelnen Person; von latein. *descendere* = hinabsteigen.

Glossar

DIAKON: niederer kirchlicher Weihegrad; von griech./latein. *diaconos* = Kirchendiener.

DICTATOR: Mitarbeiter in einer mittelalterlichen Kanzlei; von latein. *dictare* = vorsagen.

DIÖZESE: Bistum; von griech. *dioikesis* = Distrikt, Kirchensprengel.

DISCRIMEN VERI AC FALSI: Echtheitsnachweis, eine Hauptaufgabe der Diplomatik; aus dem Latein. = Unterscheidung von Echtem und Falschem.

DISPOSITIV: Fachterminus der Diplomatik für eine bestimmte Urkundenart; von latein. *disponere* = festsetzen.

DOM: großer Kirchenbau; von latein. *domus ecclesiae* = Haus der Kirche.

DOPPELWAHLEN: in den Jahren 1198 und 1314 kam es jeweils zur Wahl zweier Fürsten zum deutschen König; 1198 wurden Otto von Wittelsbach und Philipp von Schwaben gewählt, und 1314 Friedrich der Schöne von Österreich und Ludwig der Baier.

EDITION: wissenschaftliche Ausgabe einer Quelle im Unterschied zum einfachen Druck; von latein. *edere* = herausgeben.

ENZYKLOPÄDIE: auch Konversationslexikon genannt; von griech. *en kyklo paideia* = im Kreis der Bildung.

EPIK: von griech./latein. *epos* = Heldengedicht.

EREMITEN-ORDEN: unter dieser Bezeichnung werden mehrere Eremiten-, d. h. Einsiedlerorden (von griech. *eremos* = Wüste) zusammengefasst, die nach der Augustinusregel lebten.

ERZBISCHOF: Oberhaupt einer Kirchenprovinz; von griech. *archi* = der oberste, erste; *episkopos* = Aufseher.

EUCHARISTIE: Bestandteil der Messe; von griech. *eucharistia* = Danksagung.

EVANGELIUM: im Neuen Testament der Bibel sind die vier Evangelien mit der Lebens- und Leidensgeschichte Jesu enthalten; von griech. *eu* = gut; *angelia* = Botschaft.

EXLIBRIS: Besitzvermerk; von latein. *ex libris* = aus den Büchern.

EXORCISTA: kirchlicher Weihegrad; von latein. = Geisterbeschwörer.

FIBEL: Gewandverschluss; von latein. *fibula* = Spange.

FISKUS: königliche oder staatliche Einkünfte und Besitzungen; von latein. *fiscus* = Geldtopf.

FLORENE: Münze; 1252 in Florenz geschaffene Goldmünze, von latein. *flos* = Lilie, Wahrzeichen der Stadt Florenz.

FRESKO: Bezeichnung für eine Malerei auf den noch feuchten Putz; von ital. *fresco* = frisch.

FRONLEICHNAM: an diesem Tag wird das Gedächtnis des letzten Abendmahls Christi mit seinen Jüngern am Gründonnerstag gefeiert.

GESTA: Quellengattung; von latein. *res gestae* = Taten.

GESTA MUNICIPALIA: eine Art Grundbuchamt in der spätantiken Stadt; von latein. *gesta* = Taten, *municipalis* = städtisch.

GHETTO: Wohnviertel der Juden; in Venedig wurden die Juden seit 1516 zwangsweise im Stadtteil Ghetto Nuovo = Neue Gießerei angesiedelt.

GROSCHEN: Münze; von latein. *grossus* = dick.

HANSE: Handelszusammenschluss; von mittelhochdt. = Gefolge, Schar.

HISTORIA: von griech. *historia* = das Erforschen, die Erkundigung, durch Nachfragen erfahrenes Wissen.

HUMANISTEN: Gelehrte des 14.–16. Jahrhunderts, die eine von der heidnischen Antike beeinflusste Lebensanschauung vertraten, die den Menschen in den Mittelpunkt stellte.

IDEN: Mitte des Monats (13. oder 15.); von dem etruskischen Wort *iduare* = *dividere* = teilen d. h. des Monats.

IMMUNITÄT: Abgabenfreiheit; von latein. *immunis* = frei (von Abgaben).

INKUNABEL: früher Druck eines Buches (vor 1500); von latein. *incunabula* = Windeln oder Wiege.

INQUISITION: Untersuchung durch Institutionen der Kirche zur Reinerhaltung des Glaubens, auch Verfolgung der Ketzer; von latein. *inquirere* = erforschen, untersuchen.

INTERREGNUM: Bezeichnung für die kaiserlose Zeit im deutschen Reich von 1250 bis 1273; von latein. *inter* = zwischen, *regnum* = Regierung.

INVESTITUR: Einsetzung in ein geistli-

Glossar

ches Amt; von latein. *investiri* = bekleiden.

ISLAM: eine der Weltreligionen; die Bedeutung des Wortes ist umstritten; man übersetzt es mit „Heil" oder „gänzliche Hingabe".

ITINERAR: anhand von Urkunden rekonstruierte Reiseroute einer Person (meist des Königs) im Laufe des Lebens; von latein. *iter* = Weg.

JURISDIKTIONSPRIMAT: Vorrang des päpstlichen Gerichts, von latein. *ius* = Recht, *dicere* = sagen, *primas* = erster.

KALENDEN: Monatsanfang; von latein. *calare* = ausrufen, denn am 1. Tag des Monats mussten die Zinsen bezahlt werden. Von dem Wort *Kalendae* leitete man im Spätmittelalter das Wort *calendarius/calendarium* ab und so entstand unser heutiges Wort Kalender.

KALIF: von arab. *kalif* = Stellvertreter, Nachfolger.

KALLIGRAPHIE: in der Paläographie Ausdruck für Schönschreiben; von griech. *kallos* = schön, *graphein* = schreiben.

KANON: Einzelbeschluss eines Konzils; von griech./latein. *canon* = Regel, Richtschnur.

KANONIKER: Geistliche am Domkapitel; bezeichnete ursprünglich die Kleriker, die auf der Liste als zum Bischof gehörig eingetragen waren; von latein. *canon* = Liste.

KANZLER: von latein. *cancellarius* = Leiter der Kanzlei.

KAPITAL: von latein. *caput* = Haupt, ist das auf Zinsen angelegte Geld.

KAPITULARIEN: Quellengattung, Erlasse der fränkischen Herrscher, die in einzelnen Abschnitte eingeteilt waren; von latein. *capitula* = die Kapitel.

KARDINAL: hoher kirchlicher Würdenträger, wählte im Mittelalter (und heute) den Papst; von latein. *cardo* = Türangel.

KARMELITER: Ritterorden; der Name kommt vom Berg Karmel im heiligen Land, wo der Orden von Kreuzfahrern gegründet wurde.

KATHARER: Sekte; von griech. *katharos* = rein.

KIRCHENBANN: Ausschluss von den Sakramenten und der kirchlichen Gemeinschaft (auch: Exkommunikation).

KIRCHENVÄTER: die anerkannten Lehrer der frühen Kirche wie Hieronymus, Augustinus, Ambrosius und Gregor der Große; mit ihren Schriften gelten sie als Vertreter der Rechtgläubigkeit.

KIRCHENSTAAT: Bezeichnung für das dem Papst unterstehende Gebiet um den Vatikan; auch latein. *patrimonium Petri* = Vermögen des heiligen Petrus genannt.

KLAUSUR: Bereich des Klosters, der nur für bestimmte Personen zugänglich ist; von latein. *claudere* = abschließen.

KLERUS: Geistlichkeit; von griech. *kleros* = Los, latein. *clericus* = Geistlicher.

KOGNATISCH: in der Genealogie Bezeichnung für die weiblichen Nachkommen; von latein. *cognatus* = verwandt.

KOLLATION: Arbeitsschritt bei Anfertigung einer kritischen Edition, nämlich Vergleich des Wortlautes aller Textzeugen einer Quelle; von latein. *conferre, collatus* = vergleichen.

KOMPUTISTIK: mittelalterliche Wissenschaft zur Berechnung der beweglichen Kirchenfeste, von latein. *computare* = berechnen; der Begriff „Computer" kommt ebenfalls daher.

KONKLAVE: Bezeichnung für den abgeschlossenen Raum der Papstwahl, bzw. die Versammlung der Kardinäle bei der Papstwahl; von latein. *conclave* = verschließbarer Raum.

KONTEMPLATIV: Ausrichtung von Mönchs- und Nonnenorden; von latein. *contemplatio* = geistige Betrachtung, d. h. es wurde von den Mönchen und Nonnen keine Arbeit zum Lebensunterhalt verrichtet.

KONTOR: Schreibstube des Kaufmanns oder der Handelsgesellschaft, in der die Buchhaltung gemacht wurde; von latein. *computare* = zählen (französisch *compter*).

KONTRAKTIONSKÜRZUNG: Fachterminus in der Paläographie: Wortabkürzung, von latein. *contrahere* = zusammenziehen.

KONZIL: Kirchenversammlung; von latein. *concilium* = Versammlung.

KOPIAR: Fachterminus der Diplomatik; Kopialbuch mit Kopien von ausgestellten Urkunden; von latein. *copia* = Menge, Abschrift.

KORAN: das heilige Buch des Islam, Sammlung der Offenbarungen Mohammeds; arab. = das (als von Gott offenbartes Wort) zu Rezitierende.

Glossar

KURSIVE: Fachterminus in der Paläographie für eine Schrift mit Ligaturen (= Buchstabenverbindungen); von latein. *cursare* = durchlaufen.

LAIE: im Unterschied zum Geweihten, dem Kleriker; von griech. *laos* = Volk.

LEKTIONAR: liturgisches Buch für den Gottesdienst; von latein. *lectio* = Lesung.

LEKTOR: niederer kirchlicher Weihegrad; von latein. *legere* = lesen.

LIBER PONTIFICALIS: Quellengattung, Sammlung von Papstbiographien, von latein. *liber* = Buch *und pontifex maximus* = wörtlich: oberster Brückenbauer, Vorsitzender eines Priesterkollegs im antiken Rom, später Bezeichnung für den Papst.

LIBER MEMORIALIS: Quellengattung; von latein. *liber memorialis* = Gedenkbuch.

LIBER VITAE: Quellengattung, von latein. *liber vitae* = Buch des Lebens.

LIGATUR: Fachterminus in der Paläographie für Verbindungen zwischen Buchstaben; von latein. *ligare* = verbinden.

LITURGIE: regelmäßige Form des Gottesdienstes; von griech. *leiturgia* = öffentlicher Dienst.

LYRIK: Dichtkunst; von griech./latein. *lyra* = Laute oder Lied.

MÄRTYRER: von griech./latein. *martyr* = Blutzeuge der Wahrheit der christlichen Religion.

MAJUSKEL: Fachterminus in der Paläographie, Bezeichnung für eine Schrift, bei der alle Buchstaben die gleiche Größe aufweisen, d. h. sich in ein Zwei-Linien-Schema fügen; von latein. *maiusculus* = etwas größer.

MANDAT: Fachterminus in der Diplomatik für eine bestimmte Urkundenart; von latein. *mandare* = anvertrauen.

MESSE: Gottesdienst; von latein. *mittere* = schicken.

METROPOLIT: Bischof an der Spitze einer Kirchenprovinz; von griech. *metropolis* = Mutterstadt.

MINNESANG: Quellengattung des Hochmittelalters; von mittelhochdt. *minne* = Liebe.

MINISTERIALEN: unfreie Bedienstete, die von der Kirche oder dem König mit Lehen ausgestattet wurden; von latein. *ministerium* = Dienstleistung.

MINUSKEL: Fachterminus in der Paläographie für eine Schrift mit Ober- und Unterlängen, die sich in ein Vier-Linien-Schema einpasst; von latein. *minusculus* = etwas kleiner.

MISSI DOMINICI: Königsboten; von latein. = Gesandte des Herrn.

MISSION: Verkündigung des christlichen Glaubens mit dem Ziel der Bekehrung; von latein. *missio* = Sendung, Auftrag.

MITTELLATEIN: Bezeichnung für das von der klassischen Antike in Grammatik, Orthographie und z. T. auch dem Wortschatz abweichende Latein der mittelalterlichen Quellen.

MÖNCH: Mitglied eines geistlichen Ordens; von griech. *monos* = allein.

MONOGRAPHIE: Schrift eines Autors; von griech. *monos* = allein, *graphein* = schreiben.

MONSTRANZ: ein künstlerisch gestaltetes Behältnis zum Tragen und Zeigen der geweihten Hostie; von latein. *monstrare* = zeigen.

MONTES PIETATIS: Leihhäuser; von latein. = Berge der Barmherzigkeit.

NEKROLOGIUM: Liste von Verstorbenen zum Zweck des Totengedenkens; von griech. *nekros* = tot; *logos* = Wort.

NONEN: von latein. *nonus* = der neunte, d. h. der 9. Tag vor den Iden.

NOTITIA: Fachterminus in der Diplomatik für eine Beweisurkunde; von latein. *notitia* = schriftliches Verzeichnis.

OKTOGONAL: achteckig.

ORIGINES GENTIUM: Quellengattung, Volksgeschichte; von latein. *origo* = Ursprung; *gens* = Geschlecht, Volk.

OSTIARIUS: niederer kirchlicher Weihegrand; latein. = Türsteher.

PALIMPSEST: Fachterminus in der Paläographie; nach Tilgung des ursprünglichen Textes wieder beschriebenes Pergament; griech. = wieder abgekratzt.

PAPST: Oberhaupt der katholischen Kirche; von latein. *papa* = Vater.

PASCHALSTIL: Festlegung des Jahresbeginns auf Ostern; von latein. *pascha* = Ostern.

PATROZINIUM: Schutzherrschaft eines Heiligen über eine Kirche, die ihm geweiht ist; von latein. *patronus* = Schutzherr.

PFARREI: kirchlicher Bezirk; von griech./latein. *parrochia*.

Glossar

PFINGSTEN: christlicher Feiertag; von griech. *pentekoste hemera* = der 50. Tag; gefeiert wird die Ausgießung des Heiligen Geistes und Gründung der Kirche.

PFRÜNDE: Einkommen aus einem Kirchenamt; von latein. *praebenda* = Darzureichendes, daraus mittelhochdt. Pfründe.

PILGER: Gläubiger, der zu einer geweihten Stätte (Rom, Jerusalem, Santiago) zieht zur Vergebung seiner Sünden; von latein. *peregrinus* = fremd, d. h. ursprünglich von außerhalb des *ager Romanus* kommend.

POENITENTIALE: kirchliches Buch, das die Bußen für verschiedene Vergehen beinhaltete; von latein. *poenitentia* = Buße.

POGROM: Hetze, Ausschreitungen gegen bestimmte Gruppen wie Juden; russ. = Verwüstung.

POLYPTYCHON: Quellengattung, Aufzeichnung von Einkünften oder Besitz; von griech./latein. = die aus mehr als drei Teilen bestehende, zusammenklappbare Schreibtafel der Antike.

PRESBYTER: (= Priester), kirchlicher Weihegrad; von griech. *presbyteros* = der Älteste.

PROSOPOGRAPHIE: Erforschung von Personengruppen, die z. B. durch gemeinsame Tätigkeit verbunden sind, von griech. *prosopos* = Person, *graphein* = schreiben.

QUADRIVIUM: Teil der artes liberales im Mittelalter, nämlich Arithmetik, Geometrie, Musik und Astronomie; latein. = Vierweg.

QUELLE: „alle Texte, Gegenstände oder Tatsachen, aus denen Kenntnis der Vergangenheit gewonnen werden kann", engl./franz. *sources*, ital. *fonti*, latein. *fontes*.

RECOGNOSZENT: Fachterminus in der Diplomatik für den Mitarbeiter in einer mittelalterlichen Kanzlei; von latein. *recognoscere* = wieder-, anerkennen.

REFERENDARIUS: königlicher Kanzleibeamter der Merowingerzeit; von latein. *refererre* = Bericht erstatten.

REGALIEN: Königsrechte, von latein. *regalis* = königlich.

REGEST: knappe Zusammenfassung des Quelleninhalts, insbesondere von Urkunden und Briefen, von latein. *regerere* = wiederbringen.

REGISTER: von mittellatein. *registrum* = Verzeichnis.

RELIQUIAR: ein künstlerisch gestaltetes Behältnis für eine Reliquie, einen körperlichen Überrest eines Heiligen, die verehrt wurde; von latein. *reliquus* = übrig.

REPAGANISIERUNG: Zusammenbruch des kirchlichen Lebens; von latein. *re* = zurück, wieder; *paganus* = Heide.

REVERS: Fachterminus in der Numismatik und der Sphragistik für die Rückseite einer Münze oder eines Metallsiegels; von latein. *reverti* = umkehren.

REZEPTION: von latein. *recipere* = wiederaufnehmen; als Rezeption bezeichnet man die wörtliche oder inhaltliche Wiederaufnahme eines Werkes in einem anderen.

SÄKULARISATION: von latein. *saeculum* = Jahrhundert im Sinne von Welt; gemeint ist die Aufhebung der geistlichen Territorien im deutschen Reich und die Vermögenskonfiskation, die im Reichsdeputationshauptschluss von 1803 beschlossen wurde und auch die Bibliotheken betraf.

SAKRAMENT: heilige Handlung, die als von Gott wirksames Zeichen verstanden wird; von latein. *sacer* = heilig.

SCHISMA: Kirchenspaltung; von griech. *schisma* = Spaltung.

SCHOLAR: Bezeichnung für die umherziehenden Studenten im Mittelalter; von latein. *schola* = Schule.

SEKTE: von der Amtskirche abweichende Lehre bzw. Bewegung; von latein. *sequi* = folgen.

SIMONIE: Ämterkauf; von latein. *simonia*; abgeleitet von Simon Magus, der in der biblischen Apostelgeschichte 8, 18–25 vom Apostel Petrus die Fähigkeit, Wunder zu tun, kaufen will.

SKLAVE: Unfreier, hergeleitet vom Wort „Slawe".

SKRIPTORIUM: Schreibstube eines Klosters; von latein. *scribere* = schreiben.

SPIRITUALIEN: Symbole eines kirchlichen Amtes; von latein. *spiritualis* = geistig.

STAPEL: mittelhochdt. = Haupthandelsprodukt.

STIFT: frühmittelhochdt. = (geistliche) Stiftung.

SUBURBIKARISCH: die außerhalb Roms gelegenen Bistümer; von latein. *sub* = außerhalb, *urbs* = Stadt = Rom.

Glossar

SUSPENSIONSKÜRZUNG: Fachterminus in der Paläographie für eine Wortkürzung; von latein. *suspendere* = auslassen.

SYNODE: Bischofsversammlung, auch als Konzil bezeichnet; von griech. *syn* = mit; *odos* = Weg.

TALMUD: von hebr. = Belehrung; Sammlung von Gesetzen und religiösen Überlieferungen des Judentums.

TEMPORALIEN: Symbole eines weltlichen Amtes; von latein. *temporalis* = zeitlich, hier: weltlich.

TERMINATIO: (= Pfarrtermination), Festlegung, dass zu jeder Kirche, auch einer Eigenkirche, die in einem bestimmten Umkreis wohnenden Menschen gehen mussten und dem dortigen Priester auch ihre kirchlichen Abgaben, also z. B. den Zehnt, abzuliefern hatten; von latein. = Begrenzung.

THORA: wichtige Schrift des Judentums; von hebr. = Lehre.

TOPOGRAPHIE: Orts- oder Lagebeschreibung, von griech. *topos* = Ort, *graphein* = schreiben.

TRANSLATIO IMPERII: latein. = Übertragung des Kaisertums.

TRANSSUMPT: Fachterminus in der Diplomatik für eine bestimmte Urkundenart, nämlich die Übernahme des Textes einer älteren Urkunde in eine neue; von latein. *transsumere* = hinübernehmen.

TRIVIUM: Grammatik, Rhetorik und Dialektik, Teil der mittelalterlichen artes liberales, die außerdem noch das Quadrivium umfassten; latein. = Dreiweg.

TROUBADOURSLYRIK: hochmittelalterliche Quellengattung; von provenz.-französ. *troubadour* = Erfinder = Sänger u. Dichter.

TYPAR: Fachterminus in der Sphragistik für den Siegelstempel; von latein. *typus* = Figur, Bild.

URBAR: Besitz- oder Einkünfteverzeichnis; von mittelhochdt. *urbar* = Ertrag.

VASALL: Lehensmann; abgeleitet vom keltischen *gwas* = Knecht.

VERLEGEN: spätmittelhochdt. = Geld auslegen, etwas auf seine Rechnung nehmen.

VIDIMUS: Fachterminus in der Diplomatik für eine bestimmte Urkundenart; von latein. = wir haben gesehen.

VIKAR: Hilfspfarrer; von latein. *vicarius* = Stellvertreter.

VITA: mittelalterliche Quellengattung; Lebensbeschreibung, von latein. *vita* = Leben.

VÖLKERWANDERUNG: Bezeichnung für die Vorstöße der Kelten, Germanen und Slawen nach Westen und Süden, d. h. ins Römische Reich, das sie dadurch zerstörten.

VOLUMEN: alte Bezeichnung für einen Band, ein Buch; von latein. *volvere* = rollen.

WÄHRUNGSGELD: von mittelhochdeutsch *gelt* = Vergeltung, Vergütung, Einkommen und *werunge* = Währung = Gewährleistung des Münzgehaltes.

WALLFAHRT: Pilgerreise; von mittelhochdt. *wallen* = wandern, reisen, pilgern.

ZIFFER: Zahlzeichen; von arab. *siffr.* = leer, d. h. „Null".

ZÖLIBAT: Ehelosigkeit (des geistlichen Standes); von latein. *caelebs* = unvermählt, ehelos.

ZOLL: Abgabe für einen Warentransport an die Obrigkeit des Gebietes; von latein. *teloneum* = Abgabe.

ZUNFT: Innung, Gilde, d. h. Handwerkervereinigung in den spätmittelalterlichen Städten; mittelhochdt. = sich ziemen.

Bildnachweis

Abb. 4: Nach: Hans-Werner Goetz, Proseminar Geschichte, Mittelalter, 2. Aufl., Stuttgart 2001, S. 20
Abb. 5: Bildarchiv Preußischer Kulturbesitz, Berlin
Abb. 6: Nach: Peter Hilsch, Mittelalter, 2. Aufl., Weinheim 1995, S. 17
Abb. 7: Lüneburger Klosterarchive – Kloster Ebstorf
Abb. 8: Württembergische Landesbibliothek Stuttgart; Foto: Joachim Siener (Cod. hist. 4°, 145, fol. 70v)
Abb. 9: Photo SCALA, Florenz
Abb. 10: Lüneburger Klosterarchive – Kloster Wienhausen
Abb. 11: Museum zu Allerheiligen, Schaffhausen
Abb. 12: Photo SCALA, Florenz
Abb. 13: Dr. Jörn Günther Antiquariat, Hamburg
Abb. 14: Martin H. Bredol, Seeheim-Jugenheim
Abb. 15: Dombauarchiv Köln, Matz und Schenk
Abb. 16: Dr. Jörn Günther Antiquariat, Hamburg
Abb. 18: ADEVA, Graz
Abb. 19: Landesarchiv Nordrhein Westfalen, Staatsarchiv Münster (Msc. 1 Nr. 243)
Abb. 20: Bremer Touristik-Zentrale, Bremen
Abb. 21: Erzbischöfliche Diözesan- und Dombibliothek, Köln (Dom-Hs. 117, fol. 97r)
Abb. 22: Universitätsbibliothek Heidelberg (CPG164, fol. 22r)
Abb. 23: Tapisserie de Bayeux, Bayeux
Abb. 24: Hessische Landes- und Hochschulbibliothek, Darmstadt
Abb. 26: Rheinisches Bildarchiv, Köln
Abb. 27: Schütze-Rodemann, Halle/Saale
Abb. 29: Staatsbibliothek Bamberg (Msc. Patr. 5, Bl. 1v)
Abb. 30: Bibliothek des Metropolitankapitels zu St. Veit in Prag (A XXI/1, fol. 153r)
Abb. 31/32: Nach: Franz Steffens, Lateinische Paläographie, Freiburg (Schweiz) 1903 – 1906
Abb. 33: Österreichisches Staatsarchiv, Haus-, Hof- und Staatsarchiv, Wien (AUR 831 VI 19)
Abb. 34: Hessische Landes- und Hochschulbibliothek, Darmstadt
Abb. 37: Staatsbibliothek zu Berlin – Preußischer Kulturbesitz, Berlin (Ms. lat. fol. 195, Bl. 81v)
Abb. 39: Bildarchiv Foto Marburg
Abb. 40: UB Bremen; Foto: Dr. Ludwig Reichert Verlag, Wiesbaden
Abb. 41/42: Kunsthistorisches Museum, Wien
Abb. 43: Landesarchiv Nordrhein Westfalen, Hauptstaatsarchiv Düsseldorf (HStAD Kleve-Mark, Urkunde 1883)
Abb. 44: Universitätsbibliothek Heidelberg (CPG 848, fol. 190v)
Abb. 45: Nach: Arthur Suhle, Münzbilder der Hohenstaufenzeit, Leipzig 1938
Abb. 46: Germanisches Nationalmuseum, Nürnberg
Abb. 47: Universitätsbibliothek Heidelberg (CPG 848, fol. 124r)
Abb. 48: Öffentliche Kunstsammlung Basel – Kunstmuseum –, Foto: Martin Bühler

Register

Abkürzungen:
Bf. = Bischof
bibl. = biblisch
Ebf. = Erzbischof
engl. = englisch
frz. = französisch
Hl. = Heiliger
Hzg. = Herzog
Kg. = König
Kl.= Kloster
Ks. = Kaiser
Markgf. = Markgraf
preuß. = preußisch
röm. = römisch

1. Personen und Werke

Register

Register

2. Orte

Register

3. Sachregister

Register

Register

Register

Register